Das funktionelle Verständnis des § 2 UWG (vergleichende Werbung)

Europäische Hochschulschriften
Publications Universitaires Européennes
European University Studies

Reihe II
Rechtswissenschaft

Série II Series II
Droit
Law

Bd./Vol. 4490

PETER LANG
Frankfurt am Main · Berlin · Bern · Bruxelles · New York · Oxford · Wien

Philipp Kadelbach

Das funktionelle Verständnis des § 2 UWG (vergleichende Werbung)

Ein Rechtsvergleich mit dem südafrikanischen Recht

PETER LANG
Europäischer Verlag der Wissenschaften

Bibliografische Information der Deutschen Nationalbibliothek
Die Deutsche Nationalbibliothek verzeichnet diese Publikation in der Deutschen Nationalbibliografie; detaillierte bibliografische Daten sind im Internet über <http://www.d-nb.de> abrufbar.

Zugl.: Berlin, Freie Univ., Diss., 2004

D 188
ISSN 0531-7312
ISBN 3-631-56026-5

www.peterlang.de

Meiner Familie

und in Gedenken an Hermann Aßmuß†

Vorwort

Die Freie Universität Berlin hat die vorliegende Arbeit im Sommersemester 2004 als Dissertation angenommen.

Das Recht der vergleichenden Werbung ist für den Wettbewerbsrechtler ein faszinierendes Thema. Gleichwohl drängte sich ein Vergleich mit dem südafrikanischen Recht nicht unbedingt auf. Die Idee zu dem Thema ergab sich während meines LL.M.-Studiums in Südafrika. Der Blick auf die dortige Unternehmenslandschaft zeigte, dass die Vergangenheit tiefe Spuren in der wirtschaftlichen Struktur des Landes hinterlassen hatte. Die Marktstruktur zeichnete sich durch einen hochkonzentrierten Markt mit geringer Markttransparenz, wenigen starken Marken und einem hohen Anteil schlecht informierter Verbraucher aus. Damals hatte die südafrikanische Regierung deutlich gemacht, dass das Instrument der Wettbewerbspolitik, welches in Südafrika über lange Jahre ein unbeachtetes Randdasein geführt hat, in das Zentrum des wirtschaftspolitischen Interesses gerückt war. Es erschien also spannend, das südafrikanische Regulierungsmodell mit dem der europäischen Richtlinie zu vergleichen, da die europäischen Zielsetzungen auch für Südafrika sinnvoll erschienen. Die Arbeit zeigt auf, dass die entscheidenenden Unterschiede vorallem im Bereich der gesetzgeberischen Zielsetzung verortet sind. Um für mehr Rechtsanwendungssicherheit auch im Bereich des § 2 UWG (jetzt § 6 UWG) zu sorgen, schlägt die Arbeit eine unmittelbar an den Zielsetzungen orientierte Prüfungsystematik vor. Für Südafrika verbleibt die Hoffung, dass das Potential vergleichender Werbung als Instrument der Wettbewerbspolitik erkannt wird. In diesem Fall könnte Europa den Weg weisen.

Danken möchte ich in erster Linie meinem Doktorvater Herrn Professor Dr. iur. Dr. rer. pol. Dr. h. c. Säcker, der mich mit wichtigen Hinweisen und seinem Vertrauen unterstützt hat. Weiter bedanke ich mich bei Herrn Professor Dr. Christian Armbrüster für die Erstellung des Zweitgutachtens. Ferner möchte ich mich bei den Gesprächspartnern bedanken, die im Gesprächsverzeichnis dieser Arbeit aufgeführt sind. In besonderer Erinnerung geblieben sind mir die Gespräche mit Herrn Professor Johann Neethling, der mit seiner Forschung den Grundstein des südafrikanischen Wettbewerbsrechts gelegt hat.

Berlin, im August 2006

Philipp Kadelbach

Abkürzungen

a. F.	alte Fassung
Abl.EG	Amtsblatt der Europäischen Gemeinschaft
AC	Law Reports, Appeal Cases
AcP	Archiv für die civilistische Praxis
AD	Appellate Division Reports
AfP	Archiv für Presserecht
AIPPI	Association Internationale pour la Protection de la Propete Industrielle
AIT	Advertising Industriy Tribunal
All E.R.	All England Law Reports
ANC	African National Congress
AP	ASA Appeal Committee
ASA	Advertising Standards Authority of South Africa
ASOM	Association of Marketers
BB	Der Betriebs-Berater
BCLR	Butterworths Constitutional Law Reports
BGB	Bürgerliches Gesetzbuch
BGBl.	Bundesgesetzblatt
BGH	Bundesgerichtshof
BGHZ	Entscheidungen des Bundesgerichtshofes in Zivilsachen
BM	Business Marketing
BML	Businessman's Law
BR-Drucks.	Drucksachen des Deutschen Bundesrates
BT-Drucks.	Drucksachen des Deutschen Bundestages
BVerfG	Bundesverfassungsgericht
BVerfGE	Entscheidungen des Bundesverfassungsgerichtes
Cath. U.L. Rev.	Catholic University Law Review
CPD	Reports of the Cape Provincial Division
CR	Computer Recht
DIR	ASA Directorate
Dok.	Dokument(e)
Duke LJ	Duke Law Journal
E.T.M.R.	European Trade Mark Review
EASA	European Advertising Standards Alliance
EG	Europäische Gemeinschaft
EGMR	Europäischer Gerichtshof für Menschenrechte
EIPR	European Intellectual Property Review
EMRK	Europäische Konvention zum Schutz von Menschenrechten
endg.	endgültig
ErwG	Erwägungsgrund
EU	Europäische Union
EuGH	Europäischer Gerichtshof
EuZW	Europäische Zeitschrift für Wirtschaftsrecht
EWG	Europäische Wirtschaftsgemeinschaft
EWS	Zeitschrift für europäisches Wirtschafts- und Steuerrecht
FTC	Federal Trade Commission
GG	Grundgesetz
GRUR	Gewerblicher Rechtsschutz und Urheberrecht, Inlandsteil

GRUR Int.	Gewerblicher Rechtsschutz und Urheberrecht, Internationaler Teil
GRUR-RR	GRUR-Rechtsprechungs-Report
Harvard LR	Harvard Law Review
ILC	International Review of Industrial Property and Copyright Law
JBL	Juta's Business Law
JoAR	Journal of Advertising Research
JZ	Juristenzeitung
KG	Kammergericht
KOM	Kommission
L/M	Lindenmeier/Möhring
MA	Der Markenartikel
MDR	Monatsschrift für Deutsches Recht
MRRL	Markenrechtsrichtlinie
MuW	Markenschutz und Wettbewerb
n. F.	neue Fassung
NJW	Neue juristische Wochenschrift
NJWE WettbR	Neue juristische Wochenschrift – Wettbewerbsrecht
NJW-RR	NJW-Rechtsprechungs-Report
ÖBGBl.	Östereichisches Bundesgesetzblatt
OLG	Oberlandesgericht
östOGH	Oberster Östereichischer Gerichtshof
PharmR	Pharma Recht
PVÜ	Pariser Verbandsübereinkunft
Q.B.	Law Reports, Queen's Bench Division
R.P.C.	Reports of Patent, Design and Trade Mark Cases
RabelsZ	Rabels Zeitschrift für ausländisches und internationales Privatrecht
RefE	Referentenentwurf
Reg.-Begr.	Regierungsbegründung
RG	Reichsgericht
RGBl.	Reichsgesetzblatt
RGZ	Entscheidungen des Reichsgerichtes in Zivilsachen
RL	Richtlinie
Rn.	Randnummer
Rs.	Rechtssache
S	Section
SA	South African Law Reports
SA Mercantile LJ	South African Mercantile Law Journal
SALJ	South African Law Journal
SC	Reports of the Supreme Court of the Cape of Good Hope
Slg.	Sammlung
Stellenbosch LJ	Stellenbosch Law Journal
TMA	Trade Marks Act
TPD	Reports of the Transvaal Provincial Division
TS	Reports of the Transvaal Supreme Courts
Tul. Eur. & Civ. L. F.	Tulane European and Civil Law Forum
UWG	Gesetz gegen den unlauteren Wettbewerb
UWGE	Regierungsentwurf einer UWG-Novelle
Var.	Variante
VO	Verordnung

W&V	Werben und Verkaufen
W.L.R.	Weekly Law Reports
WM	Wertpapiermitteilungen, Zeitschrift für Wirtschafts- und Bankrecht
WRP	Wettbewerb in Recht und Praxis
ZAW	Zentralausschuss der Werbewirtschaft/Zentralverband der deutschen Werbewirtschaft
ZEuP	Zeitschrift für europäisches Privatrecht
ZLR	Zeitschrift für Lebensmittelrecht
ZRP	Zeitschrift für Rechtspolitik
ZVersWiss	Zeitschrift für Versicherungswissenschaften

Inhaltsübersicht

Inhaltsverzeichnis

1. Teil: Einleitung

In Deutschland ist die rechtliche Auseinandersetzung um die vergleichende Werbung durch die Verabschiedung der Richtlinie 97/55/EG und deren Umsetzung in § 2 UWG wieder in den Vordergrund gerückt. Erste Untersuchungen im Zusammenhang mit der Richtlinie und § 2 UWG liegen vor, sie sind aber aufgrund der jüngsten BGH- und EuGH-Rechtsprechung[1] in Teilbereichen schon wieder überholt. Diese Arbeit dient daher zunächst als erneute Bestandsaufnahme vor dem Hintergrund jüngster Rechtsprechung und Literatur.

Um im Hinblick auf die Harmonisierungsintention der Richtlinie zu einem einheitlichen europäischen Funktionsverständnis bei der Regulierung der vergleichenden Werbung zu gelangen, bietet sich grundsätzlich ein Rechtsvergleich an. Trotzdem dürfte ein Vergleich mit einem so weit entfernten Land wie Südafrika auf den ersten Blick erstaunen. Gleichwohl ist nicht unwahrscheinlich, dass das südafrikanische Rechtssystem in bestimmten Fragen Lösungen anbietet, welche dem Ansatz in einem harmonisierten Europa sehr nahe kommen könnten.

Das südafrikanische Privatrecht bietet das Bild einer Mischrechtsordnung, welche durch Strukturen und Einflüsse des römisch-holländischen Rechts geprägt ist. Diese Strukturen wurden im Zuge britischer Besatzung von englischen Konzeptionen, Regeln und Präzedenzfällen zu Beginn des 19. Jahrhunderts durchwoben. Entstanden ist durch diese Rezeption eine für den Rechtsvergleicher reizvolle Mischung beider großer Rechtsfamilien – eine Symbiose aus *civil* und *common law*[2].

Zudem vertraut Südafrika im Bereich der Werberegulierung, wie auch einige europäische Länder, vornehmlich auf ein System der freiwilligen Selbstregulierung. Diese Systeme werden nach aller Voraussicht in Europa in zunehmendem Maße an Bedeutung gewinnen und Einfluss auf europäische Standards zur Regulierung der vergleichenden Werbung haben[3].

Die Rechtsordnungen von Deutschland und Großbritannien werden als die beiden Extreme in der Bandbreite möglicher wettbewerbsrechtlicher Systeme dargestellt[4]. Die unterschiedlichen Lösungsansätze dieser beiden Rechtssysteme in Einklang zu bringen ist Aufgabe der Richtlinie 97/55/EG und zugleich Grundvoraussetzung der angestrebten Gesamtharmonisierung des europäischen Lau-

[1] In diesem Zusammenhang sind vor allem die jüngsten Entscheidungen „Preisgegenüberstellungen im Schaufenster", BGH, WRP 2001, 1441 ff.; „Ersetzt", BGH, WRP 2003, 637 ff.; „Toshiba Europe", WRP 2001, 1432 ff. und „Pippig Augenoptik", WRP 2003, 615 ff. zu nennen.

[2] Ausführlich zu diesem Ansatz *Zimmermann/Visser*, S. 1 ff.

[3] Vgl. Grünbuch zum Verbraucherschutz, KOM(01) 531 endg. v. 02.10.2001; *Micklitz/Keßler*, WRP 2003, 919 ff. (932); *Köhler/Lettl*, WRP 2003, 1019 ff. (1047).

[4] *Ohly/Spence*, GRUR Int. 1999, 681 ff. (682); *Beater*, ZEuP 1996, 200 ff. (229).

terkeitsrechts[5]. Da das südafrikanische Recht einerseits Elemente des dem deutschen Recht zugrunde liegenden römischen Rechts mit angelsächsischen Prinzipien vereint, und andererseits zur Kontrolle der vergleichenden Werbung ein wettbewerbs- und selbstregulierungsrechtliches System kombiniert, könnte der Blick nach Südafrika auch ein Blick in die Zukunft sein[6].

In jedem Fall zeigt der Rechtsvergleich auf, in welchen Bereichen Probleme bei der Suche nach einem einheitlichen Funktionsverständnis der Mechanismen zur Regulierung vergleichender Werbung entstehen können. Die Diskussion um die europäische Harmonisierung des Lauterkeitsrechts hat gezeigt, dass Interessengewichtungen, insbesondere die Berücksichtigung von Verbraucherinteressen, eine bedeutende Rolle spielen. Es ist zu vermuten, dass gerade auch bei der Regulierung der vergleichenden Werbung in dieser Hinsicht Unterschiede bestehen. Daher wird die Arbeit Schwerpunkte bei der Untersuchung der zugrunde liegenden Funktionszusammenhänge und den damit einhergehenden Interessengewichtungen setzen.

Zudem vermittelt die Untersuchung aufgrund der Vielschichtigkeit der Problematik um die vergleichende Werbung einen tiefgehenden Einblick in das südafrikanische Rechtssystem. Südafrika dominiert die wirtschaftliche Entwicklung im südlichen Kontinent und ist ein wichtiger Handelspartner. Nach einem auf Art. 310 EGV gestützten Abkommen aus dem Jahre 1999 soll innerhalb der nächsten 12 bis 14 Jahre eine Freihandelszone mit Südafrika errichtet werden[7]. Dies wird nur gelingen, wenn effektive Handelstrukturen errichtet, also Wettbewerbsregeln angeglichen und Liberalisierungsprozesse kompatibel gestaltet werden. Auch daher ist es wichtig, bestehende Unterschiede aufzuzeigen.

[5] Vgl. hierzu Grünbuch zum Verbraucherschutz, KOM(01) 531 endg. v. 02.10.2001.

[6] *Schmidt*, GRUR Int. 1999, 51 ff. (52).

[7] Beschluss des Europäischen Rates, 1999/753/EG v. 29.07.1999, Abl. EG 1999 L 311/3 v. 11.10.1999 über die vorläufige Anwendung des Abkommens über den Handel, Entwicklung und Zusammenarbeit zwischen der EG und ihren Mitgliedstaaten einerseits und der Republik Südafrika.

2. Teil: Darstellung des Untersuchungsgegenstandes

A) Gang der Untersuchung

Die Arbeit beginnt mit einem Überblick über die allgemeinen Strukturen zur Regulierung der vergleichenden Werbung (3. Teil). Es folgt ein Abriss der historischen Entwicklung in der Beurteilung dieser Werbeform (4. Teil), und die Betrachtung der Einflüsse des Markenrechts (5. Teil). Der Schwerpunkt liegt jedoch auf der Untersuchung der wettbewerbsrechtlichen Regulierung. Die Arbeit untergliedert dabei nach einzelnen Teilaspekten, welche für die Behandlung der vergleichenden Werbung von Bedeutung sind (Anwendungsbereich, Vergleichsgrundlage, Irreführungs- und Verwechslungsschutz, Diffamierungs- und Rufausbeutungsschutz). Die jeweiligen Länderberichte werden unmittelbar gegenübergestellt, um spezifische Unterschiede und Gemeinsamkeiten in einer rechtsvergleichenden Zusammenfassung darzustellen. Im sechsten Teil werden die Funktionszusammenhänge bzw. die zugrunde liegenden normativen Referenzprinzipien betrachtet, weil diese Auslegung und Konkretisierung der relativ unbestimmten Regulierungskriterien maßgeblich beeinflussen. Es werden die Mechanismen im Hinblick auf die zugrunde liegenden Interessenschutzgewichtungen untersucht, insbesondere wird die Bedeutung der Verbraucherunterrichtung bzw. des Informationsgehaltes für die Beurteilung vergleichender Werbungen analysiert. In den Länderberichten über das weitgehend unbekannte südafrikanische Rechtssystem ist zudem ein Blick auf die Entstehungsgeschichte und die Entwicklung des Wettbewerbsrechts bzw. der Selbstregulierungstrukturen notwendig. Die eigentliche Untersuchung beginnt mit der Analyse des Anwendungsbereichs vergleichender Werbungen (Teil 7). Im folgenden Teil wird die Auslegung und Bedeutung der Kriterien untersucht, die die Anforderungen im Hinblick auf den Inhalt vergleichender Werbungen spezifizieren (Teil 8). Im neunten Teil analysiert die Arbeit den Irreführungs- bzw. Verwechslungsschutz. Im zehnten und elften Teil folgt die Untersuchung des besonders wichtigen Herabsetzungs- und Rufausbeutungsschutzes. Die Arbeit endet mit einer abschließenden Gesamtzusammenfassung der Länderberichte, zudem werden die sich aus der Untersuchung ergebenden Schlussfolgerungen für die künftige Regulierung der vergleichenden Werbung präsentiert (12. Teil)

B) Begriff der vergleichenden Werbung

Grundvoraussetzung jedes Rechtsvergleiches ist, die Ausgangsfrage frei von den Systembegriffen der eigenen Rechtsordnung zu stellen. Der Untersuchungsgegenstand kann sinnvoller Weise nur mittels des Kriteriums der „Erkennbarmachung" abgegrenzt werden[8]. Die Funktionsfrage muss also lauten: „Wie behan-

[8] Meyer, WRP 1991, 765 ff. (768): In allen Ländern hängt die rechtliche Beurteilung in irgendeiner Weise davon ab, ob eine Bezugnahme vorliegt, also ob ein Konkurrent genannt

deln die zu vergleichenden Rechtsordnungen Werbungen, in denen ein Wettbewerber einen anderen Wettbewerber bzw. seine Waren oder Dienstleistungen erkennbar macht?"

I. Vergleichende Werbungen

Der Begriff der vergleichenden Werbung im deutschen Recht bestimmt sich durch die vom Anwendungsbereich des § 2 Abs. 1 UWG erfassten Fälle. Im Anwendungsbereich von § 2 UWG ist nicht mehr danach zu fragen, ob eine Werbung als kritisierende oder anlehnende vergleichende Werbung einzustufen ist. Gleichwohl kann es hilfreich sein auch weiterhin mit den von der Literatur und Rechtsprechung entwickelten Begrifflichkeiten zu operieren. Sie dienen als notwendige Bezugpunkte um die rechtliche Diskussion zu fixieren[9]. Allerdings brauchen diese Begrifflichkeiten nicht mehr erläutert werden, da auf die unzähligen Schriften verwiesen werden kann, die sich des Themas in der Vergangenheit angenommen haben[10].

Vergleichbar strenge Begrifflichkeiten und Systematisierungen kennt weder die südafrikanische Rechtsprechung, noch sind sie in dieser Form in der südafrikanischen Literatur zu finden. Dies ist vor allem auf die Einflüsse des englischen Rechts zurückzuführen, welches eine Differenzierung zwischen kritischen Vergleichen und Gleichwertigkeitsbehauptungen nicht kennt[11]. Gleichwohl finden sich in der südafrikanischen Literatur Definitionen, welche wie im deutschen Recht zwischen kritischen und anlehnenden Bezugnahmen unterscheiden[12]. Die von *Webster/Page* vorgeschlagene Definition fand in der markenrechtlichen Entscheidung *Abbott Laboratories and Others v UAP Crop Care (Pty) Ltd and Others* Berücksichtigung[13]:

> *Comparative advertising, as the name suggests, is advertising where a party (the advertiser) advertises his goods or services by comparing them with the goods or services of another party. Such other party is usually his competitor and is often the market leader in the particular trade. The comparison is with a view to increasing the sales of the advertiser. This is typically done by either suggesting that the advertiser's product is of the same or a superior quality to that of the compared product or by denigrating the quality of the compared product.*

Auch *Van Heerden/Neethling*[14] unterscheiden in ihrem Standardwerk zum südafrikanischen Wettbewerbsrecht zwischen verschiedenen Formen der verglei-

oder erkennbar ist. Immer dann geltend strengere Grundsätze.

[9] So auch *Menke*, WRP 1998, 811 ff. (819); *Schnorbus*, ZVersWiss 1999, 375 ff. (401).

[10] Vgl. beispielsweise *Meyer*, Die kritisierende vergleichende Werbung, S. 18 ff.; *Menke*, Recht und Ökonomie der kritisierenden vergleichenden Werbung, S. 4 ff.; *Freund*, S. 3 ff.

[11] *Ohly/Spence*, GRUR Int. 1999, 681 ff. (684).

[12] Webster/Page, 12-35.

[13] 1999 (3) SA 624 630 (I).

[14] Van Heerden/Neethling, S. 202, 301.

chenden Werbung. Sie unterteilen das Wettbewerbsrecht in Anlehnung an das deutsche Recht in Fallgruppen, wobei Fälle der anlehnenden vergleichenden Werbung im Rahmen der Fallgruppe *leaning on*, kritisierende vergleichende Werbungen im Rahmen der Fallgruppe *disparagement* behandelt werden.

II. Verwandte Werbeformen

Von Bedeutung für die Rechtsvergleichung ist auch die Behandlung verwandter Werbeformen, also solcher, die nach dem alten deutschen Recht zu § 1 UWG nicht als klassische Formen der vergleichenden Werbung angesehen wurden. Hierzu zählen die Allein-[15] und Spitzenstellungswerbung[16], aber auch der Systemvergleich[17]. Diesen Werbeformen ist eine Bezugnahme auf Wettbewerber gemein, umstritten ist aber, ob die Schwelle zur „Erkennbarkeit" überschritten wird[18].

---

[15] *Peschel*, S. 25; *Baumbach/Hefermehl*, § 3 UWG Rn. 68 ff.
[16] BGH, GRUR 1973, 78 ff. (80) – Verbraucherverband.
[17] Vgl. OLG Frankfurt, GRUR-RR 2001, 221 ff.
[18] *Marx*, EWS 2001, 353 ff. (355).

3. Teil: Regulierungsstrukturen

A) Deutschland

Wegen des Erfordernisses der kennzeichenmäßigen Benutzung spielte die Regulierung durch das Warenzeichengesetz in Deutschland keine Rolle. Dies dürfte sich auch mit der Umsetzung der Markenrechtsrichtlinie (MRRL) nicht geändert haben[19]. Auch Verbraucherschutzgesetze haben keinen bestimmenden Einfluss auf die Regulierung der vergleichenden Werbung, denn das nationale Wettbewerbsrecht hat im Unterschied zu anderen europäischen Ländern auf das Aufkommen der Verbraucherschutzbewegung reagiert und die Schutzzwecke des Wettbewerbsrechts um den Verbraucherschutz erweitert[20].

Auch die Selbstregulierung spielte in der deutschen Werberegulierung bisher praktisch keine Rolle[21], obwohl sie ausweislich der Richtlinie gefördert werden soll und Art. 5 RL die freiwillige Kontrolle irreführender und vergleichender Werbung ausdrücklich zulässt. Unter dem Dach des Zentralausschusses der Werbewirtschaft (ZAW) operiert der Deutsche Werberat[22], der Werbeaussagen auf Inhalt und Gestaltung überprüft, auf die Regulierung der vergleichenden Werbung hat dieser aber bisher keinen Einfluss genommen. In jüngster Zeit wurde allerdings vereinzelt dafür plädiert, die Selbstregulierung[23] und die Position des Werberates zu stärken[24].

Historisch bedingt setzt Deutschland auf eine Regulierung der vergleichenden Werbung durch das Wettbewerbsrecht, früher im Rahmen der Generalklausel des § 1 UWG und nach Umsetzung der Richtlinie im Rahmen von § 2 UWG. Auch im kürzlich vorgelegten Regierungsentwurf zur UWG-Reform[25] soll es dabei bleiben.

B) Südafrika

Die Werberegulierung in Südafrika unterscheidet sich wesentlich von den aus Deutschland bekannten Strukturen. Die Regulierungsinstrumente sind das Markenrecht (Trade Marks Act, 1993)[26], das Wettbewerbsrecht (law of unlawful competition), die Selbstkontrolle der Advertising Standards Authority (ASA)[27]

---

[19] Siehe hierzu 5. Teil A.

[20] *Henning-Bodewig*, GRUR Int. 2002, 389 ff. (390 f.).

[21] *Beater*, Unlauterer Wettbewerb, S. 267; *Beater*, ZEuP 2003, 11 ff. (49); *Micklitz/Keßler*, WRP 2003, 919 ff. (931).

[22] Vgl. hierzu *Ulmer*, WRP 1975, 549 ff. (552 f.).

[23] *Köhler/Lettl*, WRP 2003, 1019 ff. (1047).

[24] *Somarriello*, GRUR Int. 2003, 29 ff. (37 Fn. 100).

[25] Entwurf eines Gesetzes gegen den unlauteren Wettbewerb vom 07.05.2003, im Internet unter http://www.bmj.bund.de/images/11596.pdf.

[26] Siehe in 5. Teil B.

[27] Zur Selbstregulierung siehe 6. Teil B. II.

und in Randgebieten verschiedene Spezialvorschriften. Zu nennen sind der Consumer Affairs Act[28], der Copyright Act[29], der Business Names Act[30], der Companies Act[31], Close Corporations Act[32], Merchandise Marks Act[33] und der Trade Practices Act[34]. Hierauf soll im Rahmen dieser Arbeit allerdings nicht näher eingegangen werden.

Südafrikas Werberegulierung ist zudem damit beschäftigt, sich den durch das Ende der Apartheidsära veränderten Rahmenbedingungen anzupassen. Die Regulierungsmechanismen stehen einerseits unter dem Druck einer sehr modernen Verfassung, deren Auswirkung und Bedeutung die vormals unkonstitutionelle südafrikanische Gesellschaft schrittweise realisiert und umsetzt. Hinzu kommt der sich intensivierende Wettbewerb, denn Südafrika war zu Zeiten der Apartheid ein vom internationalen Wettbewerb abgeschirmter, hochkonzentrierter Markt[35]. Nun drängen internationale Konzerne auf den südafrikanischen Markt, wodurch sich der Werbungswettbewerb dramatisch verschärft hat. 1998 wurde ein neues Kartellgesetz (Competition Act, 1998) verabschiedet, welches die Behörde (Competition Commission) mit umfangreichen Befugnissen ausgestattet hat und künftig zusammen mit dem Verfassungsrecht Auswirkungen auf die Werberegulierung haben wird.

I. Markenrecht

Der Trade Marks Act, 1993 (TMA 1993) hat besondere Bedeutung für die Regulierung der vergleichenden Werbung. Seit Verabschiedung des TMA 1993 hat die Literatur Spekulationen über die Zulässigkeit so genannter *„brand comparisons“* angestellt. Mit der Entscheidung des High Courts in *Abbott Laboratories v UAP Crop Care*[36] scheint Gewissheit über die markenrechtliche Unzulässigkeit der Nutzung einer fremden Marke im Rahmen einer vergleichenden Werbung zu bestehen. Eine höchstrichterliche Bestätigung der Entscheidung steht noch aus.

Diese restriktive Position des Markenrechtes strahlt über den Bereich der originär kennzeichenrechtlichen Fragestellungen auf das Wettbewerbsrecht und die Regulierungspolitik der ASA aus. Die Erkennbarmachung eines Mitbewerbers ist aufgrund des markenrechtlichen Verbots nur indirekt möglich. Den Entscheidungen der ASA ist zu entnehmen, dass die Auslegung der Generalklauseln des Selbstregulierungskodex (Code) umso restriktiver ist, je unmittelbarer und di-

[28] Act 71 of 1988.
[29] Act 98 of 1978.
[30] Act 27 of 1960.
[31] Act 61 of 1963.
[32] Act 69 of 1984.
[33] Act 17 of 1941.
[34] Act 76 of 1976.
[35] Competition Board, Report No. 50, 1996, S. 21.
[36] 1999 (3) SA 624 (C).

rekter die Bezugnahme auf einen Wettbewerber abzielt[37]: „If the Trade Marks Act would be altered, that would have a strong impact on the interpretation of the goodwill clauses of the Code."

II. Wettbewerbs- und Selbstregulierungsrecht

Das Wettbewerbsrecht basiert auf einer deliktischen Generalklausel, der *lex aquilia*. Von entscheidender Bedeutung ist die Voraussetzung der Widerrechtlichkeit („*wrongfulness*"). Zur Ermittlung wird grundsätzlich das *boni mores*-Prinzip herangezogen. Dieses Prinzip ist dem aus dem deutschen Recht bekannten Sittenmaßstab eng verwandt.

Die Zugehörigkeit zur Werbeselbstkontrolle schließt nicht aus, die ordentlichen Gerichte anzurufen, gleichwohl ist das Wettbewerbsrecht für die Werberegulierung eher von theoretischer Bedeutung. Das *common law* wird in den Entscheidungen der ASA berücksichtigt[38], wenngleich sich die ASA an dessen Positionen keineswegs gebunden fühlt[39]. Die Selbstkontrolle hat dessen Funktionen in weiten Bereichen übernommen[40]. Die erhebliche Bedeutung der Selbstregulierung dürfte auf Einflüsse des englischen Rechts zurückgehen, welches einer Einmischung der Gerichte in den freien Handel ablehnend gegenübersteht und Regulierungsprozesse den Kaufleuten selbst überlassen will[41].

III. Verbraucherschutzgesetze

Im Unterschied zum Marken-, Selbstregulierungs- und Wettbewerbsrecht ist die Bedeutung spezieller Verbraucherschutzgesetze, wie der Consumer Affairs Act[42], sehr beschränkt. Der Consumer Affairs Act ist ein strafbewehrtes Gesetz, welches den Staat auf Grundlage einer Generalklausel ermächtigt, gegen unfaire Handelsbräuche („*harmful business practices*") vorzugehen. Eine Anwendung auf vergleichende Werbungen wäre allenfalls im Irreführungsbereich vorstellbar, hier wird in der Praxis ein ASA-Beschwerdeverfahren vorgezogen, da dieses erfahrungsgemäß deutlich schneller abläuft[43]. Im Übrigen leitet die zuständige Behörde Beschwerden regelmäßig an die ASA weiter und wird nur in Ausnahmefällen eigene Untersuchungen anstellen[44].

---

[37] *Vos*, Persönliches Gespräch, 08.04.2003, Johannesburg.

[38] *Charlize Theron SA Men*, AP, 22.10.1999; Entscheidungen der ASA werden kursiv zitiert: DIR steht für eine Entscheidung des ASA-Directorates, AIT steht für eine Berufungsentscheidung des ASA-Advertising Industry Tribunals und AP steht für eine höchstinstanzliche Entscheidung des ASA-Appeal Commitees. Diese Entscheidungen sind kostenpflichtig über die Internetseite www.asasa.org.za abzurufen.

[39] Uthingo Management / Nandos, AP, 07.11.2001.

[40] *Judin/Dickens*, Marketing Mix 1996/5; *Neethling*, Persönliches Gespräch, 15.04.2003, Pretoria.

[41] *Meyer*, Die kritisierende vergleichende Werbung, S. 298 ff; *Hasselblatt*, S. 114.

[42] Act 71 of 1988.

[43] *Delport*, Persönliches Gespräch, 10.04.2003, Johannesburg.

[44] *Woker*, Advertising Law, S. 47.

4. Teil: Historischer Überblick über die Beurteilung

A) Deutschland

Ein Verständnis der Veränderungen in der Behandlung der vergleichenden Werbung kann und muss vor dem Hintergrund der tradierten zu § 1 UWG ergangenen Rechtsprechung stattfinden. Diese soll nur soweit vorgestellt werden, wie es zur Auslegung und zum Verständnis von Entwicklung und Problemstand erforderlich ist.

I. Vor Erlass der Richtlinie 97/55/EG

1. Zulässigkeitsgrundsatz des Reichsgerichts

Die Beurteilung der vergleichenden Werbung durch die höchstrichterliche Rechtsprechung ist uneinheitlich verlaufen und lässt sich in verschiedene Abschnitte unterteilen. Zu Zeiten des Reichsgerichts waren vergleichende Werbungen grundsätzlich zulässig[45]. Vergleiche waren nur in besonderen Fällen, etwa bei groben Herabwürdigungen oder bei irreführenden Angaben, unlauter[46]. Gegen Ende des ersten Weltkrieges kam es maßgeblich beeinflusst durch zwei Aufsätze von *Kohler*[47] und *Lobe*[48] zu einem Beurteilungswandel. In den Aufsätzen vertraten die Autoren die Auffassung, dass es der guten kaufmännischen Sitte entspräche, sich im Wettbewerb ausschließlich mit der eigenen Leistung zu profilieren und dass jeder Gewerbetreibende das Recht habe, im Wettbewerb von negativen Wertungen seiner Konkurrenten verschont zu bleiben. Daraufhin schränkte das Reichsgericht in den zwanziger Jahren die Zulässigkeit der vergleichenden Werbung Schritt für Schritt ein[49].

2. Generelle Unzulässigkeit („*Hellegold*"-Entscheidung)

Die zweite Phase wurde mit der *Hellegold*-Entscheidung[50] im Jahre 1931 eingeleitet. Das Reichsgericht gab den Zulässigkeitsgrundsatz auf und beurteilte vergleichende Werbung als grundsätzlich sittenwidrig. Dies wurde mit dem Argument begründet, niemand könne Richter in eigener Sache sein[51]. Ergänzend wurde das so genannte „Hellegold-Motiv" entwickelt[52]. Es gab eng begrenzte Ausnahmen für den Fortschritts-[53], den Abwehr-[54] und Auskunftsvergleich[55].

---

[45] Vgl. hierzu ausführlich *Meyer*, Die kritisierende vergleichende Werbung, S. 69 ff.; *Freund*, S. 7, 8; *Menke*, Recht und Ökonomie der kritisierenden vergleichenden Werbung, S. 14.
[46] *Freund*, S. 7.
[47] *Kohler*, MuW 1917/18, 127 ff. (128 f.).
[48] *Lobe*, MuW 1917/18, 129 ff. (131).
[49] *Emmerich*, S. 85.
[50] RG, GRUR 1931, 1299 ff.
[51] RG, GRUR 1931, 1299 ff. (1301) – Hellegold.
[52] RG, GRUR 1931, 1299 ff. (1301) – Hellegold: Die Mitbewerber, auch wenn ihre gewerbliche Leistung tatsächlich geringer sein sollte, brauchen sich nicht gefallen zu lassen, in fremden Anpreisungen als Mittel zur Erhöhung der eigenen Leistungsfähigkeit des Anpreisenden

3. Ausnahme-Generalklausel („*Betonzusatzmittel*"-Entscheidung)

Die dritte Phase wurde mit der *Betonzusatzmittel*-Entscheidung[56] im Jahre 1961 eingeleitet. Der BGH verabschiedete sich von der strengen Fallgruppensystematik der Ausnahmetatbestände und entwickelte einen allgemeinen Ausnahmegrundsatz[57]. Vergleichende Werbung wurde nun nicht mehr beanstandet, wenn ein „hinreichender Anlass" vorlag, die gegenübergestellten Eigenschaften vergleichbar waren, sich der Vergleich in den Grenzen des Erforderlichen[58] und der wahrheitsgemäßen und sachlichen Erörterung hielt[59]. Gleichwohl waren die Stimmen in der Literatur, die sich von dieser Entscheidung einen grundlegenden Wandel der Rechtsprechung erhofft hatten, enttäuscht[60]. Auch die neuere Rechtsprechung bewertete die vergleichende Werbung als grundsätzlich unlauter und die restriktive Anwendung der Ausnahmegrundsätze ließ letztlich wenig Raum für vergleichende Werbungen[61].

Allerdings ließen vereinzelte Entscheidungen in den letzten Jahren vor Inkrafttreten der Richtlinie durchaus einen Beurteilungswandel erkennen[62], etwa 1997 die Entscheidung *Energiekosten-Preisvergleich II*[63], in der der BGH den „hinreichenden Anlass" sehr weit auslegte.

---

verwendet zu werden.

53 RG, GRUR 1944, 154 ff. – Kalkpräparat; RG, GRUR 1940, 301 ff. (306) – Coramin; BGH, GRUR 1952, 416 ff. (418) – Dauerdose; BGH, GRUR 1958, 343 ff. (345) – Bohnergerät; BGH, GRUR 1961, 85 ff. (90) – Pfiffikus-Dose; BGH, GRUR 1961, 237 ff. (240) – TOK-Band.

54 BGH, GRUR 1954, 337 ff. (341) – Rechtsschutz; *Baumbach/Hefermehl*, § 1 UWG Rn. 369 ff.

55 RG, GRUR 1936, 813 ff. (816) - Holzimprägniermittel; RG, GRUR 1938, 53 ff. (56) – Madaus; RG, GRUR 1940, 308 ff. (312) – Dextropur; BGH, GRUR 1957, 23 ff. (24) – Bündner Glas; BGH, GRUR 1959, 488 ff. (491) – Konsumgenossenschaft; BGH, GRUR 1960, 384 ff. (387) – Mampe Halb und Halb I; *Meyer*, Die kritisierende vergleichende Werbung, S. 85 f.; *Baumbach/Hefermehl*, § 1 UWG Rn. 374 ff.

56 BGH, GRUR 1962, 45 ff. (48).

57 Die Fallgruppen Abwehr-, Auskunfts-, Aufklärungs-, und Fortschrittsvergleich hatten jedoch weiterhin Leitbildfunktion für die Ermittelung des hinreichenden Anlasses; vgl. *Gloy/Bruhn*, GRUR 1998, 226 ff. (230); *Menke*, Recht und Ökonomie der kritisierenden vergleichenden Werbung, S. 18.

58 BGH, GRUR 1969, 283 ff. – Schornsteinauskleidung.

59 BGH, GRUR 1970, 422 ff. (423) – Tauchkühler; BGH, GRUR 1986, 618 ff. (620) – Vorsatz-Fensterflügel; BGH, GRUR 1989, 688 ff. (689) – Generikum-Preisvergleich; BGH, GRUR 1996, 502 ff. - Energiekosten-Preisvergleich I.

60 *Emmerich*, S. 85.

61 *Baumbach/Hefermehl*, § 1 UWG Rn. 332 a; *Schricker*, GRUR Int. 1992, 347 ff. (352).

62 *Plaß*, NJW 2000, 3160 ff. (3161).

63 BGH, WRP 1997, 179 ff.

4. Beurteilung der einzelnen Fallgruppen

(a) Kritisierende vergleichende Werbung

Die Kategorisierung der verschiedenen Erscheinungsformen vergleichender Werbungen war für die Beurteilung von größter Bedeutung. Kritisierende Werbungen wurde wegen den nachgesagten Markttransparenz- und Marktstruktureffekten positiver als die restlichen Formen vergleichender Werbungen behandelt[64]. Ein hinreichender Anlass wurde bei „Wahrnehmung berechtigter Interessen"[65] angenommen. An das Aufklärungsinteresse wurden aber hohe Anforderungen gestellt.

Zudem musste die Bezugnahme erforderlich sein. Je unmittelbarer die Bezugnahme, desto eher war der Vergleich unlauter[66]. Es galt das Prinzip der größtmöglichen Schonung des Konkurrenten, eine namentliche Nennung wurde grundsätzlich als nicht erforderlich erachtet[67]. Ausreichend – so die Rechtsprechung – sei, wenn in allgemeiner Form Preise oder prozentuale Verhältnisse mit Preisen verschiedener, jedoch namentlich nicht gekennzeichneter Konkurrenzprodukte angegeben würden[68].

Wegen fehlender Möglichkeiten zur erkennbaren Bezugnahme war die Irreführungsgefahr bei Vergleichen mit unbenannten Wettbewerbern sehr hoch, so dass Preisvergleiche typischerweise scheiterten[69]. *Gloy/Bruhn*[70] sprachen von einer „argumentativen Zwickmühle", die bei Preisvergleichen zur grundsätzlichen Unlauterkeit führte.

Schließlich mussten Werbungen auch dem Sachlichkeitsgebot genügen[71]. Unzulässig waren daher pauschale Abwertungen eines fremden Produktes[72]. Der

---

64 *Menke*, Recht und Ökonomie der kritisierenden vergleichenden Werbung, 203 ff.

65 BGH, GRUR 1962, 45 ff. (48) – Betonzusatzmittel; GRUR 1967, 308 ff. (310 f.) – Backhilfsmittel; BGH, GRUR 1969, 283 ff. (285) – Schornsteinauskleidung; BGH, GRUR 1970, 422 ff. (423 f.) –Tauchkühler; BGH, GRUR 1971, 159 f. (160) – Motoryacht.

66 *Menke*, WRP 1998, 811 ff. (812); *Meyer*, WRP 1991, 765 ff. (766).

67 BGH, GRUR 1968, 443 ff. (445) – 40 %; BGH, GRUR 1970, 422 ff. – Tauchkühler; BGH, GRUR 1989, 668 ff. (669) – Generikum-Preisvergleich; BGH, GRUR 1992, 61 ff. (62) – Preisvergleichsliste; *Kotthoff*, BB 1998, 2217 ff. (2217); *Gloy/Bruhn*, GRUR 1998, 226 ff. (230).

68 BGH, GRUR 1989, 668 ff. (669) – Generikum-Preisvergleich; die jüngste Entscheidung „Pippig Augenoptik", EuGH, WRP 2003, 615 ff. (623 ErwG 82) verdeutlicht den Wandel der Rechtsprechung: *Nach dem Wortlaut der zweiten Begründungserwägung der Richtlinie 97/55 soll die vergleichende Werbung dazu beitragen, die Vorteile der verschiedenen vergleichbaren Erzeugnisse objektiv herauszustellen. Eine solche Objektivität setzt voraus, daß die Personen an die sich die Werbung richtet, die tatsächlichen Preisunterschiede der verglichenen Produkte und nicht nur den durchschnittlichen Unterschied zwischen den von dem Mitbewerber verlangten Preisen erfahren können.*

69 BGH, GRUR 1989, 668 ff. (669) – Generikum-Preisvergleich; BGH, WRP 1996, 1097 ff. – Preistest; BGH, GRUR 1996, 983 ff. – Preisvergleich II.

70 *Gloy/Bruhn*, GRUR 1998, 226 ff. (230 f.).

71 *Baumbach/Hefermehl*, § 1 UWG Rn. 393 ff.; *Strothmann*, GRUR 1988, 588 ff. (595 f.);

Werbende musste den Verbrauchern alle wesentlichen Umstände mitteilen, um nicht durch Auslassungen einzelner Aspekte bzw. Eigenschaften einen falschen Gesamteindruck und damit eine Irreführung entstehen zu lassen[73].

(b) Anlehnende vergleichende Werbung

Die anlehnende vergleichende Werbung wurde als „sittenwidriges Schmarotzen an fremder Leistung" angesehen[74]. Sie wurde ausschließlich nach Rufausbeutungsgesichtspunkten beurteilt[75]. Schon der Tatbestand des anlehnenden Vergleichs war pauschal sittenwidrig, da hierin bereits die vollendete Rufausbeutung gesehen wurde[76]. Zwar schlug der BGH mit der *Raziol*-Entscheidung[77] kurzzeitig eine andere Linie ein und wandte den hinreichenden Anlass auch auf diese Form der Werbung an. Mit der *Bioäquivalenz*-Entscheidung[78] kehrte er jedoch wieder zur strengen Linie zurück und forderte für die Zulässigkeit, dass „über die bei der kritisierenden vergleichenden Werbung maßgeblichen Zulässigkeitskriterien hinaus zusätzliche Umstände vorliegen", um diesen Werbetypus zu rechtfertigen.

Ausnahmen wurden praktisch nur im Bereich des Ersatzteil- und Zubehörgeschäfts in Form eines Bestimmungshinweises zugelassen[79].

(c) Persönliche und unternehmensbezogene vergleichende Werbung

Die Beurteilung der persönlichen vergleichenden Werbung war noch strenger als die der anlehnenden vergleichenden Werbung, da der Hinweis auf persönliches nach herrschendem Verständnis mit dem Leistungswettbewerb nichts zu tun hatte[80]. Der persönlichen vergleichenden Werbung gleich stand die unternehmensbezogene vergleichende Werbung. Mit Erfüllung des Tatbestandes der persönlichen oder unternehmensbezogenen vergleichenden Werbung war das Unlauterkeitsurteil praktisch gefällt[81].

Bork, WRP 1990, 385 ff. (386).

72 BGH, GRUR 1973, 270 ff. (270) – Der sanfte Bitter; BGH, GRUR 1981, 823 ff. (826) – Ecclesia Versicherungsdienst; BGH, GRUR 1984, 823 ff. (824) – Charterfluggesellschaften; BGH, GRUR 1985, 982 ff. (983) – Großer Werbeaufwand.

73 BGH, GRUR 1967, 569 ff. (599) – Kuppelmuffenverbindung; BGH, GRUR 1986, 548 ff. (549) – Dachsteinwerbung; GRUR 1988, 764 ff. (767) – Krankenkassen-Fragebogen.

74 *Emmerich*, S. 89.

75 *Waibel*, GRUR 1976, 407 ff. (407).

76 *Peschel*, S. 197.

77 BGH, GRUR 1976, 375 ff.

78 BGH, WRP 1989, 572 ff. (575).

79 *Peschel*, S. 153 ff.

80 BGH, GRUR 1954, 333 ff. (335) – Molkereizeitung; BGH, GRUR 1958, 35 ff. (37) – Die Fundstelle; BGH, GRUR 1966, 92 ff. (94) – Bleistiftabsätze; *Baumbach/Hefermehl*, § 1 UWG Rn. 340 ff.

81 *Emmerich*, S. 87.

Ausnahmen waren vornehmlich in Abwehrfällen denkbar. So war es beispielsweise zulässig auf den Konkurs eines Konkurrenten hinzuweisen, wenn dieser in der Werbung verschwiegen und dadurch Kunden irregeführt wurden[82].

5. Behandlung verwandter Werbeformen

(a) Systemvergleiche

Das generelle Verbot der vergleichenden Werbung galt nicht für Systemvergleiche[83], diese waren grundsätzlich zulässig, da es sich nicht um vergleichende Werbungen im eigentlichen Sinne handelte. In letzter Zeit hatte die Differenzierung etwas an Konturschärfe verloren, da die Rechtsprechung das Gebot der Erforderlich- und Sachlichkeit sowie das Verbot der pauschalen Herabsetzung zunehmend auch auf Fälle der nicht bezugnehmenden Werbung übertragen hat[84]. Im Allgemeinen wurde der Systemvergleich jedoch deutlich geringeren Anforderungen als die vergleichende Werbung unterworfen, insbesondere musste nicht der Voraussetzung des „hinreichenden Anlasses“ genügt werden.

(b) Allein- und Spitzenstellungswerbung

Auch Alleinstellungswerbungen wurden nicht als klassische vergleichende Werbungen beurteilt. Da es regelmäßig an einer erkennbaren Bezugnahme auf Mitbewerber fehlte[85], wurden diese Werbungen als grundsätzlich zulässig eingestuft. Wenn in Einzelfällen eine erkennbare Bezugnahme auf Mitbewerber angenommen wurde, musste diese Werbung auch den strengen Grundsätzen der vergleichenden Werbung genügen[86].

(c) Aufforderungen zum Vergleich

Mit der *Cola-Test*-Entscheidung[87] hat der BGH die Aufforderung zum Vergleich vom generellen Verbot des Vergleichens ausgenommen[88], da die bloße Aufforderung zum Vergleichen nicht als erkennbare Bezugnahme auf Mitbewerber verstanden wurde[89].

---

[82] OLG Koblenz, GRUR 1988, 43 ff. (44 f.).

[83] BGH, GRUR 1952, 416 ff. – Dauerdose; BGH, GRUR 1952, 37 ff. (39) – Ladenschlachter; BGH, GRUR 1961, 237 ff. (240) - TOK-Band; *Baumbach/Hefermehl*, § 1 UWG Rn. 346; *Meyer*, Die kritisierende vergleichende Werbung, S. 114 ff.

[84] *Henning-Bodewig*, GRUR Int. 1999, 385 ff. (389).

[85] *Baumbach/Hefermehl*, § 3 UWG Rn. 81.

[86] *Meyer*, Die kritisierende vergleichende Werbung, S. 29 ff.

[87] BGH, GRUR 1987, 49 ff.

[88] *Henning-Bodewig*, GRUR Int. 1999, 385 ff. (389).

[89] *Baumbach/Hefermehl*, § 1 UWG Rn. 362.

II. Entstehung der Richtlinie 97/55/EG

1. Vorgeschichte

Nach Abschluss der Römischen Verträge setzten die Arbeiten zur Harmonisierung des Wettbewerbrechts ein[90].

(a) Erste Harmonisierungsbemühungen

Begonnen wurde 1965 mit einer Bestandsaufnahme der nationalen wettbewerbsrechtlichen Vorschriften[91]. Hierzu hatte die europäische Kommission das Max-Planck-Institut für ausländisches und internationales Patent-, Urheber- und Wettbewerbsrecht mit einer Untersuchung beauftragt[92]. Die ausgearbeiteten Harmonisierungsvorschläge zielten auf eine systematische Regelung ab. Eine Wettbewerbsverordnung sollte sämtliche Tatbestände von der irreführenden Werbung bis zum Geheimnisverrat, von der sklavischen Nachahmung bis zum Recht der geographischen Herkunftsangaben erfassen[93]. Das Gutachten sah die Einführung einer an Art. 10 Pariser Verbandsübereinkunft (PVÜ) angelehnten Generalklausel vor. Aus verschiedenen Gründen kam es jedoch niemals zur Umsetzung dieser Vorschläge[94].

Nach dem Beitritt der *common law*-Länder Vereinigtes Königreich und Irland rückte ein Konsens in noch weitere Ferne[95]. Diese Länder kannten kein eigenständiges Rechtsgebiet des unlauteren Wettbewerbs und die Auffassungen über notwendige Standards bezüglich der Frage der guten Sitten gingen weit auseinander[96].

(b) Irreführungsrichtlinie 84/450/EWG

Schließlich entschloss man sich zunächst, nur den Bereich der Werberegulierung, insbesondere den Irreführungsschutz zu harmonisieren. Ein ursprünglich erwogenes Abkommen wurde verworfen[97] und die Kommission entschied sich für eine Richtlinie als Mittel der Rechtsangleichung. Das Ergebnis war der „Vorschlag einer Richtlinie des Rates zur Angleichung der Rechts- und Verwaltungsvorschriften der Mitgliedstaaten über irreführende und unlautere Wer-

---

[90] *Gülbay*, S. 33; *Keilholz*, GRUR Int. 1987, 390 ff. (390).

[91] Die so genannte Ulmer-Studie; Das Recht des unlauteren Wettbewerbs in den Mitgliedstaaten der Europäischen Wirtschaftsgemeinschaft, Hrsg.: *Ulmer/Beier*, Vergleichende Darstellung mit Vorschlägen zur Rechtsangleichung, 1965; vgl. auch *Ulmer*, GRUR Int. 1973, 135 ff. (135); *Ohly/Spence*, GRUR Int. 1999, 681 ff. (681).

[92] *Gloy/Bruhn*, GRUR 1998, 226 ff. (231).

[93] *Henning-Bodewig*, GRUR Int. 2002, 389 ff. (392); *Gülbay*, S. 34.

[94] *Gloy/Bruhn*, GRUR 1998, 226 ff. (231 f.).

[95] *Beier*, GRUR Int. 1984, 61 ff. (70).

[96] *Henning-Bodewig*, GRUR Int. 2002, 389 ff. (392); *Ohly/Spence*, GRUR Int. 1999, 681 ff. (682); *Gülbay* S. 38.

[97] *Schricker*, WRP 1977, 1 ff. (2); *Gülbay*, S. 39.

bung"[98]. Artikel 4 enthielt eine Regelung der vergleichenden Werbung, welche die bis heute maßgeblichen Rechtsmäßigkeitskriterien enthielt:

Vergleichende Werbung ist zulässig, sofern sie wesentliche und nachprüfbare Umstände vergleicht und weder irreführend noch unlauter ist.

Bezüglich der vergleichenden Werbung konnte jedoch kein Konsens erzielt werden, da sich Länder wie Großbritannien, Irland und Dänemark nicht mit unlauterer Werbung befassen wollten und Deutschland speziell die Regelung zur vergleichenden Werbung ablehnte[99]. Um nach 25 Jahren lauterkeitsrechtlicher Harmonisierungstätigkeit nicht ergebnislos zu enden, wurden die Vorschläge zur unlauteren und vergleichenden Werbung gestrichen und man einigte sich auf den kleinsten gemeinsamen Nenner[100] und beschränkte den Regelungsbereich der Richtlinie auf eine Angleichung der Vorschriften über die irreführende Werbung.

Die Angleichung erfolgte auf einem Mindestschutzniveau, so dass der deutsche Gesetzgeber eine Umsetzung für nicht erforderlich hielt[101]. Die Pläne zu einer weitergehenden Harmonisierung waren aber nicht gänzlich entfallen, da die Präambel der Irreführungsrichtlinie vorsah „in einer zweiten Phase anhand entsprechender Vorschläge der Kommission, soweit erforderlich, auch die vergleichende Werbung zu behandeln".

2. Richtlinienvorschläge

1991 legte die Kommission gestützt auf Art. 95 Abs. 1 EGV i. V. m. Art. 249 Abs. 3 EGV einen erneuten Richtlinienvorschlag über die Angleichung der vergleichenden Werbung vor[102]. Zentrale Vorschrift des Vorschlages war der in die Richtlinie 84/450/EWG einzufügende Art. 3 a:

(1) Vergleichende Werbung ist zulässig, sofern sie sich auf wesentliche, sachliche, nachprüfbare und lauter ausgewählte Eigenschaften oder Dienstleistungen eines Mitbewerbers bezieht und

a) nicht irreführend ist;

b) auf dem Markt keine Verwechslungen zwischen dem Werbenden und einem Mitbewerber oder zwischen den Warenzeichen, Handelsnamen, den Erzeugnissen oder Dienstleistungen des Werbenden und denen eines Mitbewerbers verursacht;

---

[98] Abl. EG 1978 C 70/4 v. 21.03.1978; Abl. EG C 194 v. 01.08.1979, S. 3, GRUR Int. 1980, 30 ff.

[99] Vgl. KOM (91) 147 endg. – SYN 343 v. 21.06.1991.

[100] Erforderlich war eine einstimmige Entscheidung, da Art. 100 a EGV, welcher auch Mehrheitsentscheidungen zulässt, erst im Jahre 1986 eingeführt wurde.

[101] *Plassmann*, GRUR 1996, 377 ff. (382); *Gloy/Bruhn*, GRUR 1998, 226 ff. (232).

[102] KOM (91) 147 endg.- SYN 343 v. 21.06.1991.

c) weder einen Mitbewerber oder dessen Warenzeichen, Handelsnamen, Erzeugnisse oder Dienstleistungen herabsetzt, verunglimpft oder verächtlich macht noch hauptsächlich darauf abzielt, den Ruf eines Warenzeichens oder des Handelsnamens eines Mitbewerbers auszubeuten.

(2) In der Werbung ist die Erwähnung oder die Wiedergabe der Ergebnisse von vergleichenden Tests von Erzeugnissen oder Dienstleistungen, die von einem Dritten vorgenommen werden, nur mit ausdrücklicher Zustimmung der Person zulässig, die den Test durchgeführt hat. In solchen Fällen übernimmt der Werbende die Verantwortung für den vergleichenden Test, als ob er von ihm selbst oder unter seiner Leitung vorgenommen worden ist.

Das Europäische Parlament nahm 1992 zu dem Richtlinienvorschlag Stellung und forderte die Kommission zu weitreichenden Änderungen auf. Daraufhin legte die Kommission im Mai 1994 einen geänderten Richtlinienvorschlag vor[103].

Der Rat hatte sich seit 1992 mit den Richtlinienvorschlägen beschäftigt; hier wurden teilweise sehr unterschiedliche Auffassungen vertreten. 1995 konnte eine Übereinkunft erzielt werden, darauf aufbauend wurde 1996 mit qualifizierter Mehrheit ein gemeinsamer Standpunkt verabschiedet[104]. Dieser wurde dem Europäischen Parlament zugeleitet, welches im Oktober 1996 Abänderungen vornahm. Da der Rat die eingebrachten Änderungen teilweise nicht akzeptieren wollte, wurde der Vermittlungsausschuss angerufen.

3. Verabschiedung der Richtlinie 97/55/EG

Im Juni 1997 wurde schließlich eine konsensfähige Lösung gefunden, die vom Europäischen Parlament einstimmig, vom Rat mit qualifizierter Mehrheit angenommen wurde. Zentrale Vorschrift des Vorschlages war weiterhin der in die Richtlinie 84/450/EWG einzufügende Art. 3 a:

(1) Vergleichende Werbung gilt, was den Vergleich anbelangt, als zulässig, sofern folgende Bedingungen erfüllt sind:

a) Sie ist nicht irreführend im Sinne des Artikels 2 Nummer 2, des Artikels 3 und des Artikels 7 Absatz 1;

b) sie vergleicht Waren oder Dienstleistungen für den gleichen Bedarf oder dieselbe Zweckbestimmung;

c) sie vergleicht objektiv eine oder mehrere wesentliche, relevante, nachprüfbare und typische Eigenschaften dieser Waren und Dienstleistungen, zu denen auch der Preis gehören kann;

d) sie verursacht auf dem Markt keine Verwechslung zwischen dem Werbenden und einem Mitbewerber oder zwischen den Marken, den

[103] KOM(94) 151 endg., Abl. EG 1994 C 136/4 v. 19.05.1994.
[104] Abl. EG 1996 C 219/14 v. 27.07.1996.

Handelsnamen, anderen Unterscheidungszeichen, den Waren oder den Dienstleistungen des Werbenden und denen eines Mitbewerbers;

e) durch sie werden weder die Marken, die Handelsnamen oder andere Unterscheidungszeichen noch die Waren, die Dienstleistungen, die Tätigkeiten oder die Verhältnisse eines Mitbewerbers herabgesetzt oder verunglimpft;

f) bei Waren mit Ursprungsbezeichnung bezieht sie sich in jedem Fall auf Waren mit der gleichen Bezeichnung;

g) sie nutzt den Ruf einer Marke, eines Handelsnamens oder anderer Unterscheidungszeichen eines Mitbewerbers oder der Ursprungsbezeichnung von Konkurrenzerzeugnissen nicht in unlauterer Weise aus;

h) sie stellt nicht eine Ware oder eine Dienstleistung als Imitation oder Nachahmung einer Ware oder Dienstleistung mit geschützter Marke oder geschütztem Handelsnamen dar.

(2) Bezieht sich der Vergleich auf ein Sonderangebot, so müssen klar und eindeutig der Zeitpunkt des Endes des Sonderangebotes und, wenn das Sonderangebot noch nicht gilt, der Zeitpunkt des Beginns des Zeitraumes angegeben werden, in dem der Sonderpreis oder andere besondere Bedingungen gelten; gegebenenfalls ist darauf hinzuweisen, dass das Sonderangebot nur solange gilt, wie die Waren und Dienstleistungen verfügbar sind."

Im Oktober 1997 – fast 20 Jahre nach dem ersten Entwurf zur Regelung der vergleichenden Werbung – wurde die Richtlinie 97/55/EG „zur Änderung der RL 84/450/EWG über irreführende Werbung zwecks Einbeziehung der vergleichenden Werbung“[105] gegen die Stimme Deutschlands verabschiedet. Deutschland sah wohl weder die grundsätzliche Notwendigkeit einer EG-weiten Regelung, noch war man mit den Formulierungen der einzelnen Bestimmungen einverstanden.[106]

Weite Teile der Literatur beurteilten die damit verbundene Liberalisierung des Werberechts positiv, „wenn auch nicht alle Blütenträume gereift sind“[107]. Autoren, die wie *Meyer*[108] und *Menke*[109] verstärkt ökonomische Faktoren in der Bewertung des wettbewerblichen Verhaltens berücksichtigen, versprachen sich eine Verbesserung der Verbraucherinformation und Markttransparenz.

Das Max-Planck-Institut bemerkte, dass die Richtlinie „kein gesetzgeberisches Meisterwerk“ sei[110]. Zudem wurde die Unbestimmtheit der maßgeblichen Tatbestandsmerkmale des Art. 3 a Abs. 1 TL als problematisch und als dem Harmoni-

---

[105] Abl. EG 1997 L 290/18 v. 23.10.1997, GRUR Int. 1997, 985 ff.
[106] Vgl. *Gloy/Bruhn*, GRUR 1998, 226 ff. (233).
[107] *Tilmann*, GRUR 1997, 790 ff. (795); *Eck/Ikas*, WRP 1999, 251 ff. (273).
[108] *Meyer*, WRP 1991, 765 ff. (771).
[109] *Menke*, WRP 1993, 718 ff. (728).
[110] *MPI-Stellungnahme*, GRUR Int. 2000, 265 f. (265).

sierungsprozess abträglich empfunden[111]. Man befürchtete beispielsweise, dass die unbestimmten Merkmale eine Beibehaltung des Verbotsgrundsatzes möglich machen könnten[112].

Andere Stimmen stellten das Bedürfnis, gerade den Teilbereich der vergleichenden Werbung zu harmonisieren, grundsätzlich in Frage, insbesondere wurde vor der Dekodifizierung des Wettbewerbsrechts gewarnt[113] und für die Beibehaltung des Verbotsgrundsatzes mit entsprechend weiten Ausnahmen plädiert[114].

Aus heutiger Sicht erfährt diese Kritik gewissen Zuspruch, denn die Kommission geht im Grünbuch Verbraucherschutz davon aus, dass die Politik der detaillierten Bereichsregelungen nicht fortgesetzt werden kann[115].

4. Zusammenfassung

Im Ergebnis lässt sich aus der historischen Entstehungsgeschichte ableiten, dass die Richtlinie Ergebnis der Harmonisierungsbemühungen der Europäischen Gemeinschaft ist. Gerade das Erstarken des Gedankens der Verbraucherunterrichtung hat die Entstehungsgeschichte geprägt, so dass trotz des vehementen Widerstandes einiger Länder eine Verabschiedung im Mehrheitsverfahren möglich war.

Da eine Gesamtharmonisierung des Rechtes gegen den unlauteren Wettbewerb nicht gelingen wollte, wurde die Priorität auf das Werberecht gerichtet und damit auf einen Bereich, in dem Verbraucherinteressen am offensichtlichsten berührt sind. Aus der Entstehungsgeschichte sind insoweit erste Rückschlüsse auf das Schutzzweckverständnis des europäischen Gesetzgebers möglich, welches Verbraucherinteressen verstärkt zu berücksichtigen scheint. Dies ist eine wertvolle Erkenntnis, wenn Fragen im Zusammenhang mit der Auslegung und Systematisierung von § 2 UWG anstehen.

---

[111] *v. Gamm*, WRP 1992, 143 ff. (146); *Piper*, WRP 1992, 685 ff. (688); *Bühler*, WM 1992, 677 ff. (680); Stellungnahme des Bundesrates, Beschluss v. 08.11.1991, BR-Drucks. 459/91, S. 3.

[112] *Bühler*, WM 1992, 677 ff. (680 f.).

[113] *Funke*, WRP 1991, 550 ff. (551); *Piper*, WRP 1992, 685 ff. (688); *Schricker*, GRUR Int. 1992, 347 ff. (352); Stellungnahme des Bundesrates, Beschluss v. 08.11.1991, BR-Drucks. 459/91, S. 1 f.; *GRUR Stellungnahme Richtlinienvorschlag 91*, GRUR 1992, 370 f. (370); v. *Gamm*, WRP 1992, 143 ff. (144): *Jedenfalls sind aber die Unterschiede der bestehenden nationalen Regelungen nicht so gravierend, dass nicht eine umfassende Harmonisierung des gesamten Wettbewerbsrechts abgewartet werden könnte.*

[114] *v. Gamm*, WRP 1992, 143 ff. (146); *Piper*, WRP 1992, 685 ff. (687); *GRUR Stellungnahme Richtlinienvorschlag 91*, GRUR 1992, 370 ff. (370).

[115] Grünbuch Verbraucherschutz, KOM(01) 531 endg. v. 02.10.2001, S. 15 ff.

III. Umsetzung der Richtlinie

1. Umsetzung durch Rechtsprechungsänderung

Nach Art. 3 RL waren die Richtlinienvorgaben bis spätestens 30 Monate nach der Veröffentlichung im Amtsblatt – also bis zum 23.04.2000 – in das nationale Recht umzusetzen[116]. Das Gemeinschaftsrecht (Art. 249 Abs. 3 EGV) legt die Mitgliedsstaaten nicht auf eine bestimmte Form oder Mittel der Umsetzung fest. Daher setzte nach Verabschiedung der Richtlinie eine lebhafte Diskussion über das richtige Mittel der Umsetzung ein. Die Bandbreite der Vorschläge reichte von der Auffassung, keinerlei Umsetzungsaktivität sei notwendig[117], eine Umsetzung könne durch Rechtsprechungsänderung erfolgen[118], bis zu der Auffassung, dass nur ein förmliches Umsetzungsgesetz den Richtlinienanforderungen genügen könne[119].

(a) „Testpreis-Angebot"-Entscheidung

Der BGH nutzte jedenfalls schon kurze Zeit nach Inkrafttreten der Richtlinie den ersten ihm vorliegenden Fall, um mit einem Urteil im Februar 1998 den neuen europäischen Maßstäben Rechnung zu tragen[120]. In der Sache ging es um ein Schreiben eines Sportartikelhändlers an einen Kunden, das einen Vergleich mit so genannten Graphit-Fiberglas-Tennisschlägern enthielt. Das Gericht betonte, dass die Richtlinie bereits ab dem Zeitpunkt ihrer Bekanntgabe Rechtswirkungen gegenüber den Mitgliedsstaaten entfalte. In richtlinienkonformer Auslegung des § 1 UWG sah der BGH vergleichende Werbung als zulässig an, soweit sie den Voraussetzungen des Richtlinienkataloges entspricht, da sich diese unmittelbar auf das Merkmal der Sittenwidrigkeit auswirken[121]:

> *Ein Verhalten, das der europäische Gesetzgeber als grundsätzlich zulässig erachtet, kann – unabhängig von der Umsetzungsfrist – nicht als Verstoß gegen die guten Sitten gewertet werden. Durch die Generalklausel des § 1 UWG hat der nationale Gesetzgeber dem Richter nicht nur die Möglichkeit einer Anpassung an eine bereits gewandelte Verkehrsauffassung, sondern auch eine Öffnung für Wertungen geschaffen, die ihren Ausdruck in anderen Bestimmungen der nationalen oder europäischen Rechtsordnung finden und deren Berücksichtigung im Rahmen der Auslegung dieses Begriffes schon die Einheit der Rechtsordnung gebietet.*

---

[116] Vgl. Reg.-Begr., WRP 2000, 555 ff. (556).
[117] Vgl. *Gloy/Bruhn*, GRUR 1998, 226 ff. (239).
[118] *Sedelmeier*, ZRP 1991, 370 ff. (374); *Menke*, WRP 1998, 811 ff. (818, 826); *Sack*, GRUR Int. 1998, 263 ff. (272).
[119] *Plassmann*, GRUR 1996, 377 ff. (382); *Hartlage*, S. 215; *Tilmann*, GRUR 1997, 790 ff. (791); *Ohly*, GRUR 1998, 828 ff.; *Tilmann*, GRUR 1999, 546 ff. (546);
[120] BGH, GRUR 1998, 824 ff. (827) – Testpreis-Angebot.
[121] BGH, GRUR 1998, 824 ff. (827) – Testpreis-Angebot.

Ein Verstoß gegen § 1 UWG lag gleichwohl vor, da Art. 3 a Abs. 1 lit. e) RL Herabsetzungen untersagt und die streitgegenständliche Werbung[122] eine Produktgattung von Tennisschlägern pauschal herabgesetzt haben soll.

(b) „Preisvergleichsliste II"-Entscheidung

Auch das zweite Urteil vom April 1998, das einen Preisvergleich betraf, bestätigte die Aufgabe des Verbotsgrundsatzes[123]. Die Beklagte, eine Einkaufsgemeinschaft für holz- und kunststoffverarbeitende Unternehmen, hatte eine Liste für Tischlerbetriebe herausgegeben, in der einzelne Artikel unter Angabe der Preise und Lieferanten zusammengestellt waren. Die Beklagte bot an, die nach der Liste jeweils billigsten Offerten gegen einen prozentualen Aufschlag zu besorgen. Der BGH verwies den Fall mangels hinreichender tatsächlicher Feststellungen an das OLG zurück und gab dem Berufungsgericht Vorgaben für die rechtliche Beurteilung. Der Preisvergleich sei am Kriterienkatalog des Art. 3 a Abs. 1 RL zu messen, insbesondere sei die Prüfung der Vergleichseigenschaften nach Art. 3 a Abs. 1 lit. c) RL von rechtlicher Bedeutung. An das Merkmal der Nachprüfbarkeit und an die Abgrenzung zwischen Tatsachen und Werturteil dürften keine zu hohen Anforderungen gestellt werden[124].

(c) „Vergleichen Sie"-Entscheidung

Das dritte Urteil erging im Oktober 1998[125]. Anlass war das Schreiben eines Mitarbeiters eines mehrstufigen Vertriebssystems, der eine Interessentin wie folgt angeschrieben hatte: „Diese Chance bietet sich Ihnen heute mit einer anderen Produktpalette an! Es handelt sich um hochwertigen Designer-Modeschmuck zu akzeptablen Preisen. Vergleichen Sie einmal mit dem Katalog von P. L.!" Der BGH hielt das Schreiben im Ergebnis für zulässig, da es den Voraussetzungen des Kriterienkataloges genügen konnte.

2. Umsetzung durch den Gesetzgeber (§ 2 UWG)

(a) Gesetzgebungsverfahren

Die Frage, ob die Rechtsprechungsänderung des BGH europäischen Anforderungen genügt hätte, blieb offen, da sich der Gesetzgeber dafür entschied, die Richtlinie als förmliches Gesetz umzusetzen und den „Entwurf eines Gesetzes zur vergleichenden Werbung und zur Änderung wettbewerbsrechtlicher Vorschriften" vorgelegt hat[126].

Als Standort für die neue Regelung wurde § 2 UWG gewählt. Der Bundesrat sprach sich für eine noch wörtlichere Übernahme der Richtlinienterminologie

---

[122] „Billige Composite-Rackets (Graphit-Fiberglas) muten wir Ihnen nicht zu.".
[123] BGH, GRUR 1999, 69 ff. – Preisvergleichsliste II.
[124] BGH, GRUR 1999, 69 ff. (71) – Preisvergleichsliste II.
[125] BGH, GRUR 1999, 501 ff. – Vergleichen Sie.
[126] BT-Drucks. 14/2959.

aus und äußerte Zweifel an der ordnungsgemäßen Umsetzung des Art. 3 a Abs. 1 lit. e) und g) RL[127].

Nach einem Bericht des Rechtsausschusses[128] wurde der Regierungsentwurf abgeändert und vom Bundestag angenommen[129]. Der Bundesrat billigte das Gesetz, das am 01.09.2000 verabschiedet wurde, die Verkündung erfolgte am 13.09.2000[130].

(b) Materielle Regelungen

Trotz Bedenken hat sich der Gesetzgeber für eine fast wörtliche Umsetzung der Richtlinie entschieden, die Kriterien des Art. 3 a Abs. 1 RL wurden als Verbotstatbestand in § 2 UWG eingefügt. Der Gesetzgeber sah einen gewissen Umsetzungsspielraum[131]:

> *Artikel 3 a enthält in Absatz 1 den Kriterienkatalog für zulässige vergleichende Werbung und in Absatz 2 eine Spezialbestimmung für Sonderangebote. Beide Bestimmungen sind grundsätzlich umsetzungsbedürftig. Im Detail bestehen allerdings Auslegungsspielräume, die bei der Umsetzung genutzt werden können.*

Art. 1 RL, welcher den Zweck und die Schutzzweckbestimmung der Richtlinie enthält, wurde für nicht umsetzungsbedürftig gehalten[132]. Die Definition der vergleichenden Werbung (Art. 2 Nr. 2 a RL) und damit der sachliche Anwendungsbereich der Norm, wurde in § 2 Abs. 1 UWG umgesetzt. Die materiellen Regelungen wurden wie folgt umgesetzt:

- Art. 3 a Abs. 1 lit. a) RL (Irreführungsverbot) wurde mittels einer Klarstellung als § 3 S. 2 UWG eingefügt.
- Der Buchstabe lit. b) (Bedarfs- und Zweckidentität) wurde als § 2 Abs. 2 Nr. 1 UWG umgesetzt.
- Die Eigenschaftskriterien wurde als § 2 Abs. 2 Nr. 2 UWG umgesetzt.
- Die Regelungen zur Verwechslungsgefahr (lit. d) sind als § 2 Abs. 2 Nr. 3 UWG umgesetzt worden.
- Art. 3 a Abs. 1 lit. e) RL (Herabsetzung und Verunglimpfung) wurde in einen kennzeichenrechtlichen Tatbestand (§ 2 Abs. 2 Nr. 4 Alt. 2 UWG) aufgeteilt, der zusätzlich die Rufausbeutungsklausel (lit. g) umsetzt.
- Den Resttatbestand bezüglich der Waren, Dienstleistungen, Tätigkeiten und Verhältnisse enthält nun § 2 Abs. 2 Nr. 5 UWG.

---

[127] BT-Drucks. 128/00 (Beschluss) S. 3 ff.
[128] BT-Drucks. 14/3418 S. 1 ff.
[129] BT-Drucks. 359/00.
[130] BGBl. I 2000, 1374 ff.
[131] Vgl. Reg.-Begr., WRP 2000, 555 ff. (557).
[132] Vgl. Reg.-Begr., WRP 2000, 555 ff. (557).

- Art. 3 a Abs. 1 lit. h) RL (Imitationen und Nachahmungen) ist als § 2 Abs. 2 Nr. 6 UWG, die Regelung über Sonderangebote als § 2 Abs. 3 UWG umgesetzt worden.
- Die Regelung bezüglich der Waren mit Ursprungsbezeichnungen (Art. 3 a Abs. 1 lit. f) RL) hielt der Gesetzgeber für nicht umsetzungsbedürftig[133].

B) Südafrika

I. „*Post Newspapers*"-Entscheidung

Die Historie der vergleichenden Werbung geht in die frühen 70er Jahre des 20. Jahrhunderts zurück. Der wettbewerbsrechtlichen Entscheidung *Post Newspapers (Pty) Ltd v World Printing and Publishing Co Ltd*[134] lag eine vergleichende Werbung zugrunde, die von südafrikanischen Gerichten als zulässig erachtet wurde. Dem stand die Auffassung der ASA diametral gegenüber, welche jegliche Form vergleichender Werbung als unzulässig ansah[135]. Klausel sechs des Selbstregulierungskodexes lautete zu dieser Zeit[136]:

> *Advertisers shall not disparage the products and/or services of other advertisers, either directly or by innuendo. In particular, advertisements should not single out a specific product or service for unfavourable comparison.*

Die ASA berief sich insoweit auf die vergleichbar restriktiven Positionen einiger europäischer Länder. Allerdings wurde das Thema der vergleichenden Werbung nicht besonderes diskutiert, da die Marktstrukturen kaum Wettbewerb zuließen und daher kein Bedürfnis nach aggressiven Werbemethoden bestand. Nachdem sich die vergleichende Werbung in den 80er Jahren in Amerika durchgesetzt hatte, kam das Thema auch in Südafrika erneut auf[137]. Die ASA machte wiederum deutlich, dass vergleichende Werbung mit dem Selbstregulierungskodex nicht zu vereinbaren ist[138].

1987 wurde in der Entscheidung *Klep Valves (Pty) Ltd v Saunders Valve Co Ltd*[139] erstmalig die markenrechtliche Unzulässigkeit der vergleichenden Werbung festgestellt.

II. „BMW beats the bendz"-Werbung

Erst 1990 wurde die vergleichende Werbung Gegenstand landesweiter Diskussionen. Mercedes-Benz hatte einen Unfall auf Südafrikas bekanntestem Straßen-

---

[133] Vgl. Reg.-Begr., WRP 2000, 555 ff. (557).
[134] 1970 (1) SA 454 (W).
[135] *Judin/Dickens*, Marketing Mix 1996/5.
[136] Abgedruckt in *Salmon*, SALJ 1987, 647 ff. (648).
[137] *Charney*, Management 1983, 48 ff.
[138] *Charney*, Management 1983, 48 ff.
[139] 1987 (2) SA 1 (A).

abschnitt, dem Chapman's Peak, zum Anlass genommen, um eine Aufsehen erregende und mit internationalen Preisen prämierte Werbung zu produzieren. In der Werbung war ein Mercedes an einem Küstenabschnitt etwa 70 m herabgestürzt, wobei der Fahrer den Unfall überlebte. BMW reagierte daraufhin mit der unter dem Stichwort „BMW beats the bendz" bekannt gewordenen Werbung[140]. Die Werbung war vom Stil und Aufmachung an die Mercedes Werbung angelehnt. Die Kurve („*bends*"), welche dem Mercedes zum Verhängnis wurde, meisterte der BMW jedoch fehlerlos. Die Leistung des BMW wurde wie folgt kommentiert: *„Doesn't it make sense to drive a luxury sudan that beats the bendz?"*[141].

Die sich anschließende Diskussion über die Zulässigkeit und das Bedürfnis nach vergleichender Werbung zeigte Wirkung. Die juristische Literatur griff das Thema auf[142] und die ASA, die die „Beat the bendz-Werbung" als herabsetzend untersagt hatte[143], änderte 1994 ihre Selbstregulierungsbestimmungen, um vergleichende Werbung in Klausel sieben ausdrücklich zu gestatten.

III. Vorgesehene markenrechtliche Ausnahmeregelung

Etwa zur gleichen Zeit war Südafrika mit der Verabschiedung eines neuen Markengesetzes befasst. Als Grundlage diente der englische Gesetzesentwurf zur Umsetzung der MRRL, welcher in s 10 (6) eine Ausnahmeregelung für vergleichende Werbungen enthielt. Diese fand sich als s 34 (2) (d) auch im südafrikanischen Gesetzesentwurf wieder[144]. Unmittelbar vor Verabschiedung wurde die Markenartikelindustrie[145] auf die Bestimmung aufmerksam und startete eine Kampagne gegen die Ausnahmeregelung. Die vorgebrachten Argumente gegen eine markenrechtliche Zulässigkeit vergleichender Werbung erscheinen vor dem Hintergrund der Beweggründe, die zur Verabschiedung der Richtlinie 97/55/EG geführt haben, zumindest zweifelhaft[146]:

- vergleichende Werbungen sind nicht dazu geeignet, den Verbraucher besser zu informieren, da sie das Vertrauen in Werbungen beeinträchtigen können und dadurch die Informationsfunktion der Werbung beeinträchtigen;
- vergleichende Werbungen sind niemals objektiv oder vollständig und daher regelmäßig irreführend;
- vergleichende Werbungen dienen ressourcenstarken Wettbewerbern dazu, kleinere Konkurrenten aus dem Markt zu drängen;

---

140 *Woker*, Advertising Law, S. 186 f.
141 *Manetje*, JBL 2000, 458 ff. (459).
142 *Dean*, SA Mercantile LJ, 1990, 40 ff.
143 *Woker*, Advertising Law, S. 186.
144 *Manetje*, JBL 2000, 458 ff. (461) befürwortet daher die Anerkennung eines ungeschrieben markenrechtlichen Ausnahmetatbestandes („*bona finde use*").
145 Association of Marketers (ASOM).
146 *Van Rendsburg*, S. 159 ff.; ähnliche Stellungnahme zur EG-Richtlinie bei *Ahlert/Schröder*, MA 1993, 172 ff.

- o vergleichende Werbungen führten zu Preissteigerungen, da die zu erwartenden Werbeschlachten Rechtsstreitigkeiten nach sich zögen, die dadurch entstehenden zusätzlichen Kosten würden an die Verbraucher weitergegeben.

Die Argumente fanden insbesondere bei den zahlreichen ANC-Mitgliedern Gehör, die aus werbefreien Ostblockländern zurückgekehrt waren[147], und so wurde die Ausnahmeregelung fallen gelassen. Seit der Entscheidung *Abbott Laboratories v UAP Crop Care*[148] scheint nun Gewissheit über die markenrechtliche Unzulässigkeit der vergleichenden Werbung in Südafrika zu bestehen[149].

IV. Position der ASA

Die ablehnende Einstellung der Markenartikelindustrie beeinflusst die Selbstregulierungspolitik, da beispielsweise die Association of Marketers (ASOM) ein sehr einflussreiches Mitglied der Selbstregulierungsorganisation ist. Trotz der grundsätzlichen Zulässigkeit vergleichender Werbungen wurden diese sehr restriktiv behandelt[150]. Nach Ansicht von *Vos*[151], Leiter der Rechtsabteilung der ASA, ist die Einstellung in den letzten Jahren aber liberaler geworden.

Nicht unwahrscheinlich ist, dass sich dieser Trend durch die zunehmend spürbaren kartell- und verfassungsrechtlichen Einflüsse noch verstärken wird.

---

[147] *Du Plessis*, Persönliches Gespräch, 18.02.2000, Stellenbosch.

[148] 1999 (3) SA 624 (C).

[149] Eine ausführliche Besprechung der Entscheidung findet sich bei *Manetje*, JBL 2000, 458 ff.

[150] *Woker*, Advertising Law, S. 46 ff.

[151] *Vos*, Persönliches Gespräch, 08.04.2003, Johannesburg.

5. Teil: Regulierung durch das Markenrecht

Der Schwerpunkt dieser Arbeit soll auf der Behandlung der vergleichenden Werbung durch das Wettbewerbsrecht liegen[152]. Es erscheint aber wegen der gerade im südafrikanischen Recht anzutreffenden Interferenzen zwischen kennzeichen- und wettbewerbsrechtlichen Fragestellungen unerlässlich, auch die kennzeichenrechtlichen Aspekte eingehender zu betrachten.

A) Deutschland

I. Verhältnis zum Wettbewerbsrecht

Nach § 2 UWG ist es zulässig und teilweise sogar erforderlich einen Wettbewerber direkt erkennbar zu machen[153]:

> *Dem Werbenden steht somit die Möglichkeit offen, die Marke eines Mitbewerbers im Rahmen der vergleichenden Werbung anzugeben. Unter besonderen Umständen ist es möglich, daß die Unterlassung einer solchen Angabe in einer Werbeaussage, die einen Vergleich enthält, die Personen, an die sie sich richtet, täuscht oder zumindest zu täuschen geeignet ist und sie deswegen irreführend im Sinne des Artikels 2 Nummer 2 der Richtlinie 84/450 ist.*

Die Erkennbarmachung kann mittels Verwendung einer fremden Marke, eines Handelsnamens oder anderer herkunftshinweisender Merkmale erfolgen[154]. Somit stellt sich die Frage nach dem Verhältnis des § 2 UWG zum Markenrecht.

Die Konkurrenzfrage zwischen Marken- und Wettbewerbsrecht ist in der Richtlinie nicht eindeutig geregelt worden, obwohl bereits 1991 auf diese Problematik hingewiesen wurde[155]. Erwägungsgrund 15 der Richtlinie macht jedoch deutlich, dass bei einer wettbewerbrechtlich zulässigen vergleichenden Werbung eine Markenrechtsverletzung im Ergebnis ausscheiden soll[156]. Eine dogmatische Begründung ist den Erwägungsgründen allerdings nicht zu entnehmen.

II. Kennzeichenmäßiger Gebrauch

Entscheidende Frage für die Anwendbarkeit des Markenrechts auf vergleichende Werbungen ist, ob der Verwechslungsschutz nach § 14 Abs. 2 MarkenG einen

---

[152] Damit sind auch sämtliche Fragestellungen im Zusammenhang mit der freiwilligen Selbstkontrolle Südafrikas gemeint.

[153] EuGH, WRP 2003, 615 ff. (620 ErwG 51, 52) – Pippig Augenoptik.

[154] ErwG 14 der Richtlinie 97/55/EG, Abl. EG 1997 L290/18.

[155] KOM(91) 147 endg. – SYN 346 v. 21.06.1991, S. 11: Die generelle Zulassung vergleichender Werbung erfordert, ihr Verhältnis zum gewerblichen Rechtsschutz, insbesondere zum Warenzeichenrecht zu klären.

[156] EuGH, WRP 2001, 1432 ff. (1437 ErwG 53) – Toshiba Europe; *Ohly/Spence*, GRUR Int. 1999, 681 ff. (687); *Ingerl/Rohnke*, MarkenG, § 14 Rn. 74.

markenmäßigen Gebrauch auf Seiten des Verletzers voraussetzt. *Ingerl/Rohnke*[157] sprechen in diesem Zusammenhang von der zentralen Abgrenzungsvoraussetzung zwischen dem „schärferen Schwert" des Markenrechts und dem Wettbewerbsrecht. Vor Umsetzung der MRRL bestand Einigkeit darüber, dass ein zeichenmäßiger Gebrauch erforderlich ist[158]. Dieses Erfordernis wurde mit der Beschränkung des Schutzes auf die Herkunftsfunktion der Marke begründet[159]. Ein solcher Gebrauch wurde dann angenommen, wenn ein Teil der Verkehrskreise die Zeichenbenutzung als Hinweis auf die betriebliche Herkunft des gekennzeichneten Produktes verstanden hatte[160].

Nach Umsetzung der MRRL hatte der BGH die Streitfrage nach dem Erfordernis einer markenmäßigen Benutzung zunächst offengelassen[161]. In der Literatur wurde verstärkt in Richtung eines vom Erfordernis des „markenmäßigen Gebrauchs" losgelösten Benutzungsbegriffes argumentiert[162].

In seiner ersten Entscheidung *BMW/Deenik*[163] hatte der EuGH eine markenmäßige Benutzung gefordert, dieses Erfordernis jedoch sehr weit ausgelegt[164]. Das Gericht konnte in der Nutzung einer fremden Marke im Rahmen einer Werbung eine markenmäßige Verwendung erkennen[165], da die fremde Marke in einer Weise verwendet wurde, in der auf *„eine betriebliche Herkunft"*, nämlich die des Konkurrenten, hingewiesen wurde.

Eine solche Verwendung ist allen Fällen vergleichender Werbungen immanent, so dass die Voraussetzungen der „markenmäßigen Benutzung" die einschränkende Funktion verloren hätte. *Ingerl*[166] schlug deshalb vor, das Erfordernis der herkunftshinweisenden Benutzung i. S. d. Art. 5 Abs. 1 MRRL auf die Fälle des Hinweises auf die *„eigene betriebliche Herkunft"*, also auf die des Werbenden, zu beschränken. Einige Oberlandesgerichte sind dieser Auffassung bereits gefolgt[167].

---

157 *Ingerl/Rohnke*, MarkenG, § 14 Rn. 80.

158 v. *Schultz*, MarkenG, § 14 Rn. 12; *Fezer*, MarkenG, § 14 Rn. 22 - 28, *Ingerl/Rohnke*, MarkenG, § 14 Rn. 92.

159 *Ingerl/Rohnke*, MarkenG, Einl. Rn. 66 f.

160 BGH, GRUR 1991, 609 ff. (610) – SL; BGH, GRUR 1994, 808 ff. (812) - Markenverunglimpfung I; BGH, GRUR 1995, 57 ff. (60) – Markenverunglimpfung II.

161 BGH, WRP 1998, 732 ff. (738) – Les-Paul-Gitarren.

162 *Meister*, WRP 1995, 366 ff. (372); *Krüger*, GRUR 1995, 529 ff.; *Starck*, GRUR 1996, 690 ff.

163 EuGH, GRUR Int. 1999, 438 ff. – BMW/Deenik; v. *Schultz*, MarkenG, § 14 Rn. 14.

164 *Ingerl/Rohnke*, MarkenG, § 14 Rn. 72.

165 *Fezer*, MarkenG, § 14 Rn. 30 c.

166 *Ingerl*, WRP 2002, 363 ff. (366); so auch *Ingerl/Rohnke*, MarkenG, § 14 Rn. 85, 153.

167 OLG Frankfurt a. M., GRUR 2000, 84 ff. - DAX; OLG Hamburg, GRUR 2002, 243 ff. – Lottoschein; OLG Frankfurt a. M., GRUR-RR 2002, 397 ff. – Tiapridex.

III. Schutzrechtsschranken

Der EuGH schien anfänglich einen anderen Weg zu beschreiten. In der *BMW/ Deenik*-Entscheidung[168] ist der Anwendungsbereich der Verletzungstatbestände extensiv bestimmt worden, um sodann anhand der konkreten Fallkonstellation die Schutzrechtsschranken bestimmen zu können[169]. Wohl aus diesem Grunde hat das Gericht betont, dass die Einordnung unter die eine oder andere Bestimmung des Art. 5 MRRL nicht automatisch über die Zulässigkeit der Benutzung entscheidet[170].

Die Lösung über Schutzrechtsschranken ist nicht unproblematisch[171], weil bei einem extensiv verstandenen Benutzungsbegriff für viele Fälle der „informativen Benutzungen" keine adäquaten Schrankenregelungen zur Verfügung stehen[172]. Gerade für Markenbenutzungen in vergleichenden Werbungen eignen sich die Schutzrechtsschranken für „beschreibende Angaben" (§ 23 Nr. 2 MarkenG) bzw. „Bestimmungsangaben" (§ 23 Nr. 2 MarkenG) nur sehr bedingt[173].

In der *Hölterhoff*-Entscheidung[174] hatte der EuGH über eine Vorlagefrage des OLG Düsseldorf[175] zu entscheiden. Es war zu klären, ob eine Bezugnahme auf eine fremde Marke, welche lediglich dazu diente, die Eigenschaften des eigenen Produktes näher zu beschreiben, als markenmäßige Benutzung im Sinne der MRRL angesehen werden konnte. Der EuGH[176] hat entschieden, dass eine Benutzung im Rahmen eines Verkaufsgespräches, welche dazu dient das eigene Produkt zu beschreiben, keinen Verletzungsanspuch begründet, da die Markenbenutzung vom Verkehr nicht als betriebliches Herkunftszeichen aufgefasst werde[177]. Zur Begründung wurde allerdings weder auf die *BM/ Deenik*-Entscheidung[178], noch auf Art. 5 Abs. 5 MRRL Bezug genommen. Dem Gericht war allerdings auch nicht an einer grundsätzlichen Klärung des Benutzungsbegriffes gelegen[179]. Es wies vielmehr darauf hin, dass es in Anbetracht der Vorlagefrage nicht erforderlich sei, eine über diesen konkreten Einzelfall hinausgehende Entscheidung bezüglich den Anforderungen an die Benutzung einer Marke zu treffen[180]. Das Gericht stellte allein auf Art. 5 Abs. 1 MRRL ab, also auf

[168] EuGH, GRUR Int. 1999, 438 ff.; hierzu auch *Ingerl/Rohnke*, MarkenG, § 14 Rn. 154.
[169] *Fezer*, MarkenG, § 14 Rn. 30 e.
[170] So auch *Ingerl/Rohnke*, MarkenG, § 14 Rn. 69.
[171] Hierzu *Hacker*, GRUR Int. 2000, 502 ff. (506).
[172] *Ingerl/Rohnke*, MarkenG, § 14 Rn. 88.
[173] *Ingerl/Rohnke*, MarkenG, § 14 Rn. 88.
[174] EuGH, WRP 2002, 664 ff.
[175] OLG Düsseldorf, WRP 2000, 316 ff. – Hölterhoff.
[176] EuGH, WRP 2002, 664 ff. (665 ErwG 11) – Hölterhoff; vgl. auch *Lange*, WRP 2003, 323 ff. (325).
[177] EuGH, WRP 2002, 664 ff. (666 ErwG 16, 17) – Hölterhoff, vgl. auch *Ingerl/Rohnke*, MarkenG, § 14 Rn. 75.
[178] EuGH, GRUR Int. 1999, 438 ff., hierzu auch *Ingerl/Rohnke*, MarkenG, § 14 Rn. 154.
[179] *Ingerl/Rohnke*, MarkenG, § 14 Rn. 75.
[180] EuGH, WRP 2002, 664 ff. (666 ErwG 17) - Hölterhoff.

den in § 14 Abs. 2 Nr. 1 und 2 umgesetzten Verletzungstatbestand. Entscheidend sei, ob die Verwendung der Marke im konkreten Fall „Interessen beeinträchtigt, deren Schutz Art. 5 Abs. 1 bezweckt“[181].

Der Entscheidung lässt sich nicht mit hinreichender Sicherheit entnehmen, ob das Gericht von einem spezifisch im Einzelfall zu ermittelnden Benutzungsbegriff ausgegangen ist, oder unausgesprochen die Schutzrechtsschranken der Art. 6 und 7 MRRL geprüft und als einschlägig bejaht hat. Auf letzteres deuten die Schlussanträgen des Generalanwaltes *Jacobs*[182], der ausgeführt hatte, dass die Verwendung der Marken „Spirit Sun“ und „Context Cut“ nach Art. 6 Abs. 1 (b) MRRL zulässig sei.

In der Entscheidung *Toshiba Europe*[183] begründete der EuGH den Verzicht auf die Notwendigkeit eines Vergleichselementes als Zulässigkeitsvoraussetzung vergleichender Werbungen mit einem sonstigen Widerspruch zu Art. 6 Abs. 1 c) MRRL, da dieser die Benutzung einer Marke über einen so eng verstandenen Spielraum hinaus erlauben würde, falls es erforderlich sei, um den Verkehr über die Natur der Erzeugnisse oder den Zweck der angebotenen Dienstleistungen zu informieren[184]. Das Gericht hat allerdings keine Ausführungen zum Benutzungsbegriff i. S. d. Art. 5 Abs. 1 MRRL gemacht, so dass auch diese Entscheidung nur wenig aufschlussreich ist[185].

IV. Spezifischer Benutzungsbegriff

Ingerl/Rohnke[186] gehen von der ersteren Möglichkeit aus. Nach ihrer Ansicht hat der EuGH mit der *Hölterhoff*-Entscheidung[187] einen Wandel vollzogen. Das Gericht sei von seiner „zunächst abstrakt-formalen Betrachtungsweise“ zu einem „konkret-materiellen Ansatz“ übergegangen, der nur solche Handlungen untersagt, die spezifische Interessen eines Markeninhabers, insbesondere die Herkunftsfunktion einer Marke, beeinträchtigen.

Festzuhalten bleibt, dass sich der EuGH beim Markenschutz primär an der herkunftshinweisenden Funktion einer Marke, der so genannten Hauptfunktion, orientiert. Der EuGH hat damit allen weitergehenden Auffassungen, die jede irgendwie das Produkt identifizierende Verwendung als verletzend ansehen wollen, eine klare Absage erteilt hat[188].

---

[181] EuGH, WRP 2002, 664 ff. (666 ErwG 17) - Hölterhoff.
[182] Schlussanträge *Jacobs* Hölterhoff (ErwG.72), abrufbar unter www.curia.eu.int.
[183] EuGH, WRP 2001, 1432 ff.
[184] EuGH, WRP 2001, 1432 ff. (1436 ErwG 34) – Toshiba Europe; vgl. auch EuGH, WRP 2003, 615 ff. (620, ErwG 50) – Pippig Augenoptik.
[185] *Ingerl/Rohnke*, MarkenG, § 14 Rn. 74.
[186] *Ingerl/Rohnke*, MarkenG, § 14 Rn. 72.
[187] EuGH, WRP 2002, 664 ff.
[188] *Ingerl/Rohnke*, MarkenG, § 14 Rn. 75, 76; ausdrücklicher in EuGH, WRP 2002, 1415 ff. (1419 ErwG 51, 52).

V. Zwischenergebnis

Zusammenfassend kann den Entscheidungen entnommen werden, dass die Benutzung einer fremden Marke im Rahmen einer vergleichenden Werbung keine Markenverletzung begründet. Vieles deutet darauf hin, dass bereits keine markenmäßige Benutzung vorliegt, weil die zulässige vergleichende Werbung keine schutzwürdigen Interessen des Markeninhabers verletzt bzw. die Benutzung der Marke nicht dem Hinweis auf die betriebliche Herkunft des Werbenden dient[189]. Aber auch wenn die Nutzung einer fremden Marke im Rahmen einer vergleichenden Werbung unter den Verletzungstatbestand des § 14 Abs. 2 Nr. 1-3 MarkenG[190] fallen sollte, würden sich daraus letztlich nur wenig Änderungen ergeben, da dem Markeninhaber aufgrund der Schutzrechtsschranken nach § 23 Nr. 2 bzw. Nr. 3 MarkenG[191] kein Verbietungsrecht zustehen würde. Nur im Falle der wettbewerbsrechtlich unzulässigen Werbung würde neben den wettbewerbsrechtlichen noch ein markenrechtlicher Verletzungsanspruch treten.

B) Südafrika

Zwischen deutschem und südafrikanischem Markenrecht bestehen in dieser Hinsicht Parallelen, da auch in Südafrika der Erlass des neuen Markengesetzes (TMA 1993) zu Unsicherheiten hinsichtlich des Schutzumfanges der zentralen Anspruchsnorm s 34 (1) geführt hat.

I. Kennzeichenmäßiger Gebrauch

1. „*Yeast-Vite*"-Entscheidung

Die Konzeption des ersten südafrikanischen Markengesetzes orientierte sich an der angelsächsischen Gesetzgebung[192] und ist durch die Rezeption der angelsächsischen Erfahrungen geprägt worden. Besonders die aus der Yeast-Vite-Entscheidung[193] erlangten Erkenntnisse beeinflussten die südafrikanische Markengesetzgebung[194].

Die Kläger dieses Falles waren als Inhaber des Warenzeichens „Yeast-Vite" für medizinische Hefetabletten eingetragen. Ein Wettbewerber hatte seine konkurrierenden Produkte als Ersatz für „Yeast-Vite" angeboten[195]. Die Klage von „Yeast-Vite" wurde in allen drei Instanzen abgewiesen, da der Verletzungstatbestand des englischen Markengesetzes nur bei einer „markenmäßigen Benut-

---

189 *Ingerl*, WRP 2002, 363 ff. (366); so auch *Ingerl/Rohnke*, MarkenG, § 14 Rn. 85, 153.

190 *Fezer*, MarkenG, § 14 Rn. 69; v. *Schultz*, MarkenG, § 14 Rn. 16; a. A. *Ingerl/Rohnke*, MarkenG, § 14 Rn. 87 ff.

191 *Fezer*, MarkenG, § 14 Rn. 69; v. *Schultz*, MarkenG, § 14 Rn. 16; *Starck*, GRUR 1996, 688 ff. (691).

192 Trade Marks Act of 1963 (TMA 1963).

193 Irvings Yeast-Vite Ltd. v. FA Horsenail (t/a The Herbal Dispensary), [1934] 51 R.P.C. 110, H.L.

194 *Dean*, SA Mercantile LJ 1990, 40 ff. (41).

195 "Yeast tablets as substitute for Yeast-Vite".

zung" eingreifen würde[196]. Eine solche Benutzung könne nur dann vorliegen, wenn die Marke als Hinweis auf die Herkunft der Ware verwandt wird, nicht jedoch, wenn auf die Eigenschaft als Substitutionsprodukt hingewiesen wird[197].

Diese Situation wurde als unbefriedigend empfunden, und im Rahmen der Markenrechtsreform im Vereinigten Königreich wurde eine zusätzliche Vorschrift geschaffen[198]. Sie bezog sich auf Fälle, in denen eine Marke nicht als Marke, sondern in anderer Weise – etwa im Rahmen einer Werbung – benutzt wurde.

Diesen erweiterten Schutzumfang hat der Court of Appeal vier Jahre später bestätigt[199]. In dem Fall klagten die Inhaber des für Arzneimittel eingetragenen Warenzeichens „Bisurated". Die Beklagten stellten ihre eigenen Produkte denen der namentlich bezeichneten Kläger in einer Werbebroschüre gegenüber, um die besonderen Preisvorteile der eigenen Mittel hervorzuheben. Der Court of Appeal stellte fest, dass der Tatbestand nach TMA 1938 s 4 (1) (b) mit der Formulierung „*importing a reference*" die vorliegende Konstellation – Ver- wendung eines fremden Warenzeichens zur Anpreisung der eigenen Waren – erfasst[200]. Eine Entscheidung des House of Lords[201] und weitere Entscheidungen[202] bestätigten dieses Normverständnis.

2. Trade Marks Act, 1963

Im Bestreben, Schutzlücken im Lichte der *Yeast-Vite*-Entscheidung zu vermeiden, fügte auch der südafrikanische Gesetzgeber der zentralen markenrechtlichen Anspruchsnorm s 44 (1) (a) einen weiteren Tatbestand hinzu, welcher vor Benutzungen der Marke „*otherwise than as a trade mark*" schützen sollte[203].

Der erweiterte Schutzumfang wurde in der Entscheidung *Klep Valve*[204] bestätigt. Die Beklagte bewarb ihre Ventilmembranen mit der Aussage „all Klep diaphragm valve parts are interchangeable with Saunders diaphragm valves". Das

---

[196] *Wheeldon*, De Rebus 1996, 585 ff. (585).

[197] *Dean*, SA Mercantile LJ 1990, 40 ff (43).

[198] TMA 1938 s 4(1)(a) entsprach inhaltlich TMA 1905 s 39; eine deutsche Übersetzung findet sich bei *Ohly*, GRUR Int. 1993, 730 ff. (731).

[199] *Bismag Ltd v Amblins (Chemists) Ltd*, [1940] 1 All E. R. 156; [1940] 2 All E. R. 608, C. A.

[200] *Bismag Ltd v Amblins (Chemists) Ltd*, [1940] 2 All E. R. 608, 618 f., 626 f., C. A.

[201] *Aristoc Ltd v Rysta Ltd.*, [1945] 1 All E. R. 34 (42-F), H. L.

[202] Pompadour Laboratories Ltd v Frazer, [1966] R.P.C. 7; British Northrop v Texteam Blackburn, [1974] R.P.C. 57; News Group Newspapers v Mirror Group Newspapers, [1989] F.S.R. 126; Chanel Ltd. v Triton Packaging Ltd, [1993] R.P.C. 32.

[203] Die Vorschrift lautet: The rights acquired by registration of a trade mark shall be infringed by:

(b) unauthorized use in the course of trade, otherwise than as a trade mark, of a mark so nearly resembling it as to be likely to deceive or cause confusion, if such use in relation to or in connection with goods or services for which the trade mark is registered and is likely to cause injury or prejudice to the proprietor of the trade mark;.

[204] Klep Valves (Pty) Ltd v Saunders Valve Co Ltd, 1987 (2) SA 1 (A).

Gericht entschied, dass die Benutzung der klägerischen Marke „Saunders" als Verstoß gegen TMA 1963 s 44(1) (b) einzustufen sei.

3. Trade Marks Act, 1993

Das heutige Markenrecht wird vom Trade Marks Act 1993 bestimmt. Ein Ziel der südafrikanischen Markenrechtsreform des Jahres 1993 war die Angleichung mit der MRRL der Europäischen Union, um dadurch verbesserten Zugang zur europäischen Wirtschaft zu erlangen[205]. Aus diesem Grunde übernahm der südafrikanische Gesetzgeber den Gesetzentwurf des Vereinigten Königreichs zur Umsetzung der MRRL. Der Entwurf enthielt eine Vorschrift, die die Benutzung einer fremden Marke gestattet, falls diese nur dazu dient, die Waren oder Dienstleistungen des Warenzeicheninhabers zu identifizieren[206]. Lobbyisten der Markenartikelindustrie überzeugten den Gesetzgeber, die Bestimmungen wieder fallen zu lassen[207].

Die zentrale Kollisionsnorm des neuen südafrikanischen Markenrechtes (TMA 1993) ist s 34 (1) (a)[208]. Im Unterschied zur Vorgängervorschrift TMA 1963 s 44 trifft TMA 1993 s 34(1) keine Unterscheidung zwischen den verschiedenen Benutzungsformen einer Marke[209]. Daher wurde argumentiert, dass eine Rechtslage wie zu Zeiten der *Yeast-Vite*-Entscheidung[210] eingetreten sei[211], die Benutzung einer fremden Marke im Rahmen vergleichender Werbungen also nicht gegen das Markengesetz verstößt.

Hierüber hatte Richter Cleaver in *Abbott Laboratories v. UAP Crop Care*[212] zu befinden. Die Parteien waren Wettbewerber auf dem Gebiet der Düngemittelherstellung. Der Verfügungsbeklagte hatte einen Prospekt verteilt, in dem die konkurrierenden Produkte „Promalin" und „Perlan" verglichen wurden, wobei das Produkt des Beklagten deutlich besser abschnitt[213]. Zur Verteidigung berief sich die Beklagte darauf, dass eine Herkunftsverwechslung ausgeschlossen sei, da der Prospekt eindeutig darauf hingewiesen hatte, dass die Marke „Promalin" dem Kläger zuzuordnen sei.

---

205 *Dean*, SA Mercantile LJ 1998, 96 ff. (91).

206 Diese Vorschrift ist als s 10(6) im englischen Trade Marks Act 1994 (TMA 1994) eingefügt worden.

207 *Du Plessis*, Persönliches Gespräch, 18.02.2000, Kapstadt.

208 Die Vorschrift lautet: The rights of a trade mark shall be infringed by:
(a) the unauthorized use in the course of trade in relation to goods or services in respect of which the trademark is registered, of an identical mark or of a mark so nearly resembling it as to be likely to deceive or cause confusion;

209 Webster/Page, 12-10.

210 Irvings Yeast-Vite Ltd v FA Horsenail (t/a The Herbal Dispensary), [1934] 51 R. P. C. 110, H. L.

211 *Wheeldon*, De Rebus 1996, 585 ff. (586).

212 Abbott Laboratories and Others v UAP Crop Care (Pty) Ltd and Others, 1999 (3) SA 624.

213 Abbott Laboratories and Others v UAP Crop Care (Pty) Ltd and Others, 1999 (3) SA 624 628 (C).

Richter Cleaver stellte fest, dass eine Verwechslungsgefahr nicht erforderlich sei, da sich der markenrechtliche Schutzumfang im Zuge der Gesetzesreform verändert habe[214], der Schwerpunkt des Schutzes nun bei der Unterscheidungsfunktion einer Marke liegt[215]:

> *The 'badge of origin' element of the trade mark is no longer at the forefront and has been replaced by the distinguishing capability of the mark. It would seem that, in seeking to persuade me that the respondents have not infringed the applicant's marks, Mr. Louw has in effect highlighted the 'origin' element of the mark, which is clearly acknowledged in the brochures, but has overlooked the distinguishing element of the marks.*

Die Literatur kritisierte diesen extensiven Markenschutz[216]. Sinn und Zweck der Markenrechtsreform sei die Angleichung an die europäische MRRL gewesen[217]. Künftig könne zur Auslegung des südafrikanischen Gesetzes nicht auf englische Entscheidungen zurückgegriffen werden[218], da englisches Markenrecht vergleichende Werbungen ausdrücklich gestattet[219].

II. Selbstregulierung und Markenrecht

Mit seiner restriktiven Position strahlt das Markenrecht auch auf die Regulierungspolitik der ASA aus. Insbesondere deshalb, weil der spezielle Abschnitt zur vergleichenden Werbung in den Vorschriften 7.1.1 und 7.6 bestimmt, dass alle rechtlichen Bestimmungen, insbesondere also auch das Markenrecht, zu beachten ist.

Daher kann das Erfüllen des Kriterienkataloges des Selbstregulierungskodexes (Clause 7) keine Rechtfertigung bzw. einen Ausnahmetatbestand für eine Mar-

---

214 Abbott Laboratories and Others v UAP Crop Care (Pty) Ltd and Others, 1999 (3) SA 624 631 (B): Section 34 (1) (a) of the 1993 Act effectively incorporates all the provisions of s 44 (1) (a) and (b) of the 1963 Act, but it should be noted that there is no longer reference to the 'use of a mark as a trade mark' and 'otherwise than a trade mark' and, most importantly, the 1993 Act contains no provision in s 34 (1) (a) that the use of the offending mark must 'be likely to cause injury or prejudice'. It seems clear from the aforegoing that s 34 (1) (a) of the 1993 Act has greatly increased the ambit of trade mark infringement.

215 Abbott Laboratories and Others v UAP Crop Care (Pty) Ltd and Others, 1999 (3) SA 624 631 (F-G).

216 *Wheeldon*, De Rebus 2000, 20 ff. (21).

217 Prämble, TMA 1993.

218 Wheeldon, De Rebus 2000, 20 ff. (26): This judgment, in stating that the UK law can no longer be used as a compass to the interpretation of ours, serves only to multiply those uncertainties and, in direct conflict with the Constitution of South Africa, muzzles the right of freedom of commercial speech. It must be incorrect. With South Africa emerging from its isolation and rejoining the world as a whole it is difficult to believe that the legislature – while stating its intention to harmonise South African trade mark law in accordance with the EC Directive – actually sets about taking South Africa, for the first time in her post 1820 history, out of step with her most important trading partners!.

219 Section 10 (6) TMA 1994; *British Sugar plc v. James Robertson & Son Ltd*, [1996] R. P. C 281.

kenrechtsverletzung begründen. In zweifelsfreien Fällen wird die ASA ihre Entscheidungen also auf offensichtliche Markenrechtsverletzungen stützen[220].

Gleichwohl versucht die ASA es zu vermeiden, über markenrechtliche Streitfragen entscheiden zu müssen[221]. Ist ein markenrechtlicher Streitgegenstand anderweitig rechtsanhängig, wird die ASA eine Beschwerde zurückweisen[222] bzw. den Sachverhalt nur im Hinblick auf Verletzungen der spezifischen Regelungen des Selbstregulierungskodexes untersuchen.

Dies kann aufgrund der oftmals bestehenden weitgehenden Identität der Streitgegenstände zu problematischen Abgrenzungsfällen führen. Im Verfahren *Nestlé (South Africa) (Pty) Ltd v Mars Inc*[223] ging es darum, ob der Beschwerdegegner eine Werbefigur des Beschwerdeführers kopiert hatte. Der Beschwerdeführer hatte ein Gerichts- und ein ASA-Verfahren eingeleitet, die ASA hatte daraufhin unter Berufung auf Vorschrift 7.2[224] eine Entscheidung in der Sache abgelehnt um dem schwebenden registerrechtlichen Verfahren nicht vorzugreifen[225]. Das wegen dieser Unterlassung angerufene Gericht kam zu dem Ergebnis, dass es sich um unterschiedliche Streitgegenstände handelte, die ASA wurde verpflichtet, den Fall im Hinblick auf eine Verletzung der Bestimmung 9.1 zu behandeln[226]:

> *The matters in issue had been placed before two different tribunals, one operating consensually, the other by force of statue, and each having its own peculiar functions, power and authority. The Registrar of Trade Marks would be called upon to decide whether the Mars brand characters qualified for registration in terms of ss 9 and 10 of the Trade Marks Act and, if so, on what conditions. ASA, on the other hand, had been called upon to decide whether Nestlé had copied Mars' advertising or any part thereof in the manner and with the consequences referred to in clause 9.1 of the code. The questions before the Registrar and ASA were thus quite different and a ruling by one would not preclude a ruling by the other.*

---

220 Midi TV (Pty) Ltd (e. tv)/M-Net, AIT, 27.11.2001.

221 7.2 (Procedural Guide): Legality is but one of the requirements for conformance with the Code and, where there is a conflict of opinion as regards a purely legal matter, the ASA is not qualified to interpret the law. […] The ASA is trying to get rid of special trade mark problems, because of the fear of usurping the power of the Trade Marks Registrar. However, the Mars v Nestlé case made this not easier, because inevitably the ASA decision will be used as an argument before the Registrar of Trade Mark.

222 Cl. 2 (Procedural Guide); vgl. *Simply Accounting Pro/Pastel Software*, DIR, 21.02.2003.

223 2001 (4) SA 542.

224 Cl. 7.2 (Procedural Guide): If there is a difference of opinion on a matter of pure law, the ASA will advise both parties that the matter will be considered in terms of the Code only and not in terms of the law.

225 Mars/Nestlé, AP, 19.04.2002: In 1998 the ASA's Directorate, after receiving legal advice, declined to hear the matter contending that it was a trade mark dispute and ought to be decided by the Registrar of Trademarks.

226 2001 (4) SA 544 (B-D).

C) Rechtsvergleichende Zusammenfassung

Im Kollisionsbereich zwischen Kennzeichenrecht und vergleichender Werbung stehen sich die Positionen Deutschlands und Südafrikas diametral gegenüber. Das südafrikanische Recht untersagt jede Verwendung einer fremden Marke und schlägt damit, um bei der Formulierung von Ingerl/Rohnke[227] zu bleiben, mit dem „scharfen Schwert" des Markenrechtes auf alle Formen der unmittelbar vergleichenden Werbung ein. Während sich der Markenschutz in Europa an der Herkunftsfunktion einer Marke ausrichtet, ist in Südafrika auch der Schutz der Unterscheidungs- bzw. Werbefunktion von gleichem Wert. Diese restriktive Position strahlt auf das Wettbewerbs- und Selbstregulierungsrecht aus. Die Auswirkungen sind gravierend, denn die mangelnde Möglichkeit zur kennzeichenrechtlichen Identifizierung wirkt sich grundsätzlich negativ auf die Möglichkeit zur Durchführung und auf den Informationsgehalt vergleichender Werbungen aus. Um identifizierend auf einen Konkurrenten Bezug nehmen zu können, müssen sich die Werbenden auf nicht markenrechtlich geschützte, herkunftshinweisende Unterscheidungsmerkmale (Werbesprüche, Werbefiguren, etc.) beschränken. Zudem erfahren diese Merkmale extensiven Schutz über die Rufausbeutungsbestimmung der ASA. Vergleichende Werbungen, die Wettbewerber hinreichend deutlich identifizieren, laufen somit regelmäßig Gefahr, als rufausbeutend untersagt zu werden.

Das deutsche Recht lässt die Benutzung eines fremden Zeichens in Fällen der wettbewerbsrechtlich zulässigen vergleichenden Werbung ausdrücklich zu. Die Kennzeichenverwendung dient der eindeutigen Erkennbarmachung und erhöht in der Regel den Informationsgehalt eines Vergleiches. Mögliche Rufausbeutungen werden über die wettbewerbsrechtliche Rufausbeutungsbestimmung (§ 2 Abs. 2 Nr. 4 Alt. 1 UWG) differenziert und einzelfallorientiert beurteilt.

[227] *Ingerl/Rohnke*, MarkenG, § 14 Rn. 80.

6. Teil: Funktionszusammenhänge des Wettbewerbs- und Selbstverwaltungsrechtes

A) Deutschland

I. Das normative Referenzmodell des § 2 UWG

§ 2 UWG ist durch unbestimmte Rechtsbegriffe gekennzeichnet, die Notwendigkeit einer Konkretisierung der einzelnen Klauseln hat daher nicht an Bedeutung verloren. § 2 UWG ist vor dem Hintergrund des zugrunde liegenden „Gesamtsystems" zu beurteilen[228]. Das deutsche Wettbewerbsrecht dürfte vor einer grundlegenden Neuorientierung stehen, teilweise wird sogar vom „Funktionswandel des UWG" gesprochen[229]. Der Anstoß zur Veränderung wurzelt in den rechtlichen Vorgaben des Gemeinschaftsrechtes. Das Bundeswirtschaftsministerium hat zwei Gutachten[230] zur Reform des Lauterkeitsrechtes in Auftrag gegeben, die zur Grundlage eines mittlerweile vorliegenden Referentenentwurfes[231] zur UWG-Reform gemacht wurden.

Die Gutachten zeigen funktionelle Unterschiede zwischen dem deutschen und dem europäischen Lauterkeitsverständnis auf. Teilweise wird in diesem Zusammenhang vom funktionellen Verständnis des Wettbewerbsrechtes gesprochen. Damit ist gemeint, dass für die Auslegung wettbewerbsrechtlicher Vorschriften in erster Linie auf das System des hinreichend freien und fairen Wettbewerbs zurückzugreifen ist und sich Normkonkretisierungen nicht mehr „aufgrund weitgehend unreflektierter, ja häufig bloß emotionaler wirtschaftspolitischer Erwägungen vollziehen;"[232] Exemplarisch soll auf die Beschreibung von *Micklitz/Keßle*[233] verwiesen werden:

> *Die These, die wir hier vorstellen möchten lautet, dass sich die bisher an den subjektiven Positionen der Marktakteure – vorwiegend den Belangen der Anbieterseite – orientierte ‚deliktsrechtliche' Verankerung des Wettbewerbsrechtes mehr und mehr in ein – mikroökonomisch fundiertes – Recht der Marktkommunikation' transformiert, ohne dabei die im Deliktsrecht gründende Rechtsfolgenorientierung gänzlich aufzugeben oder gar in Gänze in den Bestimmungen des Kartellrechts […] aufzugehen.*

Das deutsche Wettbewerbsrecht wurde teilweise „als Domäne einer kasuistisch orientierten Fallpraxis weniger Spezialisten ohne erkennbares und konsistentes

228 *Henning-Bodewig*, GRUR Int. 2002, 389 ff. (390).
229 *Micklitz/Keßler*, WRP 2003, 919 ff.
230 *Fezer*, WRP 2001, 889 ff.; *Schricker/Henning-Bodewig*, WRP 2001, 1367 ff.
231 Entwurf eines Gesetzes gegen den unlauteren Wettbewerb vom 07.05.2003, im Internet unter http://www.bmj.bund.de/images/11596.pdf.
232 *Emmerich*, S. 52; *Gamerith*, WRP 2003, 143 ff. (165).
233 *Micklitz/Keßler*, WRP 2003, 919 ff. (920).

dogmatisches Konzept" beschrieben[234]. Die Entstehungsgeschichte des § 2 UWG spricht allerdings dafür, dass die Norm im Gemeinschaftsrecht und nicht im nationalen Wettbewerbsrecht verankert ist. Dies deutet daraufhin, dass dem § 2 UWG ein vom bisherigen Ansatz des nationalen Rechts abweichendes normatives Referenzmodell zugrunde liegt.

Die Richtlinie, die eine Vollharmonisierung bezweckt, ist insoweit ein spezifischer Vorgriff auf ein künftig harmonisiertes europäisches Lauterkeitsrecht. Dem § 2 UWG liegt ein normatives Referenzmodell bzw. ein Funktionsverständnis zugrunde, welches sich von den bisher im UWG bekannten Wertungsprinzipien wesentlich unterscheidet[235]. Folglich müssen die Wertungen, die sich aus dem primären und sekundären Gemeinschaftsrecht ergeben, bei der Anwendung und Auslegung des § 2 UWG entsprechende Berücksichtigung finden.

Dies erfordert eine Konkretisierung der Wertungen des europäischen Rechts. Hierzu sind die Erwägungsgründe der Richtlinie zu beleuchten, um die mit der Richtlinie verfolgten Ziele herauszuarbeiten. Zudem gilt es festzustellen, ob dem europäischen Recht eine gegenüber dem deutschen Recht abweichende Schutzzweckgewichtung zugrunde liegt. Die hieraus folgenden Erkenntnisse sind für die Systematisierung und Auslegung des § 2 UWG heranzuziehen.

1. Richtlinienkonforme Auslegung

Nach ständiger EuGH-Rechtsprechung folgt aus Art. 249 Abs. 3 EGV i. V. m. Art. 10 Abs. 1 EGV das Gebot der richtlinienkonformen Auslegung[236]. Die Gerichte müssen also – soweit möglich – eine Auslegung wählen, die den von der Richtlinie verfolgten Zielen gerecht wird[237]. Daher ist § 2 UWG vornehmlich im Lichte des Wortlautes und der Zweck der Richtlinie auszulegen[238].

In den Entscheidungen *Toshiba Europe*[239] und Pippig Augenoptik[240] hat der EuGH zudem den Vorrang der teleologischen vor der wörtlichen Auslegung un-

---

[234] *Micklitz/Keßler*, Harmonisierung des Lauterkeitsrechts, S. 1.

[235] In dieser Richtung auch *Keßler* (Persönliches Gespräch, 21.10.2003, Berlin) und *Beater* (Persönliches Gespräch, 08.01.2003, Greifswald).

[236] *Calliess/Ruffert*, EGV, Art. 249 Rn. 106 ff.; *Nettesheim*, in: *Grabitz/Hilf*, EWG, Art. 249 Rn. 153.

[237] EuGH, Slg. 1984, 1891 ff. (1909 ErwG 26) – von Colson u. Kamann; Slg. 1984, 1921 ff. (1942 ErwG 26) – Harz; Slg. 1988, 4635 ff. (4662 ErwG 39) – Beentjes; Slg. 1989, 3533 ff. (3546 ErwG 6) – Nijmann; Slg. 1990, 4135 ff. (4158 f. ErwG 8 ff.) – Marleasing; Slg. 1993, 4947 ff. (4978 ErwG 7) – Vanacker; Slg. 1994, 3325 ff. (3357 ErwG 26) – Faccini Dori; Slg. 1994, 6911 ff. (6932 ErwG 20) – Wagner Miret; EuGH, WRP 2001, 1432 ff. – Toshiba Europe.

[238] *Siems*, ZEuP 2001, 686 ff. (689).

[239] WRP 2001, 1432 ff. (1435 ErwG 37).

[240] WRP 2003, 615 ff. (620 ErwG 42): Angesichts dieses dem Wortlaut nach scheinbar bestehenden Widerspruches sind diese Vorschriften anhand der Ziele der Richtlinie 84/450 und im Licht der Rechtsprechung des Gerichtshofes auszulegen, wonach die an die vergleichende Werbung gestellten Anforderungen in dem für sie günstigsten Sinn ausgelegt werden

terstrichen. Es kommt daher darauf an, die Richtlinienziele als Bezugspunkte der teleologischen Auslegung zu bestimmen[241]. Hierzu sind die Erwägungsgründe der Richtlinie heranzuziehen.

(a) Harmonisierung

Die Richtlinie verfolgt das Ziel, die Bedingungen für vergleichende Werbung in den Mitgliedstaaten zu harmonisieren[242]. An der Notwendigkeit zur Harmonisierung wurde kaum gezweifelt[243], denn Unternehmen mussten bei europaweiten Werbekampagnen die lauterkeitsrechtliche Zulässigkeit im Hinblick auf 15 Mitgliedsländer überprüfen. Hierbei konnte sich die rechtliche Beurteilung ganz erheblich unterscheiden[244], Wettbewerbsverzerrungen und Effizienzverluste lagen auf der Hand[245]. In grenzüberschreitenden Fällen drohte zudem die Gefahr von Inländerdiskriminierungen, wenn für Ausländer wegen der von Art. 28 EGV ausgehenden Ausstrahlungswirkung liberalere Beurteilungsmaßstäbe als für Fälle inländischer Wettbewerber galten[246].

Insoweit findet sich der Harmonisierungszweck auch in Erwägungsgrund 3 der Richtlinie wieder, wenn es dort heißt, dass sich Wettbewerber „von Konkurrenten entwickelten Arten von Werbung gegenüberstehen, denen sie nicht mit gleichen Mitteln begegnen können“[247].

Bereits in der *Testpreis-Angebot*-Entscheidung hat sich der BGH auf den Harmonisierungszweck berufen, um die vorzeitige Berücksichtigung der Richtlinie zu begründen[248]:

> *Die Berücksichtigung der Richtlinie 97/55/EG durch die Gerichte in einem frühen Stadium führt dazu, dass diese und weitere durch die Richtlinie aufgeworfenen Auslegungsfragen frühzeitig zum Gegenstand einer Vorlage an den letztlich zur Auslegung berufenen Gerichtshof der europäischen Gemeinschaft gemacht werden können. Damit wird rechtzeitig sichergestellt, dass das in der Richtlinie vorgeschriebene Ziel, die vergleichende Werbung in den Mitgliedstaaten zu harmonisieren, bei Ablauf der Umsetzungsfrist erreicht werden kann.*

---

müssen.

241 Zum Verhältnis der richtlinienkonformen Auslegung zu den klassischen Auslegungsmethoden *Schnorbus*, AcP 2001, 860 ff. (867 ff.).

242 ErwG 2 der Richtlinie 97/55/EG, Abl.EG 1997 L290/18, der Harmonisierungszweck wird auch in den ErwG 3 und 11 deutlich.

243 ErwG 1,3 der Richtlinie 97/55/EG, Abl.EG 1997 L290/18; WRP 1998, 798 ff. (798); *Gloy/Bruhn*, GRUR 1998, 226 ff. (232).

244 Kurze Länderübersicht bei *Freund*, S. 12 ff.; ausführlicher Gülbay, S. 159 ff.

245 *Menke*, Recht und Ökonomie der kritisierenden vergleichenden Werbung, S. 247.

246 *Tilmann*, GRUR Int. 1993, 133 ff. (134).

247 Hierzu auch *Gloy/Bruhn*, GRUR 1998, 226 ff. (232).

248 BGH, GRUR 1998, 824 ff. (827) – Testpreis-Angebot.

Der Harmonisierungszweck ist daher ein sehr entscheidendes Kriterium bei der Auslegung der Bestimmungen, auch in der Entscheidung *Pippig Augenoptik*[249] hat der EuGH unter Berufung auf das Harmonisierungsziel die Berücksichtigung strengerer nationaler Irreführungsvorschriften als mit der Richtlinie für unvereinbar erklärt.

Es muss berücksichtigt werden, dass sich der Harmonisierungszweck nicht nur auf die Anwendung und Auslegung einzelner Vorschriften bezieht, sondern gerade im Bereich des Wettbewerbsrechtes die normative Verankerung bzw. das Funktionsverständnis der Bestimmungen von großer Bedeutung ist. Insoweit folgt aus dem Harmonisierungszweck auch die Verpflichtung, bei der Regulierung ein einheitliches Funktionsverständnis zugrunde zu legen bzw. Funktionsunterschiede zu beseitigen.

(b) Verbraucherunterrichtung

Neben dem Harmonisierungsziel ist die Verbraucherunterrichtung von determinierender Bedeutung für die Auslegung und Anwendung des § 2 UWG. Das Ziel folgt aus Art. 154 EGV, der die Kommission dazu verpflichtet, Maßnahmen zur Förderung der Verbraucheraufklärung zu treffen. Die Richtlinie selber ist maßgeblich durch die Erkenntnis beeinflusst, dass die Informationsbereitstellung wesentlicher Teil des Verbraucherschutzes ist[250]. Das Recht des Verbrauchers auf Unterrichtung wurde in diversen Verbraucherschutzprogrammen[251] betont. Die Richtlinienbegründung nimmt zudem auf die Entscheidungen *GB-INNO*[252] und *Yves Roche*[253] Bezug, die als europäisches Bekenntnis zur Informationsfreiheit verstanden wurden.

---

[249] EuGH, WRP 615 ff. (619 f.) – Pippig Augenoptik.

[250] Vgl. ErwG 2 und 5 der Richtlinie 97/55/EG, Abl. EG 1997 L290/18; *Schnorbus*, ZVersWiss 1999, 375 ff. (400); *Albrecht*, WRP 1978, 687 ff. (688); *Menke*, Recht und Ökonomie der kritisierenden vergleichenden Werbung, S. 148 ff; a. A. *Ahlert/Schröder*, MA 1993, 172 ff. (174); *Kisseler*, WRP 1994, 1 ff. (7); Begründung zum 91er Richtlinienentwurf, KOM(91) 147 endg. – SYN 343 v. 21.06.1991, S. 8: *Wenn zum Zeitpunkt der Verabschiedung der Richtlinie 84/450/EWG im Jahre 1984 die Nützlichkeit, oder besser gesagt, die Notwendigkeit für dieses Informationsmittel angezweifelt werden konnte, so hat sich der wirtschaftliche und rechtliche Hintergrund seitdem gewandelt. [...], dass grundsätzlich jede Information, welche das Inverkehrbringen eines Erzeugnisses begleitet, für den Verbraucher von Interesse sei; denn dies sei ein Mittel, ihn zu schützen. Eine nationale Regelung, die eine solche Unterrichtung des Verbrauchers behindere, könne nicht durch zwingende Gründe des Verbraucherschutzes gerechtfertigt sein.*

[251] Entschließung des Rates zum 14.04.1975 betreffend ein „Erstes Programm der europäischen Wirtschaftsgemeinschaft für eine Politik zum Schutz und zur Unterrichtung der Verbraucher", Abl. EG C92/01 vom 25.04.1975; Entschließung des Rates vom 19.05.1981 betreffend ein „Zweites Programm der europäischen Wirtschaftsgemeinschaft für eine Politik zum Schutz und zur Unterrichtung der Verbraucher", Abl. EG C133/01 v. 03.06.1981, ErwG 40, 42.

[252] EuGH, GRUR Int. 1990, 955 ff.

[253] EuGH, NJW 1993, 3187 ff.

Die durch Verbraucherinteressen stimulierte Markttransparenz ist unverzichtbare Voraussetzung für rationale Kaufentscheidungen, die wiederum der Stabilisierung und Durchdringung des europäischen Binnenmarktes dienen soll. Der europäische Gesetzgeber geht davon aus, dass die optimale Funktionsfähigkeit des Wettbewerbs gewährleistet wird, wenn die Anbieter auf Grundlage von Preis und Qualität konkurrieren und Verbraucher diese Parameter auf Basis der ihnen zugänglichen Informationen verlässlich einschätzen können. *Micklitz/Keßle*[254] sprechen davon, dass der Verbraucher als „souveräner Marktbürger" im Interesse der Vollendung des Binnenmarktes seitens des Gemeinschaftsrechtes instrumentalisiert wird, um auf diesem Wege die Entstehung und Festigung des Binnenmarktes zu bewirken.

An diesem Punkt wird verständlich, weshalb der europäische Gesetzgeber gerade den Teilbereich der vergleichenden Werbung herausgegriffen hat, denn vergleichende Werbungen werden als besonders effektives Instrument der Verbraucherunterrichtung angesehen[255]. Sie können kaufentscheidungsrelevante Informationen liefern, die andere Werbeformen in diesem Maße nicht bereitstellen und liefern dadurch Verbrauchern eine rationale Grundlage für ihre Kaufentscheidungen[256].

Vor diesem Hintergrund werden die Anforderungen an vergleichende Werbungen verständlich. Es kommt nämlich ganz entscheidend auf den qualitativen Informationsgehalt einer Werbemaßnahme an, da ein Überfluss an Information aus Verbrauchersicht unter dem Aspekt der Informationsüberlastung ebenso nachteilig sein kann, wie das Verschweigen erforderlicher Informationen[257]. Der qualitative Informationsgehalt einer vergleichenden Werbung für den Verbraucher ist mithin vorrangiges Auslegungskriterium.

Menke[258] listet elf Faktoren auf, die Einfluss auf den qualitativen Informationswert eines Vergleiches haben:

- Identifizierung des Konkurrenten (explizite oder implizite Bezugnahme)
- Ähnlich- bzw. Vergleichbarkeit der Produkte
- Anzahl der verglichenen Marken bzw. Produkte
- Häufigkeit der Bezugnahme
- Platzierung der Bezugnahme in der Werbung
- Richtung der Bezugnahme (kritisierend, anlehnend)
- Natur der verglichenen Produktmerkmale („objektiv" oder „subjektiv")

---

[254] *Micklitz/Keßler*, WRP 2003, 919 ff. (922).

[255] *Meyer*, WRP 1991, 765 ff. (769); *Meyer*, ZRP 1993, 290 ff. (297); *Menke*, WRP 1993, 718 ff. (724); *Eck/Ikas*, WRP 1999, 251 ff. (252).

[256] ErwG 5 der Richtlinie 97/55/EG, Abl. EG 1997 L290/18.

[257] *Micklitz/Keßler*, WRP 2003, 919 ff. (922).

[258] *Menke*, Recht und Ökonomie der kritisierenden vergleichenden Werbung, S. 155.

- o Anzahl der verglichenen Eigenschaften
- o Substantiierung der Werbeaussage
- o Ergebnis bzw. Schlussfolgerungen
- o Deutlichkeit der Schlussfolgerungen

Die Richtlinie hat die meisten dieser Aspekte aufgegriffen. Sie erlaubt eine konkrete Identifizierung der Konkurrenten unter Nennung des Namens oder der Kennzeichen[259]. Sie fordert einen Waren- oder Dienstleistungsvergleich auf Preis und/oder Qualitätsbasis[260]. Sie trifft Aussagen hinsichtlich der Leistungsähnlichkeit, den zu vergleichenden Eigenschaften und der Substantiierung. Auch lässt die Rechtsprechung nach heutigem Erkenntnisstand trotz des Merkmals der „Nachprüfbarkeit" durchaus gewisse Vergleichsschlussfolgerungen zu. Schließlich darf der Vergleich nicht irreführend sein[261].

Diese Aussagen finden sich in den Kriterien des §§ 2 Abs. 2 Nr. 1, 2 UWG in Verbindung mit dem Irreführungsschutz (§ 3 S. 2 UWG) wieder. Diese Bestimmungen sollen insoweit ein Informationsmindestniveau gewährleisten[262] und sind zugleich Rechtfertigung und erste Schranke der Zulässigkeit[263].

Sind diese Kriterien erfüllt, ist grundsätzlich ein im Verbraucherinteresse hinreichender Informationsgehalt gewährleistet; ein Schutz der Konkurrenteninteressen muss vor diesem Hintergrund seine Rechtfertigung suchen.

Im Rahmen der informationssichernden Kriterien gibt es erhebliche Auslegungsspielräume. So kann sich ein Preisvergleich i. S. d. § 2 Abs. 2 Nr. 1 UWG auf identische oder auf substituierbare Produkte beziehen. Im ersten Fall ist der (qualitative) Informationsgehalt höher, da ein Vergleich lediglich substituierbarer Produkte ein gewisses Irreführungspotential mit sich bringt, welches sich negativ auf den Informationsgehalt eines Vergleiches auswirkt. Die Prüfung der informationssichernden Kriterien stellt somit nicht nur einen Informationsmindestgehalt sicher, sondern ist auch indiziell für den qualitativen Informationswert der jeweiligen Werbung und gibt damit insgesamt Aufschluss über den normativen Prüfungsmaßstab des § 2 UWG.

(c) Marktstrukturpolitik

Die Bedeutung der vergleichenden Werbung für die Förderung des Wettbewerbs hängt von dem Nutzen für kleinere Wettbewerber ab[264]. Früher wurde der vergleichenden Werbung eine konzentrationsfördernde und newcomerfeindliche

[259] Siehe hierzu 5. Teil A.; sowie Schlussanträge *Léger* Toshiba Europe v. 08.02.2001 (ErwG 65), abrufbar unter www.curia.eu.int.

[260] ErwG 2, 5 der Richtlinie 97/55/EG, Abl. EG 1997 L290/18.

[261] Art. 3 a Abs. 1 lit. a) RL.

[262] *Beater*, Unlauterer Wettbewerb, S. 408.

[263] *Kotthoff*, BB 1998, 2217 ff. (2218); *Ziervogel*, S. 86.

[264] *Meyer*, WRP 1991, 765 ff. (769).

Wirkung zugeschrieben[265]. Die moderne Werbetheorie nimmt eine solche wettbewerbsbeschränkende Wirkung nicht mehr an[266]. Vielmehr haben Untersuchungen ergeben, dass Werbung insbesondere Newcomern den Marktzutritt erleichtern[267]. *Menke*[268] kam in seiner Untersuchung zu dem Ergebnis, dass die vergleichende Werbung besonders geeignet ist, kleinen, neuen und innovativen Anbietern den Marktzutritt zu erleichtern und für positive Marktstruktureffekte zu sorgen.

Ein Blick auf die Praxis belegt dieses Ergebnis, da gerade Marktneulinge und kleine Wettbewerber vergleichende Werbung bevorzugen[269], während große, bekannte und marktstarke Unternehmen vergleichende Werbung eher meiden[270]. So haben sich insbesondere die kleinen Wettbewerber – wie etwa das Unternehmen Mobilcom – nach der Liberalisierung des Telefonmarktes mittels vergleichender Werbung gegen den Marktführer und Ex-Monopolisten Deutsche Telekom positionieren können[271].

Der Entwurf von 1991 hatte diese Intention sogar noch deutlicher herausgestellt[272]:

> *Die Zulassung von vergleichender Werbung im Binnenmarkt wird die Fähigkeit der Unternehmen wirkungsvoll verbessern, führende Warenzeichen erfolgreich herauszufordern. Der dadurch verstärkte Wettbewerb wird den Verbrauchern zugutekommen und innovative und dynamische Unternehmen begünstigen.*

In Deutschland fürchtete man den Wettbewerb europäischer Niedrigpreis-Wettbewerber auf deutschen hochpreisigen Markenartikelmärkten. Der vorbezeichnete Erwägungsgrund wurde deshalb von der Kommission gestrichen, um diesbezügliche Ressentiments der Markenartikelindustrie zu überwinden. Intention und wirtschaftspolitische Logik der Strukturpolitik dürften sich dadurch allerdings nicht wesentlich verändert haben[273].

---

265 *Meyer*, Die kritisierende vergleichende Werbung, S. 215; *Menke*, Recht und Ökonomie der kritisierenden vergleichenden Werbung, S. 169, 181.

266 *Meyer*, WRP 1991, 765 ff. (770); *Mettang*, S. 124 ff.

267 *Meyer*, WRP 1991, 765 ff. (769); *Menke*, Recht und Ökonomie der kritisierenden vergleichenden Werbung, S. 180, 181.

268 *Menke*, Recht und Ökonomie der kritisierenden vergleichenden Werbung, S. 140 ff; *Meyer*, Die kritisierende vergleichende Werbung, S. 189; vgl. auch *Pullig*, S. 120.

269 *Meyer*, WRP 1991, 765 ff. (769); *Boddewyn*, S. 13.

270 *Pitofsky*, Harvard LR 1977, 661 ff. (665).

271 OLG Frankfurt a. M., GRUR 2000, 621 ff. – Magentafarbener Pfeil; *Salje*, WRP 1998, 672 ff. (672).

272 Begründung des 91er Richtlinienentwurfs, KOM(91), 147 endg. – SYN 343 v. 21.06.1991, S. 9.

273 *Tilmann*, GRUR 1997, 790 ff. (794).

(d) Konkurrentenschutz

Den Anbietern von Waren oder Dienstleistungen soll der gesamte Binnenmarkt offenstehen, damit sie ihre Produkte und Leistungen überall zu gleichen Bedingungen anbieten können. Dies wird ihnen nach Auffassung des Gemeinschaftsgesetzgebers insbesondere dann gelingen, wenn sie die Vorteile der eigenen Leistung im Vergleich zu den Mitbewerbern darstellen können[274].

Auf der anderen Seite ist zu befürchten, dass sich die Unternehmen, sobald sie die Vorzüge und Mängel konkurrierender Waren und Dienstleistungen einander gegenüberstellen dürfen, zu Herabsetzung und Schmarotzertum hinreißen lassen“[275].

Die Vorschriften § 2 Abs. 2 Nr. 3, 4, 5, 6 UWG dienen daher dazu, die Interessen der in Bezug genommenen Konkurrenten zu schützen, indem herabsetzende, rufausbeutende und verwechslungsgeeignete Vergleiche verboten werden.

(e) Zwischenergebnis

Die vorstehenden Ausführungen zeigen, dass bei Anwendung und Auslegung der Norm verschiedene Ziele zu berücksichtigen sind. Das Harmonisierungsziel ist primäres Anliegen der Richtlinie, gleichwohl war auch die Verbesserung der Verbraucherunterrichtung tragender Beweggrund für die Verabschiedung. Marktstrukturpolitische Erwägungen dürften hingegen nachrangige Bedeutung haben bzw. weitgehend im Ziel der Verbraucherunterrichtung, also der Verbesserung der Markttransparenz, aufgehen.

Insoweit sind die Erwägungsgründe indiziell für den Paradigmenwechsel in der Rechtsprechung zur vergleichenden Werbung, da die Verbraucherunterrichtung bisher kein tragendes Kriterium in der Beurteilung vergleichender Werbungen war. Die Kriterien §§ 2 Abs. 1, 2 UWG und das Irreführungsverbot (§ 3 S. 2 UWG) sollen den Informationsmindestgehalt vergleichender Werbungen gewährleisten und sind insoweit gesetzgeberische Konkretisierung des Richtlinienziels die Verbraucherunterrichtung zu verbessern.

Daher stehen die Bestimmungen §§ 2 Abs. 2 Nr. 3-6 UWG in einem Spannungsverhältnis zu den vorbenannten Kriterien, da sie die Interessen der Mitbewerber schützen und insoweit gesetzgeberische Konkretisierung des Konkurrentenschutzanliegens der Richtlinie sind.

Zusammenfassend lässt sich feststellen, dass die Kriterien §§ 2 Abs. 1, 2 UWG und § 3 S. 2 UWG die grundsätzliche Legitimation für die Bezugnahme und den Eingriff in Mitbewerberinteressen liefern, während sich die Obergrenzen vergleichender verbraucherinformierender Werbung aus den Kriterien §§ 2 Abs. 2 Nr. 3-6 UWG ergeben.

---

274 *Eck/Ikas*, WRP 1999, 251 ff. (252).

275 Schlussanträge *Léger* Toshiba Europe v. 08.02.2001 (ErwG 2), www.curia.eu.int.

2. Schutzzwecke

Die Arbeit ist mit der Untersuchung der Erwägungsgründe auf die mit der Richtlinie verfolgten Schutzzwecke eingegangen. Im Folgenden wird sich die Arbeit den Schutzzwecken, insbesondere den Schutzzweckgewichtungen des deutschen und europäischen Rechtes, zuwenden. Dies ist notwendig, um zu klären, ob das nationale bzw. europäische Recht in dieser Hinsicht Unterschiede aufweist, die sich auf die Auslegung des § 2 UWG auswirken.

Die Frage nach dem Schutzzweck ist eine der Grundfragen des Rechts gegen den unlauteren Wettbewerb. Schutzzweckübcrlcgungen liefern daher wertvolle Auslegungsmaßstäbe[276] und bringen Aufschluss über das der Richtlinie zugrunde liegende normative Referenzprinzip[277]. Bereits 1965 hatte Ulmer in einer rechtsvergleichenden Untersuchung des Lauterkeitsrechtes festgestellt, dass das Spektrum und die Gewichtung der zu schützenden Interessen von herausragender Bedeutung für das Lauterkeitsverständnis ist[278].

Gülbay[279] kam in einer Untersuchung zu dem Schluss, dass die in der Gemeinschaft teilweise stark abweichenden Schutzzielbestimmungen so fest in der rechtlichen und gesellschaftlichen Entwicklung der nationalen Systeme verwurzelt sind, dass die daraus resultierenden Unterschiede nicht durch Einzelrichtlinien beseitigt werden können. Die Angleichungseignung der einzelnen Richtlinien stoße exakt an dem Punkt an ihre Grenzen, wo unbestimmte Rechtsbegriffe die Berücksichtigung national geprägter Schutzzweckabwägungen zulassen[280]. Eine mögliche Lösung könne lege ferenda nur eine Harmonisierung des gesamten Lauterkeitsrechtes auf der Grundlage einer Generalklausel[281], daraus folgend eine gemeinschaftliche Schutzzielbestimmung und ein gemeinschaftliches Verbraucherleitbild, sein[282]. Ein solches System hat auch die Kommission in ihrem Grünbuch zum Verbraucherschutz vorgeschlagen[283]. Erste Vorschläge für eine Rahmenrichtlinie zum Lauterkeitsrecht[284] liegen vor.

(a) Tradierte Schutzzwecke im UWG

Lange Zeit stand der Konkurrentenschutz im Vordergrund des deutschen Wettbewerbsrechtes[285]. *Fezer*[286] erklärt dies wie folgt:

---

[276] *Beater*, Unlauterer Wettbewerb, S. 293; *Menke*, WRP 1998, 811 ff. (817).
[277] Vgl. *Fezer*, WRP 2001, 889 ff. (999); *Hasselblatt*, S. 19.
[278] Ulmer/Beier, S. 250.
[279] *Gülbay*, S. 264.
[280] *Gülbay*, S. 265.
[281] *Funke*, WM 1997, 1472 ff. (1474).
[282] Vgl. *Gülbay*, S. 266 f.
[283] Grünbuch Verbraucherschutz, KOM(01) 531 endg. v. 02.10.2001, S. 15 ff.
[284] Stellungnahmen und Richtlinienvorschläge finden sich bei *Göhre*, WRP 2002, 36 ff.; *Schricker/Henning-Bodewig*, WRP 2001, 1367 ff.; *Micklitz/Keßler*, GRUR 2002, 885 ff.; *Köhler/Bornkamm/Henning-Bodewig*, WRP 2002, 1317 ff.
[285] Amtlichen Begründung des UWG von 1896: Der Schutz des konsumierenden Publikums

Die Maßgeblichkeit der Interessen der Mitbewerber beruhte auf dem als Verwirklichung der wirtschaftlichen Handlungsfreiheit verstandenen und somit auf der Inanspruchnahme von Individualrechten beruhenden Wettbewerbskonzept als einem selbstregulativen, autonom und herrschaftsfrei gedachten System, das als private Veranstaltung der Konkurrenten seine Funktionsbedingungen aus sich heraus reproduziert und dadurch das soziale Optimum garantiert.

Dieser Interessenmonismus wurde durch den Einzug von Gemeinwohlinteressen noch zu Zeiten des RG beendet[287]. Die Gemeinwohlorientierung öffnete den Weg für ein Verständnis der Wettbewerbsordnung als eine einheitliche, am Schutz des Wettbewerbbestandes orientierte rechtliche Gesamtordnung und damit auch die Möglichkeit zur Berücksichtigung der Wertungen des GWB im Wettbewerbsrecht. Darauf folgte die, wenn auch zaghafte, Erkenntnis, dass Verbraucherschutzinteressen von den Interessen der Allgemeinheit zu unterscheiden sind und einen eigenständigen Schutzzweck darstellen[288].

Seither besteht Konsens darüber, dass das UWG auf die Bewahrung der Lauterkeit des Wettbewerbs im Interesse der Mitbewerber, der Verbraucher und der Allgemeinheit abzielt („Schutzzwecktrias")[289]. Das grundsätzliche Bekenntnis zur Schutzzwecktrias besagte allerdings noch wenig, denn nur selten war eine wirkliche Gegenüberstellung und objektive Abwägung der verschiedenen Interessen erkennbar[290]. *Beater*[291] spricht von einem „unauflösbarem Konglomerat". Die Rechtsprechung ging davon aus, dass ein hohes Konkurrentenschutzniveau mittelbar auch den Verbrauchern und der Allgemeinheit zugutekommt[292]. Diese Sichtweise konnte spätestens dann nicht mehr aufrechterhalten werden, als man feststellte, dass das Bereitstellen von Informationen eine wesentliche Ausprägung des Verbraucherschutzes ist[293]. Aus hiesiger Sicht dürften sich ein hohes Konkurrentenschutzniveau im Bereich des Irreführungs- oder Herabsetzungsschutzes einerseits und Verbraucherinformationsinteressen andererseits diametral gegenüberstehen[294]. *Beater*[295] meint sogar, dass die hohen Verbraucher-

gegen Übervorteilung ist nicht der unmittelbare Zweck eines gegen den unlauteren Wettbewerb gerichteten Gesetzes, wenngleich Maßregeln, die in den gegenseitigen Beziehungen der Gewerbetreibenden Treu und Glauben zu befestigen bestimmt sind, mittelbar auch dem Interesse ihrer Abnehmer entgegenkommen werden; bei Neumann, S. 151.

286 *Fezer*, WRP 2001, 889 ff. (991).

287 *Beater*, Unlauterer Wettbewerb, S. 104; *Köhler/Piper*, Einl. Rn. 24.

288 *Fezer*, WRP 2001, 889 ff. (991).

289 *Fezer*, WRP 2001, 889 ff. (997); *Beater*, Unlauterer Wettbewerb, S. 290.

290 *Menke*, GRUR 1991, 661 ff.

291 *Beater*, Unlauterer Wettbewerb, S. 292.

292 *Beater*, Unlauterer Wettbewerb, S. 361 spricht von einer „bloßen Reflexwirkung"; *Bodewig*, Tul. Eur. & Civ. L. F. 1994, 179 ff. (190); *Hasselblatt*, S. 20.

293 EuGH, GRUR Int. 1990, 955 ff. (956 ErwG 17, 18) – GB-INNO.

294 *Menke*, Recht und Ökonomie der kritisierenden vergleichenden Werbung, S. 55; *Lindacher*, S. 399 ff. (S. 406).

schutzmaßstäbe im Zusammenhang mit irreführender Werbung mitunter nichts anderes „als Kaschierungen eines übertriebenen Konkurrentenschutzdenkens" seien. Der Verbraucherschutz habe das deutsche Wettbewerbsrecht letztlich nicht erreicht, sondern ein Schattendasein geführt und die Grundlinien der materiell-rechtlichen Verbotstatbestände nur marginal beeinflussen können[296], was am Beispiel der vergleichenden Werbung deutlich werde[297]. Eine allzu strenge Anwendung des Irreführungstatbestandes führt in ein „informationstheoretisches Dilemma", da eine Untersagungsverfügung nicht nur den Schutz einer Minderheit bewirkt, sondern zugleich das Angebot an Marktinformation zu Lasten der übrigen Verbraucher verkürzt[298].

(b) Striktere Schutzzwecktrennung im europäischen Sekundärrecht

Davon unterscheidet sich das Gemeinschaftsrecht, insbesondere das europäische Sekundärrecht, da es präzisere Aussagen über die geschützten Interessen trifft und auch darüber, in welchem Verhältnis diese zueinander stehen[299]. Die Richtlinie deklariert ihren Schutzzweck in Art. 1 RL[300]:

> *Zweck dieser Richtlinie ist der Schutz der Verbraucher, der Personen, die einen Handel oder ein Gewerbe betreiben oder ein Handwerk oder einen freien Beruf ausüben, sowie die Interessen der Allgemeinheit gegen irreführende Werbung und deren unlauteren Auswirkungen und die Festlegung der Bedingungen für unzulässige vergleichende Werbung.*

Beater[301] ist der Auffassung, dass das jüngere Gemeinschaftsrecht frei vom Ballast der Konkurrentenschutztradition sei. Nach seiner Auffassung könnte dem sekundären Gemeinschaftsrecht eine Vorreiterroller zukommen, welche letztlich auf das gesamte nationale Wettbewerbsrecht übergreift[302]. Dieser Ansatz scheint durch die jüngsten Stellungnahmen zum Grünbuch Verbraucherschutz[303] und dem Gesetzesentwurf zur UWG-Reform[304] Bestätigung zu finden. In der Begründung zum Gesetzesentwurf der Bundesregierung heißt es:

> *Außerdem soll der Verbraucher den ihm gebührenden Stellenwert in einem modernen Lauterkeitsrecht erhalten. Das geltende Gesetz gegen den unlauteren Wettbewerb soll insgesamt neu gefasst werden. Verbraucherinnen*

---

295 *Beater*, Unlauterer Wettbewerb, S. 357 f. m. w. N.
296 *Fezer*, WRP 2001, 889 ff. (992).
297 *Beater*, Unlauterer Wettbewerb, S. 356 f.
298 *Micklitz/Keßler*, Harmonisierung des Lauterkeitsrechts, S. 46.
299 *Beater*, Unlauterer Wettbewerb, S. 234; *Köhler/Piper*, Einl. Rn. 25.
300 Richtlinie 97/55/EG, Abl. EG 1997 L290/18; WRP 1998, 798 ff. (800).
301 *Beater*, Unlauterer Wettbewerb, S. 358.
302 *Beater*, Unlauterer Wettbewerb, S. 234 f; *Micklitz/Keßler*, WRP 2003, 919 ff.
303 *Schricker/Henning-Bodewig*, WRP 2001, 1367 ff. (1378 ff.); *Micklitz/Keßler*, GRUR 2002, 885 ff.; *Köhler/Bornkamm/Henning-Bodewig*, WRP 2002 1317 ff.; *Göhre*, WRP 2002, 36 ff.
304 Entwurf eines Gesetzes gegen den unlauteren Wettbewerb vom 07.05.2003, im Internet unter http://www.bmj.bund.de/images/11596.pdf.

und Verbraucher werden dabei als gleichberechtigte Partner in den Schutzbereich des Gesetzes aufgenommen.

Durch die ausdrückliche Benennung der Schutzzwecke, vor allem der Verbraucher, liefert der Gesetzgeber die Leitlinien des richterlichen Konkretisierungsaktes[305]. Das normativ vom Gemeinschaftsrecht beeinflusste nationale Wettbewerbsrecht wird Verbraucherinteressen stärker berücksichtigen und zugleich stärker zwischen Verbraucher- und Konkurrenteninteressen unterscheiden[306]. Dieses normative Grundmodell liegt auch § 2 UWG zugrunde[307].

Gülbay[308] allerdings vertritt die Auffassung, dass das deutsche Wettbewerbsrecht eine wirkliche Angleichung auf Richtlinienbasis nicht leisten kann, da es zu stark in seinen nationalen Eigenheiten verwurzelt ist.

(c) Funktionelles Verständnis der jüngsten BGH-Rechtsprechung

Insgesamt deutet sich in der jüngeren BGH-Rechtsprechung ein sich zunehmend beschleunigender Wandel hin zu einem funktionellen Verständnis des Lauterkeitsrechts an[309]. Bei diesem Verständnis ergeben sich die Maßstäbe für die Konkretisierung einer Norm aus den Funktionsbedingungen der Wettbewerbsordnung. Insbesondere ist eine deutliche stärkere Ausrichtung an ökonomischen Faktoren und Marktfolgen spürbar[310]. Charakteristisch ist zudem eine noch wettbewerbsorientierte Ausrichtung[311]. Daraus ergeben sich Rückschlüsse für die Beurteilung vergleichender Werbungen anhand von § 2 UWG. Bei einem insoweit gewandelten Funktionsverständnis dürfte es bei der Beurteilung primär darauf ankommen, ob sich eine vergleichende Werbung tatsächlich positiv auf die Markttransparenz auswirkt und so dem Informationsinteresse der Verbraucher dient[312].

---

305 *Micklitz/Keßler*, Harmonisierung des Lauterkeitsrechts, S. 41.

306 *Beater*, Unlauterer Wettbewerb S. 135; *Micklitz/Keßler*, WRP 2003, 919 ff. (919).

307 Beater, Unlauterer Wettbewerb, S. 357: ... der Verbraucherschutz [ist] in seiner Bedeutung für das Recht gegen den unlauteren Wettbewerb noch keineswegs vollständig erschlossen. [...] Das deutsche Recht ist, sowohl in der Rechtsprechung, als auch in der Kommentarliteratur nach wie vor von einer Dominanz des Konkurrentenschutzdenkens geprägt, die aber nicht zuletzt durch den Einfluß des europäischen Gemeinschaftsrechtes angefangen hat, ins Wanken zu geraten.

308 *Gülbay*, S. 265 f.

309 BGH, GRUR 1999, 1122 ff. (1123) - EG-Neuwagen I; BGH, GRUR 1999, 757 ff. (758) - Auslaufmodelle I; BGH, GRUR 2000, 521 ff. (535) – Modulgerüst; BGH, BGH, GRUR 2002, 275 ff. (277) – Noppenbahnen; *Fezer*, WRP 2001, 889 ff. (998) spricht vom „vollzogenen Funktionswandel"; *Micklitz/Keßler*, WRP 2003, 919 ff.

310 Vgl. auch die Ausführungen des BVerfG, WRP 2001, 1160 ff. (1163) – Therapeutische Äquivalenz; *Menke*, GRUR 1991, 661 ff. (662); *Menke*, Recht und Ökonomie der kritisierenden vergleichenden Werbung, S. 58 ff.

311 *Fezer*, WRP 2001, 889 ff. (998 f.); so bereits *Menke*, GRUR 1991, 661 ff. (663).

312 *Menke*, WRP 1998, 811 ff. (816); *Menke*, Recht und Ökonomie der kritisierenden vergleichenden Werbung, S. 58 ff.; *Meyer*, Die kritisierende vergleichende Werbung, S. 206; *Hudelmaier*, S. 70 ff.; *Lindacher*, S. 399 ff. (S. 405).

Schon vor Erlass der Richtlinie hat sich die Rechtsprechung von ökonomischen Erwägungen beeinflussen lassen[313], etwa wenn sie die Eignung der kritisierenden vergleichenden Werbung zur Steigerung der Markttransparenz berücksichtigt hat[314]. Gleichwohl mangelte es der Rechtsprechung an Kohärenz und Systematik, wie sich exemplarisch an der Entscheidung „*Alternative zur Marke*"[315] zeigt. *Sedelmeier*[316] meint:

> *Das Verbot, Richter in eigener Sache zu sein und mit fremdem Kalbe zu pflügen, ist für die deutsche Rechtsprechung jedenfalls im Ergebnis weit wichtiger als das Informationsinteresse des Verbrauchers.*

Die Untersuchung der deutschen Rechtsprechung zur vergleichenden Werbung nach Erlass der Richtlinie zeigt, dass die Rechtsprechung im Anwendungsbereich der Richtlinie von einem gewandelten Funktionsverständnis des Lauterkeitsrechtes auszugehen scheint. In der *Testpreis-Angebot*-Entscheidung[317] bezieht sich der BGH[318] auf einen Aufsatz von *Menke*[319], dessen Ansätze bis dahin vom BGH konsequent ignoriert wurden. Nachfolgende Entscheidungen zeigen noch deutlicher, dass die Rechtsprechung im Bereich der Richtlinie eine Richtung eingeschlagen hat, welche die Interessen der Werbenden an wettbewerbsbezogener Werbung und die Interessen der Verbraucher an sachlichen Informationen deutlicher herausarbeitet und insgesamt stärker berücksichtigt[320].

In der *Vergleichen Sie*-Entscheidung[321] grenzt der BGH das Informationsinteresse der Verbraucher gegenüber den Mitbewerberinteressen in Gestalt des Herabsetzungs- und Rufausbeutungsschutzes ab.

In der Preisgegenüberstellungen in der *Schaufenster*-Entscheidung[322] musste sich der Werbende nicht auf eine weniger eingriffsintensive Möglichkeit zur Erkennbarmachung des Wettbewerbers beschränken, da darin nach Auffassung des BGH keine wirkliche Alternative gesehen werden konnte, weil sie sich zu Lasten des Informationsgehaltes eines Vergleiches ausgewirkt hätte. Der BGH musste entscheiden, ob der Werbende zum Zwecke der Bezugnahme auf ein Angebot eines Wettbewerbers dessen Originalanzeige bildlich abbilden durfte, oder ob er sich auf eine inhaltliche Zusammenfassung zu beschränken hatte. Der BGH räumte den Verbraucherinteressen an größtmöglicher Authentizität, also

---

313 *Menke*, GRUR 1991, 661 ff. (663 ff.).

314 BGH, GRUR 1984, 823 f. (823) – Charterfluggesellschaften; *Menke*, GRUR 1991, 661 ff. (663 m. w. N.).

315 KG, GRUR 1985, 228 ff. – Alternative zur Marke.

316 *Sedelmeier*, ZRP 1991, 370 ff. (373).

317 BGH, GRUR 1998, 824 ff.; hierzu *Neu*, ZEuP 1999, 123 ff. (135).

318 BGH, GRUR 1998, 824 ff. (827) - Testpreis-Angebot.

319 *Menke*, GRUR 1991, 661 ff.

320 *Menke*, WRP 1998, 811 ff. (817) spricht von einer „grundlegenden Neuorientierung".

321 BGH, GRUR 1999, 501 ff. (503).

322 BGH, WRP 2001, 1441 ff. (1444 f.).

zusätzlicher Information und Schutz vor Irreführungen, den Vorrang vor Konkurrentenschutzinteressen ein[323]:

> *Wollte man dagegen dem Vergleichenden abverlangen, das Konkurrenzangebot inhaltlich zusammenzufassen und mit eigenen Worten wiederzugeben, so würde man ihm das Risiko einer etwaigen Fehlinterpretation der Werbeanzeige auferlegen, was jedenfalls im Regelfall nicht sachgerecht erscheint.*

Um diesen Funktionswandel zu operationalisieren wurde vorgeschlagen, anhand einer an funktionellen Kriterien ausgerichteten „Nutzen-Schaden-Bilanzierung“ über die Auslegung der einzelnen Tatbestände zu befinden[324]. Hiernach ist eine Rufausbeutung nicht unlauter, wenn diese durch die Vermittlung von zusätzlichen Informationen an die Verbraucher gerechtfertigt ist. Gleiches gilt für die Herabsetzung; hier muss das Maß an zulässiger Herabsetzung durch die Menge der für die Verbraucher nützlichen Informationen gerechtfertigt sein[325]. *Eck/Ikas* sprechen von einer „dynamischen Wechselwirkung“ zwischen dem Maß der zulässigen Herabsetzung und dem Vergleichsergebnis[326].

In Anlehnung an die von Generalanwalt *Léger*[327] im Verfahren *Toshiba Europe*[328] verwandten Formulierung soll künftig von der „Erforderlichkeitsprüfung“ gesprochen werden[329].

II. Wechsel- und Einstrahlungswirkungen anderer Rechtsgebiete

Soweit für die funktionelle Auslegung wettbewerbsrechtlicher Vorschriften auf die Funktionsbedingungen und Gesetzmäßigkeiten der Wettbewerbsordnung zurückzugreifen ist, ist das System der geltenden Rechts- und Wirtschaftsordnung gemeint. Daher sind die Wechselwirkungen zum primären Gemeinschafts- und Verfassungsrecht zu berücksichtigen.

1. Verfassungsrecht

§ 2 UWG ist im Licht der Kommunikationsgrundrechte auszulegen. Für das deutsche Recht ist vornehmlich Art. 5 Abs. 1 GG zu berücksichtigen, weil

---

[323] BGH, WRP 2001, 1441 ff. (1444 f.).

[324] *Menke*, WRP 1998, 811 ff. (817).

[325] *Menke*, WRP 1993, 718 ff. (726).

[326] *Eck/Ikas*, WRP 1999, 251 ff. (270).

[327] Schlussanträge Léger Toshiba Europe (ErwG 85): Der Ruf eines Mitbewerbers wird somit in unlauterer Weise ausgenutzt, wenn die Bezugnahme auf diesen oder die Art und Weise der Bezugnahme nicht zur Information der Kundschaft über die jeweiligen Vorzüge der verglichenen Erzeugnisse erforderlich ist.

[328] WRP 2001, 1432 ff.

[329] Sack, WRP 2001, 327 ff. (346) vom „Gebot des schonensten Mittels“ spricht, meint er nichts anderes; ähnlich auch *Köhler/Piper*, § 2 Rn. 54: *Maßgebend ist, ob die Äußerung für den legitimen Zweck des Vergleiches (Unterrichtung der Verbraucher über die Vorteile des eigenen Angebots und damit Verbesserung der Markttransparenz) erforderlich ist, oder ob auch eine weniger einschneidende Äußerung möglich gewesen wäre.*

Art. 10 EMRK wohl nur eine untergeordnete Rolle spielen wird, da aufgrund des grundrechtlich gewährten Freiheitsschutzes ein Rückgriff auf die EMRK entbehrlich erscheint[330].

Verfassungsrechtsprechung und -lehre taten sich zunächst schwer, Wirtschaftswerbung als Ausübung der Meinungsfreiheit zu begreifen[331]. Somit war die Bedeutung der verfassungsrechtlichen Bezüge bei der wettbewerbsrechtlichen Interessenabwägung bisher gering[332]. Durch zwei aktuelle Entscheidungen des BVerfG sind die Auswirkungen der Grundrechte auf die wettbewerbsrechtliche Beurteilung von Werbemaßnahmen neu definiert worden[333]. Die Auswirkungen dieser Entscheidungen werden auch im Bereich des § 2 UWG spürbar werden, denn auch eine Einschränkung der Meinungs- und Pressefreiheit durch § 2 UWG wird nach dem BVerfG eine „Rechtfertigung durch hinreichend gewichtige Gemeinwohlbelange oder schutzwürdige Interessen Dritter" voraussetzen[334].

Folglich muss bei der Anwendung des § 2 UWG eine Interessenabwägung im Hinblick auf die wertsetzende Bedeutung des Art. 5 Abs. 1 GG stattfinden[335]. Hierbei kommt der Eignung einer kommerziellen Äußerung zur öffentlichen Meinungsbildung eine Vorrangstellung zu[336]. Je höher der Informationsgehalt einer Werbung ist, desto geeigneter ist die Werbung zur öffentlichen Meinungsbildung und desto schutzwürdiger und wertsetzender sind diese Interessen in die Abwägung einzustellen[337].

Verfassungsrechtliche Auswirkungen sind vor allem dann zu berücksichtigen, wenn ein sachlicher und von der Kernaussage mit dem Kriterienkatalog des § 2 UWG zu vereinbarender Vergleich in eine „Werbestory" im weiteren Sinne verpackt wird. Vornehmlich werden sich verfassungsrechtliche Wechselwirkungen beim Sachlichkeitsgebot des § 2 Abs. 2 Nr. 2 UWG und der Herabsetzungs- bzw. Rufausbeutungsklausel auswirken. Andeutungen macht der BGH in der Entscheidung „*Preisgegenüberstellungen im Schaufenster*"[338]:

---

[330] *Kulms*, RabelsZ 1999, 521 ff. (534); *Kloepfer/Michael*, GRUR 1991, 170 ff. (179).
[331] *Lindacher*, S. 399 ff. (S. 401).
[332] *Kulms*, RabelsZ 1999, 521 ff. (534).
[333] BVerfG, WRP 2001 129 ff. – Benetton; BVerfG, WRP 2001, 1160 ff. - Therapeutische Äquivalenz; vgl. *Brandner*, S. 533 ff.
[334] So grundlegend in BVerfG, WRP 2001 129 ff. (133) – Benetton.
[335] BVerfG, WRP 2001, 1160 ff. (1163) - Therapeutische Äquivalenz: Diese Prüfung hätte sowohl das Interesse der Klägerin berücksichtigen müssen, vor der Ausbeutung des durch Leistung begründeten Rufes ihres Originalpräparates geschützt zu werden, als auch das Informationsanliegen der Beschwerdeführerin, auf eine therapeutisch richtige und wirtschaftlich angemessene Behandlungsweise durch ein Generikum hinzuweisen.
[336] *Köhler/Pieper*, Einl. Rn. 33.
[337] *Köhler/Pieper*, Einl. Rn. 33.
[338] BGH, WRP 2001, 1441 ff. (1445).

Die Art und Weise der Darstellung, die diesen Sachverhalt aufgreift und leicht ironisierend sichtbar macht, ist daher nicht als wettbewerbswidrig zu beanstanden. [...] Dabei ist auch zu berücksichtigen, dass Werbung zu einem nicht unerheblichen Teil von Humor und Ironie lebt und begleitet wird.

2. Primäres Gemeinschaftsrecht

Der EuGH[339] betont, dass europäisches Sekundärrecht im Lichte der Bestimmungen des EWG-Vertrages über den freien Warenverkehr zu interpretieren ist. Es stellt sich also die Frage, ob die Grundfreiheiten des primären Gemeinschaftsrechtes bei der Auslegung des § 2 UWG zu berücksichtigen sind[340].

Bis zur Verabschiedung der Irreführungsrichtlinie im Jahre 1984 wurde die Entwicklung des europäischen Lauterkeitsrechtes ausschließlich durch Entscheidungen des EuGH zur Warenverkehrsfreiheit bestimmt[341]. Ohne diese Einstrahlungen primären Gemeinschaftsrechtes auf das nationale Recht wäre die Richtlinie zur vergleichenden Werbung wohl nicht verabschiedet worden. Die Rechtsprechung zu den Grundfreiheiten wurde als Indikator für ein Harmonisierungsbedürfnis des Werberechtes verstanden[342]. In Konflikt mit der Warenverkehrsfreiheit gerieten nationale Rechtsordnungen, die – wie das deutsche oder luxemburgische Recht – sehr strenge Maßstäbe anlegten und Werbungen untersagten, die in anderen Mitgliedsstaaten unproblematisch zulässig waren. Betroffene Unternehmen haben sich erfolgreich auf den Anwendungsvorrang des Art. 28 EGV berufen können[343] und dadurch kam es zu einer ersten Europäisierung des Lauterkeitsrechtes[344]. Die Keck-Entscheidung[345] brachte eine gewisse Kehrtwendung in dieser Richtung[346].

Ob das deutsche Verbot der vergleichenden Werbung an Art. 28 EGV zu messen war, ist bis zum Erlass der Richtlinie umstritten gewesen[347]. *Tilmann*[348] vertritt die Auffassung, auch die Richtlinie sei im Lichte des primären Gemeinschaftsrechtes auszulegen und in grenzüberschreitenden Fällen sei mit einer weiteren Absenkung des Schutzniveaus zu rechnen.

Gegen diese Auffassung spricht die *Keck*-Rechtsprechung. Allerdings musste sich der EuGH nach *Keck* nicht mehr zur vergleichenden Werbung äußern, da

---

339 EuGH, WRP 2000, 289 ff. (292 ErwG 26 ff.) – Lifting Creme; vgl. auch *Calliess/Ruffert*, EGV, Art. 249 Rn. 10 m. w. N.; *Beater*, Unlauterer Wettbewerb, S. 242.

340 *Tilmann*, GRUR Int. 1993, 133 ff. (135).

341 *Schnorbus*, ZVersWiss 1999, 375 ff. (397); *Henning-Bodewig*, GRUR Int. 2002, 389 ff. (391).

342 *Tilmann*, GRUR Int. 1993, 133 ff. (133).

343 *Tilmann*, GRUR 1997, 790 ff. (798); *Calliess/Ruffert*, EGV, Art. 220 Rn. 22 ff.

344 *Schnorbus*, ZVersWiss 1999, 375 ff. (397).

345 EuGH, GRUR Int. 1994, 56 ff. – Keck; *Joliet*, GRUR Int. 1994, 1 ff.

346 *Leible*, in: *Grabitz/Hilf*, EWG, Art. 28 Rn. 28 ff.

347 *Gülbay*, S. 244 ff.

348 *Tilmann*, GRUR 1997, 790 ff. (798).

die beiden zur Richtlinie ergangenen Entscheidungen keine grenzüberschreitenden Sachverhalte zum Gegenstand hatten[349].

Ein weiterer Gesichtspunkt lässt den Einfluss primären Gemeinschaftsrechtes eher unwahrscheinlich erscheinen[350]. Die Harmonisierung des Lauterkeitsrechtes mittels Richtlinien wurde als Alternative zur fortschreitenden Harmonisierung des Wettbewerbsrechtes durch den EuGH über den Hebel der Warenverkehrsfreiheit angesehen, da sich die Grundfreiheiten des Gemeinschaftsrechtes nur bedingt dazu eignen, materiell-wettbewerbsrechtliche Wertungen zu berücksichtigen. *Beater*[351] spricht wohl zu Recht von den „wettbewerbsrechtlich *blinden Maßstäben* des Primärrechtes".

Die Auslegung anhand des primären Gemeinschaftsrechtes dient ausschließlich binnenmarktrechtlichen Harmonisierungszwecken, während die Richtlinie – wie dargestellt – zusätzliche Ziele, insbesondere die Verbraucherunterrichtung sicherstellen will. Diese Ziele können, worauf bereits hingewiesen wurde, in einem gewissen Gegensatz zueinander stehen. Eine weitere durch das primäre Gemeinschaftsrecht angeschobene Liberalisierung könnte sich im Hinblick auf das Ziel der Verbraucherunterrichtung negativ auswirken. Die Kriterien der Richtlinie sollen die Qualität der Vergleichsinformation gewährleisten. Eine liberalere Beurteilung würde zwar zu einem weitergehenden Spielraum für vergleichende Werbung und somit zu einer Informationsquantitätssteigerung führen[352].

Einstrahlungswirkungen des primären Gemeinschaftsrechtes bürgen somit die Gefahr in sich, dass im Sekundärrecht bewusst angelegte Differenzierungen nicht mehr zum tragen kommen. Insgesamt erscheint es daher unwahrscheinlich, dass von der Warenverkehrsfreiheit Einwirkungen auf die Regulierung der vergleichenden Werbung ausgehen werden[353].

III. Zwischenergebnis

Die aufgezeigte Ausrichtung am Ziel der Verbraucherinformierung ist dem deutschen Wettbewerbsrecht in dieser Form und Konsequenz bisher fremd. Wegen des zunehmend spürbaren Wandels des nationalen Wettbewerbsrechtes sind funktionale Divergenzen allerdings nicht so gravierend, dass an der Konformität der Umsetzung gezweifelt werden sollte. Voraussetzung ist jedoch, dass § 2 UWG in einem funktionellen Sinne ausgelegt und verstanden wird. Dies scheinen die Gerichte in jüngster Zeit immer stärker zu berücksichtigen. Der Rechtsprechung zur vergleichenden Werbung dürfte für die künftige Entwicklung des deutschen Wettbewerbsrechtes in Richtung der angestrebten vollstän-

---

[349] *Plassmann*, GRUR 1996, 377 ff. (381).
[350] *Beater*, GRUR Int. 2000, 963 ff. (973).
[351] *Beater*, GRUR Int. 2000, 963 ff. (973).
[352] Grundsätzlich *Ahlert/Schröder*, MA 1993, 172 ff. (173).
[353] *Beater*, GRUR Int. 2000, 963 ff. (974); a.A. *Köhler/Piper*, § 2 Rn. 6.

digen Harmonisierung des europäischen Lauterkeitsrechtes eine Vorbildfunktion zukommen. Das funktionelle Anwendungsprinzip wird somit zum Angleichungsprinzip, da es als Einfallstor der Schutzzweckgewichtungen der Richtlinie dient. Die Ausführungen von *Gamerith*[354] im Hinblick auf den Gesetzgebungsvorschlag von *Köhler/Bornkamm/Henning-Bodewig*[355] für eine Rahmenrichtlinie zum Lauterkeitsrecht bestätigen dies:

> *Sollte zum Begriff der Unlauterkeit die ‚PVÜ-Formel' übernommen werden, so müsste sie allerdings in einem funktionalen Sinn ausgelegt werden, weil nicht entscheidend sein kann, was die Berufsgenossen in Gewerbe und Handel für ‚anständig' halten; maßgebend ist vielmehr, ob ein bestimmtes Verhalten gegen die Funktionsbedingungen im Wettbewerb, die Unternehmer-, Verbraucher- und Allgemeininteressen und gegen den Schutzzweck des Wettbewerbsrechtes verstößt, also die Wettbewerbsfreiheit missbräuchlich ausnutzt.*

IV. Struktur und Systematik des § 2 UWG

1. Zulässigkeits- und Verbotskatalog

(a) Europarechtlicher Mindeststandard

Im Rahmen der Umsetzung ist § 2 UWG in den Anwendungsbereich des § 1 UWG integriert worden. Art. 3 a Abs. 1 RL enthält in den Buchstaben a) – h) einen Zulässigkeitskatalog[356]. Die Bedingungen der Richtlinie müssen daher kumulativ erfüllt werden[357]. Den Mitgliedsstaaten ist es also verwehrt, die Zulässigkeit an strengere oder weitere Kriterien zu knüpfen[358]. In den Kriterienkatalog des § 2 Abs. 2 UWG ist mithin das Wörtchen „nur" hineinzudenken[359].

(b) Europarechtlicher Höchststandard

Nicht mehr umstritten ist, dass die Richtlinie auch einen Verbotskatalog aufstellt[360]. Auch die Regierungsbegründung ist wohl von einem abschließenden Standard der Richtlinie ausgegangen und hat § 2 UWG als Verbotsnorm mit einem Ausnahmekatalog umgesetzt[361]. In der Entscheidung *Pippig Augenoptik* hat

---

354 *Gamerith*, WRP 2003, 143 ff. (165).

355 Köhler/Bornkamm/Henning-Bodewig, WRP 2002, 1317 ff.

356 *Köhler/Piper*, § 2 Rn. 13.

357 *Freund*, S. 62.

358 ErwG 2, 3, 11, 18 der Richtlinie 97/55/EG, Abl. EG 1997 L290/18; EuGH, WRP 2003, 615 ff. (620 Rn. 44) - Pippig Augenoptik; *Eck/Ikas*, WRP 1999, 251 ff. (255); *Freund*, S. 63.

359 *Sack*, WRP 2001, 327 ff. (329); so auch die österreichische Umsetzung, ÖBGBl. I Nr.185/1999.

360 *Sack*, WRP 2001, 327 ff. (329 ff.).

361 *Sack*, WRP 2001, 327 ff. (329 Rn.20 m.w.N.); *Emmerich*, S. 88.

der EuGH nun ausdrücklich festgestellt, dass die Richtlinie eine Vollharmonisierung bezweckt[362]:

Mit der Richtlinie 84/450 ist somit eine abschließende Harmonisierung der Bedingungen vorgenommen worden, unter denen vergleichende Werbung in den Mitgliedsstaaten zulässig ist. Eine solche Harmonisierung setzt naturgemäß voraus, dass allein anhand der vom Gemeinschaftsgesetzgeber aufgestellten Kriterien zu beurteilen ist, wann vergleichende Werbung in der ganzen Gemeinschaft zulässig ist.

Hätte es sich nur um einen bloßen Zulässigkeitskatalog gehandelt, könnten die Mitgliedstaaten weitere Fälle vergleichender Werbung zulassen[363]. Nun müssen Gerichte alle Urteile, also auch solche, die vergleichende Werbungen für zulässig erklären, auf Richtlinienkonformität überprüfen[364]. Vergleichende Werbungen sind daher immer dann unzulässig, wenn sie dem Kriterienkatalog des § 2 Abs. 2 UWG nicht entsprechen. Dies hat weitreichende Konsequenzen, insbesondere für die Behandlung der Auskunfts-, System-, Fortschritts- und Abwehrvergleiche, sowie für die Behandlung der persönlichen und unternehmensbezogenen vergleichenden Werbung[365].

2. Notwendigkeit einer Systematisierung

Der Gesetzgeber hat die Zulässigkeit unter die Einschränkung einer Vielzahl von Kriterien gestellt, die nach dem Willen des Gesetzgebers die positiven Effekte, insbesondere in Form verbesserter Verbraucherinformation und Wettbewerbsförderung sicherstellen, andererseits aber die negativen Effekte für die in Bezug genommenen Konkurrenten in Form von Rufausbeutungen und Herabsetzungen auf das notwendige Maß reduzieren sollen[366].

Die in Art. 3 a Abs. 1 RL festgelegten Kriterien zulässiger vergleichender Werbung lassen sich auf unterschiedliche Weise systematisieren. Die vom Gemeinschaftsgesetzgeber vorgegebene Prüfungsreihenfolge Art. 3 a Abs. 1 lit. a)-f) RL ist nicht zwingend[367], darum konnte der nationale Gesetzgeber von dieser Reihenfolge abweichen. Teilweise wird eine Einteilung nach positiven und negativen Bedingungen vorgenommen[368], andere Einteilungen trennen zwischen generellen Verboten und speziell auf vergleichende Werbungen zugeschnittenen Ge- und Verboten[369].

---

[362] EuGH, WRP 2003, 615 ff. (620 Rn. 44) – Pippig Augenoptik; wenngleich im zu entscheidenden Fall über die Möglichkeit strenger nationaler Irreführungsvorschriften zu urteilen war.
[363] *Sack*, GRUR Int. 1998, 263 ff. (270).
[364] *Sack*, WRP 2001, 327 ff. (329 f.).
[365] *Sack*, WRP 2001, 327 ff. (331 ff.); *Henning-Bodewig*, GRUR Int. 2002, 389 ff. (393).
[366] ErwG 5 u. 7 der Richtlinie 97/55/EG, Abl. EG 1997 L290/18.
[367] *Eck/Ikas*, WRP 1999, 772 ff. (773).
[368] *Kotthoff*, BB 1998, 2217 ff. (2218 ff.)
[369] *Wambach*, MDR 1998, 1239 f. (1239).

Schließlich wurde vorgeschlagen, sich bei der Einteilung vornehmlich an den Schutzzwecken und Richtlinienzielen zu orientieren[370]. Darauf beruht auch die hier vorgeschlagene Systematisierung[371].

Es wurde zuvor erörtert, dass dem europäischen Wettbewerbsrecht und damit auch der Richtlinie eine konsequentere Trennung der einzelnen Schutzzwecke immanent ist[372], dieses System spiegelt sich innerhalb der Katalogtatbestände der Richtlinie wieder[373]. Aus dem europarechtlichen Effektivitätsgrundsatz folgt, dass diese Struktur bei der Anwendung des § 2 UWG Berücksichtigung finden muss[374].

(a) Kritik an der Umsetzung als Verbotskatalog

Der Gesetzgeber hat § 2 Abs. 2 UWG entgegen der Richtlinie („Vergleichende Werbung gilt, was den Vergleich anbelangt, *als zulässig*, sofern...") als Verbotskatalog umgesetzt („Vergleichende Werbung *verstößt gegen die guten Sitten* im Sinne von § 1, wenn ...")[375]. Dies entspricht der Systematik des UWG[376], welches sich am Prinzip der Gewerbefreiheit orientiert und nur den unlauteren Wettbewerb untersagen will[377]. Auf diese Umsetzungsvariante hatte auch der BGH, allerdings mit Vorbehalten, hingewiesen[378]:

> *Dabei mag nicht ausgeschlossen sein, dass auch – sofern man dies mit der Zielrichtung der Richtlinie für vereinbar hält – eine gesetzgeberische Ausgestaltung des Inhaltes denkbar erscheint, vergleichende Werbung im Grundsatz zu verbieten, wenn die Voraussetzungen nach Art.3 a Abs. 1 a-h der Richtlinie nicht erfüllt sind. Dies könnte besser in das System des deutschen Wettbewerbsrechtes passen, würde aber nichts daran ändern, dass die für die Entscheidung letztlich maßgeblichen Zulässigkeitsvoraussetzungen identisch sind, gleichgültig welcher rechtliche Ansatz gewählt wird.*

Das Max-Planck-Institut hielt die Umsetzung für bedenklich[379]. Die Kriterien hätten wie in der Richtlinie positiv formuliert werden sollen: „Vergleichende Werbung *gilt nicht als Verstoß gegen die guten Sitten* im Sinne von § 1 UWG,

---

[370] *Eck/Ikas*, WRP 1999, 251 ff. (256).
[371] Zustimmend *Freund*, S. 72.
[372] Siehe hierzu 6. Teil A. I. 2) c); *Eck/Ikas*, WRP 1999, 255 ff. (256).
[373] *Beater*, Unlauterer Wettbewerb, S. 293.
[374] In diesem Sinne auch *Beater*, Unlauterer Wettbewerb, S. 295; *Eck/Ikas*, WRP 1999, 251 ff. (256 Fn. 82).
[375] Vgl. *Borck*, WRP 2001, 1124 ff. (1127 f.); *MPI-Stellungnahme*, GRUR Int. 2000, 265.
[376] *Köhler/Piper*, § 2 Rn. 5.
[377] *Beater*, Unlauterer Wettbewerb, S. 234.
[378] BGH, GRUR 1998, 824 ff. (827) – Testpreis-Angebot.
[379] *MPI-Stellungnahme*, GRUR Int. 2000, 265.

wenn ....“[380]. Die sich aus dem Verbotskatalog ergebenden doppelten Verneinungen[381] seien vor allem verwirrend[382].

Im Bereich des Lauterkeitsrechtes, das von unbestimmten Rechtsbegriffen geprägt ist, muss der nationale Gesetzgeber bei der Umsetzung auch die Normstruktur der Richtlinie berücksichtigen. Gleiches folgt für die Gerichte aus dem Gebot zur richtlinienkonformen Interpretation des nationalen Umsetzungsgesetzes[383].

Vor diesem Hintergrund bestehen systematische Bedenken gegen die Umsetzung, denn die Prüfung eines Verbotskataloges dürfte sich von der Prüfung eines Zulässigkeitskataloges unterscheiden[384]. Dieser wird nämlich „von oben herab“ geprüft, während sich die Prüfung eines Verbotskataloges regelmäßig auf das „ins Auge springende“ Verbotskriterium konzentriert[385]. Da die Kriterien § 2 Abs. 2 Nr. 1, 2 UWG und § 3 S. 2 UWG dazu dienen, die Informationsqualität einer Werbung zu gewährleisten, haben diese bei einem funktionellen Verständnis zugleich indiziellen Charakter für den Prüfungsmaßstab. Es droht daher die Gefahr, dass bei einer Prüfung als Verbotskatalog die normative Verankerung und systematischen Schutzweckgewichtungen der Richtlinie nicht hinreichend zum Tragen kommt. Umso wichtiger wird es daher sein, sich einer Prüfungssystematik zu bedienen, welche sicherstellt, dass die Wertungen des europäischen Rechtes hinreichend berücksichtigt werden.

(b) Verfassungsrechtliche Erwägungen

Auch verfassungsrechtliche Gesichtspunkte deuten daraufhin, dass Bedenken gegen die Umsetzung als Verbotskatalog angezeigt sind. Das Verfassungsgericht hat mit den Entscheidungen *Therapeutische Äquivalenz*[386] und *Benetton*[387] aus den Jahren 2000 und 2001 ein klares Signal gesetzt, dass der Einfluss der Kommunikationsgrundrechte im Rahmen des wettbewerblichen Abwägungsprozesses künftig stärker zu berücksichtigen ist. Die wertsetzende Bedeutung der Kommunikationsgrundrechte steht in Wechselwirkung zum Informationsgehalt einer Werbung. Um im Rahmen einer Herabsetzungsprüfung den Bedeutungs-

---

380 *MPI-Stellungnahme*, GRUR Int. 2000, 265.

381 Im Hinblick auf § 2 Abs. 2 Nr. 1 UWG etwa: Vergleichende Werbung ist nicht zulässig, wenn sie sich nicht auf Waren oder Dienstleistungen für den gleichen Bedarf oder die gleiche Zweckbestimmung bezieht.

382 *Marx*, EWS 2001, 353 ff. (354).

383 *Nettesheim*, in: *Grabitz/Hilf*, EWG, Art. 249 Rn. 153.

384 *Marx*, EWS 2001, 353 ff. (354) und *Keßler*, Persönliches Gespräch, 21.10.2003, Berlin.

385 Als Beispiel stelle man sich eine u. U. herabsetzende vergleichende Werbung vor: Bei einer Prüfung in der Reihenfolge des Richtlinienkataloges und einem positiven Erfüllen der Zulässigkeitskriterien bis auf lit. g), ist es m. E. weniger wahrscheinlich, dass eine Herabsetzung angenommen wird, als wenn unmittelbar eine Prüfung der Herabsetzung i. S. d. Verbotskriteriums § 2 Abs. 2 Nr. 4 UWG vorgenommen wird.

386 BVerfG, WRP 2001, 1160 ff.

387 BVerfG, WRP 2001, 129 ff.

gehalt der Meinungsgrundrechte hinreichend präzise zu determinieren, muss der Informationsgehalt einer Werbung zuvor ermittelt werden. Einer Werbung, welche den informationssichernden Kriterien genügt, kann ein hinreichender Informationsgehalt unterstellt werden[388]:

> *Eine vergleichende Werbung, die den Voraussetzungen des § 2 Abs. 2 Nr. 1 u. 2; § 3 S. 2 UWG entspricht, liefert dem Verbraucher nach der Wertung des europäischen Gesetzgebers grundsätzlich ausreichend Informationen für eine rationale Kaufeintscheidung und muss daher nach den der gemeinschaftweiten Regelung zugrunde liegenden Erwägungen des europäischen Gesetzgebers generell zulässig sein. Das Interesse der in Bezug genommenen Konkurrenten, nicht in einer fremden Werbung zu werblichen Zwecken benutzt zu werden, hat insoweit grundsätzlich zurückzustehen.*

Diese Überlegung lässt folgenden Schluss zu: Urteile, die vergleichende Werbung aufgrund eines Verstoßes gegen § 2 Abs. 2 Nr. 4 oder Nr. 5 UWG für wettbewerbswidrig erklären, ohne zuvor eine Prüfung der Kriterien des § 2 Abs. 2 Nr. 1-3 UWG und § 3 S. 2 UWG unmittelbar oder inzident vorgenommen zu haben, sind in besonderem Maße gefährdet mangels hinreichender Berücksichtigung der Meinungsgrundrechte bzw. nicht richtlinienkonformer Auslegung für verfassungs- oder europarechtswidrig erklärt zu werden. Wie dargestellt, bringt die Umsetzung als Verbotskatalog die Gefahr mit sich, dass die Vernetzung der Katalogkriterien bei der Rechtsanwendung keine hinreichende Berücksichtigung findet.

(c) Vorschlag einer Prüfungssystematik

Die nachfolgend vorgeschlagene Systematisierung versucht durch eine vorgegebene Prüfungsreihenfolge und das Offenlegen von Wechselwirkungen Funktions- bzw. Interessenschutzdivergenzen zu verhindern, um die Einhaltung eines verfassungs- und richtlinienkonformen Bezugssystems der Interessenabwägung zu gewährleisten. Die Systematik soll sicherstellen, dass im Falle eines Interessenkonfliktes den Belangen der Verbraucher und der Öffentlichkeit der Vorrang zukommt. Die Katalogkriterien sind hierzu nach den verfolgten Schutzzwecken in zwei Stufen einzuteilen[389].

Die Kriterien der ersten Stufe dienen der Verbraucherunterrichtung und stellen zugleich die Mindestvoraussetzungen für zulässige vergleichende Werbung auf. Die Kriterien der zweiten Stufe dienen dem Schutz der in Bezug genommenen Wettbewerber, mithin also dem Interessenausgleich. Sie müssen den Kriterien der ersten Stufe gegenübergestellt werden[390].

---

[388] *Ziervogel*, S. 91.
[389] *Ziervogel*, S. 90 ff; vgl. zu einer ähnlichen Systematisierung im Hinblick auf das Markenrecht *Lange*, WRP 2003, 323 ff. (327).
[390] Ähnlich *Beater*, Unlauterer Wettbewerb, S. 407 f.

Eine Interessengegenüberstellung findet im Rahmen eines Zulässigkeitskataloges automatisch statt. Da es sich bei § 2 UWG jedoch um einen Verbotskatalog handelt, setzt eine richtlinienkonforme funktionelle Normanwendung voraus, dass dieser wie ein Zulässigkeitskatalog angewandt wird, also von „oben herab" geprüft wird (erste Stufe vor zweiter Stufe).

(i) Vergleichsgegenstand und- inhalt (Stufe I)

Die erste Stufe bestimmt Vergleichsgegenstand und den Inhalt der Werbeaussage (§ 2 UWG Abs. 2 Nr. 1, 2 UWG und § 3 S. 2 UWG)[391]. Die Kriterien stellen auf diesem Wege einen Mindestgehalt an verbraucherinformierender Information sicher[392]. Auslegung und Normanwendung bei der Prüfung der Kriterien der zweiten Stufe haben dies zu berücksichtigen.

Die Zulässigkeitsmaxime nach der ersten Stufe hat somit erhebliche Auswirkungen auf den Prüfungsmaßstab der zweiten Stufe[393]:

> *Es fällt schwer, sich eine Werbung vorzustellen, die einerseits das Objektivitäts- und Relevanzkriterium des Art.3 a (1) (c) erfüllt und nicht irreführt, andererseits aber den Konkurrenten herabsetzt.*

Daraus folgt für den Regelfall also, dass die so genannten „vergleichsimmanenten Interessenbeeinträchtigungen" der in Bezug genommenen Konkurrenten grundsätzlich zurückstehen müssen[394].

(ii) Schutz von Konkurrenteninteressen (Stufe II)

In die zweite Stufe fallen die Kriterien § 2 Abs. 2 Nr. 3-6 UWG, also der Verwechslungs-, Diffamierungs-, Herabsetzungs- und Imitationsschutz. Sie stehen in einem Spannungsverhältnis zu den Kriterien der ersten Stufe.

Diese Systematik erscheint geeignet, die aufgezeigten Funktionsunterschiede zwischen dem deutschen und europäischen Recht zu verringern. Sie liefert insoweit die notwendige Basis für die weitere Untersuchung des § 2 UWG.

B) Südafrika

I. Wettbewerbsrecht

Zunächst jedoch ist das südafrikanische Wettbewerbsrecht auf seine Grundlagen und Funktionszusammenhänge zu untersuchen.

1. Einführung in das südafrikanische Wettbewerbsrecht

Das moderne südafrikanische Privatrecht setzt sich aus Elementen des civil law, nämlich dem römisch-holländischen Recht, und dem angelsächsischen common

---

[391] So auch *Eck/Ikas*, WRP 1999, 772 ff. (773).

[392] BGH, GRUR 1999, 501 ff. – Vergleichen Sie; OLG Frankfurt, GRUR-RR 2001, 89 ff. – Komfortanschluss.

[393] *Ohly/Spence*, GRUR Int. 1999, 681 ff. (694).

[394] *Ziervogel*, S. 91.

law zusammen. Aufgrund der Symbiose der zwei Rechtssysteme wird das südafrikanische Privatrecht als Mischrechtsordnung bezeichnet. *Zweigert/Kötz* sprechen von einem „hybriden Rechtssystem“[395]:

> *Ob das südafrikanische Recht dem anglo-amerikanischen Rechtskreis angehört, oder ob man es eher den Rechtsordnungen zurechnen sollte, die sich auf der Grundlage des römischen Rechtes entwickelt haben, ist eine kaum eindeutig zu beantwortende Frage. Der letzteren Ansicht wird zuneigen, wer für entscheidend hält, welchen Charakter die Grundbegriffe und Grundstrukturen der in Frage stehenden Rechtsordnung tragen: sie sind in Südafrika – soweit man das unkodifizierte Recht ins Auge fasst –unbezweifelbar römisch. Anders wird urteilen, wer mehr auf die Technik der Rechtsanwendung in der heutigen Gerichtspraxis abstellt: der Prozessablauf, das Beweisrecht, die Methode der Verwertung von Präjudizien, aber auch die Gerichtsverfassung und die Aufgaben und Stellung von Richten und Anwälten sind deutlich den englischen Mustern nachgebildet; und das gleiche gilt von den heute praktisch so wichtigen Gebieten des kodifizierten Rechtes, insbesondere des Handels- und Gesellschaftsrechtes. Das südafrikanische Recht stellt sich deshalb als ein ‚hybrides' Recht dar, in dem sich – wie uns scheint – Elemente des römisch-holländischen und des englischen Rechtes in einer Weise mischen, die jede Einordnung in dieses oder jenes Schubfach als mehr oder weniger gewaltsam erscheinen lässt:*

Die Mischung von *civil* und *common law* im südafrikanischen Recht wird auch als klassisches Beispiel für das Zusammenwirken dieser Rechtsysteme angesehen[396]. Gelegentlich wird sogar vom Vorbildcharakter des südafrikanischen Deliktsrechtes für ein einheitliches europäisches Deliktsrecht gesprochen[397]. Ein rechtsvergleichender Blick auf ein Land, welches diese beiden Rechtsysteme vereint, liefert eine wertvolle Perspektive für die Lösung künftiger Fragestellungen im Zusammenhang mit der rechtlichen Behandlung vergleichender Werbungen.

(a) Ursprünge der lex aquilia

Zusammen mit der *actio iniuriam* bildet die *lex aquilia* den Grundpfeiler des südafrikanischen Deliktsrechtes. Die *actio iniuriam* kommt dabei der personenrechtliche Schutz zu, während die *lex aquilia* den gesamten vermögensrechtlichen Bereich umfasst. Die Appellate Division des Supreme Courts, Südafrikas höchstem Gericht, hatte im Jahre 1922 in der wegweisenden Entscheidung *Matthews v Young*[398] festgestellt, dass der Ersatz eines Vermögensschadens, der durch unlauteren Wettbewerb entstanden ist, auf Basis der deliktischen Generalklausel lex aquilia möglich ist.

---

[395] *Zweigert/Kötz*, S. 230 ff.

[396] *v. Frentz*, S. 31.

[397] v. Bar, RabelsZ 42, 1978, 87 ff.: South African law could one day supply the impulses if the countries of the European Community should decide to draft a uniform civil law for the Community. For the main difficulty will be to integrate the English law into the foreign system of Continental European laws.

[398] 1922 AD 492 ff.

Die *lex aquilia* stammt aus dem römischen Recht[399]. Es handelte sich hierbei um ein Gesetz („*plebiscitum*"), welches aus dem Jahre 287 v. C. stammt und Haftungsregeln bei Vermögensschäden („*damnum iniuria datum*") aufstellte. Das Gesetz unterteilte sich in drei Kapitel, wobei lediglich das erste und das dritte Kapitel von Bedeutung waren. Das erste Kapitel der *lex aquilia* beschreibt eine allgemeine Regel für das unrechtmäßige Töten eines Sklaven oder eines vierfüßigen Tieres der Klasse Haustier. Das dritte Kapitel regelt einen Anspruch für das unrechtmäßige Verwunden eines Sklaven oder Tieres und für das Beschädigen einer Sache durch Brennen, Brechen und Zerstören. Der Anwendungsbereich der *lex aquilia* war zu dieser Zeit sehr begrenzt. Der Anspruch stand nur dem Eigentümer der beschädigten Sache zu und setzte ein unmittelbares, qualifiziertes Einwirken des Schädigers voraus.

(b) Einflüsse des römisch-holländischen Rechtes

Das römisch-holländische Recht ist das Ergebnis der Rezeption des römischen Rechtes in Holland[400]. In der Zeit des 17. und 18. Jahrhunderts wurde die Haftungsgrundlage der *lex aquilia* durch Wissenschaft und Rechtspraxis grundlegend erneuert. Maßgebende Quellen der Entwicklung dieser Zeit waren die noch heute im südafrikanischen Recht oft zitierten Werke der niederländischen Juristen. Hervorzuheben ist das Werk von *Grotius,* eine Einführung in das holländische Recht („Inleiding tot de Hollansche Rechtsgeleertheid"[401]) aus dem Jahre 1631 und ein von *Voet* verfasster Pandektenkommentar („Commentarius ad Pandektas"[402]) aus dem Jahre 1698/1704. Im Rahmen dieses Erneuerungsprozesses wurde die aquillische Haftungsbasis entscheidend erweitert[403]. So wurde das Erfordernis einer physischen Einwirkung auf die Sache fallengelassen. Auch konnte nun Schadensersatz für jede Beeinträchtigung eines Persönlichkeitsrechtes („*iniuria*") verlangt werden und nicht nur im Falle einer Einwirkung auf den Körper[404]. Schließlich wurde auch die Aktivlegitimation erweitert, so dass nun nicht nur der Eigentümer, sondern auch derjenige Schadensersatz verlangen konnte, der die Sache entliehen oder geborgt hatte. Umstritten ist weiterhin, ob sich die Haftungsgrundlage der *lex aquilia* bereits zu dieser Zeit zu einer praktikablen deliktischen Generalklausel entwickelt hatte[405]. Fest steht allerdings, dass sowohl römische, als auch römisch-holländische Quellen zu dieser Zeit keine privatrechtlichen Wettbewerbsklagen kannten[406].

---

[399] Ausführlich und mit weiteren Nachweisen zur *lex aquilia Zimmermann*, The Law of Obligations, S. 955 ff.; *v. Frentz*, S. 44 ff.
[400] *Zimmermann*, JZ 1990, 825 ff.; *v. Frentz*, S. 83 ff.
[401] Vgl. *Zimmermann*, Das Römisch-holländische Recht, S. 26 ff.
[402] Vgl. *Zimmermann*, Das Römisch-holländische Recht, S. 39 ff.
[403] Van Heerden/Neethling, S. 58 ff.
[404] Neethling/Potgieter/Visser, S. 10.
[405] Zum Streitstand *v. Frentz*, S. 102 ff.
[406] Gous v De Kock, Combrinck v De Kock (1887) 5 SC 405, 410; Van Heerden/Neethling, S. 52.

(c) Einflüsse des angelsächsischen common law

Die Rezeption englischen Rechtes hat und hatte erhebliche Auswirkungen auf die Entwicklung des prozessualen und materiellen Rechtes in Südafrika[407]. Die holländischen Siedler unter *Jan van Riebeeck*, die 1652 einen Stützpunkt der holländisch-indischen Kolonie in der Kapregion errichteten, etablierten dort das römisch-holländische Recht als Recht ihres Heimatlandes, wo es bis zum Beginn des 19. Jahrhunderts unverändert praktiziert wurde[408]. Bemerkenswerterweise wurde das römisch-holländische Recht mit Beginn der englischen Kolonialherrschaft im Jahre 1806 nicht durch das angelsächsische *common law* abgelöst, obwohl dies gemeinhin erwartet und von der Regierung erwogen wurde. Eine Begründung hierfür gab *Lord Mansfield* in der Entscheidung *Campbell v Hall*[409]:

> *The laws of a conquered country continue in force until they are altered by the conqueror... [T]he King has power to alter the old and to introduce new laws in a conquered country...*

Das römisch-holländische Recht konnte in Südafrika weiter existieren, wurde jedoch in zunehmendem Maße vom Recht des Mutterlandes beeinflusst. So wurden Gesetze verabschiedet, welche in speziellen Bereichen englisches Recht übernahmen. Auch fehlte es dem römisch-holländischen Recht an praktikablen Regeln zur Abwicklung des modernen Geschäftsverkehrs, etwa in Bereichen wie dem Wertpapier-, Konkurs-, Seehandels- und Gesellschaftsrecht und daher wurden englische Gesetze nahezu unverändert übernommen. Weiterer Grund für den zunehmenden Einfluss des englischen Rechtes war die Tatsache, dass Richter und Juristen im englischen Recht ausgebildet wurden und ihnen daher der Bezug zu römisch-holländischen Rechtsquellen fehlte. Englisch wurde als alleinige Gerichtssprache eingeführt, und Richter griffen in Zweifelsfällen auf englische Präzedenzentscheidungen zurück.

(d) Wettbewerbsrecht auf Grundlage der lex aquilia

Mit Gründung der südafrikanischen Union im Jahre 1910 hatte der Prozess der fortschreitenden Anglisierung seinen Höhepunkt erreicht[410]. Im Streben nach allgemeinen und generellen Haftungsvoraussetzungen hat das südafrikanische Recht auf der Grundlage der lex aquilia nicht die Form eines *law of torts* angenommen[411]. Im südafrikanischen Recht gibt es somit keinen *numerus clausus*

---

[407] Zimmermann, S. 1 ff; Zweigert/Kötz, S. 228.

[408] Du Plessis/Du Plessis, S. 46.

[409] (1774) 1 Cowp 204, 209, 98 ER 1045, 1047.

[410] Zweigert/Kötz, S. 229.

[411] Interflora African Areas Ltd v Sandton Florist, 1995 4 SA 841 (T) 847: One must warn against the tendency, especially in earlier cases, to seek guidance exclusively – and sometimes blindly – from English law. It is necessary to keep in mind that the English law of delict is a 'law of torts' and that in England a competitor can accordingly only sue if the competitive act involved – plus its accompanying factors – complies with the particular re-

isolierter Einzeltatbestände, sondern das Recht hat den Anwendungsbereich der *aquilian action* in Richtung einer deliktischen Generalklausel erweitert[412] und damit eine auf generellen Definitionen aufbauende deliktische Anspruchsgrundlage zur Verfügung gestellt[413].

Auf dieser Grundlage hatte die Appellate Division 1922 in *Matthews v Young*[414] entschieden, dass ein durch unlauteren Wettbewerb verursachter Vermögensschaden nach der *lex aquilia* zu ersetzen ist, und damit das südafrikanische Wettbewerbsrecht aus der Taufe gehoben[415]:

> *In the absence of special legal restrictions a person is without doubt entitled to the free exercise of his trade, profession or calling. But he cannot claim an absolute right to do so without interference from another about which rivals cannot legitimately complain. But the competition must itself remain within lawful bounds. All a person can, therefore, claim is the right to exercise his calling without unlawful interference from others. Such an interference would constitute an injuria for which an action under the lex Aquilia lies if it has directly resulted in loss.*

Die Entscheidung *Geary and Son (Pty) Ltd v Gove*[416] konnte endgültig den Weg für eine allgemeine Anerkennung der *lex aquilia* als Basis eines Schutzes gegen unlauteren Wettbewerb frei machen. Weiterer Meilenstein in der Entwicklung des südafrikanischen Wettbewerbsrechtes war die Doktorarbeit des Richters *Van Heerden* aus dem Jahre 1958[417], welche Grundlage des wettbewerbsrechtlichen Standardwerkes von *Van Heerden/Neethling*[418] ist. Richter *Van Dijkhorst* kam in der Entscheidung *Atlas Organic Fertilizers (Pty) Ltd v Pikkewyn Ghwano (Pty) Ltd* zu folgender Erkenntnis[419]:

---

quirements of some or other 'tort'. Out courts should thus allow themselves to be influenced by English decisions concerning competition conflicts only to a limited extent and with great circumstances, and then only in so far as these decisions are reconcilable with the principles of our law of delict.

412 Perlman v Zoutendyk, 1934 CPD, 151, 155; Neethling/Potgieter/Visser, S. 11 m. w. N.

413 Administrateur, Natal v Trust Bank van Afrika Bpk, 1979 3 SA 824 (A); Coronation Brick (Pty) Ltd v Strachan Construction Co (Pty) Ltd, 1982 4 SA 371 (D) 377.

414 1922 AD 492 ff.

415 1922 AD 492 ff. (507).

416 1964 1 SA 434 440-441: The plaintiff's action is Aquilian. It sues in delict. What it apparently seeks to allege is the wrongful interference by a competitor with its rights as a trader. Although there is no clear statement to that effect in the declaration as amplified, the right upon which the plaintiff may be presumed to rely is its right to attract custom. [...] I do not propose to attempt a definition of the limits set to competition in trade by Aquilian liability, but whatever those limits are, it seems clear that interference of the nature indicated is recognised as an infringement of a trader's rights and therefore as a delict in our law.

417 *Van Heerden*, Grondslae van die Mededingsreg.

418 Van Heerden/Neethling, S. 69.

419 1981 2 SA 173 (T) 186.

It is therefore clear from the above cases that what H J O van Heerden advocated in 1958 has now firmly become entrenched, namely that the law of South Africa recognises and grants a general action in the case of unlawful competition, based on the principles of the lex Aquilia.

Nachdem Klarheit über die Haftungsgrundlage des Wettbewerbsrechtes herrschte, haben sich Wissenschaft und Judikatur mit der Ausarbeitung allgemeiner Grundsätze des „*law of unlawful* competition" beschäftigt. In England wird ein vergleichbarer Terminus vermieden, bzw. wenn von einem *tort of unfair competition* gesprochen wird, geschieht dies um klarzustellen, dass das englische Recht einen solchen Deliktstatbestand nicht kennt[420]. Entscheidende Erkenntnis der Entscheidung *Schultz v Butt*[421] war – insoweit werden die Unterschiede zum englischen *law of torts* deutlich[422] – dass ein Anspruch auch dann auf die *lex aquilia* gestützt werden kann, wenn ein Handeln nicht auf eine der sich herausbildenden Fallgruppen unlauteren Wettbewerbs oder eine Präzedenzentscheidung gestützt werden kann[423]:

In order to succeed in an action based on unfair competition, the plaintiff must establish all the requisites of Aquilian liability, including proof that the defendant has committed a wrongful act. In such a case, the unlawfulness which is a requisite of Aquilian liability may fall into a category of clearly recognized illegality, as in the illustrations given by CORBETT J in Dun and Bradstreet (Pty) Ltd v SA Merchants Combined Credit Bureau (Cape) (Pty) Ltd 1968 (1) SA 209 (C) at216F - H, namely trading in contravention of an express statutory prohibition; the making of fraudulent misrepresentations by the rival trader as to his own business; the passing off by a rival trader of his goods or business as being that of his competitor; the publication by the rival trader of injurious falsehoods concerning his competitor's business; and the employment of physical assaults and intimidation designed to prevent a competitor from pursuing his trade. But it is not limited to unlawfulness of that kind.

Die weitere Entwicklung des südafrikanischen Wettbewerbsrechtes konzentrierte sich vornehmlich auf drei Aspekte, nämlich die Herausbildung allgemeiner Kriterien für die Bestimmung der Rechtswidrigkeit[424], Bestimmung und Inhalt der Schutzobjekte des Wettbewerbsrechts[425] und die Bildung von Fallgruppen[426].

---

[420] *Beater*, Unlauterer Wettbewerb, S. 3.

[421] 1986 (3) SA 667 (A), übersetzt in GRUR Int. 1987, 716 ff.

[422] Anmerkungen zu dieser Entscheidung in GRUR Int. 1985, 596 ff. (598); das Zusammenspiel mit dem law of torts kann den Ausführungen des Richters *Stegmann* in der Entscheidung *Weber-Stephen Products Co v Alrite Engineering (Pty) Ltd*, 1990 2 SA 718 (T) 734-735 entnommen werden: *In passing off matters our Courts have frequently looked to the analysis of the problem in English cases. Our law on the subject derives, of course, from the actio legis Aquiliae which is unknown in English law. Nevertheless, the analysis of the problem to be found in English cases is often illuminating and can be of assistance to solving the problem of how to apply the principles of our own law to the facts of a particular case.*

[423] 1986 3 SA 667 (A) 678; Unterstreichungen des Verfassers.

[424] Van Heerden/Neethling, S. 51 ff.

[425] Hierzu Universiteit von Pretoria v Tommie Meyer Films (Edms) Bpk, 1977 (4) SA 376 (T) 387; Van Heerden/Neethling, S. 79 ff.

(e) Zwischenergebnis

Schultz v Butt stellt den Schlusspunkt der langjährigen Entwicklungsgeschichte von den römischen Anfängen der *lex aquilia* hin zu einer offenen und dynamischen wettbewerbsrechtlichen Generalklausel dar.

Im Folgenden sollen die einzelnen Merkmale einer unlauteren Handlung näher beleuchtet werden, wobei naturgemäß der Voraussetzung der Widerrechtlichkeit („*wrongfulness*") – vergleichbar dem Sittenwidrigkeitsmerkmal des deutschen Rechtes – die größte Bedeutung beikommt.

2. Voraussetzungen eines wettbewerbsrechtlichen Anspruches

Der wettbewerbsrechtliche Haftungstatbestand setzt sich aus den Elementen Kausalität, Rechtwidrigkeit, Verschulden und Schaden zusammen[427]. Auf die Voraussetzungen Verschulden, Kausalität und Schaden ist nur kurz einzugehen; der Schwerpunkt liegt auf der Behandlung der Widerrechtlichkeit. Zudem ist auf die Frage der Wettbewerbsnähe bzw. des Wettbewerbsverhältnisses einzugehen.

(a) Wettbewerbsverhältnis[428]

Das Erfordernis eines unmittelbaren Wettbewerbsverhältnisses („*common field of activity*") ist dem südafrikanischen Recht fremd[429]. Allerdings nur, wenn überhaupt Wettbewerb besteht, kann der Anspruchsteller in einem subjektiven Recht („*Goodwill*") verletzt werden[430].

In der Entscheidung *Tie Rack plc v Tie Rack Stores (Pty) Ltd*[431] hatten südafrikanische Unternehmer den Namen, das Logo, sowie das Produkt- und Verkaufskonzept einer bekannten britischen Herrenausstatterkette namens „Tie Rack" übernommen. Die Klage wurde abgewiesen, da das englische Unternehmen keine südafrikanische Niederlassung eröffnet hatte und „Tie Rack"-Produkte in Südafrika auch nicht von Dritten vertrieben wurden. Mangels Wettbewerbs konnte der Kläger nicht in seinem subjektiven Recht verletzt werden[432].

---

426 Van Heerden/Neethling, S. 149 ff.

427 Neethling/Potgieter/Visser, S. 4.

428 Van Heerden/Neethling, S. 66 f.

429 Van Heerden/Neethling, S. 192 f. (Fn 259 m. w. N.); Capital Estate and General Agencies (Pty) Ltd v Holiday Inns Inc., 1977 2 SA 916 (A) 929: If the evidence establishes that there is a reasonable likelihood of such confusion arising even if the parties concerned cannot be said to be carrying on their activities in a common field, it is difficult to see how the absence of such a common field can nevertheless constitute a ground for denying relief to an aggrieved party. The absence of a common field of activities is, of course, a factor which one has to take into account when considering the question whether someone's conduct is likely to lead to confusion of the kind mentioned, but the proper weight to be assigned thereto will depend on a consideration of all the relevant facts.

430 Van Heerden/Neethling, S. 66: It has been pointed out that there can be no question of unlawful competition without competition.

431 1989 SA 427 (T) 445-446.

432 Tie Rack plc v Tie Rack Stores (Pty) Ltd, 1989 4 SA 427 (T) 445: The simple truth is that

Auch der Entscheidung *Slenderella Systems Incorporated of America v Hawkins*[433] ist zu entnehmen, dass der Anspruchsteller eine Niederlassung im Lande haben, bzw. seine Produkte auf anderem Wege in Südafrika vertreiben lassen muss.

Unter besonderen Umständen kann auch ein potentielles Wettbewerbsverhältnis ausreichend sein. So in *Stellenbosch Wine Trust Ltd v Oude Meester Group Ltd*[434], als der Beklagte vertrauliche Information über ein neues, noch nicht auf dem Markt erhältliches Produkt des Klägers erlangt hatte und dieses kopieren wollte. Das Gericht entschied, dass diese Marktposition ausreichend sei, obwohl die Produkte des Klägers im Handel noch nicht erhältlich waren.

(b) Verschulden („fault")

Regelmäßig genügt für einen Anspruch aus *lex aquilia* der Nachweis des fahrlässigen Handelns („*negligence*")[435]. Fahrlässigkeit wird angenommen, wenn eine durchschnittlich verständige Person in der Situation des Anspruchsgegners anders gehandelt hätte, um einen vorhersehbaren und vermeidbaren Schaden des Anspruchsstellers zu verhindern[436]. Vereinzelt ist im Bereich der Fallgruppen Boykott[437] und Herabsetzungen („*untrue disparagment of a rival's performance*"[438]) von einem Vorsatzerfordernis ausgegangen worden. *Van Heerden/Neethling*[439] kritisieren diese Entscheidungen, da sie den Grundprinzipien der *lex aquilia* widersprechen. Bei den in Wettbewerbssachen häufig vorliegenden Unterlassungsansprüchen kommt es auf subjektive Voraussetzung und damit auf die Diskussion um Vorsatz und Fahrlässigkeit nicht an[440].

---

applicant has no goodwill, no attractive force in this country. The fact that people in this country - and accepting that there may be many – know of applicant's business abroad and may be misled into believing first respondent's shops are in some way associated therewith, does not afford applicant a proprietary right in this country.

433 1959 1 SA 519 (W) 521: It is not necessary that the peregrinus should actually carry on business in the jurisdiction in which he seeks relief. It is sufficient if his goods are sold on the market within the jurisdiction and have thereby given him a right of property therein in a reputation, name or goodwill attaching to the goods or business.

434 Stellenbosch Wine Trust Ltd v Oude Meester Group Ltd, Oude Meester Group Ltd v Stellenbosch Wine Trust Ltd, 1972 3 SA 152 (C) 160.

435 Matthews v Young, 1922 AD 492 405 407; Link Estates (Pty) v Rink Estates (Pty) Ltd, 1979 2 SA 276 (E) 281; Van Heerden/Neethling, S. 68.

436 Van Heerden/Neethling, S. 69: The wrongdoer is negligent if the reasonable man in his position would have acted differently; and according to the courts the reasonable man would have acted differently if the unlawful causing of damage was reasonably foreseeable and preventable; Neethling/Potgieter/Visser, S. 121 ff.

437 Murdoch v Bullough, 1923 TPD 495; Van Heerden/Neethling, S. 310 ff.

438 Van Zyl v African Theatres Ltd, 1931 CPD 61; Van Heerden/Neethling, S. 288 ff.

439 Van Heerden/Neethling, S. 69.

440 Aetiology Today CC t/a Somerset Schools v Van Aswegen, 1992 1 SA 807 (W) 820; Elida Gibbs (Pty) Ltd v Colgate Palmolive (Pty) Ltd, 1988 2 SA 350 (W); Van Heerden/Neethling, S. 290; a. A. jedoch Richter Theron in Stellenbosch Wine Trust Ltd v Oude

(c) Kausalität („causation"[441])

Das südafrikanische Recht unterscheidet zwischen rechtlicher („*legal causation*") und tatsächlicher Kausalität („*factual causation*"). Zunächst ist die Kausalität für den konkreten Schaden nachzuweisen, etwa die Ursächlichkeit einer irreführenden Angabe für den Verlust von Kunden[442]. Auf der zweiten Stufe wird eine Zurechnung („*legal causation*") verneint, wenn der eingetretene Schaden zu weit entfernt erscheint. Eine spezifisch wettbewerbsrechtliche Rechtsprechung gibt es hierzu nicht.

(d) Schaden („damage/harm"[443])

Der Schadensnachweis ist – ebenso wie im deutschen Wettbewerbsrecht – problematisch[444]. Der Schaden verkörpert sich typischerweise in Umsatzeinbußen bzw. dem Verlust tatsächlicher oder potentieller Kunden[445]. Es obliegt dem Kläger einen Schaden nachzuweisen. Ähnlich wie im deutschen Recht besteht die Möglichkeit einer Schadensschätzung[446]. Andere Methoden zur Schadensfeststellung, wie die im englischen Recht üblichen Sachverständigengutachten („*enquiry as to damages*") oder Auskunfts- und Gewinnabschöpfungsansprüche („*account of profits*"), haben die südafrikanischen Gerichte bisher nicht akzeptiert[447].

Bei der Frage, ob der Kläger die wesentlichen Voraussetzungen für einen Schaden darlegen kann, spielt die Wettbewerbsnähe bzw. das Bestehen eines Wettbewerbsverhältnisses eine entscheidende Rolle. Geht der Kläger gegen eine unwahre Werbeaussage vor, die der Beklagte über die Eigenschaften seines Produktes gemacht hat, muss eine bestimmte Nähe zum Mitbewerber nachgewiesen werden, denn nur dann wird der Anspruchsteller wegen der irreführenden Angabe Kunden verlieren und einen Schaden erleiden[448].

Meester Group Ltd, 1977 2 SA 221 (C); Escherich Development (Pty) Ltd v Andrew Mentis Steel Sales (Pty) Ltd, 1983 3 SA 810 (W) 813.

441 Van Heerden/Neethling, S.70 f.; Neethling/Potgieter/Visser, S. 159 ff.

442 Geary and Son (Pty) Ltd v Gove, 1964 1 SA 434 (A) 441.

443 Neethling/Potgieter/Visser, S. 345 f.

444 Neethling/Potgieter/Visser, S. 72.

445 Dun and Bradstreet (Pty) Ltd v SA Merchants Combined Credit Bureau (Cape) (Pty) Ltd, 1968 (1) SA 209 (C) 221 -223.

446 International Tobacco Co (SA) (Pty) Ltd v United Tobacco Co (South) Ltd, 1955 2 SA 1 (W) 17; Van Heerden/Neethling, S. 72.

447 Harvey Tiling Co (Pty) Ltd v Rodomac (Pty) Ltd, 1977 1 SA 316 (T) 328; Van Heerden/Neethling, S. 73.

448 Vgl. etwa Spinner Communications v Argus Newspaper Ltd, 1996 4 SA 637 (W) 642, 643: It is true that a deception, in order to found a case of action, must ursurp a quality or attribute of the plaintiff's product. This arises out of the fact that the plaintiff must establish a nexus between the deception and the harm complained of. It follows that a deception which is unrelated to the plaintiff's product could never found an action at his instance. [...] He points out also that the two publications in issue compete against each other for a particular segment of a specialised market and that they both operate within the same area. I would

3. Schutzgüter („*right to goodwill*")

Voraussetzung eines widerrechtlichen Handelns ist ein Eingriff in das Schutzgut des südafrikanischen Wettbewerbsrechtes, das „*right to goodwill*". Der Schutz dieses Rechtes basiert auf der Entscheidung *Universiteit van Pretoria v Tommie Meyer Films (Edms) Bpk*[449]. In dieser Entscheidung wurde erkannt, dass jedes Rechtssubjekt Träger individueller subjektiver Rechte sein kann. Subjektive Rechte beschreiben das Verhältnis zwischen Rechtssubjekt und -objekt, die Natur der Rechte wird vom Charakter des Objektes bestimmt. Das südafrikanische Recht kennt vier subjektive Rechte, nämlich Sachenrechte, Persönlichkeitsrechte, persönliche Rechte, Immaterialgüterrechte. Voraussetzung einer rechtlichen Anerkennung ist jedoch, dass das subjektive Recht einen Wert für den Berechtigten darstellt, und dass es klar eingrenzbar, unterscheidbar ist und unabhängig von anderen Rechten existieren kann. Eine Rechtsverletzung findet statt, wenn das Subjekt-Objekt-Verhältnis gestört und zugleich eine Rechtsnorm verletzt wird.

Ein Wettbewerbsverstoß setzt eine Verletzung des „*right to goodwill*" voraus, das Immaterialgüterrecht[450] des Unternehmens. Während sich in englischen Entscheidungen des 18. Jahrhunderts Hinweise auf den Unternehmensgoodwill als Vermögensrecht finden[451], wurde ein vergleichbares Recht im Südafrika erstmalig Anfang des 20. Jahrhunderts erwähnt[452]:

> *[I] am of the opinion that a legal right of the applicant's has been infringed – the right, viz., to carry on his trade without wrongful interference from others. That is a common law right, the existence of which has been recognized in many cases, and which, I imagine, does not admit of controversy... In the present case the illegality of the conduct of the respondents in carrying on trade cannot be questioned, inasmuch as it is expressly prohibited by law; and if their competition damages the applicant in his business, his right to trade without wrongful interference is infringed, and he has a remedy at law.*

Zunächst wurde dieses Recht als „right to attract custom"[453] bezeichnet, bis Richter Van Dijkhorst sich auf das „right to goodwill" in der Entscheidung Atlas Organic Fertilizers (Pty) Ltd v Pikkewyn Ghwano (Pty) Ltd festlegte[454]:

---

follow, I should think, that there was a likelihood that the defendant's exaggerated figures would have diverted some of the plaintiff's advertising revenue to the defendant.

[449] 1977 4 SA 376 (T) 381-383 387.

[450] Van Heerden/Neethling, S. 96.

[451] *Hartlage*, S. 66.

[452] *Patz v Greene & Co*, 1907 TS 427 436 437.

[453] Geary and Son (Pty) Ltd v Gove, 1964 1 SA 434 (A) 440; Dun and Bradstreet (Pty) Ltd v SA Merchants Combined Credit Bureau (Cape) (Pty) Ltd, 1968 (1) SA 209 (C) 216-218.

[454] 1981 2 SA 173 (T) 182

> *The 'right to attract custom' as being the right [a trader has] which is protected form wrongful interference by a competitor, is the same as the 'reg ob die werfkrag' which is the right HJO van Heerden seeks to protect in Grondslae van die Mededingingsreg. Sometimes this is referred to as the trader's goodwill, which is defined by Lord Macnaughten in The Commossioners of Inland Revenue v Muller & Co's Margarine Ltd [1901] AC at 224 as 'the attractive force that brings in custom'.*

Darunter versteht das südafrikanische Recht einen Oberbegriff, in welchem sich all das verkörpert, was die positive Einstellung der Kunden, Verbraucher, Wettbewerber in Bezug auf ein Unternehmen ausmacht und sie dazu veranlasst, die Produkte zu kaufen bzw. mit einem Unternehmen Handel zu treiben[455]. Der Unternehmensgoodwill setzt sich somit aus verschiedenen Faktoren wie dem guten Ruf, der Bekanntheit, Kreditwürdigkeit, den Angestellten, dem Standort, der Unterscheidungskraft der Unternehmenskennzeichen, etc. zusammen[456].

4. Widerrechtlichkeit (Lauterkeitsmaßstäbe)

Beschränkungen und Eingriffe in das Goodwillrecht sind dem Wettbewerb immanent[457]:

> *In the absence of special legal restrictions a person is without doubt entitled to the free exercise of his trade, profession or calling. But he cannot claim an absolute right to do so without interference from another. Competition often brings about interference in one way or another about which rivals cannot legitimately complain.*

(a) Fairness und Ehrlichkeit („fairness and honesty")

Eine Goodwillbeeinträchtigung muss von einem Rechtsnormverstoß begleitet sein, um als rechtswidrig und damit unlauter eingestuft zu werden. Zur Bestimmung dieser Rechtsnorm wurde ursprünglich auf die Begriffe „fairness" und „*honesty*" zurückgegriffen[458]. Hierzu Richter *Diemont* in der Entscheidung *Stellenbosch Wine Trust Ltd v Oude Meester Group Ltd v Stellenbosch Wine Trust Ltd*[459]:

> *It must be conceded that these phrases, fairness in competition and honesty in trade, have an old-fashioned ring about them which may cause the cynic in business to smile, but it is right that the courts should have regard to an emphasise these virtues. Moreover, the phrases are somewhat elastic, as difficult to apply in some cases as the concept of the reasonable man is difficult to apply. Nevertheless, if our law is to develop and is to offer the*

---

455 Van Heerden/Neethling, S. 103.
456 Van Heerden/Neethling, S. 96, 106 f.
457 *Matthews v Young*, 1922 AD 492 507; Unterstreichungen des Verfassers.
458 Gous v De Kock, Combrinck v De Kock (1887) 5 SC 405, 409; Geary and Son (Pty) Ltd v Gove, 1964 1 SA 434 (A) 441.
459 1972 3 SA 152 (C) 161-162.

> *commercial man protection form unlawful interference in his business, the Courts will not disregard the words fairness and honesty.*

Dieses Unlauterkeitskriterium ist nicht frei von Kritik geblieben. Es wurde eingewandt, dass das südafrikanische Recht Übertreibungen („*puffing*") als zulässig einstufe, dies aber nicht mit dem Kriterium der „Ehrlichkeit" vereinbar sei[460]. Wahre herabsetzende Kritik an einem Wettbewerber (*truthful disparagement*) würde durch ein solches Prinzip wiederum praktisch legalisiert werden[461].

(b) Gute Sitten („boni mores")

Richter Van Dijkhorst kam zu der Erkenntnis, dass das Anstandsgefühl der beteiligten Verkehrskreise („*boni mores*") Referenzprinzip des südafrikanischen Wettbewerbsrechtes sein müsse[462]:

> *I have come to the conclusion that the norm to be applied is the objective one of public policy. This is the general sense of justice of the community, the boni mores, manifested in the public opinion. In determining and applying this norm in a particular case, the interest of the competing parties have to be weighed, bearing in mind also the interest of society, the public weal. As this norm cannot exist in vacuo, the morals of the market place, the business ethics of that section of the community where the norm is to be applied, are of major importance in its determination.*

Insoweit zeigen sich Übereinstimmungen mit der Entwicklung des deutschen Rechtes, denn auch das Reichsgericht war zunächst vom Anstandsgefühl aller billig und gerecht Denkenden ausgegangen, wohingegen der BGH in späteren Entscheidungen auf das Anstandsgefühl der Durchschnittsgewerbetreibenden abstellte[463]. In der Begründung bezieht sich *Van Dijkhorst* auf das deutsche Wettbewerbsrecht und setzt den *boni mores*-Test mit dem Sittlichkeitsmaßstab des UWG gleich[464]:

> *According to Van Heerden Grondslae van die Mededingingsreg at 15 - 18 and 46 - 50 the criterion for unlawfulness in competition is in Germany the boni mores. What is needed is a legal standard firm enough to afford guidance to the Court, yet flexible enough to permit the influence of an inherent*

---

[460] Van Heerden/Neethling, S. 121 f.

[461] Atlas Organic Fertilizers (Pty) Ltd v Pikkewyn Ghwano (Pty) Ltd, 1981 (2) SA 173 187: To regard as lawful all cases where a trader acted honestly would put the stamp of approval upon cases where it may well be regarded that there was 'unfair' competition. I think of cases such as the truthful disparagement by one trader of the goods, character, race, nationality or religion of his competitor.

[462] Atlas Organic Fertilizers (Pty) Ltd v Pikkewyn Ghwano (Pty) Ltd, 1981 (2) SA 173 186-187.

[463] *Emmerich*, S. 42.

[464] *Atlas Organic Fertilizers (Pty) Ltd v Pikkewyn Ghwano (Pty) Ltd*, 1981 (2) SA 173 188; auch *Neethling* (Persönliches Gespräch, 15.04.2003, Pretoria) sieht weitgehende Parallelen zum deutschen Recht".

sense of fair play. I have come to the conclusion that the norm to be applied is the objective one of public policy. This is the general sense of justice of the community, the boni mores, manifested in public opinion.

Das Urteil in offenen und problematischen Konstellationen ist das Ergebnis einer umfassenden Interessenabwägung[465]. Bei Ermittlung der Lauterkeit finden bestimmte Kriterien im Rahmen der Interessenabwägung bevorzugte Berücksichtigung[466]. Zu nennen sind das Anstandsgefühl der beteiligten Verkehrskreise, die Wettbewerbsnähe, bereits bestehender Rechtsschutz bzw. Regelungslükken, die Bedeutung der Förderung wettbewerbsfähiger Marktstrukturen[467], internationale Abkommen und die Motive der Handelnden[468].

Das südafrikanische Recht bekennt sich zu seinem Rechtsfortbildungsauftrag und spricht insoweit von „*policy considerations*"[469]:

However esoteric it may sound, it is, in my view, the general considerations of justice, equity, reasonableness, good faith and public policy which underlie the value judgement required of a Court when it is called upon to establish whether or not a competitor has indulged in unfair or unlawful competition. These considerations are all relevant to what Chief Justice Corbett refers to as 'policy decisions'. Such decisions must be made when circumstances demand it, since they are essential for maintaining the vibrant dynamism of any growing, living legal system.

Beim Rückgriff auf so genannte "*policy considerations*" sind Interessenschutzüberlegungen von erheblicher Relevanz. Gerade in Grenzfällen, wie der vergleichenden Werbung, bestehen im südafrikanischen Recht erhebliche Unsicherheiten darüber, wie die gegensätzlichen Interessenlagen zu gewichten sind. Dies belegen die Ausführungen von *Dean*, der seinen Aufsatz über die vergleichende Werbung mit einer offenen Frage enden lässt[470]:

---

[465] Van Heerden/Neethling, S. 123: The application of the bony mores criterion essentially entails the ex post facto balancing or weighing-up of, on the one hand, the interests which the defendant actually promoted with his act, and, on the other, those which he actually infringed. The court must weigh the conflicting interests of the plaintiff and the defendant in the light of all relevant circumstances and in view of all pertinent factors – also the public interest.

[466] Atlas Organic Fertilizers (Pty) Ltd v Pikkewyn Ghwano (Pty) Ltd, 1981 (2) SA 173 188: In determining and applying this norm in a particular case, the interests of the competing parties have to be weighed, bearing in mind also the interests of society, the public weal.

[467] Lorimar Productions Inc v Sterling Clothing Manufacturers Pty (Ltd), Lorimar Productions Inc v OK Hyperama Ltd, Lorimar Productions Inc v Dallas Restaurant, 1981 (3) SA 1129 1153.

[468] Van Heerden/Neethling, S. 121 f.

[469] Payen Components SA Ltd v Vic Baskets CC, 1994 (2) SA 464 474 - 476.

[470] *Dean*, Stellenbosch LR 1996, 25 ff. (28).

Does one protect the host producer's goodwill or does one benefit the consumer by providing him with the opportunity of being given greater information?

(c) Wettbewerbsprinzip („competition principle")

Antworten auf die offenen Abwägungsfragen sucht das südafrikanische Recht in den neueren Entscheidungen[471] im zur Konkretisierung der Widerrechtlichkeit zusätzlich herangezogenen *competition principle* (Wettbewerbsprinzip). Noch besteht Unklarheit darüber, ob dieses Prinzip den *boni mores*-Test ersetzt hat, oder ob dieser Test weiterhin ergänzende Funktion hat[472]. Richter *Van Zyl*[473] meint, dass es sich um eine in offenen Abwägungsfragen zu bemühende „*policy consideration*" handelt. Es basiert auf der Unterscheidung zwischen Leistungs- und Nichtleistungswettbewerb[474]. *Van Heerden/Neethling* beschreiben es wie folgt[475]:

> *This principle implies that the competitor who delivers the best and/or fairest performance, must be victorious in the competitive struggle; the one who offers the worst performance, must suffer defeat. Performance or merit competition must thus be decisive with regard to the question whether or not the conduct of one competitor is wrongful as against another. Conduct not based on the merits of performance of the perpetrator, is accordingly in principle regarded as wrongful. This does not, however, mean that the boni mores or reasonableness criterion no longer has a role to play with regard to the determination of the dividing line between lawful and unlawful acts of competition. In fact, in certain instanced the general criterion is supplementary to the competition principle.*

Als Nichtleistungswettbewerb werden alle Handlungen eingestuft, durch die die Verbraucher an einem sachlich (fairen) Vergleich zwischen den konkurrierenden Angeboten gehindert werden[476].

---

[471] Van der Westhuizen v Scholtz, 1992 4 SA 886 (O) 873-874; Aetiology Today CC t/a Somerset Schools v Van Aswegen, 1992 1 SA 807 (W) 819; Payen Components SA Ltd v Bovic Gaskets CC, 1994 2 SA 464 (W) 474; Kellogg Co v Bokomo Co-operative Ltd, 1997 2 SA 725 (C).

[472] Van Heerden/Neethling, S. 135 ff.

[473] Payen Components SA Ltd v Bovic Gaskets CC, 1994 2 SA 464 (W) 474: Neethling suggests that the boni mores criterion is 'so vague and wide' that it does not in itself provide 'a rational yardstick for the delimination of the conflicting interests of competitors'. A yardstick which was found favour with Van Herden and Neethling is the so-called 'competition principle'. [...] The authors see this as a concretising of reasonableness or bony mores as a general criteria for establishing wrongfulness. [...] There is undoubted merit in this approach, although it may not always be easy to draw the line between sufficiently good and unacceptable poor performances. I am inclined to the view, however, that the competition principle should be regarded as a policy consideration per se rather than as a yardstick for establishing wrongfulness in the sphere of competition.

[474] Neethling/Potgieter/Visser, S. 316.

[475] Neethling/Potgieter/Visser, S. 316.

[476] Van Heerden/Neethling, S. 133.

Interessanterweise lag der Entscheidung *Westhuizen v Scholtz*[477], in der erstmalig auf das Wettbewerbsprinzip zurückgegriffen wurde, ein Sachverhalt zugrunde, der Werbebeschränkungen zum Gegenstand hatte. Westhuizen hatte wegen Verletzung standesrechtlicher Regeln gegen mehrere Apotheker geklagt. Richter *Hattingh* wies die Klage zurück, da nach seiner Überzeugung die standesrechtlichen Regeln und insbesondere die Werbebeschränkungen für Rabatte mit dem *competition principle* nicht vereinbar sind, und ein diesbezüglicher Verstoß daher auch keine unlautere Handlung begründen kann. Das Gericht unterstrich die Bedeutung der Verbraucherinformation durch Werbung und dass Werbebeschränkungen mit dem Leitbild des Leistungswettbewerbes nicht zu vereinbaren seien. Im konkreten Fall könnten die Werbebeschränkung verhindern, dass sich die Apotheker mit dem wettbewerbsfähigsten Angebot am Markt durchsetzen[478]. Diese Entscheidung veranlasste *Van Heerden/Neethling* zu folgender Aussage[479]:

> *As long as advertisement competition has the effect of providing the customer with a true picture of the advertiser's own performance, it retains the nature of performance competition and is accordingly lawful, no matter to extent a rival's goodwill has been infringed.*

5. Fallgruppensystematik

Das südafrikanische Recht kennt eine dem deutschen Recht vergleichbare Fallgruppensystematik, wenngleich diese nicht die Tiefe des deutschen Rechtes erreicht. Die Systematisierung geht auf *Neethling* zurück, der für die Erstellung seines Standardwerkes mehrere Monate am Max-Planck-Institut in München geforscht hatte und sich daher am deutschen Recht orientiert. *Neethling* ist eine bedeutende Persönlichkeit für das südafrikanische Wettbewerbsrecht, vergleichbar mit der Bedeutung des Kommentars *Baumbach/Hefermehl* für das deutsche Wettbewerbsrecht. Er hat aufbauend auf der Doktorarbeit von *Van Heerden* das einzige Lehrbuch zum Wettbewerbsrecht[480] geschrieben und damit in allen Bereichen, in denen kein Rückgriff auf englisches Recht möglich war, dem südafrikanischen Wettbewerbsrecht Kontur verliehen. Es finden sich praktisch keine wettbewerbsrechtlichen Entscheidungen, die sich nicht entweder auf *Van Heerden/Neethling* berufen bzw. begründen, weshalb von *Van Heerden/Neethlings* Auffassung abgewichen wird.

Neethling unterteilt wettbewerbsrechtliche Ansprüche in direkte und indirekte Goodwillbeeinträchtigungen[481]. Ein direkter Wettbewerbsverstoß findet statt, wenn sich eine Handlung unmittelbar gegen den Goodwill eines Wettbewerbers richtet, wohingegen indirekte Verstöße Resultat einer unzulässigen Nutzung des

---

477 1992 (4) SA 886 (O).
478 1992 (4) SA 886 (O) 874.
479 Van Heerden/Neethling, S. 134.
480 Van Heerden/Neethling.
481 *Van Heerden/Neethling*, S. 128 f., 145 ff.

eigenen Goodwills sind. Die wichtigsten Fallgruppen sind Irreführungen (*misleading advertising*), Anlehnungsfälle (*leaning on*), Herabsetzungen (*disparagement*), Geheimnisverrat und Nachahmungen (*direct adoption of rival's performance*); sowie Rechtsbruch[482], Boykott[483] und die Ausübung unzulässigen Drucks[484].

Bei den Irreführungen wird unterschieden, ob sich diese auf die eigene Leistung (*deception or misrepresentation as to competitor's own performance*) oder auf einen Wettbewerber beziehen (*injurious falsehood*). Eine Irreführung über die Herkunft eines Produktes begründet einen speziellen Anspruch nach der aus dem englischen Recht übernommenen Unterfallgruppe *passing off*.

Im Hinblick auf die Behandlung vergleichender Werbung sind die Fallgruppen *deception, injurious falsehood, passing off, disparagement und leaning on* näher zu analysieren.

Es wird im südafrikanischen Recht zunächst versucht einen Sachverhalt einer anerkannten Fallgruppe zuzuordnen[485]. Ist dies nicht möglich oder sind die Voraussetzungen einer Fallgruppe nicht erfüllt, ist dies regelmäßig zentrales Argument der Verteidigung[486]. Da das Wettbewerbsrecht auf einer Generalklausel beruht, werden die Gerichte gleichwohl weiter prüfen, ob eine Handlung als allgemeiner Verstoß gegen die *boni mores* bzw. das *competition principle* unlauter ist.

6. Wechsel- und Einstrahlungswirkungen anderer Rechtsgebiete

Die Veränderungen seit der Beendigung des Apartheidregimes haben erhebliche Auswirkungen auf das gesamte Rechtssystem. Im Hinblick auf die Werberegulierung und insbesondere die vergleichende Werbung werden deshalb in zunehmendem Maße Einflüsse des Verfassungsrechtes und auch des Kartellrechtes spürbar.

---

482 Van Heerden/Neethling, S. 257 ff.

483 Van Heerden/Neethling, S. 307 ff.

484 Exertion of physical or psychological pressure on competitor's customers or employees; *Van Heerden/Neethling*, S. 320 ff.

485 Vgl. Lorimar Productions Inc v Sterling Clothing Manufacturers Pty (Ltd), Lorimar Productions Inc v OK Hyperama Ltd, Lorimar Productions Inc v Dallas Restaurant, 1981 (3) SA 1129 1138: It will thus be seen that on the first basis the well defined course of an action for passing off is followed, whereas on the second basis we sail on the largely uncharted seas of the broader delict of unlawful competition.

486 Vgl. etwa Spinner Communications v Argus Newspaper Ltd, 1996 4 SA 637 (W): For the defendant it was contended that the representations complained of did not contain any comparison with that of the plaintiff; that there was no passing off and no disparagement of the plaintiff's publication; that, as the action was unique in the sense that delictual liability has not in the past been extended to include an action based upon the misrepresentation of circulation figures, the Court would be cautious about extending the scope of the action.

(a) Verfassungsrecht

Die Werberegulierung steht, wie das gesamte südafrikanische Recht, unter starkem verfassungsrechtlichem Einfluss. Im Jahre 1993 ist Südafrika eine „*constitutional society*“ geworden[487]. Unter Berufung auf die Rechtsprechung des Bundesverfassungsgerichtes ist die südafrikanische Verfassung als das objektive Wertesystem anerkannt worden, an dem sich die Rechtsprechung nun zu orientieren hat[488]. Die Verfassung wirkt sich damit auch auf das Marken-, Wettbewerbs- und Selbstregulierungsrecht aus[489]. Der Wertewandel sucht und findet zunehmend Bestätigung in der Rechtspraxis[490].

Nach s 8 (2) der Verfassung hat diese in vertikaler und horizontaler Richtung unmittelbare Wirkung und ist zwischen Bürgern bzw. juristischen Personen[491] unmittelbar anwendbar. Auch die ASA hat im Rahmen ihrer Rechtsprechung die wertsetzende Bedeutung der südafrikanischen Verfassung zu berücksichtigen, was in der Berufungsentscheidung *Uthingo/Nando's*[492] ausdrücklich anerkannt wurde:

> *This comitee has laid down the principles to be applied in determining whether or no there has been a breach of any provision of the code namely – [...] the provisions of the code must be read in a way which gives effect to the fundamental values of the constiution. In this regard particular significance must be given to the guarantee of freedom of expression which extends to commercial speech; ...*

---

[487] Cheadle/Davis/Haysom, S. v.

[488] Carmichele v Minister of Safety and Security and Another, 2001 (10) BCLR 995 (CC), Fn. 54: Our Constitution is not merely a formal document regulating public power. It also embodies, like the German Constitution, an objective, normative value system. As was stated by the German Federal Constitutional Court: 'The jurisprudence of the Federal Constitutional Court is consistently to the effect that the basis right norms contain not only defensive subjective rights for the individual but embody at the same time an objective value system which, as a fundamental constitutional value for all areas of the law, acts as a guiding principle and stimulus for the legislature, executive and judiciary'. The same is true for our Constitution. The influence of the fundamental constitutional values on common law is mandated by section 39(2) of the Constitution. It is within the matrix of this objective normative value system that the common law must be developed.

[489] *Carmichele v Minister of Safety and Security and Another*, 2001 (10) BCLR 995 (CC); *Leinius/Midgley*, SALJ 2002, 17 ff.; auch *Neethling* (Persönliches Gespräch, 15.04.2003, Pretoria) geht von einem künftigen Einfluss des Verfassungsrechts in Fragen der vergleichenden Werbung aus.

[490] Delport, Persönliches Gespräch, 10.04.2003, Johannesburg: The Constitution starts to influence the law, but as yet no constitutional mindset has been developed. I had to live all my live without a constitution, so it takes time to get its influence in the heads of the people. During apartheid one hasn't challenged or questioned the law, since it was there to define and structure the system.

[491] Cheadle/Davis/Haysom, S. 20 ff.

[492] *Uthingo Management / Nandos*, AP, 07.11.2001.

Delport[493] geht allerdings davon aus, dass das Verfassungsrecht die ASA eher in anderen Bereichen als der vergleichenden Werbung, etwa in moralisch-ethischen Fragen wie der Sex- und Aidsaufklärung, beeinflussen wird. Dies führt er darauf zurück, dass im Bereich der vergleichenden Werbung auch künftig erhebliche Einflussnahmen der ablehnenden Markenartikelindustrie zu erwarten sind.

(i) Meinungsgrundrecht

Section 16[494] ist das Meinungsgrundrecht der südafrikanischen Verfassung[495]. Die besondere Bedeutung der Meinungsfreiheit hat Richter *O'Reagan* in der Entscheidung *South African Minister of Defense and Another*[496] hervorgehoben:

> *Freedom of Expression lies at the heart of a democracy. It is valuable for many reasons, including its instrumental function as a guarantor of democracy, its implicit recognition and protection of the moral agency of individuals in our society and its facilitation of the search for truth by individuals in our society need to be able to hear, form and express opinions and views freely on a wide range of matters.*

Gleichwohl zeigt die verfassungsrechtliche Rechtsprechung der Meinungsfreiheit auch deutliche Grenzen auf und lehnt es ab, der Meinungsfreiheit in Anlehnung an die amerikanische Rechtsprechung eine alles überragende Bedeutung einzuräumen[497].

Vom Schutzbereich der Meinungsfreiheit ist auch die kommerzielle Meinungsäußerung umfasst. Dies wurde durch die Entscheidung *City of Cape Town v Ad Outpost (Pty) Ltd and Others*[498] geklärt.

Ein Unternehmen vermarktete großflächige Werbeschilder auf privaten Grundstücken, was die Stadt Kapstadt untersagte, da das Aufstellen solcher Schilder einer Genehmigung bedurfte. Das relevante Gesetz sah Genehmigungsmöglichkeiten jedoch nur für Werbeschilder mit Werbung für das Geschäft des Grundstückeigentümers vor. Richter *Davis* erklärte die betreffende Vorschrift für verfassungswidrig, denn es sei nicht ersichtlich, weshalb ein absolutes und uneingeschränktes Verbot der Drittwerbung notwendig ist[499].

---

[493] Persönliches Gespräch, 10.04.2003, Johannesburg.
[494] (1) Everyone has the right to freedom of expression, which includes –
(a) freedom of the press and other media;
(b) freedom to receive and impart information or ideas;
(c) freedom of artistic creativity; and
(d) academic freedom and freedom of scientific research.
[495] Act 108 of 1996.
[496] 1999 (6) BCLR 615 CC (ErwG 7).
[497] S v Mamabolo (E TV, Business Day and Freedom of Expression Institute interventing), 2001 (5) BCLR 449 (CC).
[498] 2000 (2) BCLR 130 (C).
[499] 2000 (2) BCLR 145 (I); vgl. auch *S v Makwanyane*, 1995 (6) BCLR 665 (C)

Er hatte sich mit der Frage auseinanderzusetzen, ob der kommerziellen Kommunikation *per se* weniger verfassungsrechtlicher Schutz als anderen Formen der Meinungsäußerung einzuräumen ist[500]. Ohne diese Frage endgültig zu entscheiden, hat Richter *Davis* darauf hingewiesen, dass die Problematik im Zusammenhang mit dem allgemeinen Schrankenvorbehalt („*limitation clause*", s 36[501]) zu erörtern ist[502]. Von besonderer Bedeutung sei s 36 (e)[503], eine Prüfung, die an die Erforderlichkeitsprüfung des deutschen Verfassungsrechtes erinnert.

(ii) Spannungsverhältnis zum Markenrecht

Ein nicht unerheblicher Teil der Literatur geht daher davon aus, dass das absolute Verbot des südafrikanischen Markengesetzes verfassungswidrig ist[504]. In diese Richtung deutet die Entscheidung *City of Cape Town v Ad Outpost (Pty) Ltd and Others*[505], denn eine im Lichte der s 36 (e) weniger drastische Einschränkung der kommerziellen Meinungsäußerung durch das Markenrecht findet sich beispielsweise in s 10 (6) des englischen Trade Marks Act, 1994. Diese Regelung war urspünglich als Ausnahmetatbestand s 34 (2) (d) [506] im südafrikanischen Markenrechtsentwurf vorgesehen. Die Nutzung einer fremden Marke unter der Voraussetzung des „*fair use*" ermöglicht eine differenzierte Interessenabwägung und dürfte daher eher geeignet sein verfassungsrechtlichen Anforderungen gerecht zu werden[507].

---

[500] Cheadle/Davis/Haysom, S. 10 f.

[501] (1) The rights in the Bill of Rights may be limited only in terms of the law of general application to the extent that the limitation is reasonable and justifiable in an open and democratic based society based on human dignity, equality and freedom, taking into account all relevant factors, including –
(a) the nature of the right;
(b) the importance of the purpose of the limitation;
(c) the nature and extent of the limitation;
(d) the relation between the limitation and its purpose; and
(e) less restrictive means to achieve the purpose.
(2) Except as provided in subsection (1) or in any other provision of the Constitution, no law may limit any right entrenched in the Bill of rights.

[502] 2000 (2) BCLR 144 (F).

[503] 2000 (2) BCLR 144 (J)

[504] *Jenna*, BML 1995, 170 ff.; *Judin*, *Financial Mail* (online) 1999; *Woker*, Advertising Law, S. 199; a. A. *Laing*, BML 1997, 55 ff. (57 f.).

[505] 2000 (2) BCLR 130 (C).

[506] S 34(2) (d) des Trade Marks Bill lautete: A registered trade mark is not infringed by bona fide use of the trade mark by any person for the purpose of identifying goods or services as those of the proprietor of the trade mark; provided that the use contemplated is consistent with fair practice or not such as to take unfair advantage or be detrimental to the distinctive character or repute of the trade mark.

[507] *Laing*, Persönliches Gespräch, 06.05.2003, Kapstadt.

Einem schwebenden Revisionsverfahren könnte entscheidende Bedeutung für die Klärung des Verhältnisses zwischen Verfassungs- und Markenrecht zukommen[508].

Der Beklagte hat ein T-Shirt produziert, welches vom Design an die bekannte klägerische Biermarke „Black Label" angelehnt war. In Anspielung auf die Rolle des Klägers zu Zeiten der Apartheid wurde der Markenname „Black Label, Carling Beer" durch „Black Labour, White Guilt" und der klägerische Schriftzug „America's Lusty, Lively Beer" durch den Slogan „Africa's Lusty, Lively Exploitation Since 1652" ersetzt. Die Beklagte hat sich auf das Recht zur freien Meinungsäußerung berufen. In Anbetracht der beschränkten Medienlandschaft sei die Bezugnahme auf bekannte Marken („*cultural brand jamming*") eine der wenigen Möglichkeiten politische und soziale Gesellschaftskritik effektiv zu kommunizieren. Richter *Cleaver* sah es als erforderlich an, eine Abwägung zwischen dem Recht auf freie Meinungsäußerung und den durch s 34(1) (c) TMA, 1993 („*dilution clause*") geschützten Rechten vorzunehmen[509]:

> *This brings to the fore what is sometimes referred to as the tension between the common or statute law on the one hand and the Constitution on the other and ultimately the issue must be resolved by careful balancing of the provisions of section 34(1)(c) of the act against the provisions of section 16 of the Constitution,...*

Im Ergebnis hat Richter *Cleaver* eine Markenverletzung angenommen; der Urteilsbegründung ist gleichwohl zu entnehmen, dass die besonderen Umstände des Einzelfalls, insbesondere das Ausspielen der Rassenfrage, für das Ergebnis ausschlaggebend waren[510]. In Ansehung eines moralisch weniger belasteten Sachverhaltes, etwa eines Preisvergleiches, hätte das Gericht mit guten Gründen auch einen Vorrang der Meinungsfreiheit annehmen können[511]. Von der Entscheidung des Supreme Courts of Appeal und gegebenenfalls des Verfassungsgerichtes wird nun Klarheit im Hinblick auf die Anwendbarkeit eines „*constitutional defense*" in markenrechtlichen Verletzungsstreitigkeiten erwartet[512].

---

[508] SAB International t/a Sabmark International v Lough It Off Promotions, 2003 (2) All SA 454 (C).

[509] SAB International t/a Sabmark International v Lough It Off Promotions, 2003 (2) All SA 454 (C); vgl. im Hinblick auf die MRRL Société Gervais Danone v Société le Riseau Voltaire, Société Gandhi, Valentin Lacambre, [2003] E.T.M.R. 26.

[510] SAB International t/a Sabmark International v Lough It Off Promotions, 2003 (2) All SA 454 (C): The dividing line between the freedom of speech and the statutory protection afforded the applicant is a thin one, but is nonetheless one which has been transgressed by the respondent. [...] In my view the use by the respondent of the applicant's marks can be said to demonstrate an intention to be hurtful or harmful to the applicant in as much as they are based on race, ethnic or social origin, and colour.

[511] Ähnlich auch *Laing*, Persönliches Gespräch, 06.05.2003, Kapstadt.

[512] Vgl. hierzu *Lombard*, Sunday Times v. 14.12.2003.

(iii) Recht auf Informationszugang

In diesem Zusammenhang könnte noch das Recht auf Informationszugang eine Rolle spielen. Section 32[513] der Verfassung gewährleistet ein, neben dem Recht auf Zugang zu öffentlichen Informationen des Staates[514], auf horizontaler Ebene wirkendes Informationsrecht[515]. Es handelt sich nicht um unmittelbar wirkendes Verfassungsrecht, sondern um einen verfassungsrechtlichen Gesetzgebungsauftrag[516], auf den der Gesetzgeber in Form des „Promotion of Access to Information Act"[517] reagiert hat.

Das Gesetz ist gesetzgeberische Konkretisierung der Informationszugangsgewährleistung, hat allerdings auf die Regulierung der vergleichenden Werbung keine Auswirkungen. Denkbar wäre jedoch, dass der Staat mit Schaffung dieses Gesetzes die gewährleisteten verfassungsrechtlichen Anforderungen nicht weitreichend genug umgesetzt hat[518] und daher im Wege des legislativen Unterlassens verfassungswidrig gehandelt haben könnte[519]. Section 39 (b),(c) der Verfassung sehen vor, dass bei der Interpretation der Bill of Rights ausländisches und internationales Recht zu berücksichtigen ist bzw. berücksichtigt werden kann. Der südafrikanische Constitutional Court macht von dieser Möglichkeit umfassend Gebrauch. Beim Vorrang der Meinungsfreiheit vor dem markenrechtlichen Verwässerungsschutz in der Entscheidung *Laugh It Off Promotions CC v SAB International (Finance) BV t/a SabMark International (Freedom of Expression Institute as Amicus Curiae)*[520] hat sich das Verfassungsgericht von den Wertungen des ausländischen Rechtes beeinflussen lassen[521]. Hierzu zählt auch Richtlinie 97/55/EG ist solches Recht, und ihr liegt als wesentliches Anliegen das Ziel der Verbraucherinformierung zugrunde. Wie dargelegt, gehen der europäische Gesetzgeber[522] und der EuGH[523] davon aus, dass vergleichende Werbungen vor allem dann diese Informationen liefern können, wenn der vergleichend Werbende das Bezugsobjekt des Vergleiches konkret benennen kann, also zur Erkennbarmachung von den Kennzeichen des Wettbewerbers Gebrauch machen darf.

---

[513] Section 32(1): Everyone has the right of access to (a) any information held by the state; and (b) any information that is held by another person and that is required for the exercise or protection of any rights.
[514] Section 32(1)(a).
[515] Section 32(1)(b).
[516] Section 32(2): National legislation must be enacted to give effect to this right, and may provide for reasonable measures to alleviate the administrative and financial burden on the state.
[517] Act 2 of 2000.
[518] Cheadle/Davis/Haysom, S. 587.
[519] Carmichele vs Minister of Safety and Security & another, 2001 (4) SA 938 (CC).
[520] 2006 (1) SA 144 (CC)
[521] *Laing* (Telefonat, 31.08.2006, Kapstadt/Berlin)
[522] ErwG 14 der Richtlinie 97/55/EG, Abl. EG 1997 L290/18.
[523] EuGH, WRP 2003, 615 ff. (620 ErwG 51, 52); siehe auch 5. Teil I. 2.

Insoweit zeigt sich ein Widerspruch zwischen dem verfassungsrechtlichen Informationsrecht des s 32 (1) (b) und dem absoluten Verbot des südafrikanischen Markenrechtes. S 32 (1) (b) könnte den südafrikanischen Gesetzgeber dazu verpflichten, eine Ausnahmeregelung im Markengesetz zu schaffen, um dem verfassungsrechtlichen Informationszugangsanspruch des Bürgers zur Geltung zu verhelfen[524]. Somit besteht eine hinreichende Wahrscheinlichkeit, dass das absolute markenrechtliche Verbot der vergleichenden Werbung in den nächsten Jahren ein Ende finden wird[525].

(b) Kartellrecht

Neben den möglichen verfassungsrechtlichen Einwirkungen könnte die Politik der Kartellbehörde (*Competition Commission*) Auswirkungen auf die Regulierung der vergleichenden Werbung haben. In welchem Umfang diese Beeinflussung möglich ist, zeigt die Politik der amerikanischen Federal Trade Commission (FTC). Das südafrikanische Kartellrecht geht davon, dass bei Anwendung und Auslegung des Kartellgesetzes die Erfahrungen und Präzedenzfälle des amerikanischen Rechtes in besonderem Maße Berücksichtigung finden werden[526].

(i) Exkurs: FTC-Politik zur vergleichenden Werbung

Die FTC kam in den 70er Jahren zu dem Schluss, dass die in den USA häufig anzutreffenden Vergleiche mit unbekannten bzw. unbenannten Wettbewerbern für die Verbraucher irreführend sind, da sie sich hinsichtlich des Bezugsobjektes nicht sicher sein konnten[527]. Die FTC untersuchte die Regeln verschiedener Verbände und Selbstregulierungsinstitutionen und kam zu dem Ergebnis, dass diese überwiegend eine ablehnende Haltung zur vergleichenden Werbung ausdrückten[528]. Die FTC veröffentlichte eine Mitteilung (Pitofsky-Memo[529]), welche Werbende ausdrücklich zur konkreten Benennung der in Bezug genommenen Wettbewerber aufforderte. Zugleich wurden Medien und Selbstregulie-

---

[524] *Neethling* (Persönliches Gespräch, 15.04.2003, Pretoria) und *Laing* (Persönliches Gespräch, 06.05.2003, Kapstadt) halten dies durchaus für möglich.

[525] *Beukes*, ASA Vorsitzende, Persönliches Gespräch, 08.04.2003, Johannesburg: „I know a lot of senior counsellors, who are keen to take these restrictions to the constitutional court".

[526] *Rutherford*, BML 1999, 2 ff. (8).

[527] *Jackson/Brown/Harmon*, JoAR (19/6) 1979, 1ff. (16)

[528] *Jackson/Brown/Harmon*, JoAR (19/6) 1979, 1ff. (21).

[529] Abgedruckt in Pompeo, Cath. U.L. Rev. 1987/Nr. 36, 556 ff. (566 Fn. 7): Commission policy in the area of comparative advertising encourages the naming of, or reference to competitors, but requires clarity, and, if necessary, disclosure to avoid deception of the consumer. Additionally, the use of truthful comparative advertising should not be restrained by broadcasters or self-regulation entities. The Commission has supported the use of brand comparisons where the bases of comparison are clearly identified. Comparative advertising, when truthful and non-deceptive, is a source of important information to consumers and assists them in making rational purchase decisions. Comparative advertising encourages product improvement and innovation, and can lead to lower prices in the marketplace. For these reasons, the Commission will continue to scrutinise carefully restraints upon its use.

rungsinstitutionen gewarnt, eine Verbreitung der vergleichenden Werbung nicht unberechtigt zu beschränken. Diese Aktivitäten werden als entscheidender Faktor für den Durchbruch der vergleichenden Werbung in den USA angesehen[530].

(ii) Mögliche Einflüsse in Südafrika

Vergleichbare Einflüsse sind auch in Südafrika vorstellbar. Aufgrund der Wirtschaftssanktionen war es südafrikanischen Unternehmen zu Zeiten der Apartheid kaum möglich in ausländische Märkte zu expandieren, auch die Wachstumsmöglichkeiten auf einheimischen Märkten waren begrenzt. Die Unternehmen gingen dazu über, sich untereinander zu verflechten. Über die Jahrzehnte sind hochkonzentrierte Marktstrukturen entstanden[531]. Im Jahre 1996 wurden 95 % des an der Johannesburg Stock Exchange (JSE) gehandelten Börsenkapitals von fünf konglomeraten Großunternehmen bzw. Familien beherrscht, die so genannten „big five"[532]. Hierzu der Vorsitzende der südafrikanischen Kartellbehörde in einer Stellungnahme[533]:

> *The South African economy is characterised by (a) a high degree of economical concentration (dominance) and consequential absence of competition parity in a number of markets, (b) extensive corporate conglomeration and vertical integration which enables a relatively small number of white persons to exercise control over a substantial portion of the country's resources, and (c) wide disparities in the wealth of the country's citizens and high levels of unemployment.*

Folge dieser Strukturen war und ist eine Dominanz weniger starker Marken. Daraus resultiert eine besondere Markentreue der Verbraucher, die durch das über weite Bevölkerungsschichten vorherrschende geringe Bildungsniveau noch verfestigt wird. *Judin* meint in diesem Zusammenhang[534]:

> *During the sanctions era we became a very brand loyal consumer society. Without comparative advertising, newcomers to the market will find it difficult to explain to those consumers the advantages of their product.*

Tatsächlich haben Untersuchungen ergeben, dass das Ausmaß der Markentreue signifikant von Ausbildung und sozialem Status abhängt und mit geringem sozialem Status bzw. schlechter Ausbildung zunimmt[535].

---

530 *Meyerowitz*, BM 1985, 81 ff. (81).

531 Präamble des Competition Act 89 of 1998: Apartheid and other discriminatory laws and practices of the past resulted in excessive concentration of ownership and control within the national economy, weak enforcement of anti-competitive trade practices, and unjust restrictions on full and free participation in the economy...; [and that these] high levels of economic concentration in South Africa have major negative consequences on social equity.

532 *Pautke*, S. 17.

533 Competition Board, Report No. 50, 1996, 21.

534 *Judin*, Financial Mail (online) 1999; Persönliches Gespräch, 14.04.2003, Johannesburg.

535 Henning-Bodewig/Kur, S. 73.

Um die Marktstrukturen zu verbessern, wurde der als wirkungslos empfundene „Maintenance and Promotion of Competition Act" durch ein neues Kartellgesetz ersetzt. Section 2 liefert Zielvorgaben der Kartellpolitik und unterstreicht die Bedeutung der Verbraucherinformation[536]. Durch das Gesetz sollen Marktzutrittschranken gesenkt werden[537], und es soll für konkurrenzfähige Preise und eine Vielzahl von Produktalternativen sorgen[538]. Die Gründe, die zur Verabschiedung der Richtlinie 97/55/EG geführt haben, und die Motivation der FTC zur Förderung vergleichender Werbung legen nahe, dass die vergleichende Werbung ein unterstützendes Mittel zur Erreichung dieser Zielvorgaben werden könnte.

Der 1999 in Kraft getretene Competition Act[539] stattet die Behörde (*Competition Commission*) mit entsprechenden Regulierungsbefugnissen aus. Sie kann gemäß s 21 (I) (a) Maßnahmen zur Steigerung der Markttransparenz durchführen, s 21 (I) (h)[540] berechtigt die Kartellbehörde mit jeder in Wettbewerbssachen regulierend wirkenden Institution (*regulatory authority*[541]) in Verhandlung zu treten, um die Erreichung kartellpolitischer Ziele sicherzustellen[542].

[536] Simelane: The mention of consumer interests in the competition act was a necessary response to combat the use of misinformation by businesses in their transactions with consumers and the exploitation of consumers in order to obtain a competitive edge. [...] Consumer organizations in South Africa therefore face the challenge of realizing that the need to access information, which will enable consumers to make proper choices, is a pressing and an urgent demand.

[537] Section 2 (a), (b), (d).

[538] Section 2.

[539] Act 89 of 1998.

[540] Die Vorschrift lautet: The Commission has executive power to negotiate agreements with any regulatory authority to co-ordinate and harmonise the exercise of jurisdiction over competition matters within the relevant industry or sector, and to ensure the consistent application of the principles of this Act.

[541] Die Definition der s 1 (1) (xxii) versteht darunter: "... any entity established in terms of national, provincial or local government legislation or subordinate legislation responsible for regulating an industry, or sector of an industry." Da die Regulierungsfunktion der ASA in s 53 des Independent Broadcasting Act, 1993 (Act 153 of 1993) i.V.m. dem Independent Communications Authority of South Africa Act (Act 13 of 2000) anerkannt ist, dürfte es sich bei der ASA um eine Institution im Sinne der obigen Definition handeln. Andernfalls wäre aber auch eine Anwendbarkeit des Competition Act im Hinblick auf die vertragliche Bindung der Mitglieder als horizontale Vereinbarung i. S. d. s 4 (1) denkbar; so etwa De *Jager/Smith*, S. 32.

[542] Section 21(I)(h).

(iii) Faktische und künftige Auswirkungen des Kartellrechtes

Das markenrechtliche Verbot der vergleichenden Werbung und die restriktive Politik der ASA stehen insoweit in einem Spannungsverhältnis zu den Prämissen der Kartellpolitik[543]. Hierzu jüngst *Visser*[544]:

> *If the Trade Marks Act were to narrow down further the scope of comparative advertising at common law, the anti-competitive effect will be severe. After all, in this context competition law seeks to empower the consumer to make an informed choice. What better for that can be there than an honest and true comparison of competitors and their products or services?*

Es besteht grundsätzlich die Gefahr, dass Selbstregulierungsinstitutionen Regelungen zu Lasten des Wettbewerbs und der Verbraucher treffen[545]. *Theron*, von der südafrikanischen Kartellbehörde, meint hierzu[546]:

> *As far as the Trade Marks Act is concerned, no precedent is available as to whether the Competition Commission has the power to act against current statutory provisions, or how to deal with a clash between the Commission's approach and current statutory law. Comparative advertising so far has not been an issue within the Competition Commission. There is however a possibility that the Competition Commission in it's future approach will investigate the ASA policy according to their powers as mentioned in Section 21 (h) of the Act.*

In Verfahren vor der ASA beriefen sich Beteiligte bisher erfolglos auf die Auswirkungen des neuen Competition Act[547]. Im Bereich der Werberegulierung ist die Kartellbehörde zurzeit mit der Prüfung berufsspezifischer Wettbewerbsregeln befasst. Diese wurden unter anderem beanstandet, weil sie massive Werbebeschränkungen enthielten[548]. Da die Auswirkungen der bereichsspezifischen Regulierung als eher gering bezeichnet werden können, ist zu erwarten, dass sich die Kartellbehörde künftig mit der umfassenden Regulierung durch die ASA befassen und langfristig eine unkontrollierte Industrieselbstregulierung

543 *Vos*, Persönliches Gespräch, Johannesburg, 08.04.2003; *Delport*, Persönliches Gespräch, 10.04.2003, Johannesburg; *Neethling*, Persönliches Gespräch, 15.04.2003, Pretoria.

544 *Visser*, JBL 2000, 143 ff. (145).

545 *Köhler/Lettl*, WRP 2003, 1019 ff. (1047).

546 Persönliches Gespräch, 18.04.2003, Pretoria; in diese Richtung auch *Neethling*, Persönliches Gespräch, 15.04.2003, Pretoria.

547 Outsurance/The South African Financial Services Intermediaries Association/4049, DIR, 21.11.2001: The respondent submits that the Code of Advertising Practice is designed to complement legislation rather than replace it and the respondent points out that the Act governing competition is aimed specifically at promoting competition. The respondent is of the view that the complaint is an unsubstantiated attempt to stifle competition; Aqua Velva "XXX"/AXE, DIR, 15.08.2002: „To find otherwise would be to endorse anti-competitive activity".

548 Competition Commission, Media Release, No. 8 of 2000, www.compcomm.co.za.

nicht akzeptieren wird. Auch *Neethling*[549] erwartet eine spürbare Beeinflussung des Wettbewerbs- und Selbstregulierungsrechtes durch den Competition Act.

Es ist also möglich, dass in Zukunft ein vergleichbar wettbewerbsfördernder Liberalisierungsdruck von der südafrikanischen Kartellbehörde ausgehen wird, wie dies im Raum der europäischen Gemeinschaft im Hinblick auf die Grundfreiheiten des europäischen Primärrechtes beschrieben wurde.

II. Selbstregulierung

Der Selbstregulierungskodex (Code) und die Rechtsprechung der ASA bestimmen Südafrikas Selbstregulierungspolitik. Der Code basiert auf dem englischen „Code of Advertising Practice" und dem „Internationale Code of Advertising Practice" der International *Chamber of Commerce* (ICC)[550].

Daneben basiert der Code auf Grundlagen des südafrikanischen Wettbewerbsrechtes[551]. In den Entscheidungen der ASA finden Positionen des *common law* Berücksichtigung[552], wenn gleich sich die ASA hieran nicht gebunden fühlt. Ein gutes Beispiel hierfür findet sich in der Entscheidung *Uthingo/Nando's*, die eine vergleichende Anlehnung zum Gegenstand hatte[553]:

> *It must not be forgotten that Nandos has committed itself by contract to bide by the terms of the code. At common law competition is permissible as long as it remains within lawful bounds Vide Matthews and Others vs Young 1922 AD 492 and Elida Gibbs (Pty) Limited 1988(2) SA 350 (W). Again at common law the copying of a person's mark or advertising goodwill would not necessarily amount to a passing off. See Lorimar Productions Inc. And Others vs Sterling Clothing Manufacturers (Pty) Limited 1981 (3) SA 1129 (T). In the Lorimar case the common law principle, that the imitation of one person's get up to promote another's get up is perfectly legitimate provided it is made perfectly clear to the public that the product which the one is selling is not the product of the other, was restated. In terms of the code the common law principle reiterated in the Lorimar case has been expressly departed from by contract. It follows that the code may be infringed even if, for instance, no common law passing off has been established. Clause 9 of section II of the code prohibits copying or imitating in certain circumstances. It is not helpful in our view to rely on common law principles of competition and passing off when we are dealing with an alleged breach of a set of voluntary rules incorporated by way of contract between the ASA and Nandos.*[554]

Eine Beeinflussung der Selbstregulierung durch das geschriebene Recht und Rechtsprechung wird im Code an verschiedenen Stellen deutlich[555]. So strahlt

---

549 Persönliches Gespräch, 11.04.2003, Pretoria: I have to completely rewrite the Chapter on the interplay between competition law and the law of unlawful competition in the next edition of my book.

550 Cl. 2 (Preface); *Woker*, Advertising Law, S. 20.

551 *Delport*, Persönliches Gespräch, 10.04.2003, Johannesburg.

552 Charlize Theron SA Men, AP, 22.10.1999.

553 Uthingo Management/Nandos, AP, 07.11.2001.

554 Hervorhebung des Verfassers.

555 Cl. 1 1.1. (Scope and Interpretation): „All advertisements should be legal, decent, honest and truthful." Cl.7.1.1 (Rules and Procedures): *Advertisements in which factual compari-*

das Markenrecht auf die Politik der ASA aus, indem die Auslegung der einzelnen Bestimmungen umso restriktiver wird, desto unmittelbarer und direkter die Bezugnahme auf einen Wettbewerber ist[556].

1. Advertising Standards Authority (ASA)

(a) Gründung und Entwicklung

In den späten 60er Jahren nahm sich das Parlament grundsätzliche Fragen der Werberegulierung vor und wollte Gesetze verabschieden, um eine strengere Kontrolle der Werbung zu erreichen[557]. Unter Federführung einer Werbeindustrievereinigung, wurde eine Interessenvertretung gegründet, um mit der Regierung zu verhandeln. Interessenvertreter konnten die Regierung überzeugen, dass es im allgemeinen Interesse sei, auf ein System der Selbstregulierung zu vertrauen[558]. Daraufhin wurde die ASA gegründet. Seither bestimmt sie als Mitglied der European Advertising Standards Alliance (EASA) die wesentlichen Fragen der Werberegulierung in Südafrika.

Die ASA hat sich zunächst einen Kodex der Selbstkontrolle (Code) erarbeitet. Er war stark von den Mitgliedern der ASA, also der Wirtschaft und den beteiligten unterschiedlichen Unternehmen beeinflusst. Das führte dazu, dass die Selbstregulierungspolitik von einer entschiedenen Ablehnung der vergleichenden Werbung geprägt war.

Die ASA ist nicht unumstritten; gerade Verbraucherorganisationen kritisierten die Selbstregulierungsorganisation wegen unzureichender Berücksichtigung ihrer Interessen[559]. Auch die Regierung hat sich mehrfach kritisch mit der Rolle der ASA auseinander gesetzt[560]. Von Seiten der Werbeindustrie wurde die ASA auch wegen der restriktiven Haltung zur vergleichenden Werbung kritisiert; ihr

---

sons are made between products and/or services are permitted provided that – all legal requirements are adhered to. Attention is drawn to the provisions of the Trade Marks Act 194 of 1993; Cl. 7.2 (Procedural Guide): *Legality is but one of the requirements for conformance with the Code and, where there is a conflict of opinion as regards a purely legal matter, the ASA is not qualified to interpret the law.*

556 *Vos*, ASA, Persönliches Gespräch, 08.04.2003, Johannesburg.

557 Sinclair/Barenblatt, S. 238.

558 Die vorgebrachten Argumente finden sich noch heute in der Präamble wieder, etwa in Cl. 13.1: First, legislative controls are not intended to distinguish between advertisements which live up to the best professional standards and those which do not. This is the concern of the advertising industry itself. To this end the industry has voluntarily adopted this Code of Conduct to maintain the standards of fair dealing and honest trading in advertising that the consumer is entitled to expect. The industry believes that professional regulations, voluntarily applied, can ensure the elimination of deceptive or harmful practices more speedily and at less cost than legislative intervention, and that such regulation are also more easily adaptable to changing economic and social conditions.

559 *Charney*, Management 1983, 48 ff.; vgl. auch *Boddewyn*, S. 17.

560 Report in terms of section 10 (1) of the Harmful Business Practices Act 1988 (Report No 15), Government Gazette 13988, 18.05.1992.

wurde mangelnde Unabhängigkeit vorgeworfen[561]. Im April 2003 ist gegen die ASA eine Schadensersatzklage in Millionenhöhe eingereicht worden, da diese eine Werbung angeblich zu Unrecht untersagt hatte[562].

Die ASA hat mit steten Veränderungen auf diese Kritik reagiert. Seit 1997 sind Verbraucher in Gremien der ASA[563] vertreten. Die vergleichende Werbung wurde mit der Klausel 7 im Grundsatz zugelassen. Insgesamt zeigt sich also ein Trend zu mehr Liberalisierung in diesem Bereich[564].

(b) Struktur, Aufbau und Organisation

Die ASA ist ein Dachverband, deren Mitglieder ausschließlich Wirtschafts- und Berufsverbände sind. Zurzeit sind es 24 Mitglieder, damit sind alle wichtigen Vertreter der Marketing-, Werbe und Medienbranche vertreten[565]. Einzelne Unternehmen sind durch ihre Mitgliedschaft in Verbänden und Organisationen an die ASA-Regeln gebunden. Die Verbindlichkeit des Selbstregulierungskodexes aufgrund der mitgliedschaftlichen Bindung ist durch die Entscheidung *Nestlé (South Africa) (Pty) Ltd v Mars Inc*[566] höchstrichterlich bestätigt worden:

> *It was not disputed that, by subscribing to the terms of the code, the ASA and its members became contractually bound inter se to adhere to the respective obligation imposed upon them (cf Marlin v Durban Turf Club and Others 1942 AS 112 at 127-8). That meant that the ASA was obliged to consider and to rule upon complaints that were made to it in accordance with the procedure contained in the code. It was also not disputed that in the event of the ASA failing to comply with that obligation it would be competent for a Court to order it to do so.*

Insgesamt sind etwa 4000 Unternehmen den ASA Regeln und damit der Selbstregulierungsrechtsprechung unterworfen.

(c) Rechtliche Anerkennung

Mit dem sich intensivierenden Wettbewerb wuchs die Gefahr, dass sich neue Wettbewerber einem freiwilligen Selbstregulierungsmechanismus nicht unterwerfen würden und das bestehende System sprengen könnten[567]. Seither gab es verschiedene Überlegungen, in welchem Umfang die ASA einer gesetzlichen Anerkennung bedarf. *Delport* ist der Auffassung, dass allein eine umfassende

---

561 *Pirow*, Persönliches Gespräch, 28.09.1999, Windhoek; *Delport*, Persönliches Gespräch, 10.04.2003, Johannesburg.

562 *Vos*, Persönliches Gespräch, 16.04.2003, Johannesburg.

563 *ASA*, Review 1997, S. 10.

564 *Beukes*, Persönliches Gespräch, 08.04.2003, Johannesburg.

565 Die einzelnen Mitglieder sind in Cl. 3 (Preface) aufgelistet, www.asasa.org.za.

566 2001 (4) SA 542.

567 *Delport*, Persönliches Gespräch, 10.04.2003, Johannesburg.

gesetzliche Anerkennung, vergleichbar mit der Anerkennung der Börse, das Selbstregulierungssystem retten kann[568].

Ungeachtet dieser Überlegungen hat die ASA auf verschiedenste Weise rechtliche Anerkennung erfahren. Der Independent Broadcasting Authority Act[569] (IBA Act), welcher die Rahmenbedingungen für Rundfunksendungen vorschreibt, macht die Beachtung des Codes zur lizenzrechtlichen Voraussetzung für das Betreiben eines Rundfunksenders[570]. Das Consumer Affairs Committee[571] hat die Rolle der ASA in einer Stellungnahme als nationalen Standard der Verbraucherwerbung hervorgehoben[572].

(d) Vollzug und Durchsetzung der ASA-Entscheidungen

Entscheidend für die Wirksamkeit der freiwilligen Selbstregulierung ist die Durchsetzbarkeit der Entscheidungen. Das System basiert auf dem Prinzip der Selbstverpflichtung, in zunehmendem Maße muss die ASA von Sanktionsmöglichkeiten Gebrauch machen[573]. Hierzu stehen folgende Mittel zur Verfügung:

- Anordnung, unzulässige Werbungen binnen einer bestimmten Frist[574] zurückzuziehen[575], sowie die Auferlegung einer Prüfungsverpflichtung für neue Versionen[576];
- Auferlegung einer sechsmonatigen Prüfungs- und Genehmigungsverpflichtung für die Veröffentlichung künftiger Werbungen[577];
- Verpflichtung zur Gegendarstellung[578].

Sollte ein Unternehmen, eine Agentur bzw. ein Presse- oder Rundfunkunternehmen den Sanktionen nicht Folge leisten, wird die ASA einen „*Media Alert*“[579] veröffentlichen. Faktisch handelt es sich um einen Boykottaufruf[580].

---

568 *Delport*, Persönliches Gespräch, 10.04.2003, Johannesburg.

569 Act 153 of 1993, wurde teilweise ersetzt durch den Independent Communications Authority of South Africa Act (Act 13 of 2000).

570 Section 57 (1): All broadcasting licensees shall adhere to the Code of Advertising Practice (in this section referred to as the Code) as from time to time determined and administered by the Advertising Standards Authority of South Africa.

571 Section 2 Consumer Affairs Act.

572 ASA Review 1998, S. 10; *Woker*, Advertising Law, S. 46 ff.

573 *Delport*, Persönliches Gespräch, 10.04.2003, Johannesburg.

574 Cl. 15.3 (Procedural Guide).

575 Cl. 14.1 (Procedural Guide).

576 Cl. 14.2 (Procedural Guide).

577 Cl. 14.3 (Procedural Guide).

578 Cl. 14.4 (Procedural Guide).

579 Cl. 15.4 (Procedural Guide).

580 *Vos*, Persönliches Gespräch, 16.04.2003, Johannesburg.

(e) Verfahrensrecht

Ein ASA-Verfahren wird durch eine förmliche Beschwerde bei der ASA eingeleitet[581]. Auf erster Ebene ist das Direktorat[582] für Beschwerden zuständig, ein Gremium, das sich aus Vollzeitangestellten zusammensetzt. 90 % aller Beschwerden werden auf dieser Ebene entschieden[583].

Im Fall einer Berufung wird das Verfahren an das „Advertising Standards Committee"[584] oder das „Advertising Industry Tribunal"[585] abgegeben. Etwa 5 % aller Fälle werden in einem dieser beiden Berufungsgremien entschieden[586]. Vergleichende Werbungen werden vom „Advertising Industry Tribunal" behandelt.

Gegen Entscheidungen der Berufungsgremien kann binnen 20 Tagen weitere Berufung zum „Appeal Committee" eingelegt werden[587]. 1 % der Beschwerden werden letztlich in dieser höchsten Instanz entschieden.

(f) Gerichtliche Überprüfung der ASA-Entscheidungen

Weitgehend ungeklärt ist die Frage, ob Entscheidungen des „Appeal Committee" vor einem ordentlichen Gericht überprüfbar sind[588]. In Südafrika hat es einen solchen Fall bisher nicht gegeben. Interessant erscheint der Blick nach England[589]. Hier wurde in den letzten Jahren die Gültigkeit der nach den verschiedenen Selbstregulierungsregeln grundsätzlich unanfechtbaren Entscheidungen vor staatlichen Gerichten in Frage gestellt. Die Gerichte haben hierzu Rechtsprechung[590] entwickelt, die danach unterscheidet, ob sich die angegriffene Maßnahme als Erfüllung öffentlicher Aufgaben darstellt oder lediglich den außerstaatlichen Bereich betrifft[591]:

---

581 Cl. 3 - 5 (Procedural Guide).

582 Cl. 8 (Procedural Guide).

583 *ASA*, Complaints Statistic, www.asasa.org.za.

584 Im Falle einer Verbraucherbeschwerde, Cl. 9 (Procedural Guide). Das Standards Committee ist zu 50 % mit Verbraucher besetzt, das Industry Tribunal ausschließlich mit Industrievertretern.

585 Im Fall der Wettbewerberbeschwerde, Cl. 10 (Procedural Guide).

586 *ASA*, Complaints Statistic, www.asasa.org.za.

587 Cl. 12 (Procedural Guide).

588 *Vos* hält dies in Ausnahmefällen für möglich, Persönliches Gespräch, 08.04.2003, Johannesburg.

589 Vgl. zum englischen Selbstregulierungsrecht *Jergolla*, Die britische Werbeselbstkontrolle anhand des Advertising Code – eine Gegenüberstellung mit der Rechtslage in Deutschland, WRP 2003, 431 ff.

590 Council of Civil Service Unions v Minister for the Civil Service, [1984] 3 All E.R. 935 949; R v Panel on Take-Overs and Mergers, ex parte Datafin, [1987] 1 All E.R. 564 568, CA; R v Life Assurance and Unit Trust Regulatory Organisation Ltd, ex parte Ross, [1992] 1 All E.R. 422 424.

591 R v Panel on Take-Overs and Mergers, ex parte Datafin, [1987] 1 All E.R. 564 567, C.A.

Self-regulation is an emotive term. It is also ambiguous. An individual who voluntarily regulates his life in accordance with stated principles, because he believes that this is morally right and also, perhaps, in his long-term interests, or a group of individuals who do so, are practising self-regulation. But it can mean something quite different. It can connote a system whereby a group of people, acting in concert, use their collective power to force themselves and others to comply with a code of conduct of their own devising.

Die gerichtliche Überprüfung ist nicht möglich, wenn ausschließlich der außerstaatliche Bereich betroffen ist. Im Hinblick auf die Funktion der ASA haben die Gerichte in *Regina v Advertising Standards Authority*[592] entschieden, dass die Entscheidungen in Erfüllung öffentlicher Aufgaben ergehen, da die Funktion der ASA ansonsten vom „Director General of Fair Trading" als staatliche Behörde ausgeübt werden müsste.

In Anbetracht der gesetzlichen Anerkennung des Codes durch den IBA Act kann für Südafrika nichts anderes gelten. Das Verfahren *Nestlé (South Africa) (Pty) Ltd v Mars Inc*[593] hat deutlich gemacht, dass die ASA einer gerichtlichen Kontrolle nicht entzogen ist. Letztlich ist aber nicht endgültig geklärt, inwieweit die Gerichte den Inhalt von ASA-Entscheidungen überprüfen dürfen. Eine inhaltliche Überprüfung auf fehlerfreie Ermessensausübung ist eher unwahrscheinlich[594].

2. Klausel 7 (Vergleichende Werbung) des Selbstregulierungskodexes

Nachdem die Rahmenbedingungen der Selbstregulierungspolitik nun erläutert wurden, sollen die materiellen Bestimmungen zur Regulierung vergleichender Werbungen einer Betrachtung zugeführt werden.

Die Präambel der Selbstregulierungsbestimmung (Code) erläutert zunächst Aufbau und Struktur, die rechtliche Einordnung sowie Zielsetzungen und Vorteile einer Selbstregulierung. Das erste Kapitel enthält allgemeine Definitions- und Auslegungsregeln. Der „Procedural Guide" ist eine Prozess- und Verfahrensordnung der ASA.

Die eigentlichen Bestimmungen zur Regulierung der vergleichenden Werbung finden sich im zweiten Abschnitt. Der zweite Abschnitt gliedert sich in allgemeine Tatbestände, wie einer Irreführungs-, einer Substantiierungs-, einer Herabsetzungs- und einer Rufausbeutungsbestimmung und in spezielle Klauseln, wie Klausel 7 (Vergleichende Werbungen)[595] und Klausel 9 (Werbeimitationen).

---

[592] [1992] 1 W.L.R. 1289 ff.
[593] 2001 (4) SA 542.
[594] *Hartlage*, S. 147.
[595] (Rules and Procedures), www.asasa.org.za.

Die im Rahmen dieser Arbeit vorrangig zu untersuchende Klausel 7 listet 16 verschiedene Zulässigkeitskriterien auf. Aus Klausel II 7.1[596] („Advertisements in which factual *comparisons* are made between products and/or services *are premitted* provided that") folgt die grundsätzliche Zulässigkeit der vergleichenden Werbung, sofern die nachfolgenden Kriterien eingehalten werden:

7.1.1 all legal requirements are adhered to. Attention is drawn to the provisions of the Trade Marks Act 194 of 1993;

7.1.2 only fact capable of substantiation are used as governed by Section II Clause 4.1;[597]

7.1.3 one or more material, relevant, objectively determinable and verifiable claims are made;

7.1.4 the claims are not misleading or confusing as governed by Section II Clause 4.2;

7.1.5 no infringement of advertising goodwill takes place as governed by Section II Clause 8;

7.1.6 no disparagement takes place as governed by Section II Clause 6;

7.1.7 the facts or criteria used are fairly chosen. In this assessment the following will, inter alia, be taken into account:

the significance of the facts or criteria used;

the relevance and representativeness of the facts or criteria used; and

whether the basis of the comparison is the same.

7.1.8 products or services compared must have the same or similar characteristics and must be intended for the same, or similar, purpose

7.1.9 the contextual implication be strictly limited to the facts;

7.1.10 where claims are based on substantiated research, the express consent as to the accuracy and scope of such claims be obtained from relevant research body;

7.1.11 the advertiser accepts responsibility for the accuracy of the research and claims.

7.2. It should be noted that reference to claims above shall be deemed include all visual and aural representations.

7.3. Group comparisons and comparisons which identify competitors by implication are acceptable subject to the criteria contained in this clause.

7.4. The guiding principle in all comparisons shall be that products and/or services should be promoted on their own merits and not on the demerits of competitive products.

7.5. In considering matters raised under this clause, cognisance will be taken of the intention of the advertiser.

7.6. It is strongly recommended that advertisers obtain advice regarding the conformity of advertising material with all provisions of clause 7 especially the Trade Marks Act before placing a comparative advertisement.

---

[596] (Rules and Procedures).

[597] Unterstreichungen des Verfassers.

In der Entscheidungspraxis sind nur die vier unterstrichenen Klauseln von Bedeutung, nämlich die Substantiierungs- und Beweislast- (7.1.2), Irreführungs-, (7.1.4), Rufausbeutungs- (7.1.5) und Herabsetzungsklausel (7.1.6.).

C) Rechtsvergleichende Zusammenfassung

Die Funktionszusammenhänge und Systemanbindungen der gegenübergestellten Regulierungsmechanismen im deutschen bzw. südafrikanischen Recht lassen Unterschiede erkennen. Ein grundlegender Unterschied betrifft die Schutzzweckgewichtungen. Das europäische Recht und § 2 UWG räumen den Interessen der Verbraucher größeres Gewicht als den Interessen der in Bezug genommenen Mitbewerber ein. Es wird in diesem Zusammenhang auch vom „Paradigmenwechsel" gesprochen[598], da der informelle Gehalt einer vergleichenden Werbung zur wesentlichen Auslegungsdeterminante geworden ist. Diesen Wandel will die Arbeit durch das Offenlegen von Wechselwirkungen und dem Vorschlag einer Prüfungsreihenfolge systematisieren und operationalisieren.

Der Funktionswandel im Rahmen von § 2 UWG in Form einer veränderten Interessenbewertung muss sich in der Prüfungssystematik der Norm wiederfinden. Die Schutzzweckveränderungen wirken sich insoweit auf die systematische Struktur der Norm aus. Aus der primären Ausrichtung an Verbraucherinformationsinteressen folgt, dass den Kriterien, die konkrete Anforderungen für den Informationsgehalt einer vergleichenden Werbung spezifizieren, besonderes Gewicht einzuräumen ist. Die Prüfung der Kriterien der ersten Stufe ist insoweit von indiziellem Charakter für den Informationsgehalt einer vergleichenden Werbung, der in der weiteren Prüfung des § 2 UWG und gerade im Bereich der generalklauselartigen Diffamierungs- und Herabsetzungsbestimmungen zu berücksichtigen ist. Auf diesem Wege wird sichergestellt, dass die Prüfung dieser Bestimmungen nicht von einem übertriebenen Konkurrentenschutzdenken oder von sozialethischen Wertungen geprägt ist, was mit dem dargelegten funktionellen Verständnis nicht zu vereinbaren wäre.

Vor diesem Hintergrund ist die deutsche Umsetzung der Richtlinie als Verbotskatalog kritisch zu sehen, denn sie bringt die Gefahr mit sich, dass der Prüfung dieser Bestimmungen und den daraus resultierenden Erkenntnissen nicht hinreichendes Gewicht eingeräumt wird. Diese Gefahr verringert sich und § 2 UWG wird in einer funktionellen Weise angewandt, wenn bei der Anwendung des § 2 UWG der hier vorgeschlagenen Prüfungsreihenfolge gefolgt wird.

Verbraucherinteressen haben in Südafrika deutlich weniger Gewicht. Dies ist im wettbewerbsrechtlichen Bereich auf die ausgeprägte deliktsrechtliche Fundierung der *lex aquilia* und auf die Beeinflussung durch das englische Recht zurückzuführen. Das englische Recht versteht die Regulierungsmechanismen insoweit als originäres Recht der Kaufleute.

---

[598] *Ziervogel*, S. 157.

Die ASA hingegen ist eine reine Wirtschaftsselbstregulierung und berücksichtigt deshalb primär Mitgliederinteressen.

In der Zukunft ist in dieser Hinsicht eine gewisse Angleichung der Schutzzweckgewichtungen zu erwarten. Entsprechende Einflüsse werden auf das zur Konkretisierung der Sittenwidrigkeit herangezogene Wettbewerbsprinzip (*competition principle*) und im Bereich der Selbstregulierung auf verfassungs- und kartellrechtliche Ausstrahlungswirkungen zurückgehen, da sich die primäre Ausrichtung des lauterkeitsrechtlichen Referenzmodells an den Interessen der Verbraucher langfristig als effizienzträchtiger erweisen dürfte. Das südafrikanische Wettbewerbsrecht lässt bereits entsprechende Ansätze erkennen, während sich eine solche Entwicklung im Selbstregulierungs- und Kennzeichenrecht nur zurückhaltend vollziehen und mit erheblichen Ressentiments verbunden sein wird.

7. Teil: Anwendungsbereich der vergleichenden Werbung

A) Deutschland

I. Begriff der vergleichenden Werbung

Der sachliche Geltungsbereich des § 2 UWG wird durch den gemeinschaftsrechtlichen Begriff der „vergleichenden Werbung" bestimmt. Art. 2 a RL wurde mit § 2 Abs. 1 UWG fast wortgenau umgesetzt:

> *Vergleichende Werbung ist jede Werbung, die unmittelbar oder mittelbar einen Mitbewerber oder die von einem Mitbewerber angebotenen Waren oder Dienstleistungen erkennbar macht.*

Nach Erwägungsgrund 6 ist Anwendungsbereich der Bestimmungen zur Regulierung der vergleichenden Werbung weit zu interpretieren, um alle Formen vergleichender Werbung zu erfassen. Der BGH hat in der *Testpreis-Angebot*-Entscheidung festgestellt, dass das Tatbestandsmerkmal „vergleichende Werbung" keiner Änderung bedarf[599]. Diese Auffassung dürfte seit der *Toshiba Europe*-Entscheidung[600] kaum aufrecht zu halten sein[601]. Richtigerweise ist der Anwendungsbereich in Teilbereichen weiter, in anderen Bereichen enger zu ziehen[602].

Die Prüfung erfolgt anhand von drei bzw. vier Tatbestandsmerkmalen. Zunächst ist erforderlich, dass überhaupt eine Werbung vorliegt. Sodann stellt sich die Frage nach Art und Intensität der Identifikation (Erkennbarmachung), schließlich ist die Vergleichsqualität, also die Frage nach dem Bezugsobjekt der Aussage (Waren oder Dienstleistungen) und der Mitbewerbereigenschaft zu klären.

Während die Richtliniendefinition die vorbezeichneten Tatbestandsmerkmale ausdrücklich aufführt, ist nach Auffassung der Rechtsprechung ein weiteres Tatbestandsmerkmal[603] erforderlich, ohne dass es in der Richtlinie erwähnt wird. Es betrifft die Abgrenzungsfrage, ob im Anwendungsbereich ein komparatives Element erforderlich ist, oder ob auch die bloße Kritik am fremden Produkt dem § 2 UWG unterfällt. Die *Toshiba Europe*-Entscheidung deutet daraufhin, dass ein vergleichendes Element nicht erforderlich ist.

---

[599] BGH, GRUR 1998, 824 ff. (826) Testpreis-Angebot; so auch *Gloy/Bruhn*, GRUR 1998, 226 ff. (233); *Plaß*, WRP 1999, 766 ff. (767); *Plaß*, NJW 2000, 3160 ff. (3162).
[600] EuGH, WRP 2001, 1432 ff. (1435) – Toshiba Europe.
[601] Im Grundsatz kritisch zustimmend *Sack*, WRP 2002, 363 ff. (364); vgl. auch *Tilmann*, GRUR 1999, 546 ff. (546); *Plassmann*, GRUR 1996, 377 ff. (378).
[602] *Sack*, WRP 2001, 327 ff. (335); a. A. wohl *MPI-Stellungnahme*, GRUR Int. 2000, 265 ff. die von einem Versehen des europäischen Gesetzgebers ausgehen.
[603] Zuletzt BGH, GRUR 2001, 1291 ff. (1293) – „SOOOO... BILLIG!"?

1. Vorliegen einer Werbung

Der Begriff der Werbung ist von der Rechtsprechung zu § 1 UWG konkretisiert worden und ist in Art. 2 RL legaldefiniert. Nach dem Wortlaut genügt „jede Äußerung", um von einer Werbung zu sprechen. Es kommt nicht auf die Größe des Adressatenkreises, also die Abgrenzung zwischen öffentlichen und individuellen Äußerungen, an[604].

(a) Individuelle Verkaufsgespräche

Als individuelle Verkaufskommunikation werden auch persönliche Verkaufsgespräche, Telefon- und Direktwerbung per Brief, Fax oder E-Mail erfasst[605]. Ein Fall der Werbung i. S. d. § 2 Abs. 1 UWG liegt regelmäßig auch dann vor, wenn unabhängige Presseberichte von Dritten in der eigenen Werbung abgedruckt werden[606].

(b) Auskunftsvergleiche

Bisher war der Auskunftsvergleich nur unlauter, wenn die erteilte Auskunft nicht wahrheitsgemäß, sachlich und zurückhaltend war[607]. Im Hinblick auf den strengen Kriterienkatalog der Richtlinie befürchtete die Bundesregierung, dass eine Verschärfung der bestehenden Rechtslage eintreten könnte. Weil dadurch möglicherweise eine Verschlechterung der Rechtslage aus Sicht der Verbraucher eintreten könnte, hat die Bundesregierung eine Protokollerklärung abgegeben, nach der das Verbot der nicht die Voraussetzungen des Art.3a RL erfüllenden Werbung den Auskunftsvergleich nicht erfassen soll und die Richtlinie auf Verkaufsgespräche nicht anwendbar ist[608].

Diese Ansicht kann nicht überzeugen[609]. Tatsächlich folgt aus der Erkenntnis, dass eine Werbung dem Anwendungsbereich der Richtlinie bzw. des § 2 UWG fällt, recht wenig, insbesondere ist damit kein Unlauterkeitsurteil verbunden[610].

Ein Auskunftsvergleich kann im Hinblick auf die Katalogkriterien § 2 Abs. 2 Nr. 1, Nr. 2 UWG problematisch sein[611]. In diesem Zusammenhang ist daher auf die Ausführungen des EuGH in der *Toshiba*-Entscheidung hinzuweisen[612]: „Die an die vergleichende Werbung gestellten Anforderungen müssen daher in dem für sie günstigsten Sinn ausgelegt werden."

---

604 *Köhler/Piper*, § 2 Rn. 20; *Eck/Ikas*, WRP 1999, 251 ff. (266); *Sack*, WRP 2001, 327 ff. (336); a. A. wohl *Ohly/Spence*, GRUR Int. 1999, 681 ff. (685).
605 *Eck/Ikas*, WRP 1999, 251 ff. (253).
606 OLG Hamburg, GRUR-RR 2002, 112 f. (112) – Verlierer.
607 Zur Zulässigkeit nach altem Recht vgl. *Baumbach/Hefermehl*, § 1 Rn. 374.
608 *Henning-Bodewig*, GRUR Int. 1999, 385 ff. (394).
609 *Scherer*, WRP 2001, 89 ff. (92.).
610 *Borck*, WRP 2001, 1124 ff. (1127).
611 *Scherer*, WRP 2001, 89 ff. (91).
612 WRP 2001, 1432 ff. (1435 Rn.37).

Vor diesem Hintergrund wird klar, dass eine teleologische, den Wortlautsinn im Interesse der Verbraucher ausdehnende Interpretation der Katalogkriterien möglich ist[613]. Bei einer Auslegung in diesem Sinne wird auch in Zukunft eine Vielzahl der Auskunftsvergleiche zulässig sein[614]. Genügt ein nach altem Recht zulässiger Auskunftsvergleich gleichwohl den Katalogtatbeständen nicht, so kann eine Zulässigkeit vor diesem Hintergrund nicht mehr mit Verbraucherschutzerwägungen begründet werden. Finden diese Erwägungen keine Berücksichtigung, so steht einer deutschen Sonderregelung für Auskunftsvergleiche bzw. generell einer Beschränkung des Anwendungsbereiches auf öffentliche Verkaufskommunikation die Harmonisierungsintention der Richtlinie entgegen.

2. Erkennbarmachung eines Mitbewerbers

Wichtigstes Kriterium für die Ermittlung des Anwendungsbereiches ist das Merkmal der Erkennbarmachung[615]. An den Alternativen „mittelbar“ und „unmittelbar“ wird deutlich, dass eine ausdrückliche namentliche Nennung kein Erfordernis der Erkennbarkeit ist.

Tilmann[616] betont, dass es sich bei dem Merkmal um einen autonom auszulegenden gemeinschaftsrechtlichen Begriff handelt und daher möglicherweise nicht auf die zu § 1 UWG entwickelten Kriterien zurückgegriffen werden kann. Im Wesentlichen werden aber trotzdem die Grundsätze der Rechtsprechung zu § 1 UWG[617] heranzuziehen sein.

(a) Unmittelbare Erkennbarmachung

Unter einer unmittelbaren Erkennbarmachung wird die namentliche Nennung des Mitbewerbers, der Nennung seines Handelsnamens, seiner Geschäftsbezeichnung oder Initialen[618], des Markennamens seiner Produkte oder Dienstleistungen[619] verstanden. Denkbar ist die bildliche Verwendung eines Unternehmenskennzeichens[620], einer Wort-/Bildmarke oder auch der Abdruck einer fremden Werbung[621].

Die Grenze zwischen unmittelbarer (kennzeichenrechtlicher) und mittelbarer Bezugnahme verläuft fließend[622]. Während die unmittelbare Erkennbarmachung

---

613 *Scherer*, WRP 2001, 89 ff. (92).
614 *Scherer*, WRP 2001, 89 ff. (94).
615 *Lux*, GRUR 2002, 682 ff. (682) bezeichnet dies als „Kernfrage“ des Rechtes der vergleichenden Werbung.
616 *Tilmann*, GRUR 1999, 546 ff. (547).
617 *Ziervogel*, S. 98.
618 BGH, GRUR 1999, 501 ff. (502) – Vergleichen Sie.
619 *Sack*, WRP 2001, 327 ff. (333).
620 *Köhler/Piper*, § 2 Rn. 26.
621 BGH, WRP 2001, 1441 ff. (1444) – Preisgegenüberstellungen im Schaufenster.
622 Als Beispiel dienen die unzähligen Fälle der Bezugnahme auf das Unternehmen Deutsche Telekom. Hier wurde vielfach die Farbe Magenta als Mittel der Erkennbarmachung verwandt, OLG Frankfurt a. M., GRUR 2000, 621 ff. – Magentafarbener Pfeil; OLG Köln,

nach dem alten Recht nur in seltenen Ausnahmefällen als erforderlich angesehen wurde, dürfte die Verwendung eines fremden Kennzeichens zu Bezugnahmezwecken als grundsätzlich erlaubt anzusehen sein[623]. In der Entscheidung *Pippig Augenoptik*[624] hat der EuGH sogar darauf hingewiesen, dass die Nichtverwendung der Marke in bestimmten Konstellationen eine Irreführung hervorrufen kann[625]. Die Frage nach der Art der Erkennbarmachung (unmittelbar/mittelbar) ist aber für die Auslegung der Tatbestandsmerkmale der hier als „zweite Stufe" bezeichneten Kriterien relevant[626]. Die unmittelbare Erkennbarmachung wird sich oft positiv auf den Informationsgehalt einer Werbung auswirken[627], andererseits ist damit aber zugleich ein intensiverer Eingriff in Wettbewerberinteressen verbunden.

(b) Mittelbare Erkennbarmachung

Eine mittelbare Erkennbarmachung liegt vor, wenn die Werbung den Konkurrenten aus der Masse der Mitbewerber bzw. der konkurrierenden Leistungen so heraushebt, dass die Verbraucher zur Identifizierung in der Lage sind[628]. Die Hervorhebung kann sich aus zeitlichen[629] oder räumlichen Zusammenhängen ergeben, durch Bezugnahmen auf bekannte Produkte oder sonstige Verhältnisse[630], Werbefiguren, Werbeslogans[631], namensverwandte Objekte, eine zentrale Werbefigur[632], etc. vermittelt werden.

Erforderlich ist die Identifizierung des Mitbewerbers. Die Werbung muss daher so deutlich auf einen oder mehrere bestimmte Mitbewerber gerichtet sein, dass ein nicht unerheblicher Teil der angesprochenen Verkehrskreise die Mitbewerber als Betroffene ansieht: „Sie müssen aus der ‚grauen Masse' der Gesamtheit aller Mitbewerber herausgehoben und in das grelle Licht der Werbekommunikation gestellt werden."[633] Nach der Entscheidung *Generika*-Werbung[634] ist eine mittelbare Erkennbarmachung grundsätzlich zu verneinen, *wenn die beanstande-*

NJWE-WettbR 1999, 277 f. – Vergleichende Werbung eines Telefondiensteanbieters.

623 ErwG 15 der Richtlinie 97/55/EG, Abl.EG 1997 L290/18, EuGH, WRP 2003, 615 ff. (620 Erwg 47-53) – Pippig Augenoptik; WRP 2001, 1432 ff. (1435 ErwG 36) – Toshiba Europe.

624 EuGH, WRP 2003, 615 ff. (620 ErwG 52) – Pippig Augenoptik.

625 WRP 2001, 1441 ff. (1444).

626 Vgl. etwa 10. Teil A . IV. 2) (b).

627 Vgl. etwa BGH, WRP 2001, 1441 ff. (1445) – Preisgegenüberstellungen im Schaufenster.

628 *Sack*, WRP 2001, 327 ff. (333).

629 BGH, GRUR 1952, 582 ff. (584) – Sprechstunden.

630 *Köhler/Piper*, § 2 Rn. 26.

631 Der Werbespruch „Stärken ist besser" wurde vom BGH als Vergleich mit dem „Steifen" von Wäsche mit Hilfe synthetischer Wäschesteifemittel verstanden, der sich auf die Evidur-Wäschsteife bezog, BGH, GRUR 1963, 371 ff. (374) - Evidur.

632 Etwa die Bezugnahme des „Makromarkt" auf den Wettbewerber „Media-Markt" mit einem Foto der so genannten „Mutter aller Schnäpchen", vgl. hierzu *Wermelskirchen*, FAZ v. 17.12.2003.

633 *Eck/Ikas*, ZLR 2000, 956 ff. (958).

634 BGH, GRUR 1999, 1100 ff. (1101) – Generika-Werbung.

te Werbeaussage so allgemein gehalten ist, dass sich den angesprochenen Verkehrskreisen eine Bezugnahme auf Mitbewerber nicht aufdrängt, sondern diese sich nur reflexartig daraus ergibt, dass mit jeder Hervorhebung eigener Vorzüge in der Regel unausgesprochen zum Ausdruck gebracht wird, dass nicht alle Mitbewerber die gleichen Vorteile zu bieten haben.

Die jüngsten Beispiele vergleichender Werbung spielen subtil mit den Möglichkeiten der mittelbaren Erkennbarmachung:

So hatte beispielsweise die Biermarke „Krombacher" über Jahre als Werbepartner der Fußballsendung „Ran" mit einer Luftbildaufnahme eines idyllisch bewaldeten Sees geworben. In der Fussballsendung „Ran" fand sich eben diese Landschaft als Fototapetete in einer Werbung der Biermarke „Veltins" wieder. In dem Werbespot überstreicht ein Mann die Fototapete mit weißer Farbe, was seine Freundin zu dem Kommentar veranlasst „Find ich gut!". Daraufhin trinkt sie einen Schluck „Veltins", was mit dem Kommentar: „Veltins, irgendwann schmeckt es jedem!" unterlegt wird[635].

Auch im Verhältnis „McDonald's" zu „Burger King" kam es zu subtilen Bezugnahmen. Ein Beispiel liefert die so genannte Werbung *Seitensprung*[636]. Der Werbung lag ein sachlich zutreffender Vergleich zwischen dem „Big King" und dem „Big Mäc" zugrunde[637]: „25 % mehr Fleisch als der Big Mäc, 25 % weniger Preis". Der Vergleich wurde in folgende Rahmenhandlung verpackt: Eine Figur, die stark an „Ronald McDonald" erinnert, hatte sich mit einem Trenchcoat verkleidet, um ein „Burger King" – Restaurant aufzusuchen. Trotz seiner Verkleidung erkannte das Countergirl die peinlich berührte Werbefigur „Ronald McDonald"[638]. Der peinlich berührte „Ronald" greift hastig nach seiner Tüte mit dem Burger und wird mit den Worten „Ronald... Bis morgen!" verabschiedet.

Als letztes Beispiel soll eine Werbung des Unternehmens „British Airways" angeführt werden. „British Airways" hatte mit der Anzeige „Heathrow statt Stansted" und „Haupteingang statt Hinterhof" im Berliner „Tagesspiegel"[639] für Flüge nach London geworben. Für informierte Verkehrskreise war die Bezugnahme auf die Wettbewerber „Ryan Air" und „Air Berlin" hinreichend deutlich, da nur diese Gesellschaften den abgelegenen Flughafen Stansted anfliegen.

Letztlich offen bleibt, weshalb diese Unternehmen nicht zum Mittel der „unmittelbaren Erkennbarmachung" greifen. Entweder ist dies auf Unsicherheiten be-

---

635 *Siemes*, Der Tagesspiegel v. 28.04.2003.

636 Siehe bereits 7. Teil A.I.2).b.); Burger-Brater im Wettstreit, W&V v. 21.03.2003; zu einer ähnlichen Werbung *Schmidt*, Die Welt v. 02.03.2003.

637 Eine repräsentative Vergleichsstudie eines unabhängigen Institutes für Lebensmittelforschung hatte festgestellt, dass der Fleischgehalt durchschnittlich um mindestens 25 % über dem des „Big Mäc" lag.

638 Burger-Brater im Wettstreit, W&V v. 21.03.2003; Verfügungsantrag McDonald's (Seitensprung), 07.08.2002, unveröffentlicht.

639 Der Tagesspiegel v. 27.02.2003.

züglich der geltenden Rechtslage zurück zu führen, oder aber, sie schrecken vor der gemeinhin als aggressiv empfundenen ausdrücklichen Bezugnahme zurück. Verbraucher dürften unmittelbare Erkennbarmachungen jedenfalls befürworten, da auf diesem Wege Unsicherheiten über das Bezugsobjekt vermieden werden können.

(i) Verkehrsverständni/Verbraucherleitbild

Zudem verdeutlichen die aufgeführten Beispiele, dass es entscheidend auf das Verständnis der angesprochenen Verkehrskreise ankommt. In der Entscheidung *Generika*-Werbung[640] machte der BGH deutlich, dass mit dem Abstellen auf das Verkehrsverständnis der Anwendungsbereich des § 2 Abs. 1 UWG eingegrenzt werden soll. In der Werbeaussage „Jedes verordnete B-Generikum unterstützt langfristig die innovative Arzneimittel-Forschung, weil zukünftig ein Teil des Gewinns in diesen Bereich zurückfließt", sah das Gericht keine vergleichende Bezugnahme.

Der Verkehr sei mittlerweile an den anpreisenden Charakter der Werbung gewöhnt, reflexartige Bezugnahmen sind für eine Erkennbarmachung daher nicht mehr ausreichend[641]:

> *Solange sich ein Wettbewerber darauf beschränkt, seine eigene Ware oder Leistung anzupreisen, indem er ihre Eigenschaften hervorhebt, nimmt er in der Regel noch keinen Vergleich mit einer fremden Ware oder Leistung vor. Es wäre daher verfehlt, aus einer Werbung für das eigene Angebot künstlich einen Vergleich mit Waren oder Leistungen der Mitbewerber herauszulesen.*

Da die Frage der Erkennbarkeit aus Sicht der angesprochenen Verkehrskreise zu beurteilen ist, hängt der Anwendungsbereich vom zugrunde zulegenden Verbraucherleitbild ab. Insoweit wird die Frage nach dem maßgeblichen Verbraucherleitbild bereits an dieser Stelle relevant[642]. Nach der Entscheidung *Pippig Augenoptik*[643] wird es allein auf ein normatives Verbraucherleitbild im europäischen Sinne ankommen. Nach einer Auffassung[644] soll der aufgeklärte europäische Verbraucher[645] eher zur Individualisierung in der Lage sein, als ein Verbraucher i. S. d. tradierten deutschen Verbraucherleitbildes.

Es spricht aber vieles dafür, dass „aufgeklärte Verbraucher" zur Identifizierung auch bei allgemeineren Bezugnahmen in der Lage sein könnten, den Bezug aber gleichwohl nicht herstellen. Insoweit dürfte sich der sachliche Anwendungsbe-

---

640 BGH, GRUR 1999, 1100 ff. (1101).
641 BGH, GRUR 1999, 1100 ff. (1101) – Generika Werbung.
642 Typischerweise wurde diese Problematik im Zusammenhang mit der Irreführungsbestimmung erörtert, vgl. hierzu 9. Teil A.II.2).
643 EuGH, WRP 2003, 615 ff.
644 *Eck/Ikas*, WRP 1999, 251 ff. (253); so auch *Freund*, S. 51.
645 EuGH, WRP 1998, 848 ff. (850) – 6-Korn-Eier.

reich des § 2 UWG zunehmend in Richtung einer unmittelbaren Bezugnahme verschieben. Werden Verbraucher häufiger mit unmittelbar vergleichender Werbung konfrontiert, werden sie in Grenzfällen eine vergleichende Werbung eher zurückhaltend annehmen, da das werbende Unternehmen die Referenzobjekte andernfalls wohl eindeutig benannt hätte. Vergleichbare Erwägungen finden sich in der „SOOOO... BILLIG?"!-Entscheidung[646]:

Eine vergleichende Werbung setzt voraus, dass der Werbende einen Bezug zum Wettbewerber nicht nur unausgesprochen zum Ausdruck bringt, sondern ausspricht oder jedenfalls eindeutig nahe legt.

Dieser Ansatz findet sich im weiteren Sinne auch in der Entscheidung *Preisgegenüberstellungen im Schaufenster*[647] wieder. Zwar wird die Frage der Erkennbarmachung nicht problematisiert, da der Konkurrent durch Abdruck seiner Werbung unmittelbar erkennbar gemacht wurde. Der BGH nimmt aber zur Frage Stellung, ob der Werbende über den vorgenommenen Einzelproduktvergleich hinaus die generelle preisliche Überlegenheit suggerieren wollte. Dies verneint das Gericht mit aufschlussreicher Argumentation[648]:

Hätte die Beklagte dies zum Ausdruck bringen wollen, hätte es nahe gelegen, dass sie auch diesen Gesichtspunkt in ihrer Werbung erwähnt und weitere Beispiele hierfür anführt, um die eigene Werbung wirksamer und anziehender zu gestalten.

Tatsächlich tendiert die Rechtsprechung des BGH zunehmend in Richtung einer unmittelbaren Erkennbarmachung[649]. Die Formel, dass „jede noch so fern liegende, nur um *zehn Ecken gedachte Bezugnahme*" nicht ausreicht[650], wird seit der Entscheidung *Eröffnungswerbung*[651] sogar noch enger gezogen. Nun muss sich die Bezugnahme *„förmlich aufdrängen*".

Hier wird deutlich, dass die in der *Testpreis-Angebot*-Entscheidung[652] aufgestellte These, der Begriff der vergleichenden Werbung bedürfe keiner Änderung, nicht mehr haltbar ist[653]. Zwar hatte der BGH die weite Interpretation der Bezugnahme[654] bereits mit den Entscheidungen *Energiekosten-Preisvergleich II*[655] und *Kfz-Waschanlagen*[656] aufgegeben, gleichwohl würde der

---

[646] BGH, WRP 2001, 1291 ff. (1293).
[647] BGH, WRP 2001, 1441 ff.
[648] BGH, WRP 2001, 1441 ff. (1444) – Preisgegenüberstellungen im Schaufenster.
[649] *Freund*, S. 50.
[650] *Henning-Bodewig*, GRUR Int. 1999, 385 ff. (391).
[651] BGH, GRUR 2001, 752 ff. (753); auch GRUR 2001, 1291 (1293) – „SOOOO... BILLIG!"?.
[652] BGH, GRUR 1998, 824 ff.
[653] So auch *Eck/Ikas*, ZLR 2000, 956 ff. (958 f.).
[654] Vgl. BGH, GRUR 1996, 502 ff. (506). - Energiekosten-Preisvergleich
[655] WRP 1997, 179 ff. (181).
[656] GRUR 1997, 539 ff. (540 f.).

BGH eine Bezugnahme wie im Fall *Testpreis-Angebot* nun wohl nicht mehr unter den sachlichen Anwendungsbereich des § 2 Abs. 1 UWG subsumieren[657].

(ii) Zeitpunkt der Erkennbarkeit

In der Literatur wurde diskutiert, ob es ausreichend sei, dass Verbraucher erst nach einer Konfrontation mit der Werbung – etwa aufgrund einer Recherche – feststellen, auf welchen Mitbewerber sich die Werbung bezieht[658]. Mit der Präzisierung der Erkennbarkeitsformel in der Entscheidung *Eröffnungswerbung*[659] erübrigen sich auch diese Überlegungen. Es ist kaum vorstellbar, dass sich eine Bezugnahme, welche sich für den Verbraucher erst nach längerem Überlegen oder längerer Recherche ergibt, im Sinne der Rechtsprechung *„förmlich aufdrängt"*[660].

(iii) Marktstruktur

Bedeutsamste Begründung der mittelbaren Erkennbarkeit eines Wettbewerbers sind Marktstrukturüberlegungen. Wie bereits ausgeführt dürfte das weite Verständnis der *Testpreis-Angebot*-Entscheidung überholt sein[661]. Je größer der Kreis der in Betracht kommenden Mitbewerber ist, desto weniger werden die angesprochenen Verkehrskreise eine allgemein gehaltene Werbung auf einzelne Mitbewerber beziehen[662]. Es ist also nicht generell ausreichend, wenn die Mitbewerber produktmäßig definiert werden[663]. Die Grenze der mittelbaren Erkennbarkeit verläuft im Bereich der Oligopole[664]. Während bei einem engen Oligopol[665] grundsätzlich von einer Erkennbarkeit auszugehen ist, werden Bezugnahmen in einem weiten Oligopol tendenziell nicht dem Anwendungsbereich des § 2 Abs. 1 UWG fallen[666].

(c) Einzelfälle

Systemvergleiche und Allein- bzw. Spitzenstellungswerbungen wurden eingangs als Grenzfälle der vergleichenden Werbung bezeichnet. Die in der Litera-

---

[657] *Eck/Ikas*, ZLR 2000, 956 ff. (959 f.).

[658] *Tilmann*, GRUR 1999, 546 ff. (548).

[659] BGH, GRUR 2001, 752 ff. (753); auch GRUR 2001, 1291 ff. (1293) – „SOOOO... BILLIG!"?

[660] Vgl. auch *Freund*, S. 51.

[661] *Scherer*, WRP 2001, 89 ff. (96); a. A. OLG München, NJW-RR 00, 177 ff. – Hängen Sie noch an Flasche ?; vgl. die Anmerkung von *Eck/Ikas*, ZLR 2000, 956 ff. (957).

[662] BGH, GRUR 2001, 752 ff. (753) – Eröffnungswerbung: „Erforderlich ist, dass die Zahl der betroffenen Mitbewerber noch überschaubar ist.".

[663] *Sack*, WRP 2000, 327 ff. (334); a. A. *Tilmann*, GRUR 1999, 546 ff. (548).

[664] *Ohly/Spence*, GRUR Int. 1999, 681 ff. (685); *Henning-Bodewig*, GRUR Int. 1999, 385 ff. (391).

[665] *Eck/Ikas*, ZLR 2000, 956 ff. (957); vgl. auch KG, WRP 1999, 339 ff. (340) – Werbevergleich.

[666] BGH, GRUR 2001, 752 ff. – Eröffnungswerbung.

tur diskutierte Frage, ob Systemvergleiche, Allein- oder Spitzenstellungswerbungen in den Anwendungsbereich des § 2 UWG fallen, ist pauschal nicht zu beantworten[667]. Allerdings wirkt sich die eingangs angesprochene Verschiebung in Richtung einer unmittelbaren Erkennbarmachung auch hier aus.

(i) Systemvergleiche

Exemplarisch hierfür ist die Entscheidung *Systemvergleich* des OLG Frankfurt a. M.[668]. Das Unternehmen „Die Bahn" hatte mit einer Anzeige geworben, welche ein kreisendes Flugzeug und den Text „Deutschlands Manager machen zu viele Überstunden" zeigte. Mit weniger Argumentationsbedarf als im Fall *Testpreis-Angebot* hätte das Gericht aufgrund der Bekanntheit und der Marktposition eine mittelbare Erkennbarkeit des Unternehmens „Lufthansa" annehmen können. Das OLG erkannte jedoch keine Bezugnahme auf eine bestimmte Luftfahrtgesellschaft. Es kam zu dem Schluss, dass es sich daher um einen Systemvergleich handeln müsse[669]. Es prüfte die Werbung am Maßstab des § 1 UWG und erklärte die Werbung für unzulässig.

Das Gericht folgerte aus der Tatsache, dass eine erkennbare Bezugnahme nicht vorliegt, dass es sich um einen Systemvergleich handeln müsse, denn für Systemvergleiche sei charakteristisch, dass sie konkrete Vergleichsprodukte nicht erkennen lassen[670]. Unter dem Regime des alten Rechtes wurde von der Tatsache, dass ein Systemvergleich vorliegt, darauf geschlossen, dass kein Fall der vergleichenden Werbung im eigentlichen Sinn vorliegt. Die Klassifizierung hat sich also „umgedreht". In Anbetracht der strengen Anforderungen an die mittelbare Erkennbarmachung ist davon auszugehen, dass ein Großteil der Systemvergleiche nicht in den Anwendungsbereich des § 2 UWG fallen[671].

(ii) Alleinstellungswerbungen

Beispiel für den Bedeutungsverlust der tradierten Systematik ist auch die Entscheidung *Handzahnbürste*[672], die sich entgegen der grundsätzlichen Tendenz der Rechtsprechung durch ein sehr weitgehendes Verständnis der mittelbaren Erkennbarkeit auszeichnet. Der Zahnbürstenhersteller „Oral-B" warb für sein neues Produkt mit der Aussage: „CrossAction – Entfernt signifikant mehr Plaque als *jede andere führende Handzahnbürste*!".

---

667 So ähnlich auch *Sack*, WRP 2001, 327 ff. (334).

668 GRUR-RR 2001, 221 f.

669 GRUR-RR 2001, 221 f (221).

670 *Schnorbus*, ZVersWiss 1999, 375 ff (401); *Scherer*, WRP 2001, 89 ff. (95); *Plaß*, WRP 1999, 766 ff. (771); *Berlit*, Wettbewerbsrecht, S. 71.

671 *Emmerich*, S. 83; *Ziervogel*, S. 98; a. A. *Lux*, GRUR 2002, 682 ff. (683 f.) der für eine Einbeziehung plädiert.

672 OLG Hamburg, GRUR-RR 2001, 84 ff. - Handzahnbürste; eine ausführliche Besprechung findet sich bei *Lux*, GRUR 2002, 682 ff.

Es handelte sich also um den klassischen Fall einer Alleinstellungswerbung[673]. Das Gericht entschied, dass die Bezugnahme auf „jede andere führende Handzahnbürste" eine Erkennbarmachung des Mitbewerbers „Dr.Best" zur Folge hat. Der Senat bezog in den Kreis der „führenden Handzahnbürsten" alle Produkte ein, die einen Marktanteil von mindestens 1 % erreichten, insgesamt 17 verschiedene Produkte. Der Antragsteller „Dr. Best" belegte mit seinen Produkten die ersten drei Plätze nach Marktanteilen und vereinigte damit insgesamt 30 % der Marktanteile auf sich. Damit – so das Gericht – bezieht sich die Antragsgegnerin in ihrem Vergleich auf die Produkte des Antragstellers[674]:

> *Soweit in der Literatur allgemein die Auffassung vertreten wird, auf eine so genannte Alleinstellungsberühmung fänden die Grundsätze vergleichender Werbung keine Anwendung, vermag der Senat dem jedenfalls für den hier vorliegenden Fall nicht zu folgen. Zumindest dann, wenn der relevante Markt – wie hier – eng ist und der angesprochene Konkurrent deshalb durch die gewählte Bezugnahme (jede andere führende Handzahnbürste) konkret erkennbar ist, muss die Alleinstellungsberühmung wegen ihres unmittelbaren Konkurrentenbezugs auch den im Rahmen der Richtlinie für die Beurteilung vergleichender Werbung aufgestellten Kriterien standhalten,..*

3. Mitbewerberbegriff

Weitere Voraussetzung einer vergleichenden Werbung ist die Bezugnahme auf einen Mitbewerber. Anfänglich wurde dieser Voraussetzung wenige Beachtung geschenkt, sie wurde mit der Bejahung des Wettbewerbsverhältnisses quasi mit abgehandelt. Der BGH hat in der jüngsten *Lottoschein*-Entscheidung[675] erstmalig ausdrücklich zu dieser Anwendungsvoraussetzung Stellung genommen.

(a) „Lottoschein"-Entscheidung

Das Wirtschaftsmagazin „Wirtschaftswoche" hatte mit einem Spielschein des „Deutschen Lotto- und Totoblock" geworben, die zugehörige Bildunterschrift lautete: „Um Geld zu vermehren, empfehlen wir ein anderes Papier."

Es war umstritten, ob die Werbung in den Anwendungsbereich des § 2 Abs. 1 UWG fällt. Das OLG Hamburg[676] sah den Anwendungsbereich der vergleichenden Werbung unter Berufung auf die Entscheidung *Statt Blumen ONKO-Kaffee*[677] als eröffnet an. Das Gericht argumentierte, dass die Lotteriebetreiber durch die Empfehlung der „Wirtschaftswoche" als „anderes Papier" in

---

673 Für die Spitzenstellungswerbung kann insoweit nichts anderes gelten; vgl. *Sack*, GRUR Int. 1998, 263 ff. (270); *Tilmann*, GRUR 1997, 790 ff. (795).

674 OLG Hamburg, GRUR-RR 2001, 84 ff. (85) – Handzahnbürste.

675 BGH, GRUR 2002, 828 ff.

676 OLG Hamburg, GRUR 2002, 243 ff. (244) – Lottoschein; ähnlich auch OLG Frankfurt a.M., GRUR 2000, 84 ff. – DAX.

677 BGH, GRUR 1972, 553 ff.

„ihrem eigenen Marktstreben irgendwie betroffen“ seien. Mithin bestehe ein Wettbewerbsverhältnis und damit sei auch dem Mitbewerberbegriff des § 2 Abs. 1 UWG genügt. Im Lichte dieser Auslegung sind auch Gewerbetreibende als Mitbewerber anzusehen, die – wie in der *Rolls-Royce*-Entscheidung[678] – allein als Lizenzgeber in Betracht kämen[679].

Der BGH ist der weiten Auslegung des OLG nicht gefolgt. Das Gericht beschränkt den Mitbewerberbegriff[680] auf klassische Konkurrenzverhältnisse (konkrete Wettbewerbsverhältnisse). Konstellationen, wie in der *Rolls-Royce*-Entscheidung, fallen somit nicht in den Anwendungsbereich des § 2 Abs. 1 UWG[681]:

> *Als Mitbewerber ist anzusehen, wer in einem tatsächlichen oder doch potentiellen Wettbewerbsverhältnis zum werbenden Unternehmen steht. Es kommt darauf an, ob aus der Sicht der angesprochenen Verkehrskreise die angebotenen Waren oder Dienstleistungen austauschbar sind. [...] Der Absatz des einen Unternehmens muss mithin auf Kosten des anderen gehen können. Dabei dürfen die Anforderungen an die Austauschbarkeit nicht allzu sehr abgesenkt werden. Entscheidend ist, ob ein durchschnittlich informierter, verständiger und aufmerksamer Durchschnittsverbraucher eine Substitution ernsthaft in Betracht zieht.*

(b) Verhältnis zu § 2 Abs. 2 Nr. 1 UWG

Auffällig bei dieser Auslegung ist die Nähe zu den Anforderungen des § 2 Abs. 2 Nr. 1 UWG. Der BGH hat die Mitbewerbereigenschaft mit der mangelnden Austauschbarkeit[682] bzw. einem nicht bestehenden Substitutionsverhältnis verneint. Diese Merkmale werden auch bei der Auslegung des § 2 Abs. 2 Nr. 1 UWG herangezogen.

Systematische Überlegungen sprechen dagegen, dass der BGH den Mitbewerberbegriff im Sinne des § 2 Abs. 2 Nr. 1 UWG verstanden wissen wollte, denn eine Kongruenz der Voraussetzungen würde bedeuten, dass § 2 Abs. 2 Nr. 1 UWG praktisch überflüssig ist[683]. Um § 2 Abs. 2 Nr. 1 UWG einen eigenständigen Anwendungsbereich zu erhalten, muss davon ausgegangen werden, dass der Mitbewerberbegriff weiter als der Regelungsbereich des § 2 Abs. 2 Nr. 1 UWG zu interpretieren ist[684]. Insgesamt spricht vieles dafür, das

[678] BGH, GRUR 1983, 247 ff.
[679] *Freund*, S. 44.
[680] BGH, GRUR 2002, 828 ff. (829) – Lottoschein; a. A. *Freund*, S. 45.
[681] BGH, GRUR 2002, 828 ff. (829) – Lottoschein; in diesem Sinne bereits zuvor *Henning-Bodewig*, GRUR Int. 1999, 385 ff. (392).
[682] *Köhler/Piper*, § 2 Rn. 24.
[683] So schon *Freund*, S. 47, die von einer Kongruenz ausgeht.
[684] *Ziervogel*, S. 98 f., der ein abstraktes Wettbewerbsverhältnis ausreichen lässt, da die Vorschrift des § 2 Abs. 2 Nr. 1 UWG ansonsten leerlaufen würde.

informationssichernde Kriterium § 2 Abs. 2 Nr. 1 UWG noch enger als den Mitbewerberbegriff auszulegen.

4. Waren oder Dienstleistungen

§ 2 Abs. 1 UWG fordert zudem, dass sich der Vergleich auf Waren oder Dienstleistungen bezieht. Diese Begriffe werden in der Richtlinie nicht definiert. Daraus kann geschlossen werden, dass der europäische Gesetzgeber die Begriffe im europäischen Sinne und damit synonym mit den Begriffen des EG-Vertrages verstanden wissen wollte[685].

Der Begriff der Ware umfasst alle Güter, die Gegenstand des geschäftlichen Verkehrs sein können[686]. Unter Dienstleistungen sind alle Tätigkeiten zu verstehen, die für andere erbracht werden und diesen zugute kommen sollen. Insoweit ist der Begriff mit den „gewerblichen Leistungen" i. S. d. § 13 Abs. 2 UWG weitgehend identisch, allerdings erfasst der Begriff des § 2 Abs. 1 UWG auch Leistungen von Freiberuflern[687].

5. Erfordernis einer Vergleichsaussage

Vielfach wird eine Beschränkung des sachlichen Anwendungsbereichs auf Werbeformen mit komparativen Aussageinhalten gefordert[688]. Die Richtlinie[689] und § 2 Abs. 1 UWG verwenden den Begriff der *„vergleichenden Werbung"*, ohne komparative Aussageinhalte in der Definition vorauszusetzen[690].

Der deutsche Gesetzgeber[691] und die Rechtsprechung[692] haben in dem Erfordernis einer komparativen Aussage ein einschränkendes, ungeschriebenes Tatbestandsmerkmal der vergleichenden Werbung gesehen. Hintergrund der Beschränkung ist, dass andernfalls Werbungen erfasst würden, die sich ausschließlich mit dem Produkt eines Mitbewerbers befassen[693]. In dieser Hinsicht scheint

---

685 Vgl. für eine Kommentierung des Warenbegriffs *Leible*, in: *Grabitz/Hilf*, Art. 28 EGV Rn. 45; für den Dienstleistungsbegriff *Randelzhofer/Forsthoff*, in: *Grabitz/Hilf*, Art.49/50 EGV Rn. 6.

686 Also nicht nur bewegliche Sachen, sondern auch Grundstücke und Rechte aller Art, wie gewerbliche Schutzrechte, Nutzungsrechte, Miteigentumsrechte, Immaterialgüter wie Know-how, Goodwill, Werbeideen, etc.; vgl. *Köhler/Piper*, § 2 Rn. 28.

687 *Köhler/Piper*, § 2 Rn. 28

688 *Köhler/Piper*, § 2 Rn. 18; *Baumbach/Hefermehl*, § 2 UWG Rn. 3; *Berlit*, Wettbewerbsrecht, S.71; *Ohly/Spence*, GRUR Int. 1999, 681 ff. (686); *Plaß*, NJW 2000, 3160 ff. (3162); *Tilmann*, GRUR 1999, 546 ff. (546); *Nordmann*, GRUR Int. 2002, 294 ff. (298); a. A. jedoch *Sack*, WRP 2001, 327 ff. (335 Fn. 77 m. w. N.); *Freund*, S. 62; *MPI-Stellungnahme*, GRUR 1999, 265 ff. (265); *Borck*, WRP 2001, 1124 ff. (1127).

689 Art. 2 Nr. 2 a RL.

690 *Ohly/Spence*, GRUR Int. 1999, 681 ff. (686), *Sack*, WRP 2001, 327 ff. (335); *Borck*, WRP 2001, 1124 ff. (1126).

691 Reg.-Begr., WRP 2000, 555 ff. (560).

692 BGH, GRUR 1999, 1100 ff. (1101) – Generika-Werbung, WRP 2001, 1291 ff. (1293) – „SOOO ... BILLIG!"?.

693 *Sack*, WRP 2002, 363 ff. (363).

das deutsche Recht nicht mit dem europäischen Verständnis auf einer Linie zu liegen, was die Gegenüberstellung der Entscheidungen „SOOOO… BILLIG!“? [694] und *Toshiba Europe*[695] belegt.

(a) „SOOOO… BILLIG!“?-Entscheidung

Der BGH hatte sich mit der Werbung eines Fachgeschäfts für Unterhaltungselektronik zu befassen. Der Inhaber des Fachgeschäfts hatte in seinen Geschäftsräumen ein Plakat ausgehängt, das dazu aufforderte mit durchgestrichenen Preisen beworbene Angebote misstrauisch zu prüfen. Das Gericht hat § 2 Abs. 1 UWG teleologisch reduziert, da es der streitgegenständlichen Werbemaßnahme an einem Vergleich fehlte[696].

Die in der Entscheidung *Generika-Werbung*[697] entwickelte Formel zur Einschränkung der Erkennbarkeit wurde auf den Fall der bloßen Kritik am Mitbewerber erstreckt. In der Entscheidung *Generika-Werbung* sah das Gericht den Anwendungsbereich des § 2 UWG als nicht eröffnet an, weil der *Konkurrent* nicht vergleichend einbezogen wurde, in der Entscheidung SOOOO… BILLIG?! war § 2 Abs. 1 UWG nicht eröffnet, weil sich der *Werbende* nicht miteinbezogen hatte. Das Gericht führte hierzu aus[698]:

> *Es fehlt an einer Gegenüberstellung. Dementsprechend ist aus der bloßen Kritik an Waren, Leistungen oder Werbemethoden von Mitbewerbern regelmäßig nicht bereits ein Vergleich mit den eigenen Waren oder Dienstleistungen herauszulesen.*

(b) „Toshiba Europe“-Entscheidung

Der EuGH ist der einschränkenden Interpretation des Anwendungsbereichs unter Berufung auf Erwägungsgrund 6 der Richtlinie[699] nicht gefolgt und setzt nicht notwendig einen Vergleich voraus[700]:

> *Um eine vergleichende Werbung im Sinne des Artikels 2 Nummer 2 a der Richtlinie 84/450 handelt es sich also schon dann, wenn eine Äußerung in einer beliebigen Form vorliegt, die – auch nur mittelbar – auf einen Mitbewerber oder die Erzeugnisse oder Dienstleistungen, die dieser anbietet, Bezug nimmt. Hierbei ist es ohne Belang, ob ein Vergleich zwischen den vom Werbenden angebotenen Erzeugnissen und Dienstleistungen und denjenigen des Mitbewerbers vorliegt.*

---

[694] BGH, WRP 2001, 1291 ff.
[695] EuGH, WRP 2001, 1432 ff..
[696] BGH, WRP 2001, 1291 ff. (1293) – „SOOOO...BILLIG!“?.
[697] BGH, GRUR 1999, 1100 ff. (1101).
[698] BGH, WRP 2001, 1291 ff. (1293) – „SOOOO...BILLIG!“?.
[699] ErwG 6 der Richtlinie 97/55/EG, Abl. EG 1997 Nr. L290/18.
[700] EuGH, WRP 2001, 1432 ff. (1435 ErwG 31) – Toshiba Europe; vgl. auch *Sack*, WRP 2002, 363 ff. (363); a. A. aber *Nordmann*, GRUR Int. 2002, 294 ff. (298).

Das Gericht betont, dass die Voraussetzung der vergleichenden Werbung „allein anhand der vom Gemeinschaftsgesetzgeber aufgestellten Kriterien zu beurteilen“ sind[701]. Es dürfte damit weiteren Anwendungsvoraussetzungen, wie der einer komparativen Aussage, eine Absage erteilt haben. Auch *Jickeli*[702] stellte fest, dass es aus methodischen Gründen an sich ausgeschlossen sei, zusätzlich zu den vom Gesetz zur Definition genannten Kriterien weitere Kriterien aus der Definition abzuleiten.

Das Gericht bemerkte in seinem Urteil, dass im Unterschied zu den Voraussetzungen des Anwendungsbereichs die Zulässigkeitskriterien in Art. 3 a Abs. 1 lit. b), c) RL notwendig einen Vergleich voraussetzen[703]. Bei wörtlicher Auslegung wäre jede nicht vergleichende Aussage im Anwendungsbereich der Richtlinie daher unzulässig[704]. Dieses Ergebnis sei schwer mit dem Liberalisierungsanliegen der Richtlinie zu vereinbaren[705]. Daher – so der EuGH – sollen die Anforderungen an die jeweiligen Werbungen „in dem für sie *günstigsten Sinne* ausgelegt werden“[706].

Das Gericht entschied, dass in der Angabe der Artikelnummern eines Originalgeräteherstellers (OEM-Nummer) neben den Artikelnummern eines konkurrierenden Anbieters „die *Behauptung einer Gleichwertigkeit* hinsichtlich der technischen Eigenschaften der beiden Erzeugnisse„ zu sehen sei[707].

Die vom EuGH formulierte Auslegungsregel kann wohl nur dahingehend verstanden werden, dass, wenn nur irgendmöglich, ein Vergleich in die streitgegenständliche Werbung „hineinzulesen“ ist, um den Kriterien, die einen Vergleich voraussetzen (§ 2 Abs. 2 Nr. 1, 2 UWG) zu genügen.

Wäre der EuGH nicht vom ungeschriebenen Vergleichserfordernis ausgegangen, hätte es dieses Kunstgriffs der großzügigen Tatbestandauslegung nicht bedurft[708]. Auch *Beater*[709] meint, dass die Interpretation des § 2 Abs. 1 UWG im Lichte der *Toshib Europe*-Entscheidung neu zu überdenken sei.

Zusammenfassend lässt sich daher feststellen, dass § 2 Abs. 1 UWG wie folgt verstanden werden muss: „Vergleichende Werbung verstößt gegen die guten Sitten i.S.v. § 1 UWG, wenn die Bezugnahme [...][710]“.

---

701 EuGH, WRP 2003, 615 ff. (620 ErwG 44) – Pippig Augenoptik.
702 Anm. *Jickeli* zu „SOOOO...BILLIG!“?, L/M, § 1 UWG Nr.854.
703 *Köhler/Piper* vertreten weiterhin die Auffassung, dass am Vergleichserfordernis festgehalten werden kann, ohne sich jedoch mit der EuGH-Rechtsprechung auseinanderzusetzen, *Köhler/Piper*, § 2 Rn.18.
704 Köhler/Piper, § 2 Rn.18.
705 EuGH, WRP 2001, 1432 ff. (1435 ErwG 36) – Toshiba Europe.
706 EuGH, WRP 2001, 1432 ff. (1435 ErwG 37) – Toshiba Europe.
707 EuGH, WRP 2001, 1432 ff. (1435 ErwG 39) – Toshiba Europe.
708 Vergleich hierzu auch *Sack*, WRP 2002, 363 ff. (364); *Ziervogel*, S.100 ff.
709 *Beater*, Unlauterer Wettbewerb, S.251.
710 *Freund*, S.53.

II. Persönliche und unternehmensbezogene vergleichende Werbungen

Teile der Literatur[711] und die Regierungsbegründung[712] sind davon ausgegangen, dass die unternehmensbezogene vergleichende Werbung[713] dem Regelungsbereich der Richtlinie entzogen ist. Die Tatbestandsmerkmale des § 2 Abs. 1 UWG lassen für eine Herausnahme dieser Werbungen allerdings keine tragfähige Grundlage erkennen[714].

Die Argumentation, dass unternehmensbezogene vergleichende Werbung nicht in den Anwendungsbereich des § 2 Abs. 1 UWG fallen, weil sie andernfalls unzulässig wären, kann nicht überzeugen. Ein solches Auslegungsergebnis wäre zu stark von nationalem Besitzstandsdenken geprägt. Die Heranziehung der Schutzzwecke und Richtlinienziele in Form des Hinweises, dass persönliche und unternehmensbezogene Informationen für den Verbraucher wesentlich sein können[715], lassen keinen anderen Schluss zu.

Die Interessen der Verbraucher werden durch die Kriterien der ersten Stufe berücksichtigt. Wenn Werbeformen diesen Kriterien nicht genügen, dann dürfte eine Rechtfertigung anhand von Verbraucherinteressen ausscheiden. Zudem handelte es sich bei diesen Werbeformen bereits vor Inkrafttreten der Richtlinie um seltene Ausnahmefälle[716]. Den Werbenden kann zugemutet werden, verbraucherinformierende unternehmensbezogene Informationen in einen Waren- oder Dienstleistungsvergleich einzukleiden, um den Anforderungen des § 2 Abs. 2 UWG zu genügen.

B) Südafrika

I. Wettbewerbsrecht

Den wettbewerbsrechtlichen Anwendungsbereich der vergleichenden Werbung abstrakt, also fallgruppenunabhängig, bestimmen zu wollen, erscheint wenig sinnvoll, da das südafrikanische Wettbewerbsrecht keine spezielle Fallgruppe der „Vergleichenden Werbung" kennt. Die Fallgruppen *passing off*, *injurious falsehood*, *disparagement* und *leaning on* setzen eine identifizierende Bezugnahme auf ein anderes Unternehmen denknotwendig voraus. Im Übrigen soll auf

---

711 *Tilmann*, GRUR 1997, 790 ff. (790, 795); *Scherer*, WRP 2001, 89 ff. (96); *Marx*, EWS 2001, 353 ff. (356).

712 Reg-Begr., WRP 2000, 555 ff. (559).

713 Im Hinblick auf die persönliche vergleichende Werbung kann nichts anderes gelten; *Sack*, WRP 2001, 327 ff. (331).

714 *Sack*, WRP 2001, 327 ff. (336); *Freund*, S.54 f.; *Tilmann*, GRUR 1999, 546 ff. (547); a.A. jedoch *Scherer*, WRP 2001, 89 ff. (96).

715 *Ohly/Spence*, GRUR Int. 1999, 681 ff. (686).

716 *Baumbach/Hefermehl*, § 1 Rn.431, 436; *Henning-Bodewig*, GRUR Int. 1999, 385 ff. (392); *Tilmann*, GRUR 1999, 546 ff. (547).

die spezielle Untersuchung der einzelnen Fallgruppen in den folgenden Teilen verwiesen werden.

II. Selbstregulierungsrecht

1. Bedeutung des Anwendungsbereichs

Im deutschen Recht ist die Ermittlung des Anwendungsbereichs vergleichender Werbung von erheblicher Bedeutung. Im Bereich der tradierten Rechtsprechung zu § 1 UWG begründete sich dies darin, dass im Anwendungsbereich deutlich strengere Maßstäbe angelegt wurden, insbesondere war mit der Eröffnung des Anwendungsbereichs bereits ein gewisses Unlauterkeitsmerkmal verbunden. Im Bereich der neuen Rechtsprechung zu § 2 UWG ist dies nicht mehr festzustellen. Aufgrund der Verankerung von § 2 UWG im europäischen Recht sind auf diese Werbeform andere und in weiten Bereichen liberale Beurteilungsmaßstäbe anzuwenden. Vor diesem Hintergrund ist nun untersuchen, welche Bedeutung die Eröffnung des Anwendungsbereichs der vergleichenden Werbung im südafrikanischen Selbstregulierungsrecht hat und insbesondere auch, auf welche Kriterien das südafrikanische Recht bei der Abgrenzung zurückgreift.

(a) Verminderte Relevanz aufgrund der Verweisungstechnik

Bereits die Systematik des Selbstregulierungskodex weist darauf hin, dass die Abgrenzung zwischen vergleichenden und nicht vergleichenden Werbungen von geringerer Relevanz ist. Dies begründet sich damit, dass Klausel 7 (Vergleichende Werbung) eine Verweisungstechnik verwendet. Die für die Beurteilung vergleichender Werbungen relevanten Vorschriften (7.1.2, 7.1.5, 7.1.6) verweisen nämlich auf allgemeine Bestimmungen[717], die für alle Arten von Werbungen gelten[718].

(b) Generell negative Beurteilung von Werbungen im Anwendungsbereich

Allerdings ist mit der Einordnung in den Anwendungsbereich der Vorschrift 7 bereits ein gewisses Unlauterkeitselement verbunden[719]. Dies wird am Beispiel der Entscheidung *Investec*[720] offensichtlich. Dem Fall lag eine Konstellation wie in der *Lottoschein*-Entscheidung[721] des BGH zugrunde. Ein Finanzdienstleister hatte sich mit einem Pferderennveranstalter verglichen und die jeweiligen Fähigkeiten, einen Beitrag zum Vermögenswachstum zu leisten, kritisch kommentiert.

Der Beschwerdeführer erachtete die Werbung als herabsetzend i.S.d. Klausel 7.1.6, welche auf die allgemeine Diffamierungsbestimmung (II Cl.6) verweist.

---

[717] Vorschrift II Cl.4.1 („Beweisbarkeit"); II Cl. 4.2 („Irreführungen"); II Cl.6 („Herabsetzungen"), II Cl.8 („Rufausbeutungen").

[718] *Vos*, Persönliches Gespräch, 16.04.2003, Johannesburg.

[719] *Judin*, Persönliches Gespräch, 09.04.2003, Johannesburg.

[720] AP, 04.10.2000.

[721] BGH, GRUR 2002, 828 ff.

Bei einer Anwendung über die Verweisungsnorm wird die Bestimmung regelmäßig sehr streng ausgelegt. In dem Bestreben, die streitgegenständliche Werbung als zulässig einzustufen, hat die ASA den Anwendungsbereich der Vorschrift 7 entgegen der sonst üblichen Praxis eng ausgelegt[722] und einen vergleichende Werbung mangels Vorliegen eines Waren- bzw. Dienstleistungsvergleichs verneint. Allerdings musste die Werbung nun den allgemeinen Anforderungen und damit der Klausel 6 genügen. Da es sich aber um eine nicht bezugnehmende Werbung handelte, wurde die Bestimmung liberal ausgelegt und eine Herabsetzung verneint[723].

Die gleiche Prämisse gilt für den Rechtfertigungsgrund der Marktschreierei. In nicht vergleichenden Konstellationen hat die Marktschreierei erhebliche praktische Relevanz, in vergleichenden Konstellationen hingegen wird eine Berufung auf Marktschreierei nicht zugelassen.

Insgesamt unterliegen Werbungen im Anwendungsbereich der vergleichenden Werbung faktisch einer strengeren Beurteilung und in diesem Lichte bekommt die Ermittlung des Anwendungsbereichs seine praktische Relevanz.

2. Vorliegen einer Werbung

Allgemeine Voraussetzung für die Anwendbarkeit des Selbstregulierungskodex ist das Vorliegen einer Werbung (I Cl. 4.1[724]). Die Definition ist weit und kennt keine Beschränkungen hinsichtlich der Größe des Adressatenkreises, so dass prinzipiell auch individuelle Verkaufsgespräche als Werbung angesehen werden könnten.

3. Wettbewerbsverhältnis

Eine Anwendung der Vorschrift II Cl.7 setzt das Bestehen eines Wettbewerbsverhältnisses voraus, denn die Wettbewerber müssen gleiche oder ähnliche Leistungen anbieten[725]. Bei dem bereits angesprochenen Vergleich zwischen einem Pferderennen und einem Finanzdienstleister[726], sowie zwischen einer Lotterie

---

722 Dies wurde damit begründet, dass es sich weder um einen sachlichen, noch um einen Vergleich von Produkten bzw. Dienstleistungen, handelte.

723 Eine ähnliche Argumentation findet sich auch in dem Verfahren *Rennies Foreign Exchange/Standard Bank Retail Foreign Exchange*, DIR, 04.07.2001.

724 Advertisement means any visual or aural communication, representation, reference or notification of any kind which is intended to promote the sale, leasing or use of any goods or services; or which appeals for or promotes the support of any cause.

725 Investec, AP, 04.02.2000: Further, the reading of clause 7 as a whole indicates that the intention was that the products being compared should be similar or competitive. Consequently, in clause 7 the 'guiding principle' is recorded to be that all comparisons should be in regard to 'competitive products'. Horseracing and private banking are not competitive products.

726 *Investec*, AP, 04.02.2000.

und einer Fast-Food-Kette[727], wurde eine Anwendbarkeit der Klausel 7 daher verneint.

4. Waren- oder Dienstleistungsvergleich

Nach der Vorschrift 7.1 muss sich der Vergleich auf Waren oder Dienstleistungen beziehen. Die ASA versteht diese Begriffe sehr weit, denn der Vergleich muss sich nicht auf Eigenschaften der Waren oder Dienstleistungen beschränken, sondern kann auch unternehmensbezogene Aussagen miteinbeziehen[728].

5. Tatbestandsmerkmal der Sachlichkeit

Klausel 7.1 macht das Vorliegen eines sachlichen, dem Beweis zugänglichen Vergleich[729], zur Anwendungsvoraussetzung der Klausel 7[730]. Ein sachlicher Vergleich liegt nicht vor, wenn die Aussage als Markschreierei („*puffery*") eingestuft wird[731].

So wurde entschieden, dass die Behauptung „The World's Best Tiles, The World's Lowest Prices" nicht vergleichend ist, da es sich um Marktschreierei handelt. Der Zusatz „Biggest Buyer Of Tiles In The World" sei hingegen sachlich und musste als vergleichende Angabe substantiiert werden[732]. Auch die Aussage „The Most Comfortable Bed in the World" wurde wegen des marktschreierischen Charakters als nicht vergleichend eingestuft[733].

---

[727] Uthingo Management / Nandos, AP, 07.11.2001: One cannot ignore however, the fact that Uthingo and Nandos operate in completely different competitive spheres. The argument of Uthingo that it is a competitor of Nandos because they both seek to obtain consumer spend holds no water. If this were so then all traders of all businesses are competitors. They are in fact in different competitive spheres one in gambling and the other in the sale of fast foods.

[728] Zum Beispiel in einer Werbung, in der zwei Kopfschmerztabletten gegenübergestellt wurden: Der Werbende hatte darauf hingewiesen, dass er im Unterschied zur Konkurrenz, ein 172 Jahre altes Traditionsunternehmen sei, *Paramed / Panado*, DIR, 07.03.2003.

[729] Investec, AP, 04.02.2000: Further, no factual comparisons were made between two products. In fact the commercial is silent visually and aurally about the respondent's product. In the circumstances the appeal committee unanimously concluded that there was no comparative advertising in the instant matter.

[730] Die Behandlung von so genannten „*non-factual comparisons*" ist unklar, da sie nicht in den Anwendungsbereich der II Cl.7 fallen. Nach Ansicht von *Vos* (Persönliches Gespräch, 16.04.2003, Johannesburg) werden sie privilegiert behandelt.

[731] Vorschrift II Cl. 4.2.2: Value judgments, matters of opinion or subjective assessments are permissible provided that: - it is clear what is being expressed is an opinion; there is no likelihood of the opinion or the way it is expressed, misleading consumers about any aspect of a product or service which is capable of being objectively assessed in the light of generally accepted standards. The guiding principle is that puffery is true when an expression of opinion, but false when viewed as an expression of fact.

[732] DIR, 16.07.2001.

[733] Slumberland / Rest Assured, DIR, 31.01.2002: The Directorate is of the view that the phrase 'The Most Comfortable Bed in the World' is subjective and as such is not capable of being objectively assessed. This is indicated by use of the words 'most comfortable' which is not an efficacy claim, but a subjective assessment that may differ from individual to indi-

6. Erkennbarmachung

Aufgrund des markenrechtlichen Verbots gibt es faktisch nur indirekte Bezugnahmen, welche entweder aus marktstrukturellen Erwägungen oder wegen der Bezugnahme auf konkrete herkunftshinweisende Merkmale eines Mitbewerbers als vergleichende Werbungen eingestuft werden.

Die ASA legt ein weites Verständnis der vergleichenden Bezugnahme zugrunde. Dies zeigt sich daran, dass Allein- und Spitzenstellungswerbungen grundsätzlich nach den Grundsätzen der Vorschrift 7 beurteilt werden. Im Verfahren *Windhoek Ligh/Castle Light*[734] wurde die Spitzenstellungsbehauptung „The No.1 Preferred Light Beer" als vergleichend eingestuft. Auch die Aussage „Absolutely, positively the best in business" wurde als Bezugnahme auf die beiden einzigen Konkurrenten DHL und UPS angesehen[735]. Ebenso die Slogans „Guaranteed to outlast any other non-stick cookware!"[736] und „Nothing makes coffee creamier than Cremora, even when there is milk around"[737].

(a) Marktstrukturkriterien

Die ASA legt ein sehr weitgehendes Verständnis der Erkennbarkeit bzw. Bezugnahme zugrunde und stützt dieses auf Marktstrukturüberlegungen. Wegen der besonderen Struktur der südafrikanischen Märkte sind in vielen Bereichen enge oligopolistische oder duopolistische Märkte vorherrschend, so dass Bezugnahmen schon aufgrund der Marktstruktur oftmals auf der Hand liegen[738] und in der Regel implizit unterstellt werden. Gleichwohl geht die ASA selten ausdrücklich auf konkrete Marktstrukturverhältnisse ein[739].

Exemplarisch der Werbestreit zweier Brauereien, welcher als „beer war" bekannt geworden ist. Das Bier „Castle" ist ein Produkt der South African Breweries (SAB), die mit verschiedenen Marken insgesamt ca. 97 % des südafrikanischen Biermarktes auf sich vereinen[740]. Dem Bier „Castle" werden bestimmte chemische Zusätze beigesetzt. Der Wettbewerber Namibian Breweries (NBL), der sein Bier nach dem deutschen Reinheitsgebot braut, hatte mit der Aussage:

vidual. Advertising by its nature contains innuendo and puffing, and as such one cannot apply a literal and realistic claims test without becoming open to ridicule. A reasonable consumer would not accept that the phrase 'The Most Comfortable Bed in the World' constitutes a matter of fact.

734 DIR, 06.11.2002.

735 *FedEx / DHL, UPS*, DIR, *ASA* Rulings & Reasons 1999/Nr.14.

736 Bauer Pro / Bavaria Range, DIR, 26.06.2002.

737 *Cremora / Milk*, DIR, 04.12.2002.

738 *Delport*, Persönliches Gespräch, 10.04.2003, Johannesburg.

739 So aber im Fall *Paramed / Panado*, DIR, 07.03.2003 in dem die ASA ausdrücklich auf die konkrete Marktstruktur eingegangen ist.

740 *Brümmers*, Mail & Guardian v. 20.12.1996.

„No additives, no secrets, no hurry" geworben. Die Werbung wurde untersagt, da sie als implizite Bezugnahme auf SAB-Produkte angesehen wurde[741].

Auch in der Entscheidung *Matrix Tracking / Netstar*[742] hatte das Unternehmen „Matrix Tracking" Verbraucher zum Vergleich mit der Konkurrenz aufgefordert, ohne sich auf konkrete Wettbewerber zu beziehen. In diesem Fall hat die ASA sogar ausdrücklich Ausführungen zur Marktstruktur gemacht und erkannte eine vergleichende Bezugnahme auf die Konkurrenten „Netstar" und „Tracker" [743]:

> *As there are only two other tracking companies, namely Netstar and Tracker, who jointly have almost 90% market share, this advertisement is aimed directly at both.*

(b) Verwendung herkunftshinweisender Merkmale

In Konstellationen, in denen eine Bezugnahme anhand von Marktstrukturerwägungen nicht zu begründen ist, kann eine Erkennbarmachung mit der Verwendung bestimmter herkunftshinweisender Identifikationsmerkmale begründet werden.

(i) Produktmerkmale

Hierzu sollen einige Entscheidungen dargestellt werden, die das weite Verständnis der ASA zur Erkennbarmachung verdeutlichen:

Im Verfahren *Kreeply Krauly / Baracuda*[744] hatte ein Hersteller von Schwimmbadreinigungsautomaten damit geworben, dass sein Produkt keine speziellen Reinigungsfilter benötigt. Hierbei handelte es sich um ein Ersatzteil, welches beim Wettbewerber „Baracuda" regelmäßig auszutauschen war. Die ASA hat eine vergleichende Werbung angenommen, weil es erwiesen sei, dass die Verbraucher den speziellen Filter exklusiv mit dem Produkten des Wettbewerbers „Baracuda" in Verbindung bringen würden[745].

In einem weiteren Verfahren hatte das Unternehmen „Sunlight" für die einfache Handhabung seiner Weichspülernachfüllpacks geworben[746]. Die in der Werbung

---

[741] *Nambia Breweries Ltd / SA Breweries Ltd*, AP, 20.01.1997; vgl. auch *Delport*, Persönliches Gespräch, 10.04.2003, Johannesburg, bestätigt mit seiner Anmerkung zu dieser Entscheidung, dass Werbungen im Anwendungsbereich der Vorschrift 7 mit einem Stigma der Unlauterkeit behaftet sind: *I believe that the ruling in the no additives-case was wrong. They would have ruled in favour of Namibian Brewereries, if you had about five competitors in the market.*

[742] Matrix Tracking / Netstar, DIR, 22.05.2002,.

[743] Matrix Tracking / Netstar, DIR, 22.05.2002.

[744] AP, 02.04.2003.

[745] AP, 02.04.2003: For the purpose of this appeal it is assumed in Baracuda's favour that the word 'diaphragm' has become so associated with its product that the use of the word on Kreepy Krauly's packaging was understood by the general public as a reference to Baracuda's product.

[746] Sunlight Fabric Conditioner / Sta-Soft, DIR, 18.07.2002.

abgebildete Person hatte keinerlei Probleme beim Nachfüllen der „Sunlight"-Flasche, beim Versuch den Weichspüler in eine andere, nicht näher zu identifizierende Flasche umzufüllen, wurde einen erheblicher Teil verschüttet. Die unbekannte Flasche hatte nur sehr geringe Ähnlichkeiten mit dem Produkt des Wettbewerbers[747], doch dies war für die ASA ausreichend, um eine vergleichende Bezugnahme anzunehmen.

Ähnliche Wertungen, wie in den vorbezeichneten Entscheidungen, finden sich auch in einer Entscheidung zu einer Werbung der städtischen Wasserbetriebe der Stadt Johannesburg. Dies hatten für die Trinkwasserqualität ihres Leitungswassers geworben und zu diesem Zweck eine nicht näher identifizierbare handelsübliche Wasserflasche mit einem „No Entry"-Zeichen versehen. Allein die Handelsüblichkeit war ausreichend, um eine erkennbare Bezugnahme auf den Wettbewerber „Valpré" anzunehmen[748]:

> *The use of a blue water bottle appears to be common and no one appears to be in a position to claim exclusivity in the use thereof. Woolworths for example also uses a blue water bottle relatively similar to the one depicted in the advertisement. It is only when the bottle evokes the identity of an offended party that the use of the bottle could become contentious. As the use of a blue water bottle as used in the advertisement could conjure up the Valpré bottle, it can be accepted that Valpré is identified in the advertisement by implication.*

In der Entscheidung *Vacman / Electrolux*[749] hat die ASA sogar die bloße (theoretische) Möglichkeit der Identifizierung von Wettbewerbern ausreichen lassen, um die Werbung an den strengen Vorschriften der Klausel 7 zu messen :

> *Although the vacuum cleaner depicted is not obviously identified, in that the brand is not clearly shown, the vacuum cleaner may be recognised by consumers who use this type of vacuum cleaner and also by likely buyers.*

(ii) Werbesprüche („signatures")

Weiteres, häufiges anzutreffendes Mittel der indirekten Erkennbarmachung ist die Bezugnahme auf Werbesprüche („*signatures*") der Konkurrenz. Das Mobilfunkunternehmen MTN hatte über Jahre mit dem Spruch „Hello, the future!" geworben. Die Werbung des Wettbewerbers „Cell C" endete mit dem Aufruf „Hello!". Diese war für die ASA ausreichend, um einen Fall der vergleichenden Werbung anzunehmen.

---

[747] However, it can furthermore be said that the commercial appears to compare the efficacy of the Sunlight refill bottle to that of the Sta-Soft refill sachet. Whilst the content of a sachet is poured into an unidentified bottle, the bottle has certain features similar to a Sta-Soft bottle.

[748] *Rand Water / Valpré*, DIR, 27.09.2002, Unterstreichungen des Verfassers.

[749] DIR, 19.09.2001; Unterstreichungen des Verfassers.

The Directorate is of the view that the word 'Hello' in relation to cellular products is generic, however, the context in which it is used and taking the commercial as a whole into account, specifically the use of 'Talkmore', which is the name of the MTN pre-paid package, the use of the word 'network' and the use of the singular throughout the commercial in comparing Cell C with the other network, creates the impression that the comparison is against MTN. The commercial is therefore comparative.

Ähnlich auch die Bezugnahme des Unternehmens „Sara Lee" auf den Wettbewerber „Lever Pond", welches das Männerdeodorant „AXE" vertreibt[750]. Der Wettbewerber hatte sein Produkt „XXX" genannt und in der Werbung gefragt:

How could anyone be happy with just X. When you can have Triple XXX, the adult deodorant from Aqua Velva.

Der Buchstabe „X" wurde hierbei ähnlich dem Wort „Axe" ausgesprochen. Die ASA ist daher von einer vergleichenden Werbung ausgegangen.

Der Pay-TV Sender „M-Net" hatte über Jahre mit dem Slogan „We call it Magic" geworben. Die Werbung des Privatsenders „e-tv"[751] mit dem Spruch „Now that's what we call magic!" und „You don't need a decoder for the real magic!" wurde daher als vergleichend eingestuft.

C) Rechtsvergleichende Zusammenfassung

Für das deutsche Recht ist zu konstatieren, dass sich der Anwendungsbereich der vergleichenden Werbung tendenziell in Richtung der unmittelbaren Erkennbarmachung verschiebt. Es kommt entscheidend darauf an, ob sich aus Sicht des Verbrauchers beim Betrachten der Werbung förmlich aufdrängt, auf welchen bzw. welche konkreten Wettbewerber die Werbung abzielt. Das weite Verständnis der *Testpreis-Angebot*-Entscheidung dürfte daher als überholt anzusehen sein.

Die Kriterien, die zur Abgrenzung herangezogen werden, sind in Deutschland und Südafrika weitgehend identisch. Neben der Marktstruktur kommt es insbesondere auf die Verwendung herkunftshinweisender Merkmale an. In Südafrika hat die Verwendung dieser Merkmale zentrale Bedeutung, da im Unterschied zum deutschen Recht die Kennzeichenverwendung als Mittel zur Erkennbarmachung ausscheidet.

Insgesamt ist die deutsche Rechtsprechung im Vergleich zum südafrikanischen Selbstregulierungsrecht deutlich zurückhaltender bei der Annahme einer Identi-

---

[750] Aqua Velva XXX v Axe, DIR, 14.08.2002: However, as the complainant's brand, AXE can be pronounced 'X' (eks), the reference to 'X', having regard to pronunciation / accent, in the fragrance category indirectly conjures up the AXE product. As 'X' in the commercial indirectly conjures up AXE, it can be accepted that AXE is by implication identified in the commercial.

[751] Midi TV (Pty) Ltd (e.tv) / M-Net, AIT, 27.11.2001.

fizierung, wenn gleich sich in Einzelfällen identische Ergebnisse ergeben können (vgl. *Handzahnbürste* und *Colgate/Aquafresh*). Während sich die Identität des Wettbewerbers im deutschen Recht förmlich aufdrängen muss (*Eröffnungswerbung*), genügt dem südafrikanischen Recht in den ASA-Entscheidungen *Vacman/Elektrolux*, *Sunlight* und der „No Entry"-Werbung bereits die entfernte, bzw. „um zehn Ecken gedachte" Möglichkeit einer Identifizierung. Die Unterschiede offenbaren sich gerade bei Allein- und Spitzenstellungsbehauptungen, die in Südafrika – wie die Entscheidungen *Windhoek Light/Castle Light* und *Cremora/Milk* zeigen – grundsätzlich als vergleichend eingestuft werden, während das deutsche Recht diese Werbungen nur in Ausnahmefällen als vergleichend einstuft (vgl. z.B. *Eröffnungswerbung, Systemvergleich* und *Handzahnbürste*).

Mit der Eröffnung des Anwendungsbereichs im südafrikanischen Selbstregulierungsrecht ist bereits ein gewisses Unlauterkeitsurteil verbunden, dies ist im Bereich des § 2 UWG nicht festzustellen. Hier scheint sich die Betonung des Konkurrentenschutzes im Bereich des südafrikanischen Selbstregulierungsrechtes auf die Erkennbarkeit auszuwirken, denn die Werbungen werden sehr frühzeitig an den strengen Regeln der Klausel 7 (Vergleichende Werbung) gemessen.

Die deutsche Entscheidung *„Soooo... Billig!"?*, sowie die südafrikanischen Entscheidungen *Outsurance* und *Bauer Pro* verdeutlichen, dass der Anwendungsbereich sowohl nach deutschem, als auch nach südafrikanischem Recht nicht eröffnet ist, wenn es der Werbung am komparativen Element mangelt. Dieses Verständnis dürfte im Lichte der *Toshiba Europe*-Entscheidung für § 2 UWG kaum aufrecht zu halten sein, weil der Entscheidung entnommen werden kann, dass eine komparative Aussage keine Voraussetzung für die Anwendbarkeit der Richtlinie ist.

Eine Übereinstimmung zwischen deutschem und südafrikanischem Recht besteht auch im Hinblick auf Vergleiche weit entfernter bzw. nicht substituierbarer Leistungen. Sowohl in der *Lottoschein*-Entscheidung, als auch in den südafrikanischen ASA-Entscheidungen *Investec* bzw. *Uthingo/Nando's* war der Anwendungsbereich der vergleichenden Werbung nicht eröffnet.

8. Teil: Anforderungen an die Vergleichsgrundlage

Die Ausführungen hinsichtlich der Systematik der Richtlinie und § 2 UWG haben ergeben, dass sich die verschiedenen Anforderungen an vergleichende Werbungen anhand der durch sie geschützten Interessen unterscheiden. Die Kriterien der so genannten „ersten Stufe“ schützen primär das Interesse der Verbraucher durch vergleichende Werbungen hinreichend informiert zu werden. Im Folgenden sollen nun diese „informationssichernden Kriterien“ einer näheren Betrachtung zugeführt werden. Hierbei werden bestehende Unterschiede zwischen dem europäischen und deutschen Recht einerseits, und dem südafrikanischen Recht andererseits, herausgearbeitet.

A) Deutschland

I. § 2 Abs. 2 Nr. 1 UWG (Bedarfs- bzw. Zweckidentität)

Nach § 2 Abs. 2 Nr. 1 UWG ist ein Vergleich unzulässig, der sich nicht auf Waren oder Dienstleistungen für den gleichen Bedarf oder die gleiche Zweckbestimmung bezieht. Es wurde eingangs festgestellt, dass diese Bestimmung dazu dient, einen Informationsmindestgehalt zu gewährleisten und auf diesem Wege Vergleiche auszufiltern, die ein vom Gesetzgeber erwartetes Informationsmindestniveau nicht aufweisen[752].

1. Anwendungsbereich

(a) Persönliche und unternehmensbezogene vergleichende Werbung

Es wurde dargelegt, dass persönliche und unternehmensbezogene Werbung grundsätzlich in den Anwendungsbereich des § 2 Abs. 1 UWG fallen[753]. Weil diese Werbungen regelmäßig keine Waren oder Dienstleistungen vergleichen, werden sie grundsätzlich gegen § 2 Abs. 2 Nr. 1, 2 UWG verstoßen[754]. Die Bundesregierung ist daher davon ausgegangen, dass diese Werbungen[755] vom Regelungsbereich des § 2 Abs. 2 UWG ausgenommen sind[756] und sich die Zulässigkeit nach § 1 UWG richten soll[757].

---

[752] *Wehlau*, ZLR 1999, 393 ff. (398); *Plassmann*, GRUR 1996, 377 ff. (379); *Freund*, S.99 nennt als Beispiel eine Werbung der British Telecom, in welcher diese Telefontarife mit dem Schokoladenriegel „Kit Kat“ verglichen hatte.

[753] Siehe hierzu 7.Teil A.6); *Köhler/Pieper*, § 2 Rn.32; *Baumbach/Hefermehl*, § 2 UWG Rn.2.

[754] Siehe hierzu 7.Teil A.6); so auch *Freund*, S.99; *Plaß*, WRP 1999, 766 ff. (768); *Menke*, WRP 1998, 811 ff. (825); *Gloy/Bruhn*, GRUR 1998, 226 ff. (233, 237).

[755] Ausdrückliche Feststellung nur bezüglich der unternehmensbezogenen vergleichenden Werbung, wie *Sack*, (WRP 2001, 327 ff. 344) jedoch richtig feststellt, kann für die persönliche vergleichende Werbung nichts anderes gelten; so auch *Baumbach/Hefermehl*, § 2 Rn.2.

[756] Reg.-Begr., WRP 2000, 555 ff. (559).

[757] Kritisch *Sack*, WRP 2001, 327 ff. (344).

Auch andere Stimmen[758] bezweifeln, dass ein Verbot vom Gemeinschaftsgesetzgeber beabsichtigt war, da es abwegig sei, Werbeformen dadurch zu unterbinden, indem man sie grundsätzlich zulässt, aber Kriterien aufstellt, die regelmäßig nicht erfüllt werden. Es wurde vorgeschlagen[759], die Zulässigkeitskriterien, die einen Vergleich notwendig voraussetzen, nur dann zu prüfen, wenn tatsächlich auch ein Waren- oder Dienstleistungsvergleich vorliegt[760].

(b) Behandlung „vergleichsloser Werbungen"

Auch andere Werbungen, die keinen ausdrücklichen Vergleich enthalten, fallen in den Anwendungsbereich des § 2 Abs. 1 UWG. Beispiele wären Werbungen, die bloße Anlehnung an fremde Leistungen beinhalten[761], z.B. Werbungen für Ergänzungsbedarf[762] oder Warnungen vor fremden Erzeugnissen[763]. Auch hier wird argumentiert, dass die generelle Unzulässigkeit dieser Bezugnahmen im Widerspruch zur Liberalisierungsintention der Richtlinie steht. Der Regelungsbereich der Vorschriften § 2 Abs. 2 Nr. 1, 2 UWG sei dahingehend auszulegen, dass die Kriterien nur dann anzuwenden seien, wenn tatsächlich ein Vergleich vorliegt[764].

Zur rechtlichen Behandlung „vergleichsloser Bezugnahmen" hat der EuGH in der *Toshiba Europe*-Entscheidung[765] nur mittelbar Stellung genommen. Die Ausführungen des Gerichts deuten darauf hin, dass vergleichslose Erkennbarmachungen mit den Richtlinienkriterien Art. 3 a Abs. 1 lit. b), c) RL nicht zu vereinbaren sind, denn nur vor dem Hintergrund der drohenden Unzulässigkeit wird verständlich, weshalb das Gericht in der streitgegenständlichen Werbung einen Vergleich „gerade noch" erkennen konnte.

Werbungen im Anwendungsbereich des § 2 Abs. 1 UWG nicht oder nur teilweise an den Kriterien des § 2 Abs. 2 UWG zu messen, wäre auch mit dem abschließenden Charakter der Richtlinie[766] nicht zu vereinbaren.

Zudem sprechen teleologische Argumente dafür, dass alle Werbungen im Anwendungsbereich der Norm sämtliche Kriterien für vergleichende Werbungen erfüllen müssen. Vergleichslose Werbungen und Vergleiche, die sich nicht auf Waren oder Dienstleistungen beziehen, besitzen nach den Wertungen des euro-

---

758 *Marx*, EWS 2001, 353 ff. (356); *Scherer*, WRP 2001, 89 ff. (96); *Sack*, WRP 2001, 327 ff. (331 f.).
759 *Marx*, EWS 2001, 353 ff. (355).
760 Marx, EWS 2001, 353 ff. (357): Die negativen Kriterien der Richtlinie (mithin die positiv formulierten des § 2 Abs.2 UWG) können ungeachtet ihres Bezuges zu Waren oder Dienstleistungen auch von einer vergleichenden Werbung erfüllt werden, die keine Waren oder Dienstleistungen vergleicht.
761 BGH, GRUR 1983, 247 ff. – Rolls-Royce.
762 *Freund*, S.61.
763 *Freund*, S.62
764 *Sack*, WRP 2002, 363 ff. (367).
765 EuGH, WRP 2001, 1432 ff.
766 EuGH, WRP 2003, 615 ff. (620 ErwG 44) – Pippig Augenoptik.

päischen Gesetzgebers einen verminderten Informationsgehalt, weil ihnen das komparative Element fehlt. Als Beispiel sei auf die *SOOOO... BILLIG?!* – Entscheidung[767] verwiesen. Die Information, dass unbestimmte Mitbewerber mit durchgestrichen Preisen werben, wäre unter informationsökonomischen Gesichtspunkten wertvoller, wenn zugleich konkrete Mitbewerber benannt würden, die von diesen „unlauteren Werbemethoden" keinen Gebrauch machen.

(c) Zwischenergebnis

Die Privilegierung vergleichsloser bzw. unternehmensbezogener Werbung ist kaum zu rechtfertigen[768]. Der Gesetzgeber geht grundsätzlich davon aus, dass das Verbraucherinteresse an der Zulässigkeit dieser Werbungen vermindert ist, und dass daher die Interessen der in Bezug genommenen Konkurrenten überwiegen und eine Unzulässigkeit legitimieren[769]. Es wäre wünschenswert, wenn der EuGH in dieser Hinsicht nochmals für Klarheit sorgen würde[770].

2. Gleicher Bedarf

Der Vergleich muss sich auf Waren oder Dienstleistungen beziehen, die dem „gleichen Bedarf" oder „derselben Zweckbestimmung" dienen. Nach keiner Auffassung ist eine völlige Identität der Leistungen erforderlich[771]. Zunächst hat der BGH die Bestimmung eng ausgelegt[772], seit der *Vergleichen Sie*-Entscheidung[773] aus dem Jahre 1999 geht der BGH von einem weiten Verständnis der Vergleichbarkeit aus. Ausreichend ist, wenn die verglichenen Leistungen über die gleiche Hauptfunktion verfügen[774] und für den Verbraucher substituierbar sind[775]:

> *Der Wortlaut der Regelung, nach dem es lediglich auf den gleichen Bedarf oder dieselbe Zweckbestimmung ankommt, sowie das anzuerkennende Informationsinteresse der Verbraucher sprechen für ein weites Verständnis im Sinne einer Vergleichbarkeit, die einen Werbevergleich grundsätzlich auch bei nichtidentischen Produkten zulässt, sofern diese nur funktionsidentisch sind und aus der Sicht der angesprochenen Verbraucher als Substitutionsprodukte in Betracht kommen.*

Zu berücksichtigen ist bei einem funktionellen Verständnis des § 2 UWG, dass sich das Maß der Übereinstimmung auf den qualitativen Informationsgehalt eines Vergleichs positiv auswirkt und umgekehrt, dass mit zunehmenden Unterschieden der Informationsgehalt abnimmt bzw. das Irreführungspotential

[767] BGH, GRUR 2001, 1291 ff.
[768] So auch *Sack*, WRP 2001, 327 ff. (344).
[769] *Beater*, Unlauterer Wettbewerb, S.408.
[770] *Köhler/Pieper*, § 2 Rn.11; *Nordmann*, GRUR Int. 2002, 294 ff. (300).
[771] *Sack*, WRP 2001, 327 ff. (341).
[772] LG Köln, ZLR 1999, 522 ff. – Geschmacktest, siehe auch die Kritik von *Freund*, S.103.
[773] BGH, GRUR 1999, 501 ff. (502).
[774] BGH, GRUR 1999, 501 ff. (502) – Vergleichen Sie.
[775] BGH, GRUR 1999, 501 ff. (502) – Vergleichen Sie.

steigt[776]. So ist der Informationswert eines Preisvergleichs identischer Markenprodukte – wie in der Entscheidung *Preisgegenüberstellungen im Schaufenster*[777] – fraglos höher, als ein Vergleich substituierbarer Waren (wie beispielsweise in der Entscheidung *Vergleichen Sie*[778]).

Eine Substituierbarkeit der Leistungen wird angenommen, wenn sich die verglichenen Produkte so nahe stehen, dass der Verbraucher sie als „generell austauschbar" ansieht. Das Kriterium wird also nicht im Sinne einer konkreten Austauschbarkeit verstanden[779]. Es kann im Interesse der Verbraucher erforderlich sein, auf bisher nicht bekannte Produktalternativen hinzuweisen, selbst wenn diese in der konkreten Situation nur eine bedingte Alternative darstellen. Daher stehen beispielsweise unterschiedliche Verpackungsgrößen[780] oder Unterschiede bei der Beschaffung eines Produktes[781] einer Substituierbarkeit nicht entgegen.

(a) Preisdifferenzen, insbesondere Vergleiche mit Luxusgütern

Umstritten ist, ob der Preis ein bedeutsames Kriterium für die Frage der Austauschbarkeit ist[782]. Erhebliche Preisunterschiede finden sich typischerweise bei Vergleichen von Luxus- und Billigprodukten.

Bei Preisvergleichen besteht die Gefahr, dass diese nur angestellt werden, um vom guten Ruf der Luxusanbieter zu partizipieren[783]. Es wird angeführt, dass beim Kauf von Luxusgütern gerade nicht die Qualität oder der Preis, sondern vielmehr ausschließlich das Prestige des Luxusobjektes kaufentscheidungsrelevant ist. Zur Verbraucherunterrichtung sollen diese Vergleiche nicht beitragen können, die Gefahr dass der Billiganbieter unter dem Deckmantel des Vergleichs vom Ruf des Luxusobjektes partizipiert, soll eine Unzulässigkeit rechtfertigen[784].

Um die Interessen der Luxusguthersteller zu schützen, wurde vorgeschlagen, die Austauschbarkeit nach dem kartellrechtlichen Bedarfsmarktkonzepts zu bestim-

[776] *Menke*, Recht und Ökonomie der kritisierenden vergleichenden Werbung, S.155.
[777] BGH, WRP 2001, 1441 ff.
[778] BGH, GRUR 1999, 501 ff.
[779] *Köhler/Pieper*, § 2 Rn.33.
[780] OLG Frankfurt, GRUR 2001, 358.
[781] EuGH, WRP 2003, 615 ff. (621 ErwG 65) – Pippig Augenoptik; *Eck/Ikas*, ZLR 2000, 956 ff. (959 f.).
[782] Vgl. *Eck/Ikas*, WRP 1999, 251 ff. (262); *Kotthoff*, BB 1998, 2217 ff. (2218). Das OLG Hamm hatte eine Vergleichbarkeit von Mode- mit Echtschmuck deshalb angenommen, weil beide Produkte in ähnlichen Preiskategorien angesiedelt waren, WRP 2000, 1316 ff. - Die Zeit des Modeschmucks ist vorbei.
[783] So *Kotthoff*, BB 1998, 2217 ff. (2218); *Eck/Ikas*, WRP 1999, 251 ff. (262); *Ohly/Spence*, GRUR Int. 1999, 681 ff. (692); *Freund*, S.103 m.w.N; *Somarriello*, Vergleichende Werbung in Italien und Deutschland, S.77: *Da in diesem Fall stets die Gefahr gegenwärtig ist, dass die Billigware am guten Ruf des Luxuswarenherstellers partizipiert, werden solche Vergleich auch in Zukunft unzulässig sein.*.
[784] *Kotthoff*, BB 1998, 2217 ff. (2218).

men[785]. Preisdifferenzen können in diesem Fall dazu führen, dass unterschiedliche sachliche Märkte vorliegen und eine Vergleichbarkeit ausscheidet. Kartellrechtliche Abgrenzungsmaßstäbe stehen aber in anderen Funktionszusammenhängen und sind daher nur bedingt von Nutzen[786].

Andere Autoren wollen bei der Vergleichbarkeit anhand der verglichenen Merkmalen differenzieren[787], der Vergleich einer Billiguhr mit einer „Rolex" sei als Preisvergleich unzulässig, als Qualitätsvergleich könnte er zulässig sein[788].

Unbestritten dient die Liberalisierung der vergleichenden Werbung auch dazu, den Wettbewerb für innovative und neue Wettbewerber zu erleichtern[789]. Diese Unternehmen sind unter Umständen in der Lage, gleichwertige bzw. funktionsidentische Produkte zu einem „Bruchteil der Kosten" anzubieten[790]. Solche Vergleiche pauschal über den „Preishebel" zu untersagen, wäre mit der Intention der Richtlinie nicht zu vereinbaren. Die Orientierung an Preiskategorien würde verhindern, dass die Verbraucher den größtmöglichen Nutzen aus dem Binnenmarkt ziehen, denn sie bringt eine gewisse Abschottung der Märkte mit sich[791].

Unbestritten bleibt, dass gerade im Bereich der prestigeträchtigen und regelmäßig teuren Luxusgüter die Gefahr einer Rufausbeutung besonders hoch ist und Wettbewerber daher besonders schutzwürdig sind. Dieser Schutz lässt sich jedoch problemlos und systematisch überzeugender über die Rufausbeutungsbestimmung bewerkstelligen[792].

(b) Vergleich von Marken und Handelsware

Zum Vergleich mit Handelsware hatte das KG einst die vielbeachtete *Alternative zur Marke-Entscheidung*[793] getroffen. In der Entscheidung wurde ein Preisvergleich von Cornflakes der Marke „Kellogg's" mit einer namenlosen Eigenmarke für unzulässig erklärt, da Verbraucher nicht über die Fähigkeit verfügen würden, die Qualität einer Handelsware zu beurteilen. Unter dem Regime von § 2 Abs. 2 Nr. 1 UWG sind diese Vergleiche als grundsätzlich zulässig anzusehen[794].

---

[785] *Kotthoff*, BB 1998, 2217 ff. (2218); *Schnorbus*, ZVersWiss 1999, 375 ff (407).
[786] *Beater*, Unlauterer Wettbewerb, S.407.
[787] *Eck/Ikas*, WRP 1999, 251 ff. (262).
[788] Vgl. *Menke*, WRP 1998, 811 ff. (822), der als Beispiel den Vergleich einer no-name Cola mit „Coca-Cola" bzw. eines nachgeahmten Parfums mit „Chanel" nennt; ebenso *Eck/Ikas*, WRP 1999, 251 ff. (262).
[789] Begründung des 91er Richtlinienentwurfs, KOM(91), 147 endg. - SYN 343 v. 21.06.1991, S.9; vgl. auch 6.Teil A I 1) a).
[790] *Freund*, S.103 f.
[791] ErwG 2 der Richtlinie 97/55/EG, Abl.EG 1997 L290/18.
[792] Siehe hierzu 11.Teil A.3)d)(iii).
[793] KG, GRUR 1985, 228 ff.
[794] OLG Stuttgart, NJW-RR 1999, 266 ff. (267); *Scherer*, WRP 2001, 89 ff. (91); *Plaß*, NJW 2000, 3160 ff. (3164); *Kotthoff*, BB 1998, 2217 ff. (2218).

Dies hat auch der EuGH in der *Pippig Augenoptik*-Entscheidung[795] bestätigt, als das Gericht feststellte, dass ein Vergleich konkurrierender Produkte auch dann zulässig ist, wenn *„deren jeweilige Marken deutliche Unterschiede hinsichtlich ihres Ansehens aufweisen,...".*

3. Gleiche Zweckbestimmung

Vielfach werden die Begriffe „gleicher Bedarf" und „dieselbe Zweckbestimmung" synonym gebraucht[796]. *Eck/Ikas*[797] hingegen gehen von einer eigenständigen Bedeutung dieser beiden Begriffe aus. Sie wollen § 2 Abs. 2 Nr. 1 UWG unter Rückgriff auf das Merkmal der „gleichen Zweckbestimmung" sehr weit auslegen. Nach ihrer Auffassung bezieht sich der Begriff des „gleichen Bedarfs" auf die Primärfunktion, der Begriff der „Zweckbestimmung" auf die Sekundärfunktion eines Produkts. Bei einer Uhr beispielsweise wäre die Primärfunktion die Eignung zur Zeitmessung, die Sekundärfunktion könnte die Eignung als Geschenk sein.

Vor diesem Hintergrund sollen Konstellationen wie in der Schenken Sie Statt Blumen *ONKO-Kaffee*-Entscheidung[798] unter das Merkmal Zweckidentität subsumiert werden können[799]. Ein Unternehmen hatte geworben, man könne statt Blumen auch ONKO-Kaffee verschenken. Die Werbung offenbart also eine neue Verwendungsmöglichkeit für das Produkt ONKO-Kaffee. Dieser "Kunstgriff" würde es ermöglichen, die Vergleichsgrundlage selbst zu kreieren[800], wodurch sich "ein bislang weitgehend brachliegendes Feld" für die Werbewirtschaft[801] eröffnet.

Die *Lottoschein*-Entscheidung[802] ist einem so weiten Verständnis der Substituierbarkeit richtigerweise entgegengetreten. Das OLG Hamburg hatte den Anwendungsbereich des § 2 UWG als eröffnet angesehen[803]. Der BGH ist einer so weiten Auslegung des Mitbewerberbegriffs nicht gefolgt. Da § 2 Abs. 2 Nr. 1 UWG aus systematischen Gründen nicht weiter als der Mitbewerberbegriff reichen kann, scheidet eine so weite Auslegung aus[804].

Auf die Sekundärfunktionen als Auslegungsdeterminante kann verzichtet werden. Neben systematischen Gesichtspunkten sprechen teleologische Argumente

---

795 WRP 2003, 615 ff. (620 ErwG 53).

796 BGH, GRUR 1999, 501 ff. (502) – Vergleichen Sie; auch *Köhler/Pieper*, § 2 Rn.33; *Freund*, S.100 m.w.N.

797 *Eck/Ikas*, WRP 1999, 251 ff. (261); a.A. *Plaß*, WRP 1999, 766 ff. (768); *Freund*, S.105.

798 BGH, GRUR 1972, 553 ff.

799 In diesem Sinne *Sack*, WRP 2001, 327 ff. (341); *Ohly/Spence*, GRUR Int. 1999, 681 ff. (692).

800 *Köhler/Pieper*, § 2 Rn.33; *Baumbach/Hefermehl*, § 2 UWG Rn.4; *Ohly/Spence*, GRUR Int. 1999, 681 ff. (691).

801 *Eck/Ikas*, WRP 1999, 251 ff. (262).

802 BGH, GRUR 2002, 828 ff.

803 Vgl. hierzu auch 7.Teil A I 3) (a).

804 *Ziervogel*, S.103.

für die einschränkende Auslegung des § 2 Abs. 2 Nr. 2 UWG, denn es kann nicht überzeugen, bei der Ermittlung der Zweckbestimmung die Sicht des Werbenden entscheiden zu lassen[805].

4. Zwischenergebnis

§ 2 Abs. 2 Nr. 1 UWG soll gewährleisten, dass Vergleiche positive Auswirkungen auf die Markttransparenz haben, und eine zu weite Auslegung – etwa unter Berufung auf Sekundärfunktionen – würde diese Mindestanforderungen verwässern[806]. Dies zeigt sich ganz deutlich am ONKO-Beispiel, denn der ganz überwiegende Teil der Produkte des täglichen Lebens eignen sich als Geschenke. Vergleiche zwischen Blumen, CDs, Lebensmitteln, Kleidungsstücken, Schreibwaren, Möbeln, etc. führen eher zu einem Vertrauensverlust bzw. einer Informationsüberlastung[807] als zu einer Verbesserung der Markttransparenz.

Den meisten Überlegungen im Zusammenhang mit § 2 Abs. 2 Nr. 1 UWG ist gemein, dass sie auf verschiedene Weisen einen Rufausbeutungsschutz in der Norm zu verankern versuchen. Die systematischen Vorüberlegungen dieser Arbeit, nach der die Kriterien der ersten Stufe keine Konkurentenschutzinteressen umsetzen, stehen diesen Ansätzen entgegen. So argumentiert auch der BGH in der *Vergleichen Sie-Entscheidung*[808]:

> *Ein solches Verständnis läßt sich auch mit den Interessen der Mitbewerber vereinbaren, da deren Belange durch weitere Zulässigkeitserfordernisse, nach denen der Vergleich u.a nicht herabsetzend, rufausnutzend oder auch irreführend sein darf, hinreichend Rechnung getragen wird.*

Der Schutz der Konkurrenten wird also über die Kriterien der hier genannten zweiten Stufe, insbesondere über die Rufausbeutungsbestimmung, realisiert. Finden sich keine nachvollziehbaren Gründe für den Vergleich eines Billigprodukts mit einem Luxusprodukt, liegt eine Rufausbeutung nahe. Die Norm ist also allein im Lichte des Verbraucherinteresses an einem hinreichenden Informationsgehalt vergleichender Werbungen auszulegen[809].

§ 2 Abs. 2 Nr. 1 UWG ist somit nicht notwendigerweise besonders eng oder weit zu verstehen. Gleichwohl ist die Bestimmung enger als der Mitbewerberbegriff des § 2 Abs. 1 UWG. Zulässig sind Vergleiche, die zwischen der Identität auf der einen Seite und einem unmittelbaren Wettbewerbsverhältnis auf der anderen Seite liegen. Der Substituierungsgrad ist im Einzelfall konkret zu bestimmen, da er für den Informationsgehalt und damit für den Prüfungsmaßstab der weiteren Kriterien indiziell ist.

---

805 So auch *Freund*, S.105.
806 *Plaß*, WRP 1999, 766 ff. (768).
807 A.A. jedoch *Ohly/Spence*, GRUR Int. 1999, 681 ff. (692).
808 BGH, GRUR 1999, 501 ff.
809 BGH, GRUR 1999, 501 ff. (502) – Vergleichen Sie; *Köhler/Pieper*, § 2 Rn.33; *Plassmann*, GRUR 1996, 377 ff. (379).

II. § 2 Abs. 2 Nr. 2 UWG (Eigenschaftskriterien)

In § 2 Abs. 2 Nr. 2 UWG spiegelt sich die Entstehungsgeschichte der Richtlinie wieder. Die Tatbestandsmerkmale sind das Ergebnis unzähliger politischer Konzessionen und Verhandlungen. Die Vorschrift ist von entscheidender Bedeutung, um die Informationseignung eines Vergleichs zu gewährleisten[810], nämlich einerseits durch die speziellen Anforderungen an den Inhalt eines Vergleichs, aber auch als vergleichsspezifische Teilkonkretisierung der Irreführungsbestimmung. So kann man davon ausgehen, dass der qualitative Informationswert einer Werbung mit zunehmender Wesentlichkeit einer Eigenschaft steigt. Auch die Wechselwirkungen zur allgemeinen Irreführungsbestimmung (§ 3 S.2 UWG) sind zu berücksichtigen. § 2 Abs. 2 Nr. 2 UWG dürfte somit wiederum indiziellen Charakter für den qualitativen Informationswert eines Vergleichs haben und Aufschluss über den Prüfungsmaßstab des § 2 UWG geben.

1. Vergleichsgegenstand

(a) Preisvergleiche

§ 2 Abs. 2 Nr. 2 UWG unterscheidet zwischen Preis- und Eigenschaftsvergleichen. Das der Preisvergleich ausdrücklich erwähnt wird, ist darauf zurückzuführen, dass der Preis vom deutschen Zivilrecht nicht als Eigenschaft einer Ware angesehen wird[811]. Der Preisvergleich, dem das alte Recht sehr kritisch gegenüberstand[812], wird nunmehr als grundsätzlich zulässig angesehen.

(b) Eigenschaftsvergleiche

Soweit kein Preisvergleich vorliegt, muss sich der Vergleich auf „eine oder mehrere wesentliche, relevante, nachprüfbare und typische Eigenschaften" der Waren oder Dienstleistungen beziehen. Als Eigenschaft kommt die Lieferbarkeit eines Produktes, der Herstellungsort (Inland oder Ausland), die Prüfung durch eine Fachbehörde, die Möglichkeit zu produktbezogenen Steuersparmöglichkeiten[813], Neigungswinkel von Flugzeugsitzen[814], etc. in Betracht.

Das OLG München[815] hat unter Rückgriff auf §§ 119, 459 BGB a.F. die Auffassung vertreten, dass Umstände, die keinen Einfluss auf das Produkt selbst haben – beispielsweise die Ein- oder Wertschätzung durch Dritte – keine Eigenschaften i.S.d. § 2 Abs. 2 Nr. 2 UWG sein können. Das Gericht hat deshalb einen Geschmacksvergleichstest von Hamburgern untersagt, da keine Eigenschaften im Sinne der Richtlinie verglichen wurden.

---

810 *Wehlau*, ZLR 1999, 393 ff. (398); *Plassmann*, GRUR 1996, 377 ff. (379); *Freund*, S.99.

811 *Sack*, WRP 2001, 327 ff. (342); a.A. *Somariello*, Vergleichende Werbung in Italien und Deutschland, S.78.

812 BGH, WRP 1996, 721 (727) – Energiekostenpreisvergleich I.

813 *Köhler/Piper*, § 2 Rn.36.

814 Siehe den Vergleich von „British Airways" mit „Lufthansa", Der Spiegel 2003/Nr.49, 65.

815 OLG München, NJW-RR 1999, 1423 ff. (1424) - Geschmacksvergleichstest verschiedener Hamburger.

Der Eigenschaftsbegriff des § 2 UWG sollte jedoch nicht im Sinne des deutschen Zivilrechtes verstanden werden[816], sondern muss sich an Sinn und Zweck der Richtlinie orientieren. Die Auslegung hat sich am Verbraucherinteresse zu orientieren und danach zu fragen, ob durch die Beschränkung des Eigenschaftsbegriffs kaufentscheidungsrelevante Informationen verhindert werden[817]. Daher kommen auch Eigenschaften, die nicht im Produkt selbst verkörpert sind, als möglicher Vergleichsgegenstand in Betracht[818]. So kann beispielsweise der Vergleich der Verkaufserfolge eines Produktes wertvolle Informationen liefern[819].

2. Objektivitätserfordernis

§ 2 Abs. 2 Nr. 2 UWG fordert einen objektiven Vergleich. Das Objektivitätserfordernis wird als Ausprägung des allgemeinen Sachlichkeitsgebots verstanden. Es ist im Einzelfall schwierig, Fragen des Objektivitätsgebots, der Nachprüfbarkeit und der Irreführung voneinander zu trennen[820]. Das Sachlichkeitsgebot war im „alten Recht" als Schranke für Werbevergleiche jeder Art bekannt[821]. So wurde die Unzulässigkeit pauschaler Vergleiche[822] und das Herabsetzungsverbot dem Sachlichkeitsgebot entnommen.

(a) Bedeutung im Rahmen von § 2 UWG

Im Rahmen des § 2 UWG dürfte die eigenständige Bedeutung des Objektivitätsgebots geringer sein. Dies zeigt sich daran, dass sich der überwiegende Teil der Literatur[823] darauf beschränkt die Anforderungen darzustellen, die dem Objektivitätserfordernis nicht entnommen werden können. Die meisten Konstellationen, die früher durch das Sachlichkeitsgebot abgedeckt wurden, werden nun durch die speziellen Merkmale des § 2 Abs. 2 UWG erfasst[824].

Diesen Wechselwirkungen muss die Prüfung des Objektivitätsgrundsatzes Rechnung tragen. Aus ihm kann kein Neutralitätsgebot[825] und Vollständigkeitsgebot[826] folgen, denn die speziellen Vorschriften im Rahmen des § 2 Abs. 2 Nr. 2 UWG erlauben es vorteilhafte Eigenschaften unter der Voraus-

---

816 *Freund*, S.110.
817 *Ohly/Spence*, GRUR Int. 1999, 681 ff. (692).
818 *Freund*, S.110.
819 *Henning-Bodewig*, GRUR Int.1999, 385 ff. (392); a.A. *Köhler/Piper*, § 2 Rn.36.
820 Siehe etwa die Entscheidung KG, WRP 1999, 339 ff. (340) - Werbevergleich.
821 *Plassmann*, GRUR 1996, 377 ff. (380).
822 WRP 1999, 339 ff. (340) – Werbevergleich; *Plaß*, NJW 2000, 3160 ff. (3164).
823 *Köhler/Piper*, § 2 Rn.38; *Henning-Bodewig*, GRUR Int. 1999, 385 ff. (387).
824 *Eck/Ikas*, WRP 1999, 251 ff. (267).
825 OLG Hamburg, GRUR-RR 2001, 84 ff. (85) – Handzahnbürste; OLG Dresden, GRUR 2000, 916 ff. (918) – Hochleistungstarif; *Eck/Ikas*, WRP 1999, 251 ff. (267).
826 OLG Hamburg, GRUR-RR 2001, 33 ff. (36) – Verwendung eines Diagramms in der Werbung.

setzung auszuwählen, dass diese *wesentlich, relevant, typisch* und *nachprüfbar* sind[827].

In der Entscheidung *Pippig Augenoptik*[828] hatte das Optikunternehmen „Hartlauer" vor Beginn des eigenen Angebotes einen Testkauf beim Wettbewerber „Pippig Augenoptik" durchgeführt. Daraufhin wurden vergleichbare Brillen zu deutlich günstigeren Konditionen angeboten und die Preisdifferenzen vergleichend beworben. Der EuGH hat entschieden, dass es nicht gegen das Objektivitätsgebots der Richtlinie verstößt, wenn ein frühzeitiger Testkauf durchgeführt wird, um vergleichbare Produkte günstiger anbieten zu können[829]. Auch sei es mit dem Objektivitätsgebot zu vereinbaren, wenn eine Preisdifferenz erreicht wird, die über dem durchschnittlichen Preisunterschied der beiden Wettbewerber liegt[830]:

> *Wie viele Vergleiche der Werbende zwischen den von ihm angebotenen Produkten und den von seinen Mitbewerbern angebotenen Produkten vornimmt, unterliegt seiner freien wirtschaftlichen Entscheidung. Eine eventuelle Verpflichtung, jeden Preisvergleich auf die Durchschnittspreise der vom Werbenden angebotenen Produkte und der konkurrierenden Produkte zu beschränken, liefe den Zielen des Gemeinschaftsgesetzgebers zuwider.*

Die Ausführungen des EuGH sprechen für die liberale Ausrichtung des Objektivitätsgebotes. Ziel des Gemeinschaftsgesetzgebers war die Verbesserung der Verbraucherinformation und die Intensivierung des Wettbewerbs, an dieser Zielsetzung muss sich das Objektivitätsgebot ausrichten und darf kaufentscheidungsrelevante Informationen nicht verhindern[831].

(b) Verbot pauschaler Aussagen

Dem Objektivitätsgebot wird das Verbot pauschaler Aussagen und subjektiver Werturteile zugeschrieben[832]. Die überwiegende Meinung[833] geht allerdings davon aus, dass dem Objektivitätserfordernis ein generelles Verbot der subjektiven Aussage oder der pauschalen Bewertungen nicht entnommen werden kann, insbesondere dann nicht, wenn diese Wertungen durch Vergleichstatsachen gestützt werden[834]. Die Informationsqualität kann durch Bewertungen sogar gesteigert werden[835]. Dies belegen neutrale Warentests, da sowohl die Vergabe der Noten,

---

[827] OLG Dresden, GRUR 2000, 916 ff. (918) – Hochleistungstarif; *Köhler/Piper*, § 2 Rn.38.
[828] WRP 2003, 615 ff. (621).
[829] WRP 2003, 615 ff. (621f.) - Pippig Augenoptik.
[830] WRP 2003, 615 ff. (623 ErwG 81) - Pippig Augenoptik.
[831] WRP 2003, 615 ff. (623 ErwG 82) - Pippig Augenoptik.
[832] *Menke*, WRP 1998, 811 ff. (823 f.); *Kotthoff*, BB 1998, 2217 ff. (2219); *Eck/Ikas*, WRP 1999, 251 ff. (267).
[833] *Henning-Bodewig*, GRUR Int. 1999, 385 ff. (387); *Plassmann*, GRUR 1996, 377 ff. (379 f.); *Plaß*, NJW 2000, 3160 ff. (3164); *Nordmann*, GRUR Int. 2002, 294 ff. (301 m.w.N.).
[834] Vgl. etwa *Köhler/Piper*, § 2 Rn.38.
[835] Vgl. *Menke*, Recht und Ökonomie der kritisierenden vergleichenden Werbung, S.155.

als auch die Auswahl der Leistungskriterien auf subjektiven Bewertungen[836] beruhen und der Informationswert dieser Tests nicht zu bestreiten ist. Im Grundsatz kann für selbständig vorgenommene Bewertungen nichts anderes gelten. Voraussetzung ist aber, dass Bewertungen der Vergleichstatsachen in einer sachbezogenen Weise vorgenommen werden, also so, wie sie auch von einem neutralen Dritten vorgenommen worden wären[837].

Eck/Ikas[838] hingegen meinen, dass dem Sachlichkeitsgebot zu entnehmen sei, dass die Richtlinie allein auf Informationsbeschaffung abziele, Schlussfolgerungen oder Gesamtbewertungen müssten Verbraucher selber vorzunehmen.

Letztlich sollte die Abgrenzung von der Frage der Nachprüfbarkeit abhängig gemachen werden, denn gerade da kommt es darauf an, ob die Bezugspunkte der Vergleichsaussage hinreichende klar und dem Beweis zugänglich sind. Folglich dürfte das Objektivitätsgebot in der Praxis nur sehr eingeschränkte Bedeutung haben[839].

3. Wesentlichkeit, Relevanz und Typizität

(a) Grundlagen

Der Eigenschaftsvergleich muss sich zudem auf wesentliche, relevante und typische Eigenschaften beziehen. Auslegung und Verhältnis dieser Merkmale sind sehr umstritten. Die überwiegende Meinung geht von einem Überlappungsbereich aus[840].

(b) Wesentlichkeit

Die Eigenschaft eines Produktes ist „wesentlich", wenn diese für den Verbraucher bei der späteren Verwendung des Produktes von Bedeutung ist[841]. Zwei Fragenkomplexe sind zu unterscheiden: Erstens stellt sich die Frage nach den qualitativen Anforderungen an die Bedeutung der Eigenschaft. Zweitens schließt sich die Fragen nach dem insoweit relevanten Verbraucherleitbild bzw. den zu berücksichtigenden Verkehrskreisen an.

(i) Qualitative Anforderungen an die Vergleichseigenschaften

Fraglich ist, ob es ausreicht, dass die Vergleichseigenschaft für die angesprochenen Verbraucher von einer nur nachrangigen Bedeutung ist[842], oder ob not-

[836] KG, GRUR 2000, 242 f. (242) – Punkte-Vergleich.
[837] *Tilmann*, GRUR 1997, 790 ff. (797); zu den Grenzen zulässiger Bewertung durch Dritte *Köhler/Piper*, § 2 Rn.72.
[838] *Eck/Ikas*, WRP 1999, 251 ff. (267).
[839] *Ziervogel*, S.131; *Plaß*, WRP 1999, 766 ff. (768).
[840] *Ohly/Spence*, GRUR Int. 1999, 681 ff. (692); *Freund*, S.113; *Siems*, ZEuP 2001, 686 ff. (690).
[841] *Köhler/Piper*, § 2 Rn.40.
[842] OLG Dresden, GRUR 2000, 916 ff. (918) - Hochleistungstarif; *Eck/Ikas*, WRP 1999,

wendig ist, dass sich der Vergleich auf Eigenschaften bezieht, die das Wesen, den Kern bzw. das Hauptmerkmal eines Produktes ausmachen[843]. Hierzu haben die Gerichte bisher kaum Stellung bezogen.

In Zweifelsfällen soll das Wesentlichkeitsmerkmal weit zu verstehen sein, da eine enge Auslegung das Informationsanliegen der Richtlinie konterkarieren könnte. Eine weite Auslegung sei vertretbar, da Vergleiche zusätzlich an den übrigen Bedingungen des Kriterienkataloges zu messen sind[844]. Überzeugender erscheint die Auffassung von *Eck/Ikas*[845], die von einer dynamischen Wechselwirkung zwischen dem Grad der Wesentlichkeit und den Anforderungen an die Maßnahmen zur Klarstellung der Bedeutung dieser Eigenschaft sprechen. Je weniger wesentlich eine Eigenschaft für den angesprochenen Verkehrskreis ist, desto deutlicher muss dies in der Werbung erkennbar gemacht werden, um eine Irreführung zu vermeiden.

Diesem Ansatz ist das OLG Dresden in der Entscheidung *Hochleistungstarif*[846] gefolgt. Der Werbende hatte verschiedene private Krankenversicherungen allein danach verglichen, ob diese Arztrechnungen begleichen, die den üblichen 3,5-fachen Gebührensatz überschreiten. Der Kläger berief sich auf mangelnde Wesentlichkeit, da tatsächlich nur etwa 1% aller Arztrechnungen diesen Gebührensatz überschreiten. Das Gericht hingegen akzeptierte den Vergleich mit folgender Begründung[847]:

> *Die Bekl. macht ihre Auswahl und Gewichtung dieses Leistungsmerkmals auch hinreichend transparent. Sie schildert einleitend die Schwierigkeit, die ca.40 privaten Krankenversicherungen zu vergleichen, und empfiehlt lediglich auf eine unbegrenzte Erstattung zu achten. Damit legt sie ihren Wertungsrahmen offen.*

(ii) Bedeutung des Verbraucherleitbildes

Eck/Ikas[848] führen in diesem Zusammenhang die Wasserdichtigkeit eines PCs als Beispiel an. Diese Eigenschaft ist kein Hauptmerkmal eines Computers, dürfte für die meisten Verbraucher auch völlig unerheblich sein, so dass ein solcher Vergleich ausscheiden dürfte. Für bestimmte Verkehrskreise kann die Information hingegen von Bedeutung sein, so dass sich die Frage nach dem maßgeblichen Verbraucherleitbild stellt.

Unabhängig davon, ob es für die Ermittlung der Wesentlichkeit darauf ankommt, ob eine Eigenschaft für Verbraucher nicht völlig unerheblich bzw. von

251 ff. (263 f.); *Köhler/Piper*, § 2 Rn.40.
843 *Tilmann*, GRUR 1997, 790 ff. (796).
844 *Menke*, WRP 1998, 811 ff. (823); *Plassmann*, GRUR 1996, 377 ff. (379).
845 *Eck/Ikas*, WRP 1999, 251 ff. (264).
846 OLG Dresden, GRUR 2000, 916 ff.
847 OLG Dresden, GRUR 2000, 916 ff. (918).
848 *Eck/Ikas*, WRP 1999, 251 ff. (263).

einer gewissen oder erheblicher Relevanz ist, wird das Urteil letztlich vor allem vom zugrunde zulegenden Verbraucherleitbild abhängen.

Der BGH und EuGH betonen neuerdings in vielen Bereichen die Bedeutung einer „verkehrseigenen Betrachtungsweise". Dies spricht dafür, die Wesentlichkeit von der individuellen Sicht der angesprochenen Verkehrskreise abhängig zu machen[849]. Eine „verkehrseigne Betrachtungsweise" differenziert im Einzelfall anhand der konkreten Werbesituation[850]. Richtet sich die Werbung an eine unbekannte Anzahl von Verbrauchern, beurteilt sich die Frage danach, ob die verglichene Eigenschaft für den (allgemeinen) Verbraucher von Bedeutung ist. Werden hingegen spezielle Fachkreise angesprochen oder wird eine konkrete Verbraucherfrage beantwortet, dürfte es auf die individuelle Situation des Verbraucherkreises ankommen.

Für das PC-Beispiel bedeutet dies, dass ein Vergleich der PC's gegenüber der Allgemeinheit unzulässig, die gleiche Werbung in einer Fachzeitschrift für Umwelttechniker zulässig sein könnte. Auch dürfte die Wesentlichkeitsschwelle bei Werbungen gegenüber Fachkreisen niedriger als bei einer Werbung gegenüber Endverbrauchern liegen[851].

(c) Relevanz

Es ist umstritten, ob das Merkmal „Relevanz" eigenständige Bedeutung im Rahmen des § 2 Abs. 2 UWG hat[852]. Die Amtwort hängt vor allem vom Zusammenspiel der einzelnen Kriterien des zueinander ab[853]. Auffassungen, die dem Merkmal eigenständige Bedeutung beimessen, gehen davon aus, dass die Wesentlichkeit aus einer produktbezogenen objektiven Perspektive zu bestimmen ist[854]. Das Merkmal der Relevanz sei hingegen aus Sicht der Verbraucher zu bestimmen. Danach sind Eigenschaften dann relevant, wenn ihr Vorliegen die Kaufentscheidung einer nicht völlig unerheblichen Zahl von Verbrauchen beeinflussen kann[855].

---

849 *Köhler/Piper*, § 2 Rn.40.

850 *Scherer*, WRP 2001, 89 ff. (93).

851 BGH, GRUR 1999, 501 ff. (502) – Vergleichen Sie: ... weil es vorliegend nicht um eine Werbung gegenüber dem Endverbraucher geht; angesprochen ist eine mögliche Interessentin, die als so genannte Beraterin für das Vertriebssystem der Bekl angeworben werden soll. Dieser Werbeadressatin gegenüber ist dies ein Werbevergleich, der sich auf das gesamte von der Beklagten angebotene Modeschmuckssortiment bezieht, von einem höheren sachlichen Informationswert als ein auf Einzelstücke bezogener Vergleich.

852 Für eine eigenständige Bedeutung *Eck/Ikas*, WRP 1999, 251 ff. (263); *Plaß*, NJW 2000, 3160 ff. (3164f.); dagegen *Gloy/Bruhn*, GRUR 1998, 226 ff. (236); *Menke*, WRP 1998, 811 ff. (824); *Siems*, ZEuP 2001, 686 ff.

853 Hasselblatt, S.331.

854 *Eck/Ikas*, WRP 1999, 251 ff. (264); *Plaß*, NJW 2000, 3160 ff. (3165.); *Nordmann*, GRUR Int. 2002, 294 ff. (300); a.A. *Plassmann*, GRUR 1996, 377 ff. (379); *Menke*, WRP 1998, 811 ff. (823); *Henning-Bodewig*, GRUR Int. 1999, 385 ff. (387).

855 *Köhler/Piper*, § 2 Rn.40.

Da die Merkmale des § 2 Abs. 2 Nr. 2 UWG dazu dienen, einen Mindestinformationsgehalt im Interesse der Verbraucher zu gewährleisten, macht es wenig Sinn, die Wesentlichkeit aus einer anderen Perspektive bestimmen zu wollen. Eine eigenständige Bedeutung hat das Merkmal der Relevanz daher wohl nicht[856].

(d) Typizität

Das Kriterium der „Typizität" wird von der überwiegenden Meinung als ein so genanntes „produktgruppenbezogenes Merkmal"[857] angesehen. Typisch sollen Eigenschaften sein, die abstrakterweise bei Produkten dieses Typs oder dieser Art regelmäßig vorkommen[858]. Vergleicht ein Computerhersteller die Schwimmfähigkeit seines PC mit einem konventionellen Computer, wäre dies keine typische Eigenschaft. Auch beim Merkmal der Typizität ist davon auszugehen, dass es in der Praxis wohl keine eigenständige Bedeutung haben wird[859].

4. Nachprüfbarkeit

Das Merkmal der „Nachprüfbarkeit" definiert die Trennlinie zwischen Tatsachenbehauptung und Werturteil[860]. Nachprüfbar ist eine Aussage nur dann, wenn sie sich auf beweisbare Tatsachen bezieht[861]. Eine Beweislastumkehr folgt daraus jedoch nicht[862].

Auch hier sind zwei Fragenkomplexe sind zu unterscheiden: Erstens, wann eine Aussage als nachprüfbar angesehen wird und zweitens, wer zur Prüfung in der Lage sein muss (Verbraucher oder Sachverständige bzw. Gerichte).

(a) Werturteile

Wegen fehlender Nachprüfbarkeit sind solche Vergleiche unzulässig, die allein auf subjektiven Grundlagen beruhen[863]. Allerdings können vordergründig rein subjektive und damit nicht nachweisbare Einschätzungen einen verifizierbaren Tatsachenkern aufweisen[864]. Zulässig dürften Werturteile sein, die sich an Tat-

---

[856] Reg.-Begr., WRP 2000, 555 ff. (560); *Sack*, WRP 2001, 327 ff. (343); *Gloy/Bruhn*, GRUR 1998, 226 ff. (236); *Plassmann*, GRUR 1996, 377 ff. (379).
[857] *Eck/Ikas*, WRP 1999, 251 ff. (265).
[858] *Eck/Ikas*, WRP 1999, 251 ff. (265); *Sack*, WRP 2001, 327 ff. (343).
[859] *Sack*, WRP 2001, 327 ff. (343), a.A. *Siems*, ZEuP 2001, 686 ff. (690).
[860] OLG Hamburg, GRUR-RR 2001, 84 ff. (85) – Handzahnbürste; KG, GRUR 2000, 242 ff. (242) – Punkte-Vergleich; *Eck/Ikas*, WRP 1999, 251 ff. (266).
[861] *Sack*, WRP 2001, 327 ff. (342) m.w.N.
[862] Hasselblatt, S.346.
[863] BGH, WRP 1998, 1065 ff. (1068) - Preisvergleichsliste II; OLG Dresden, GRUR 2000, 916 ff. (918) – Hochleistungstarif; KG, WRP 2000, 103 ff. (105); *Eck/Ikas*, WRP 1999, 251 ff. (267); *Eck/Ikas*, WRP 1999, 772 ff. (774); *Gloy/Bruhn*, GRUR 1998, 226 ff. (236); *Henning-Bodewig*, GRUR Int. 1999, 385 ff. (387); *Plassmann*, GRUR 1996, 377 ff. (379); *Tilmann*, GRUR 1997, 790 ff. (796).
[864] BGH, GRUR 1999, 69 ff. (71) – Preisvergleichsliste II.

sachenbehauptungen anschließen[865], also eine objektivierte Schlussfolgerung dieser Tatsachen sind[866].

Bei der Abgrenzung von Werturteilen und Tatsachen dürfte es darauf ankommen, ob dem Vergleich ein hinreichend offen gelegter Tatsachenkern zu entnehmen ist[867]. Das OLG Dresden[868] hat daher treffend ausgeführt, dass Wertungen zulässig sind, soweit die sachliche Information erkennbar ist und im Vordergrund steht. Das Gericht erkannte, dass mit der Einordnung als Hochleistungs- bzw. Normaltarif ein wertendes Element verbunden war. Da dies jedoch hinreichend offen gelegt wurde, hat das Gericht einen Verstoß gegen das Nachprüfbarkeitskriterium verneint.

Oftmals allerdings zeichnen sich als problematisch empfundene Werbungen dadurch aus, dass der Sachbezug nicht hinreichend deutlich wird, so auch in der Entscheidung *Punkte-Vergleich*[869]. Der Beklagte Versicherungsmakler hatte 33 private Krankenversicherungen mittels eines Computerprogramms anhand von 21 ausgewählten Leistungskriterien bewertet und verglichen. Die 21 Kriterien wurden gleich gewichtet, eine Versicherung konnte maximal 30 Punkte pro Kriterium erlangen. Nicht ersichtlich war, welche weiteren Kriterien es gab, sowie der Grund für die Aufnahme der speziell ausgewählten Kriterien. Das Gericht untersagte den Vergleich wegen der nicht nachprüfbaren, subjektiv wertenden Elemente. Entscheidend war, dass die Wertungsmaßstäbe und der Tatsachenbezug nicht offen gelegt wurden. Weder war der Werbung zu entnehmen, weshalb sich der Vergleich auf die 21 Kriterien beschränkte, zudem blieb offen, weshalb diese Eigenschaften gleich gewichtet und nach welchen Gesichtspunkten die einzelnen Punkte vergeben wurden.

In der Entscheidung *Toshiba Europe*[870] hat der EuGH eine Auslegungsregel formuliert, die sich auch auf die Abgrenzung zwischen Tatsachen- und Werturteil auswirken dürfte. Nach dem EuGH sind die an vergleichende Werbung gestellten Anforderungen in dem aus Sicht des Werbenden günstigsten Sinn auszulegen. Im Nebeneinanderstellen von Artikelnummern eines Original- und eines Konkurrenzproduktes wurde die „Behauptung einer Gleichwertigkeit hinsichtlich der technischen Eigenschaften der beiden Erzeugnisse gesehen“[871]. Streng

---

[865] BGH, WRP 1998, 1065 ff. (1068) - Preisvergleichsliste II; OLG Dresden, GRUR 2000, 916 ff. (918) – Hochleistungstarif; *Köhler/Piper*, § 2 Rn.42; *Gloy/Bruhn*, GRUR 1998, 226 ff. (236); *Henning-Bodewig*, GRUR Int. 1999, 385 ff. (387); *Plassmann*, GRUR 1996, 377 ff. (379); *Schnorbus*, ZVersWiss 1999, 375 ff. (409); a.A. *Eck/Ikas*, WRP 1999, 772 ff. (774).

[866] *Sack*, WRP 2001, 327 ff. (342); a.A. *Eck/Ikas*, WRP 1999, 251 ff. (267).

[867] *Lindacher*, S.399 ff. (S.401).

[868] OLG Dresden, GRUR 2000, 916 ff. (918) – Hochleistungstarif.

[869] KG, GRUR 2000, 242 f.

[870] WRP 2001, 1432 ff.

[871] WRP 2001, 1432 ff. (1436 ErwG 39); vgl. auch *Sack*, WRP 2002, 363 ff. (366), der die Argumentation des EuGH als „weit hergeholt“ bezeichnet.

genommen hat das Gericht nicht die Richtlinie, sondern die Werbeaussage des Werbenden günstig ausgelegt, indem die Behauptung einer technischen Gleichwertigkeit und nicht wie vom Kläger argumentiert, die einer qualitativen Gleichwertigkeit angenommen wurde. Die Auslegungsregeln des EuGH zwingen die Gerichte, Werbungen auf ihre Sachaussagen zu untersuchen und gegebenenfalls Werbeaussagen entsprechend zu interpretieren[872].

So hatte das OLG Hamburg[873] in einer Gegenüberstellung der Zeitschrift „Wirtschaftswoche" und einem Lottoschein einen Eigenschaftsvergleich erkannt, der sich auf den Einfluss des Faktors Zufall bei den verschiedenen Methoden zur Geldvermehrung bezieht. Dies erscheint zwar etwas weit hergeholt, ist aber mit dem Verständnis des EuGH durchaus zu vereinbaren.

Vor diesem Hintergrund sind auch Geschmacks- oder Imagevergleiche („X schmeckt besser als Y"[874], „A ist schöner als B"[875]) zu beurteilen, da es sich auch um spezielle Fälle subjektiver Wertungen handelt[876]. In diesen Fällen wird regelmäßig ein Verstoß gegen das Nachprüfbarkeitskriterium vorliegen. Etwas anderes könnte aber gelten, wenn solche Vergleiche auf repräsentativen Verbraucherumfragen beruhen, weil hier die Vergleichsgrundlage hinreichend offen gelegt wird.

Bei der Abgrenzung ist der Verbraucher europäischer Prägung zugrunde zu legen. Er dürfte tendenziell eher in der Lage sein, den Tatsachenkern einer Aussage zu erkennen. Soweit die Verbraucher nur unter Zweifeln den hinter subjektiven Wertungen stehende Informationsbezug erkennen, scheidet eine Nachprüfbarkeit aus.

Scherer[877] bringt als Beispiel einen bekannten Werbespot aus den USA: Zu einer Beerdigung fahren zahlreiche Luxuslimousinen (Rolls-Royce, Jaguar, Bentley, etc.) und am Ende ein VW-Käfer. Jeder Insasse der Luxuslimousinen erhält einen geringen Betrag aus dem Erbe, der Käfer-Fahrer hingegen ist zum Alleiner-

---

872 So auch die Entscheidung des OLG Saarbrücken, NJW-RR 1999, 1424 ff. (1425), als ein Opel-Händler mit folgender Anzeige geworben hatte: „Achtung, Mitsubishi Fahrer: Beim Kauf eines neuen Opel machen wir Ihnen jetzt ein besonderes Angebot. Opel D GmbH, kundennah u. 7x im Saarland". Das Gericht sah darin einen zulässigen Vergleich der im Saarland unterhaltenen Niederlassungen unter dem Aspekt der Kundennähe, Werkstattdichte und Wartungsfreundlichkeit, sowie der Gebrauchwagenpreise.

873 OLG Hamburg, GRUR 2002, 243 ff. (245) – Lottoschein.

874 *Sack*, WRP 2001, 327 ff. (342) m.w.N; in der Entscheidung des OLG München (NJW-RR 1999, 1423 ff. - Geschmacksvergleichstest verschiedener Hamburger) hat das Unternehmen Burger King seine Werbeaussage („schmeckt besser", „62% der Testpersonen schmeckt der Whopper besser als der Bic Mäc") anhand einer Verbraucherumfrage belegt. Das Gericht hat sich nicht mit der Frage der Nachprüfbarkeit beschäftigt, sondern ist davon ausgegangen, dass es sich bereits nicht um eine Eigenschaft i.S.d. § 2 Abs.2 Nr.2 UWG handelt.

875 *Köhler/Piper*, § 2 Rn.42.

876 *Ohly/Spence*, GRUR Int. 1999, 681 ff. (693).

877 *Scherer*, WRP 2001, 89 ff. (97).

ben des Miliardenvermögens eingesetzt worden. Diesem offensichtlich subjektiven Vergleich will *Scherer*[878] die Sachaussage entnehmen, dass der Käfer bei gleichem Grundnutzen deutlich preisgünstiger ist und auch, dass sparsame Menschen auf das Prestige eines Luxusautos verzichten könnten. Diese Werbung wäre wohl zu untersagen, denn Verbraucher können nur spekulieren ob, bzw. welche Tatsachen dieser Werbung zugrunde liegen.

(b) Anforderungen an das Beweismaterial

(i) Restriktive Interpretation des BGH

Der BGH hat das Kriterium der „Nachprüfbarkeit" in zwei Urteilen in Erwartung der Richtlinienverabschiedung zunächst sehr restriktiv ausgelegt und eine Nachprüfbarkeit für *den Verbraucher* gefordert[879]. Ein Vergleich, der „vom Leser auch mit einigen Mühen nicht nachvollzogen werden kann", ist nicht zulässig[880]. Den Entscheidungen wurde also entnommen, dass die Vergleichsbehauptungen des Werbenden anhand eines selbst durchführbaren Vergleichs nachvollziehbar sein müssten[881].

Dieses enge Verständnis ist mit dem Grundanliegen der Richtlinie nicht zu vereinbaren. Vergleichende Werbungen sollen Informationen bereitstellen, die der Verbraucher sonst nicht oder nur durch Nachforschungen erhalten kann. Bei der engen Auslegung wäre ein Grossteil der Eigenschaftsvergleiche, etwa Aussagen bezüglich Energieverbrauch, Funktionsumfang, Sicherheit und Wirksamkeit, etc. unzulässig.

(ii) Zumutbarer Aufwand nach der „Preisvergleichsliste II"-Entscheidung

Mit der Entscheidung *Preisvergleichsliste II*[882] hat der BGH die enge Auslegung der Nachprüfbarkeit aufgegeben: Eine Einkaufsgemeinschaft für holz- und kunststoffverarbeitende Betriebe hatte eine Preisvergleichsliste hergestellt, in der sie Artikel, Lieferanten und die von den Tischlerbetrieben angegebenen Preise aufgeführte hatte. Die Werbeadressaten waren nicht ohne weiteres in der Lage diesen Vergleich nachzuvollziehen, gleichwohl hat der BGH die Werbung für zulässig erachtet, da für Verbraucher gewisse Eigenanstrengung zumutbar sind[883]:

> *Es muss sichergestellt sein, dass der Werbevergleich auf seine sachliche Berechtigung hin überprüft werden kann. Dazu ist allerdings nicht erforderlich, dass der angesprochene Verbraucher die im Werbevergleich angeführten Eigenschaften ohne weiteres und ohne jeden Aufwand nachprüfen kann. Bei einem Werbevergleich der vorliegenden Art dürfte es als aus-*

[878] *Scherer*, WRP 2001, 89 ff. (97).
[879] BGH, WRP 1996, 1097 ff. – Preistest; WRP 1997, 549 ff. – Dauertiefpreise.
[880] BGH, WRP 1996, 1097 ff. (1098) – Preistest; WRP 1997, 549 ff. (551) – Dauertiefpreise.
[881] *Gloy/Bruhn*, GRUR 1998, 226 ff. (236).
[882] BGH, WRP 1998, 1065 ff.
[883] BGH, WRP 1998, 1065 ff. (1068) – Preisvergleichsliste II.

reichend anzusehen sein, dass sich der angesprochene Betrieb zumindest über die Bekl. oder auch über den in der Liste genannten Lieferanten die nötige Klarheit verschaffen kann.

Als zumutbarer Aufwand wird beispielsweise die Durchsicht eines Kataloges[884], von Testberichten oder anderen verfügbarer Informationsquellen (beispielsweise Internetadressen[885]) angesehen[886].

Teilweise wird sogar eine grundsätzliche „Nachprüfbarkeit" für ausreichend gehalten. Damit ist eine Überprüfbarkeit durch Behörden, Gerichte, Mitbewerber oder Sachverständige gemeint[887]. Letztere Auffassung ist mit der Zielsetzung der Richtlinie am besten zu vereinbaren und es erscheint unwahrscheinlich, dass der BGH an seiner Auffassung zur Nachprüfbarkeit durch den Verbraucher festhalten wird[888].

(iii) „Handzahnbürste"-Entscheidung

In diesem Fall wären Vergleiche, wie in der Entscheidung *Handzahnbürste*[889], nicht möglich. Der Hersteller „Oral-B" hatte für seine neue Zahnbürste mit der Aussage: „CrossAction – Entfernt signifikant mehr Plaque als jede andere führende Handzahnbürste!" geworben. Als Nachweis konnte sich das Unternehmen auf komplexe Tests bzw. wissenschaftliche Untersuchungen berufen. Das OLG Hamburg hatte sich mit der BGH-Rechtsprechung auseinanderzusetzen[890]:

> *Soweit diese Ausführungen des BGH Anlass zu der Annahme geben könnten, die Zulässigkeit eines Werbevergleichs setze stets die unmittelbare Überprüfung seiner Richtigkeit – sei es auch mit einigem Aufwand – durch den Verbraucher selbst voraus, bedarf die Auslegung dieses Merkmals nach Auffassung des Senats einer differenzierenden Betrachtung, wobei auch nach der Art und Komplexität des Produktes bzw. der Dienstleistung zu unterscheiden ist [...] Das Erfordernis der Nachprüfbarkeit erfüllt aber keinen Selbstzweck. Es soll nicht in erster Linie den Hersteller zwingen, seine Forschungsergebnisse (der Konkurrenz) offen zu legen, sondern dem Verbraucher die Auswahlentscheidung im Falle eines Werbevergleichs zu ermöglichen bzw. erleichtern. Hierfür ist in Fällen wie dem vorliegenden die Offenbarung komplizierter technischer Sachverhalte und Versuchsreihen in der Regel weder geeignet noch sinnvoll und deshalb aus Rechtsgründen nicht zu verlangen,....*

Das OLG Hamburg[891] geht davon aus, dass die Nachvollziehbarkeit des Vergleichs eine Frage des Sachlichkeitsgebotes und nicht der Nachprüfbarkeit ist. Nachvollziehbarkeit ist bereits dann gegeben, wenn der Sinngehalt der Aussagen

---

884 BGH, GRUR 1999, 501 ff. – Vergleichen Sie.
885 *Nordmann*, GRUR Int. 2002, 294 ff. (300).
886 *Köhler/Piper*, § 2 Rn.42.
887 *Schnorbus*, ZVersWiss 1999, 375 ff. (410 f., 425); *Tilmann*, GRUR 1997, 790 ff. (796); *Tilmann*, GRUR 1999, 546 ff. (550 f.); *Ziervogel*, S.113, 129.
888 *Scherer*, WRP 2001, 89 ff. (94); *Eck/Ikas*, WRP 1999, 251 ff. (266).
889 OLG Hamburg, GRUR-RR 2001, 84 ff.
890 OLG Hamburg, GRUR-RR 2001, 84 ff. (86) – Handzahnbürste.
891 OLG Hamburg, GRUR-RR 2001, 84 ff. (86) – Handzahnbürste.

klar erkennbar und der Anknüpfungspunkt bzw. die Bezugnahme auf die Tatsachen (beispielsweise Untersuchungsergebnisse, Eigenschaften, etc.) verständlich ist. Im vorliegenden Fall konnte der Verbraucher aus der Aussage über die Fähigkeit zur Plaqueentfernung darauf schließen, dass er aus klinischer Sicht ein absolutes Spitzenprodukt erwirbt. Weitergehende Anforderungen an die Nachprüfbarkeit sind mit dem Informationsanliegen der Richtlinie nur schwer zu vereinbaren, weil Nachweise über Testparameter (Testmethode, Bürstendruck, Kopfform, etc.) für die Kaufentscheidung nicht von Interesse sind.

Das OLG hat in seiner Entscheidung ausdrücklich offen gelassen, wie in anderen Konstellationen zu entscheiden wäre, wenn also die fachliche Grundlage des Vergleichs auch für den durchschnittlichen Verbraucher aus eigenem Verständnis ohne Probleme beurteilt werden kann. Gegen die vom BGH vertretende Auslegung der Nachprüfbarkeit spricht zudem auch Art.6 RL, welcher die Gerichte ermächtigt, vom Werbenden kurzfristig die Vorlage von Beweisen zu verlangen. Art.6 RL wäre überflüssig, wenn die Beweise bereits der Werbung zu entnehmen wären[892].

(iv) Zwischenergebnis

Insgesamt ist zu erwarten, dass das Erfordernis der Nachprüfbarkeit in Zukunft im Sinne einer generellen Beweisbarkeit interpretiert werden wird[893]. Der Nachvollziehbarkeit als Ausprägung des Sachlichkeitsgebots ist bereits dann genügt, wenn der Sinngehalt der Aussagen klar erkennbar und der Anknüpfungspunkt der Vergleichstatsachen verständlich ist. Auf diesem Wege wird ein Gleichlauf mit den Fragestellungen zur Abgrenzung Sachaussage und unzulässigem Werturteil erzielt, denn der Verbraucher hat weder Interesse an einer rein subjektiven Bewertung, noch an einer beweisbaren Sachaussage, die er nicht versteht bzw. deren Grundlage ihm nicht bekannt ist.

B) Südafrika

Es gilt nun zu untersuchen, ob und in welchem Umfang und anhand welcher Kriterien das südafrikanische Wettbewerbs- und Selbstregulierungsrecht Konzepte zur Verfügung stellt, um auf den Informationsgehalt vergleichender Werbungen Einfluss zu nehmen.

I. Wettbewerbsrecht

Ohne der Untersuchung des südafrikanischen Wettbewerbsrechtes in Richtung Mindestanforderungen an den Informationsgehalt vergleichender Werbungen im Detail vorgreifen zu wollen, kann festgehalten werden, dass es diesbezüglich keine speziellen Vorschriften gibt. Wie im Bereich der Irreführungsregelungen

[892] OLG Hamburg, GRUR-RR 2001, 84 ff. (86) – Handzahnbürste; *Beater*, Unlauterer Wettbewerb, S.410.

[893] *Beater*, Unlauterer Wettbewerb, S.410; *Ohly/Spence*, GRUR Int. 1999, 681 ff. (692 f.); *Menke*, WRP 1998, 811 ff. (820); *Eck/Ikas*, WRP 1999, 251 ff. (266 f.); *Ziervogel*, S.129.

noch zu zeigen sein wird, erlaubt das südafrikanische Wettbewerbsrecht unter Berufung auf die Marktschreierei sogar in erstaunlichem Umfang unwahre Vergleichsaussagen.

Den deliktsrechtlichen Grundlagen des südafrikanischen Wettbewerbsrechtes entsprechend, berücksichtigte dieses zunächst nur Individualinteressen betroffener Wettbewerber. Erst mit der Abkehr vom Prinzip der Fairness und Ehrlichkeit („*honesty and fairness*") zum *boni mores*-Test hielten Allgemein- und Verbraucherinteressen Einzug in die wettbewerbsrechtliche Interessenabwägung. Erstmalig in der Entscheidung *Van der Westhuizen v Scholtz*[894] sind Verbraucherinformationsinteressen ausdrücklich berücksichtigt worden[895]:

> *[...] the Court held that the Advertising Code and its accompanying restrictions, specifically the restriction that a pharmacist may not advertise discounts on prescription medicines to the public, was in conflict with society's boni mores since it prevented the public from being informed about discounts on prescription medicines offered by different pharmacies.*

Van *Heerden/Neethling*[896] und *Dean*[897] kritisieren daher auch die *Post Newspapers*-Entscheidung[898], da diese einen weiten Spielraum für Marktschreierei bei vergleichenden Werbungen eröffnet hat.

Post Newspapers bürgt nach *Van Heerden/Neethling*[899] die Gefahr in sich, dass pauschale Vergleiche, Alleinstellungs-, und Superlativaussagen ohne Berücksichtigung des Wahrheitsgehaltes durchgeführt werden. Die jüngere Rechtsprechung ist daher bemüht, den Spielraum der auf Prinzipien des 19.Jahrhunderts basierenden Marktschreiereirechtsprechung („*puffing advertising*") zurückzudrängen[900].

Das Fehlen von Kriterien zur Sicherstellung einer im Verbraucher- und Wettbewerbsinteresse fairen Vergleichsgrundlage stellt sich als grundlegendes Problem der südafrikanischen Regulierung dar. Nach *Neethling*[901] ist die vergleichende Werbung vom Grundprinzip mit dem Lauterkeitsmaßstab des südafrikanischen Wettbewerbsrechtes (*competition principle*) zwar zu vereinbaren[902]:

> *On close examination it is clear that advertisement competition is merely a form of performance (merit) competition, since its purpose is to direct the attention of potential customers to the performance and to persuade them of its merit or excellence. It therefore enables the customer to make a proper comparison of the advertised performance*

---

894 1992 4 SA 886 (O).
895 1992 4 SA 886 (O) 867, Unterstreichung des Verfassers.
896 Van Heerden/Neethling, S.303.
897 *Dean*, SA Mercantile LJ 1990, 40 ff. (47).
898 Post Newspapers (Pty) Ltd v World Printing and Publishing Co Ltd, 1970 (1) SA 454 (W).
899 Van Heerden/Neethling, S.305 f.
900 *Hartlage*, S.162.
901 *Neethling*, Persönliches Gespräch, 15.04.2003, Pretoria.
902 *Van Heerden/Neethling*, S.134, Unterstreichung des Verfassers.

and other similar performances; it stands to reason that he can really only make such a comparison if he is acquainted with all the competing performances. As long as advertisement competition has the effect of providing the customer with a true picture of the advertiser's own performance, it retains the nature of performance merit competition and is accordingly lawful, no matter to what extent a rival's goodwill has been infringed.

Das Dilemma besteht aber darin, dass den Präzedenzentscheidungen des englischen und südafrikanischen Rechtes keine konkreten Maßstäbe zu entnehmen sind, anhand derer eine Unterscheidung zwischen irreführenden bzw. nicht informierenden Vergleichen einerseits und im Verbraucherinteresse informierenden Vergleichen andererseits möglich wäre[903]: „I also felt that comparative advertising is somehow in line with the competition principle, *but how to signal out the ones that are not* ?".

Eine Lösungsmöglichkeit sehen Van *Heerden/Neethling* in der Stigmatisierung vergleichender Werbungen als generell unlauter[904] i.V.m. einer Ausnahmedoktrin[905], die faktisch zu einer Beweislastumkehr führt[906]:

[I]t will thus often be very unfair to place the burden of proving the unlawfulness (falseness) of the comparisons on the prejudiced competitor' – which was in any case not drawn by him – on the prejudiced competitor. It is accordingly necessary to regard comparative advertising as unlawful in principle.

Die vorgeschlagene Beweislastumkehr hat einen vergleichbaren Effekt wie das Nachprüfbarkeitsmerkmal der Richtlinie: Möglichkeiten zu pauschalen Vergleichen und subjektiven Wertungen werden vermindert. *Neethling*[907] geht davon aus, dass der Wandel in Europa auch das südafrikanische Recht nicht unbeeinflusst lassen wird[908]:

It seems that in the EEC countries more and more weight is attached to the interests of the consumer in being informed concerning the relative merits of the competing performances.

Vorstellbar sei daher, dass die Richtlinienkriterien bzw. die weitgehend identischen Voraussetzungen des ASA-Codes im Bereich des südafrikanischen Wettbewerbsrechtes herangezogen werden könnten, um eine Grenze zwischen generell zulässiger informierender und unlauterer vergleichender Werbung zu definieren[909].

[903] *Neethling*, Persönliches Gespräch, 15.04.2003, Pretoria, Hervorhebungen des Verfassers.
[904] Van Heerden/Neethling, S.303.
[905] Van Heerden/Neethling, S.325 ff.
[906] Van Heerden/Neethling, S.305 f.
[907] *Neethling*, Persönliches Gespräch, 15.04.2003, Pretoria.
[908] Van Heerden/Neethling, S.302 Rn.168.
[909] *Neethling*, Persönliches Gespräch, 15.04.2003, Pretoria.

II. Selbstregulierungsrecht

1. Informationsrelevante Kriterien (Klauseln 7.1.3, 7.1.7, 7.1.8)

Im Unterschied zum Wettbewerbsrecht weist das Selbstregulierungsrecht spezifische Bestimmungen auf, die den Informationsgehalt vergleichender Werbungen regulieren. Die Vorschriften 7.1.3, 7.1.7, 7.1.8 des Codes sind eine Konzession an die ASA-Mitgliedschaft in der *European Advertising Standards Alliance* (EASA). Die Bestimmungen bezwecken eine Angleichung des südafrikanischen Selbstregulierungsrechtes an die Richtlinie 97/55/EG[910]. Sie entsprechen weitgehend den Vorschriften § 2 Abs. 2 Nr. 1, 2 UWG. In der Praxis der ASA Rechtsprechung werden die Vorschriften allerdings nicht geprüft und haben damit keine praktische Bedeutung[911].

2. Substantiierungsklausel (Klausel 7.1.2)

Wie von *Van Heerden/Neethling* für das Wettbewerbsrecht gefordert, kennt das Selbstregulierungsrecht mit Vorschrift 7.1.2 eine Beweislastumkehr. Die ASA sieht diese Bestimmung als wichtigstes Kriterium zur Regulierung vergleichender Werbungen an[912]. Nur beweisbare Aussagen dürfen Gegenstand einer vergleichenden Werbung sein. Vorschrift 7.1.2 verweist wiederum auf eine allgemeine Bestimmung (Klausel 4.1):

> *4.1.1 Before advertising is published, advertisers shall hold in their possession documentary evidence as set out in Clause 4.1, to support all claims, whether direct or implied, that are capable of objective substantiation.*
>
> *4.1.2 Documentary evidence, whether in the form of survey data or any other documentation, shall be up to date and current, and shall have market relevance*

Der Werbende muss für alle nachprüfbaren Tatsachenbehauptungen entsprechendes Beweismaterial vorlegen. Sollte ein Werbender dieser Aufforderung nicht nachkommen, wird die ASA den sofortigen Rückzug der Werbung anordnen. Sollte die ASA Zweifel am Beweismaterial hegen, wird sie nach Vorschrift 4.1.5[913] weitere Nachweise anfordern.

---

[910] *Vos*, Persönliches Gespräch, 16.04.2003, Johannesburg.

[911] *Vos*, Persönliches Gespräch, 16.04.2003, Johannesburg.

[912] *Vos*, Persönliches Gespräch, 08.04.2003, Johannesburg.

[913] II Cl. 4.1.5: Before making a ruling on documentary evidence, the ASA will be entitled to:
4.1.5.1: Require the advertiser to engage the services of a person/entity which is independent, credible, and an expert in the particular field to which the claims relate, to confirm the accuracy of the claims, when, at the discretion of the ASA, the documentary evidence is of such a nature that assistance is required to confirm the accuracy of the claims. The reasonable fees incurred in relation thereto will be at the cost of the advertiser, and the advertiser will be required to deposit the fee with the ASA beforehand.
4.1.5.2: Require the advertiser, at the discretion of the ASA, to submit supporting documentation in order to determine the independence, credibility and expertise of the persons/entities

(a) Objektiv nachprüfbare Tatsachenbehauptungen

Zunächst untersucht die ASA, ob es sich um beweisbare Tatsachenbehauptungen handelt („claims capable of objective substantiation“)[914]. Im Bereich der vergleichenden Werbung werden Aussagen sehr ernst genommen. So musste eine Werbung für einen Biskuit zurückgezogen werden, weil die Superlativaussage „The Better Baked Biscuit” als vergleichend angesehen wurde und vom Hersteller nicht substantiiert werden konnte[915].

(b) Anforderungen an das Beweismaterial

Ist Beweismaterial vorzulegen, muss dieses von unabhängigen Institutionen[916] herrühren bzw. von unabhängiger Seite Bestätigung erfahren. So hatte „BMW (South Africa)“ in einem Werbespot für ein neues Modell geworben. Die Werbung zeigte einen Testfahrer, der auf regennasser Straße enge Kreise mit hoher Geschwindigkeit fuhr. In einem anderen, nicht näher identifizierbaren Fahrzeug, versuchte der Fahrer erneut diese engen Kreise zu fahren. Diesmal bricht das Fahrzeug aus und rutscht über die Fahrbahn. Dadurch entstehen sich überschneidende, ringförmige Spuren, welche den „AUDI“-Ringen entsprechen. Da „BMW“ für die Überlegenheit seiner Traktionskontrolle kein unabhängiges Beweismaterial vorlegen konnte, wurde der „AUDI“-Beschwerde stattgegeben[917].

Auch die Aussage „One Coat Paint is a first in South Africa”[918] oder „Mercedes-Benz the safest Car on the Road”[919] konnte nicht substantiiert werden. Ein Softwareunternehmen hatte für eine Finanzsoftware mit der Aussage “SIMPLY NO COMPARISON – FEATURE FOR FEATURE THERE’S ONLY ONE

from which the documentary evidence emanates.
4.1.6: Claims based on research conducted by publications must clearly state the source in advertising.

[914] Windhoek Light / Castle Light, DIR, 06.11.2002: The statement ‘The No.1 Preferred Light Beer’ suggests that Windhoek Light is the most preferred beer amongst light beers in the market. As such the Directorate is of the view that the statement ‘The No.1 Preferred Light Beer’ is an objectively ascertainable claim that requires substantiation.

[915] *ASA*, Rulings & Reasons, 1996/Nr.6.

[916] 4.1.3: Survey data submitted as documentary evidence shall conform to the following: 4.1.3.1: The survey shall emanate from an entity approved by, or acceptable to, the South African Market Research Association; 4.1.3.2: The accuracy of the claims based on the survey shall be confirmed by an entity approved by, or acceptable to, the South African Market Research Association; 4.1.3.3: Where the survey does not meet the requirements of either clause 4.1.3.1 or clause 4.1.3.2, such survey shall be evaluated by the South African Marketing Research Association to confirm the accuracy of the claims based on the survey. The advertiser shall bear the costs of such evaluation.
4.1.4: Documentary evidence, other than survey data, shall emanate from or be evaluated by a person/entity, which is independent, credible, and an expert in the particular field to which the claims relate.

[917] *ASA*, Rulings & Reasons, 1997/Nr.10.

[918] Gold Medal One Coat / Plascon, DIR, 03.01.2002.

[919] Mercedes Benz / Volvo, DIR, 07.01.2002.

CHOICE“ geworben, und sich im Verfahren vor der ASA vergeblich auf Marktschreierei berufen[920]:

> *The claim [...] refers to a comparison of products and as such it necessarily suggests a comparison between the respondent's product and competitor products. Whilst competitors are entitled to compare products, the comparison in this claim suggests a factual basis which has not been established. In the circumstances the comparison is deemed to be in breach of Section II, Clause 7.1.2 as no substantiation has been submitted in support of the claim.*

In diesem Punkte treten die strengen Maßstäbe des Selbstregulierungsrechtes im Unterschied zum Wettbewerbsrecht deutlich hervor.

(c) Zulässigkeit pauschalisierender Aussagen

Die ASA akzeptiert Markt- bzw. Meinungsforschungsumfragen als Beweismittel[921]. Im Unterschied zum deutschen Recht werden Nachweise auch bei sehr pauschalisierenden Aussagen akzeptiert. So konnte eine Brauerei die Spitzenstellungsbehauptung „The No.1 Preferred Light Beer” anhand einer Studie nachweisen, die besagte, dass das Bier der Marke „Windhoek Light" vom Verbraucher besonders geschätzt werde, dies obwohl das Bier des Beschwerdeführers deutlich öfter verkauft wurde[922]. Ein Hersteller von Schwimmbadchlortabletten konnte mittels Gutachten belegen, dass sein Produkt „sicherer“ und „gesünder“ als das der Konkurrenz sei[923].

Die Sachverhalte der Entscheidungen *Colgate Total / Aquafresh*[924] und *Handzahnbürste*[925] sind durchaus vergleichbar. Das OLG Hamburg hatte den Vergleich untersagt. Colgate hatte in Südafrika mit der folgenden Aussage geworben[926]: „Most toothpastes can't affect plaque after brushing. Most toothpastes can't fight plaque after you eat or drink. Colgate Total is different.”

„Aquafresh“ war der Auffassung, dass sich auch das eigene Produkt zur Plaqueverminderung eigne und die Werbung deshalb irreführend sei. „Colgate“ konnte verschiedene Studien vorlegen, die belegten, dass „Colgate Total“ über eine einzigartige Wirkstoffkombination verfügt, die zur Plaquebekämpfung besonders geeignet ist. Weiter war der Studie zu entnehmen, dass von den in Südafrika erhältlichen Zahnpasten lediglich 35 % Wirkstoffe enthielten, die zur Plaquever-

---

920 Simply Accounting Pro / Pastel Software, DIR, 21.02.2003.

921 *Vos*, Persönliches Gespräch, 16.04.2003, Johannesburg.

922 Windhoek Light / Castle Light, DIR, 06.11.2002: The respondent has submitted documentation that indicates that the preference claim is supported by research conducted by The Solution Workshop. The Solution Workshop confirmed that its research supports the claim that Windhoek Light is 'The No.1 Preferred Light Beer'.

923 *Clarity / HTH*, DIR, 18.12.2002.

924 DIR,13.06.2002.

925 GRUR-RR 2001, 84 ff.

926 Colgate Total / Aquafresh, DIR,13.06.2002.

minderung geeignet sind. Weil „Colgate" in seiner Werbung keine Alleinstellung beansprucht hatte, wurde das Beweismaterial als hinreichend akzeptiert.

Im Verfahren *Vacman / Electrolux*[927] hatte „Vacman" den Eindruck einer Spitzenstellung erweckt und diese damit begründet, dass der eigene Staubsauger keine Tüten benötige. Die ASA hat diesen Produktvorteil akzeptiert und die Beschwerde daraufhin zurückgewiesen.

Im Fall *Cremora/Milk*[928] hatte die Milchindustrie aufgrund des Slogans „Nothing makes coffee creamier than Cremora, even when there is milk around" Beschwerde eingelegt. Eine von „Cremora" eingereichte Studie belegte einen höheren Fettanteil im Gegensatz zur herkömmlichen Vollmilch. Dieser führe dazu, dass das Produkt tatsächlich eine cremigere Konsistenz als Vollmilch aufweist. Dieser Nachweis ist von der ASA akzeptiert worden.

C) Rechtsvergleichende Zusammenfassung

Die Rechtsprechung des südafrikanischen Wettbewerbsrechtes kennt keine besonderen Kriterien, die geeignet wären, einen gewissen Mindestinformationsgehalt vergleichender Werbungen zu gewährleisten. Dies ist vornehmlich auf den weiten Spielraum der Marktschreierei zurückzuführen. Die wettbewerbsrechtliche Literatur um *Van Heerden/Neethling* kritisiert diesen Ansatz. Sie sieht die Lösung in einem generellen Unzulässigkeitsvorwurf mit entsprechenden Ausnahmetatbeständen. Aus der Beweislastumkehr folgt eine Nachweis- bzw. Substantiierungspflicht der vergleichend Werbenden. Pauschale Bewertungen, subjektive Werturteile und nicht zu beweisende Vergleichsaussagen würden dadurch verhindert, was sich positiv auf den Informationsgehalt von Werbungen auswirken könnte.

Diesen Ansatz greift das südafrikanische Selbstregulierungsrecht auf, indem es die Substantiierungsbestimmung als wesentlichste Bestimmung bei der Regulierung ansieht. Das Selbstregulierungsrecht lässt praktisch keinen Spielraum für Marktschreierei. Auch pauschale Alleinstellungsbehauptungen, imagebezogene oder subjektive Werturteile sind zu substantiieren. Allerdings sind die Anforderungen an das Beweismaterial weniger restriktiv, so dass auch pauschale Aussagen bewiesen werden können (vgl. *Castle Light/Windhoek Lager, Cremora/Milk, Vacman/Electrolux*).

Aus § 2 Abs. 2 Nr. 2 UWG folgt die Verpflichtung alle Vergleichsaussagen zu substantiieren. Die Gegenüberstellung der Entscheidungen *Colgate Total/Aquafresh* und *Handzahnbürste* zeigt, dass das deutsche Recht insgesamt strengere Anforderungen an das Beweismaterial stellt.

Während das südafrikanische Recht neben der Substantiierungsbestimmung keine weiteren Voraussetzungen an die Art und Weise eines Vergleichs stellt, kennt

[927] DIR, 19.11.2001.
[928] DIR, 04.12.2002.

das deutsche Recht in Gestalt von § 2 Abs. 2 Nr. 1 und 2 UWG weitere Kriterien. So ist im südafrikanischen Recht nicht erforderlich, dass die verglichenen Leistungen für den Verbraucher substituierbar sind. Entscheidungen wie *Uthingo/Nando's* und *Investec* belegen, dass sich ein größerer wettbewerbsrechtlicher Abstand sogar positiv auf die Beurteilung einer bezugnehmenden Werbung auswirkt. Offensichtliche Unterschiede zeigen sich auch bei den Eigenschaftskriterien (§§ 2 Abs. 2 Nr. 2 UWG). Während diese Kriterien in der Systematik des § 2 UWG von hervorgehobener Bedeutung sind, und sich daraus insgesamt Rückschlüsse auf den Prüfungsmaßstab ergeben, verzichtet das südafrikanische Selbstregulierungsrecht darauf, diese Kriterien für die Beurteilung vergleichender Werbungen heranzuziehen.

9. Teil: Irreführungs- und Verwechslungsschutz

A) Deutschland

I. § 2 Abs. 2 Nr. 3 UWG (Verwechslungsschutz)

§ 2 UWG gestattet grundsätzlich die Benutzung des Namens oder der Kennzeichen eines oder mehrerer Mitbewerber, um diese erkennbar zu machen[929]. Wenn dies allerdings „zu Verwechslungen zwischen dem Werbenden und einem Mitbewerber oder zwischen den von ihm angebotenen Waren oder Dienstleistungen führt", greift der Verwechslungsschutz über das Verbotskriterium § 2 Abs. 2 Nr. 3 UWG ein. Als Beispiel ist die *OP-Lampen*-Entscheidung[930] zu nennen, der ein so genannter OEM-Vergleich zugrunde lag. Das Gericht stellte bei der Gegenüberstellung der vom Werbenden hergestellten OP-Lampen mit den Original-Halogenlampen fest, dass eine Verwechslung dann in Betracht kommt, wenn die Art der Darstellung den Eindruck erweckt, dass es sich bei den gegenübergestellten Produkten um Original- und Zweitprodukte desselben Herstellers handelt.

Allerdings sind Verwechslungen kein klassisches Problemfeld der vergleichenden Werbung[931], denn im Bereich der kritisierenden vergleichenden Werbung will sich der Werbende vom Wettbewerber bewusst abgrenzen und weist daher deutlich auf die unterschiedliche Herkunft her. Auch im Anlehnungsbereich wird die unterschiedliche Herkunft typischerweise hinreichend deutlich. Etwas anderes gilt jedoch, wenn der Werbende sein Produkt so stark in die Nähe eines fremden Produkts rückt, dass der Verkehr zu Verwechslungen neigt[932]. So etwa bei der Aussage „Milam Quark 2 % ist jetzt noch kalorienarmer als Milram Quark 20%", wenn eine bereits bestehende Zeichenähnlichkeit durch die Bezugnahme noch gesteigert wird[933].

Verwechslungen werden eher bei unbewusst missverständlichen Formulierungen oder Gestaltungen auftreten[934]. Eine Verwechslung wurde angenommen, als kleinere Telefonanbieter aus Bezugnahmegründen mit der Farbe magenta[935]

---

[929] ErwG 13-15 der Richtlinie 97/55/EG, Abl.EG 1997 L290/18; Reg.-Begr., WRP 2000, 555 ff. (557).
[930] Vgl. BGH, GRUR 2001, 350 ff.
[931] *Menke*, WRP 1998, 811 ff. (825 Fn.226.).
[932] *Gloy/Bruhn*, GRUR 1998, 226 ff. (237).
[933] *Plaß*, HK-Wettbewerbsrecht § 1 Rn.465.
[934] Beispielsweise OLG Frankfurt a.M, GRUR 2000, 621 f. (622) – Magentafarbender Pfeil; also wenn zur Erkennbarmachung der „Telekom" in herkunftstäuschender Weise die Farbe Magenta verwandt wird; *Eck/Ikas*, WRP 1999, 251 ff. (268); *Illing*, S.128.
[935] OLG Frankfurt a.M, GRUR 2000, 621 f. (622) – Magentafarbender Pfeil; *Plaß*, NJW 2000, 3160 ff. (3166); *Plaß*, HK-Wettbewerbsrecht § 1 Rn.464.

bzw. der Autovermieter „Avis" mit der Unternehmensfarbe orange des Konkurrenten „Sixt" geworben hatte[936].

1. Verhältnis zum Markengesetz

Der Schutz vor Kennzeichenverwechslungen ist eigentlich originäre Aufgabe des Markenrechtes (§ 14 Abs. 2 MarkenG). Ein Bedürfnis nach einer wettbewerbsrechtlichen Verwechslungsbestimmung in diesem Bereich wurde mit dem Bestehen einer markenrechtlichen Schutzlücke begründet. Man ging davon aus, dass das markenrechtliche Erfordernis der „kennzeichenmäßigen Benutzung" durch vergleichende Werbungen nicht erfüllt wird[937]. Die Legitimation der Vorschrift ist nun in Zweifel zu ziehen, da die jüngere EuGH-Rechtsprechung von einem sehr weiten Benutzungsbegriff auszugehen scheint und sich daraus eine weitgehende Überschneidung der marken- und wettbewerbsrechtlichen Verwechslungsbestimmungen ergibt[938]. Eine eigenständige Bedeutung könnte sich aus einem erweiterten Schutzbereich oder einem abweichenden Verwechslungsbegriff ergeben[939].

2. Schutzobjekte

Die Richtlinie schützt über Art. 3 a Abs. 1 lit. d) RL Unternehmen, Waren bzw. Dienstleistungen, Marken, Handelsnamen und andere Unterscheidungszeichen vor Verwechslungen. § 2 Abs. 2 Nr. 3 UWG hingegen verwendet den Begriff „Kennzeichen", der wortlautgleich mit dem markenrechtlich Oberbegriff i.S.d. § 1 MarkenG ist[940]. Folglich wären ausschließlich Marken, geschäftliche Bezeichnungen und geographische Herkunftsangaben geschützt.

Die überwiegende Literaturauffassung[941] will den Kennzeichenbegriff im Hinblick auf das Richtlinienmerkmal des „anderen Unterscheidungszeichens" weiter auslegen. Die Bestimmung sollte grundsätzlich alle Merkmale erfassen, die der Unterscheidung von Produkten und Anbietern dienen[942]. Vom Schutzbereich mit umfasst sollen auch nicht eingetragene Marken ohne Verkehrsgeltung[943], Werbekampagnen, Typenbezeichnungen, Farb- und Mustergestaltungen, etc. sein, soweit diese herkunftshinweisende Funktion haben und über eine gewisse Verkehrsbekanntheit verfügen[944].

---

936 *Illing*, S.128.

937 Siehe hierzu 5.Teil C.; vgl. auch ErwG 13 -15 der Richtlinie 97/55/EG, Abl.EG 1997 L290/18.

938 *Emmerich*, Wettbewerbsrecht, S.93.

939 Reg.-Begr., WRP 2000, 555 ff. (560); *Eck/Ikas*, WRP 1999, 251 ff. (268); *Beater*, Unlauterer Wettbewerb, S.411.

940 Reg.-Begr., WRP 2000, 555 ff. (560).

941 *Eck/Ikas*, WRP 1999, 251 ff. (268); *Sack*, WRP 2001, 327 ff. (345).

942 *Eck/Ikas*, WRP 1999, 251 ff. (268).

943 *Sack*, WRP 2001, 327 ff. (345); *Plaß*, WRP 1999, 766 ff. (769).

944 *Plaß*, WRP 1999, 766 ff. (769 f.); *Eck/Ikas*, WRP 1999, 251 ff. (268).

Auch der EuGH scheint in der *Toshiba Europe*-Entscheidung[945] von einem in diesem Sinne weit verstandenen Kennzeichenbegriff auszugehen. Der Schutzbereich des § 2 Abs. 2 Nr. 3 UWG dürfte also grundsätzlich weiter als der des wortlautgleichen Begriffs des § 1 MarkenG zu ziehen sein[946].

Die praktische Relevanz dieser Frage sollte aber nicht überbewertet werden, da bei einer Verwechslung „anderer Unterscheidungszeichen" zugleich die Gefahr einer Verwechslung der Unternehmen bzw. der Waren oder Dienstleistungen besteht[947].

3. Verwechslungen

Gesetzeswortlaut und Regierungsbegründung[948] setzen das Vorliegen einer tatsächliche Verwechslung voraus[949]. Auch der BGH scheint in der jüngsten *Ersetzt*-Entscheidung[950] eine tatsächliche Verwechslung vorauszusetzen[951]. Ein Hersteller von Gelenkwellen und Ersatzteilen hatte auf Artikelnummern des Marktführers Bezug genommen und diesen die Produktnummern der eigenen Ersatzteile mit der Formulierung „Ersetzt" gegenübergestellt. Der BGH konnte keine Verwechslung erkennen[952]:

> *Insbesondere sind keine Tatsachen ersichtlich, aus denen sich ergibt, dass die Gegenüberstellung der Bezeichnungen zu Verwechslungen zwischen der Beklagten und der Klägerin oder zwischen den von diesen angebotenen Waren führt (§ 2 Abs. 2 Nr. 3 UWG). Im Gegenteil hat das Berufungsgericht festgestellt, dass die durch die Werbung angesprochenen Verkehrskreise – fachkundige Abnehmer – nicht über die Herkunft der Gelenkwellen oder der Ersatzteile getäuscht werden.*

Dies könnte allerdings Auslegungsprobleme hervorrufen[953], da die markenrechtlichen Gerichte seit Jahren den Standpunkt eingenommen haben, dass es allein auf das Vorliegen einer Verwechslungsgefahr ankommt[954]. Die überwiegende Literaturauffassung will im Einklang mit den markenrechtlichen Vorschriften eine konkrete Verwechslungsgefahr ausreichen lassen[955]. Diese bestimmt sich

---

945 EuGH, WRP 2001, 1432 ff. (1436 ErwG.49) – Toshiba Europe; zweifelnd *Ziervogel*, S.113, 119.
946 *Ziervogel*, S.113, 119.
947 *Plaß*, WRP 1999, 766 ff. (769 f.).
948 Reg-Begr., WRP 2000, 555 ff. (556).
949 *Plaß*, NJW 2000, 3160 ff. (3166); *Berlit*, Wettbewerbsrecht, S.74; *Köhler/Piper*, § 2 Rn.45.
950 BGH, WRP 2003, 637 ff. (639).
951 So auch *Beater*, Unlauterer Wettbewerb, S.411; *Baumbach/Hefermehl*, § 2 Rn.12.
952 BGH, WRP 2003, 637 ff. (639) – Ersetzt.
953 *Nordmann*, GRUR Int. 2002, 294 ff. (301).
954 *Teplitzky*, WRP 2003, 415 ff. (416).
955 *Plassmann*, GRUR 1996, 377 ff. (379); *Eck/Ikas*, WRP 1999, 251 ff. (268); *Sack*, WRP 2001, 327 ff. (345); *Emmerich*, Wettbewerbsrecht, S.93; offen lassend *Henning-Bodewig*, GRUR Int. 1999, 385 ff. (388); *Plaß*, WRP 1999, 766 ff. (769); *Plaß*, HK-

aus einer Wechselwirkung der Parameter Zeichenähnlichkeit, Waren- bzw. Dienstleistungsnähe und Kennzeichnungskraft[956]. Bloße Assoziationen, die aufgrund der Ähnlichkeit der gegenübergestellten Kennzeichen bzw. Waren oder Dienstleistungen hervorgerufen werden, sind aber auch hier nicht justiziabel[957]. Ausreichen soll aber auch das Vorliegen einer assoziativen Verwechslungsgefahr i. S. d. § 14 Abs. 2 Nr. 2 MarkenG), beispielsweise wenn organisatorische oder wirtschaftliche Zusammenhänge (etwa den Eindruck einer gesellschaftsrechtlichen Verbindung, z.B. Tochterunternehmen) angenommen werden[958]. Auch die Ausführungen des EuGH in der Entscheidung *Toshiba Europe*[959] deuten in Richtung eines weiten Verständnisses der Verwechslungsgefahr. Letztlich wird der EuGH in dieser Frage noch mal für Klarheit sorgen müssen.

II. § 3 S.2 UWG (Irreführungsverbot)

Die Irreführungsbestimmung ist von großer Bedeutung für die Regulierung vergleichender Werbungen, da irreführende Werbungen dem Ziel der Verbraucherunterrichtung entgegenstehen[960]. Bei einem funktionellen Verständnis des § 2 UWG ist das Irreführungspotential einer Werbung auch dann von Bedeutung, wenn die Eingriffschwellen des § 3 S.2 UWG nicht überschritten werden, denn neben der Substituierbarkeitsprüfung i. S. d. § 2 Abs. 1 Nr. 1 UWG und der Prüfung der Eigenschaftskriterien i. S. d. § 2 Abs. 1 Nr. 2 UWG ist gerade die Irreführungseignung für die Ermittlung des Informationsgehalts einer vergleichenden Werbungen indiziell.

Die Frage nach den Eingriffsschwellen der Irreführungsbestimmung, insbesondere die Frage nach dem maßgeblichen Verbraucherleitbild, ist in jüngster Zeit ein Kernthema der rechtlichen Diskussion gewesen.

Die Irreführungsbestimmung der Richtlinie (Art. 3 a Abs. 1 lit. a) RL) ist in einer Ergänzung des allgemeinen Irreführungsverbots als § 3 S.2 UWG aufgegangen. Dies erscheint auf den ersten Blick unproblematisch, da der Irreführungsbegriffs der Richtlinie (Art.2 Nr.2 RL) mit dem Wortlaut des § 3 UWG praktisch identisch ist[961]. Die Ausführungen zum Funktionsverständnis des § 2 UWG haben allerdings gezeigt, dass es weniger auf die konkrete Ausgestaltung des Wortlautes ankommt, sondern gerade die Berücksichtigung der Zielsetzungen und Interessenschutzgesichtspunkte, also das zugrunde liegende Wett-

Wettbewerbsrecht § 1 Rn.457.

[956] Statt vieler *Teplitzky*, WRP 2003, 415 ff.; *Plaß*, HK-Wettbewerbsrecht § 1 Rn.462.

[957] BGH, GRUR 2001, 350 ff. - OP-Lampen.

[958] BGH, WRP 1999, 523 ff. (525) – Altberliner; WRP 2000, 529 ff. (531) – ARD-1; WRP 2000, 1142 ff. (1145) – Davidoff; WRP 2001, 1188 ff. (1191) – EVIAN / REVIAN; WRP 2001, 1193 ff. (1195) – Tagesreport; *Köhler/Piper*, § 2 Rn.46; *Plaß*, HK-Wettbewerbsrecht § 1 Rn.460; a.A. *Beater*, Unlauterer Wettbewerb, S.411.

[959] EuGH, WRP 2001, 1432 ff. (1437 ErwG 55) – Toshiba Europe.

[960] *Ziervogel*, S.132.

[961] *Köhler/Piper*, § 3 Rn.45.

bewerbskonzept[962], von entscheidender Bedeutung für die Anwendung und europarechtskonforme Umsetzung ist.

Zwischen dem Funktionsverständnis des Art. 3 a Abs. 1 lit. a) RL und der Natur des § 3 UWG könnten Divergenzen bestehen, weil sich aus der allgemeinen Irreführungsbestimmung des deutschen Rechtes traditionell nur ein Verbot von Täuschungen bzw. Irreführungen ergibt, daraus jedoch keine Verpflichtung folgt, Verbrauchern in ausreichendem Maße Produktinformationen zur Verfügung zu stellen[963]. Die Problematik der bestehenden Funktionsunterschiede dürfte sich durch die jüngste EuGH-Entscheidung *Pippig Augenoptik*[964] noch verschärft haben, weil der EuGH eine im Zusammenhang mit der Irreführungsbestimmung diskutierte Frage in einer Weise entschieden hat, welche zum bisherigen Verständnis von § 3 S.2 UWG in einem deutlichem Spannungsverhältnis steht[965]. Es ging dabei um die Verweisungstechnik des Art. 3 a Abs. 1 lit. a) RL, der die Zulässigkeit einer vergleichenden Werbung davon abhängig macht, dass diese „nicht irreführend im Sinne des Artikels 2 Nummer 2, des Artikels 3 und des Artikels 7 Absatz 1" ist.

1. Verweisung des Art. 3 a Abs. 1 lit. a) RL

Die Verweisung auf Art.2 Nr.2 i.V.m. Art.3 RL nimmt auf den europäischen Irreführungsbegriff Bezug, der lediglich einen Mindeststandard für die Irreführungsrichtlinie 84/450/EWG definiert, da diese nur eine Teilharmonisierung zum Gegenstand hatte.

Zugleich bezieht sich die Irreführungsregelung aber auch auf Art. 7 Abs. 1 RL, der den Mitgliedsstaaten eine nationale Verschärfungsfreiheit verschafft, nach der es zulässig ist „Bestimmungen aufrechtzuerhalten oder zu erlassen, die bei irreführender Werbung einen *weiterreichenden Schutz* der Verbraucher" möglicht macht. Folglich würden auf irreführende Elemente von Werbevergleichen dieselben Maßstäbe Anwendung finden, die für irreführende Werbungen im allgemeinen gelten. In scheinbarem Widerspruch hierzu steht wiederum Art. 7 Abs. 2 RL: *„Absatz 1 gilt nicht für vergleichende Werbung*, soweit es sich um den Vergleich handelt.".

In der Literatur wurde daher spekuliert, ob für die Beurteilung irreführender Angaben im Rahmen von Werbevergleichen ein abschließender gemeinschaftsrechtlicher Maßstab gilt, oder ob eine strengere Beurteilung durch das nationale Recht möglich ist.

---

[962] *Micklitz/Keßler*, WRP 2003, 919 ff. (929).
[963] *Micklitz/Keßler*, WRP 2003, 919 ff. (930).
[964] EuGH, WRP 2003, 615 ff.
[965] *Ohly*, GRUR 2003, 641 ff. (642).

Der deutsche Gesetzgeber ist bei der Umsetzung davon ausgegangen, dass die Richtlinie einen weitergehenden Irreführungsschutz zulässt[966]. Im Schrifttum wurden zu dieser Frage drei Auslegungsvarianten vertreten[967].

(a) Systematische Auslegungsvariante (Vorrang des Art. 7 Abs. 1 RL)

Ein Teil der Literatur[968] folgt der systematischen Variante, nach der der Verweisung auf Art. 7 Abs. 1 RL Vorrang einzuräumen ist und macht damit einen strengeren Irreführungsschutz möglich. Im Hinblick auf irreführende Elemente einer vergleichenden Werbung sind die sich aus dem europäischen Irreführungsbegriff ergebenden Mindestschutzstandards zu beachten, als Ausnahme zur sonst üblichen Vollharmonisierung besteht eine weitergehende mitgliedsstaatliche Regelungsbefugnis. Die Bedeutung des Art. 7 Abs. 2 RL beschränkt sich darauf klarzustellen, dass die Richtlinienregelungen für die sonstigen Vergleichsvoraussetzungen abschließend sind[969].

(b) Differenzierung nach Vergleichselementen (Einschränkung des Art. 7 Abs. 2 RL)

Eine vermittelnde Auffassung[970] will die verschiedenen Elemente eines Vergleichs unterschiedlich behandeln und die Verschärfungsfreiheit des nationalen Gesetzgebers nur für bestimmte Behauptungen zulassen[971]. Diese Ansicht geht davon aus, dass ein Vergleich aus drei Elementen besteht, nämlich aus einer Aussage über das Produkt des Werbenden (A), einer Aussage über das Produkt des Konkurrenten (B) und aus einer Vergleichsaussage (C). Art. 7 Abs. 2 RL („*soweit es sich um den Vergleich handelt*") soll dahingehend verstanden werden, dass sich die Verschärfungssperre nur auf die „*eigentliche Vergleichsaussage*" (C) bezieht. Die Angaben bezüglich A und B können hingegen auch an einem strengeren nationalen Irreführungsmaßstab gemessen werden[972].

(c) Harmonisierungsfreundliche Auslegung (Vorrang des Art. 7 Abs. 2 RL[973])

Die harmonisierungsfreundliche Auslegung geht davon aus, dass allein der europäische Irreführungsbegriff maßgeblich ist[974]. Es wird argumentiert, die Ver-

---

966 Reg.-Begr., WRP 2000, 555 ff. (557).

967 Eine detaillierte Untersuchung der verschiedenen Auslegungsvarianten findet sich bei *Dilly*, Das Irreführungsverbot in Art.3a der Richtlinie über irreführende und vergleichende Werbung, 2001, S.54 ff.

968 *Plassmann*, GRUR 1996, 377 ff. (379); *Gloy/Bruhn*, GRUR 1998, 226 ff. (232); *Ohly/Spence*, GRUR Int. 1999, 681 ff. (690); *Dilly*, S.81 m.w.N.

969 *Dilly*, S.74 ff. m.w.N.

970 *Dilly*, S.76 ff. m.w.N.

971 *Tilmann*, GRUR 1997, 790 ff. (792 f.).

972 *Tilmann*, GRUR 1997, 790 ff. (793).

973 *Dilly*, S.54 ff.

974 *Sack*, GRUR Int. 1998, 263 ff. (269); *Menke*, WRP 1998, 811 ff. (820); *Eck/Ikas*, WRP 1999, 251 ff. (257); *Ahrens*, WRP 1999, 389 ff. (391); *Köhler/Piper*, § 2 Rn.14; *Plaß*, NJW

weisung auf Art. 7 Abs. 1 RL als Verweisung auf die Vorschrift Art. 7 Abs. 1 RL sei in dem durch Art. 7 Abs. 2 RL definierten Umfang zu verstehen, denn andernfalls wäre Art. 7 Abs. 2 RL sinnlos[975].

Der EuGH hat sich in der Entscheidung *Pippig Augenoptik*[976] trotz gegenteiliger Auffassung des Generalanwaltes *Tizzano*[977] unter Berufung auf den in den Erwägungsgründen 2 und 18 hervorgehobenen Harmonisierungszweck für diese Auslegungsvariante entschieden[978]. *Ohly*[979] begrüßt die Entscheidung, da sie rechtspolitisch in der Tendenz der europäischen Rechtsentwicklung zu einem vollharmonisierten europäischen Wettbewerbsrecht liegt. Er gibt aber zu bedenken, dass sich das Gericht der „Grenze zwischen Auslegung der Richtlinie und Rechtsgestaltung zumindest stark nähert."[980]

Soweit der Beurteilungsmaßstab des deutschen Irreführungsverbots vom gemeinschaftsrechtlichen Irreführungsbegriff abweicht, muss § 3 S.2 UWG künftig richtlinienkonform dahingehend ausgelegt werden, dass Werbevergleiche ausschließlich an dem gemeinschaftsrechtlichen Irreführungsbegriff zu messen sind. Es ist nun möglich, dass eine identische Werbeaussage unterschiedlich beurteilt wird, je nachdem, ob sie im Rahmen eines Vergleichs oder isoliert aufgestellt wird[981].

2. Divergenz zwischen nationalem und europäischem Irreführungsmaßstab

Die Relevanz des Problems, welches die vom EuGH vertretene Lösung mit sich bringt, hängt von der Divergenz zwischen deutschem und europäischem Irreführungsmaßstab ab[982]. Dies hat Generalanwalt *Tizzano* in den Schlussanträgen zur Entscheidung *Pippig Augenoptik*[983] deutlich gemacht. In unmissverständlichen Worten stellt er die Entscheidungserheblichkeit der Vorlagefrage[984] zur Diskussion, da der österreichische Oberste Gerichtshof nicht erläutert hatte, in welchen Punkten der österreichische und gemeinschaftsrechtliche Irreführungsmaßstab voneinander abweichen.

2000, 3160 ff. (3169).

[975] *Sack*, GRUR Int. 1998, 263 ff. (271).

[976] EuGH, WRP 2003, 615 ff.

[977] Schlussanträge *Tizzano* Pippig Augenoptik v.12.09.2002 (ErwG.46), abrufbar unter www.curia.eu.int.

[978] EuGH, WRP 2003, 615 ff. (620 ErwG 44); *Köhler/Lettl*, WRP 2003, 1019 ff. (1024).

[979] *Ohly*, GRUR 2003, 641 ff. (646).

[980] *Ohly*, GRUR 2003, 641 ff. (646).

[981] *Ohly*, GRUR 2003, 641 ff. (642 f.) gibt folgendes Beispiel: Die Aussage „Fahrzeug A verbraucht 6 Liter Diesel auf 100 km" ist nicht vergleichend und könnte somit nach dem strengen nationalen Irreführungsmaßstab untersagt werden, wohingegen die Aussage „Fahrzeug A verbraucht 6 Liter und Fahrzeug B 8 Liter Diesel auf 100 km" im Lichte des europäischen Irreführungsmaßstabs bestehen könnte; vgl. auch *Dilly*, S.61.

[982] *Köhler/Piper*, § 2 Rn.14; *Ohly*, GRUR 2003, 641 ff. (643); *Menke*, WRP 1998, 811 ff. (820) der vom „Dreh- und Angelpunkt" spricht.

[983] EuGH, WRP 2003, 615 ff.

[984] östOGH, GRUR Int. 2001, 776 ff. - Hartlauer Preisvergleich (Pippig Augenoptik).

Unterschiede werden sich vornehmlich in dem zur Konkretisierung des unbestimmten Rechtsbegriffs der Irreführung bemühten Verbraucherleitbild reflektieren[985]. Für den deutschen Ansatz soll das tatsächliche Verbraucherverhalten entscheidend sein, während dem europäischen Maßstab ein normativer Ansatz zugrunde liegen soll[986].

(a) Nationaler Irreführungsbegriff

(i) Leitbild des „flüchtigen Verbrauchers“

Für die Beurteilung einer Werbung hinsichtlich ihrer Eignung zur Irreführung sind die Gerichte in ständiger Rechtsprechung davon ausgegangen, dass es für die Ermittlung der Verkehrsauffassung auf das „*tatsächliche* Verständnis des Werbeadressaten ankommt“[987]. Die Gerichte legten das Leitbild des „*flüchtigen, unkritischen Verbrauchers*“ zugrunde, der sich allenfalls oberflächlich und unreflektiert mit der Werbebotschaft der Anbieter auseinandersetzt[988]. Dieser Betrachter ist vom Intelligenzquotient und Bildungsniveau im unteren Bereich angesiedelt[989], er stellt keine näheren Überlegungen zu der in Frage stehenden Werbung an und ist daher für Irreführungen anfällig[990].

Dieses Verbraucherverständnis konnte mittels demoskopischer Gutachten ermittelt werden[991], darauf wurde nur verzichtet, wenn Richter wegen Zugehörigkeit zum angesprochenen Verkehr, eigener Sachkunde und Lebenserfahrung das Verbraucherverständnis selbständig beurteilen konnten[992].

(ii) Eingriffschwelle

Im Zusammenhang mit der Diskussion um das Verbraucherleitbild stellt sich die Frage nach der maßgeblichen Eingriffsschwelle. Voraussetzung einer Irreführung war, dass die Irreführungsgefahr bei einem „*nicht völlig unerheblichen Teil* der angesprochenen Verkehrskreise“ eintritt[993]. Diese Schwelle wurde nach ständiger Rechtsprechung bei einer Irreführungsqoute von 10% bis 15% überschritten[994]. Im Einzelfall nahm und nimmt die Rechtsprechung Differenzierungen vor, so wird bei sachlich zutreffenden Werbungen eine höhere Quote gefor-

---

985 *Köhler/Piper*, § 2 Rn.50; Dilly, S.81.

986 *Ohly/Spence*, GRUR Int. 1999, 681 ff. (690).

987 *Köhler/Piper*, § 2 Rn.50.

988 Vgl. BGH, GRUR 1990, 604 ff. (605) – Dr.S.-Arzneimittel; *Köhler/Piper*, § 2 Rn.50 m.w.N.

989 Vgl. BGH, GRUR 1959, 365 ff. (366) – English-Lavendel; *Ackermann*, WRP 1996, 502 ff. (503); *Piper*, GRUR 1996, 147 ff. (164); *Doepner*, WRP 1997, 999 ff. (1000); *Reuthal*, WRP 1997, 1154 ff. (1159).

990 *Reuthal*, WRP 1997, 1154 ff. (1159).

991 *Köhler/Piper*, § 3 Rn.141 ff.; *Ackermann*, WRP 1996, 502 ff. (503).

992 BGH, GRUR 1993, 677 ff. (678) – Bedingte Unterwerfung; *Dilly*, S.84.

993 *Dilly*, S.85 Fn.606 m.w.N.; *Köhler/Piper*, § 3 Rn.147.

994 *Dilly*, S.86 m.w.N.; *Köhler/Piper*, § 3 Rn.149 m.w.N.

dert[995], im sensiblen Bereich des Gesundheitswesens kann eine geringe Irreführungsqoute ausreichen[996].

Teilweise nahm die Rechtsprechung eine normative Korrektur des empirisch ermittelten Verbraucherverständnisses vor. Eine tatbestandlich relevante Irreführungsgefahr wurde im Einzelfall akzeptiert, wenn sie als nicht besonders gravierend angesehen wurde und dieser ein besonders schutzwürdiges Interesse am Bestand der Werbung gegenüberstand[997]. So war letztlich auch die Ermittlung des Verbraucherverhaltens nach nationalen Irreführungsbestimmungen mit normativen Wertungen verbunden[998].

(b) Europäisches Verbraucherleitbild

(i) Leitbild des „verständigen Verbrauchers"

Ausgangspunkt der europäischen Verbraucherleitbildkonkretisierung ist die Entscheidung *Pall Dahlhausen*[999], die das Referenzmodell des „durchschnittlich unterrichteten Konsumenten" zugrunde legt. In der *Mars-Entscheidung*[1000] war erstmalig vom „*verständigen* Verbraucher" die Rede. Dieser Ansatz wird in den Entscheidung *Gut Springenheide*[1001], *Sektkellerei Kessler*[1002] und *Lifting-Creme*[1003] fortgeführt und zur prägenden Determinante des Verbraucherleitbildes erklärt.

Der europäische Irreführungsmaßstab stellt danach auf die mutmaßlichen Erwartungen eines durchschnittlich informierten, aufmerksamen und verständigen Durchschnittsverbrauchers ab. Es handelt sich dabei um eine „Kunstfigur", also einen normativen Maßstab, der vom Richter im Rahmen einer wertenden Beurteilung ermittelt wird[1004]. *Micklitz/Keßler*[1005] beschreiben den europäischen Verbraucher wie folgt:

---

995 Vgl. z.B. BGH, GRUR 1996, 910 ff. (912) – Der meistverkaufte Europas; BGH, GRUR 1995, 60 ff. (62) – Königl.-Bayerische Weisse.

996 *Dilly*, S.87; *Ackermann*, WRP 1996, 502 ff. (503 ff.).

997 Vgl. z.B. BGH, GRUR 1991, 552 ff. (554) – TÜV-Prüfzeichen; BGH, GRUR 1991, 852 ff. (855) – Aquavit; BGH, GRUR 1995, 60 ff. (62) – Naopléon IV; BGH, GRUR 1996, 910 ff. (912 ff.) – Der meistverkaufte Europas; BGH, WRP 1996, 1156 ff. (1158 f.) – PVC-frei.

998 *Scherer*, WRP 1999, 991 ff. (993); *Dilly*, S.87.

999 EuGH, GRUR Int. 1991, 215 ff. (216 ErwG 21).

1000 EuGH, GRUR Int.1995, 804 ff. (805 ErwG 24).

1001 EuGH, GRUR Int. 1998, 795 ff. (797 ErwG 31,37).

1002 EuGH, GRUR Int. 1999, 345 ff. (348 ErwG 36).

1003 EuGH, GRUR Int. 2000, 354 ff. (356 ErwG 30).

1004 EuGH, GRUR Int. 1991, 215 ff. (216 ErwG 21) – Pall-Dahlhausen; EuGH, GRUR Int. 1995, 804 ff. (805 ErwG 24) - Mars; EuGH, GRUR Int. 1998, 795 ff. (797 ErwG 31, 37) – Gut Springenheide; EuGH, GRUR Int. 1999, 345 ff. (348 ErwG 36) – Sektkellerei Kessler; EuGH, GRUR Int. 1999, 734 ff. (736 ErwG 26) – Lloyd; EuGH, GRUR Int. 2000, 354 ff. (356 ErwG 30) – Lifting-Creme; EuGH, GRUR Int. 2000, 756 ff. (757 ErwG 30) – d'arbo naturrein.

Der verständige Verbraucher europäischer Provenienz besitzt den Willen und die Intelligenz, sich mit den angebotenen Waren und ihrer werblichen Vermarktung im Rahmen einer eingehenden Prüfung kritisch und distanziert auseinander zusetzen. Er verfügt über gewisse Kenntnisse und handelt überlegt, weshalb er eigenverantwortlich, mündig und umsichtig am Marktgeschehen teilnimmt, Angebote abwägt und – zumindest bedingt – rationale Entscheidungen trifft. Mit anderen Worten: Der europäische Verbraucher besitzt die Eigenschaften eines selbstbewussten, aktiven Marktbürgers und handelt entsprechend.

(ii) Eingriffschwelle/Relevanz

Anders als der BGH hat der EuGH keine Eingriffsschwelle im Sinne eines feststehenden Prozentsatzes festgelegt. Nach Erwägungsgrund 16 der *Nissan*-Entscheidung[1006] kann von einer irreführenden Werbung ausgegangen werden, wenn eine *„erhebliche Anzahl von Verbrauchern“* durch die Werbung in ihrer Kaufentscheidung nachweislich beeinflusst werden.

In den Entscheidungen *Gut Springenheide*[1007] und *Lifting-Creme*[1008] hat der EuGH einen Ermessenspielraum für die nationalen Gerichte eröffnet[1009]. Das Gericht will den Rückgriff auf ein empirisches ermitteltes Verbraucherverständnis unter besonderen Umständen zulassen und den nationalen Gerichten keine konkreten Irreführungsquoten vorgeben[1010]. Auf diese Weise kann das normative Leitbild des durchschnittlich verständigen Verbrauchers zumindest partiell einem divergierenden nationalen Leitbild angepasst werden[1011]:

Der Gerichtshof hat also nicht ausgeschlossen, dass ein nationales Gericht zumindest beim Vorliegen besonderer Umstände nach seinem nationalen Recht ein Sachverständigengutachten einholen oder eine Verbraucherbefragung in Auftrag geben kann, um beurteilen zu können, ob eine Werbeaussage irreführen kann.

Da es keine einschlägige gemeinschaftsrechtliche Bestimmung gibt, ist es Sache des nationalen Gerichts, falls es eine solche Befragung für erforderlich hält, nach seinem nationalen Recht den Prozentsatz der durch eine Werbeaussage getäuschten Verbraucher zu bestimmen, der ein Verbot dieser Aussage zu rechtfertigen vermag.

[1005] *Micklitz/Keßler*, WRP 2003, 919 ff. (923).
[1006] EuGH, WRP 1993, 233 ff.
[1007] EuGH, GRUR Int. 1998, 795 ff. (797 ErwG 34, 36).
[1008] EuGH, GRUR Int. 2000, 354 ff. (356 ErwG 31).
[1009] *Eck/Ikas*, WRP 1999, 251 ff. (258).
[1010] EuGH, GRUR Int. 1998, 795 ff. (797) – Gut Springenheide.
[1011] EuGH, GRUR Int. 1998, 795 ff. (797 ErwG 35, 36) – Gut Springenheide.

(iii) Dynamische Irreführungsquote

Eck/Ikas[1012] gehen allerdings davon, dass das Konzept der Entscheidung *Gut Springenheide* mit der Möglichkeit eines nationalen Beurteilungsspielraums nicht auf irreführende vergleichende Werbungen übertragbar ist, sondern dass eine im Einzelfall variierende europäische Eingriffsschwelle existiert. Die Autoren gehen von einer Wechselwirkung zu den übrigen Anforderungen des § 2 UWG aus. *Dilly*[1013] geht sogar soweit, dass auf das Irreführungsverbot nicht mehr zurückgegriffen werden darf, wenn ein Bereich betroffen ist, der von den Kriterien des Art. 3 Abs. 1 lit. b)-e) RL erfasst wird. Auch der EuGH scheint in der *Pippig Augenoptik*-Entscheidung[1014] in Richtung einer solchen Sperrwirkung zu argumentieren, bezieht sich dabei allerdings auf das Herabsetzungsverbot.

Eck/Ikas[1015] sehen die Prüfung der Kriterien § 2 Abs. 2 Nr. 1, 2 UWG als eine Art spezialgesetzliche Teilkonkretisierung der allgemeinen Irreführungsprüfung an. Bei der Prüfung vorgelagerter Zulässigkeitskriterien bestehen erhebliche Auslegungsspielräume, deren Prüfung sich wiederum auf den Irreführungsmaßstab des § 3 S.2 UWG auswirkt. So sollen sich die Anforderungen an die Irreführungsprüfung u.a. aus der Prüfung der Wesentlichkeit einer Vergleichseigenschaft i. S. d. § 2 Abs. 2 Nr. 2 UWG ergeben[1016]. Je weniger wesentlich eine Vergleichseigenschaft ist, desto höhere Anforderungen stellt § 3 S. 2 UWG daran, die verminderte Bedeutung der Eigenschaft in der Werbung herauszustellen.

Insoweit zeigt sich, dass die allgemeine Diskussion um das Verbraucherleitbild bzw. die maßgeblichen Irrefürungsqouten nur sehr bedingt auf die Irreführungsbestimmung des § 3 S. 2 UWG übertragen werden kann. Daher stellt sich die Frage, ob der nationale Gesetzgeber gut beraten war, die Irreführungsklausel der Richtlinie in § 3 S. 2 UWG einzufügen, statt § 2 UWG um eine orginär vergleichsspezifische Irreführungsbestimmung zu ergänzen. Allerdings ist dieses Konzept auch im Reformvorschlag zur UWG-Novelle als § 5 UWGE übernommen worden[1017].

Systematik und Funktionsverständnis der Richtlinie sprechen für den von *Eck/Ikas*[1018] propagierten dynamischen Ansatz, nachdem sich die Beurteilungsmaßstäbe des § 3 S.2 UWG in Wechselwirkung zu den anderen Kriterien der ersten Stufe, insbesondere im Hinblick auf den Informationsgehalt bzw. die Bedeutung der potentiell irreführenden Angaben ergeben. Je unbedeutender die

---

[1012] *Eck/Ikas*, WRP 1999, 251 ff. (259).
[1013] *Dilly*, S.181.
[1014] WRP 2003, 615 ff. (622 ErwG 78): Die Kommission vertritt die Auffassung, dass allein in dem Hinweis auf höhere Preise eines Mitbewerbers keine Herabsetzung oder Verunglimpfung liegen könne. Ob ein Preisvergleich objektiv und nicht irreführend sei, bestimme sich schon allein nach Artikel 3a Absatz 1 Buchstaben a bis c der Richtlinie 84/450.
[1015] *Eck/Ikas*, WRP 1999, 251 ff. (259).
[1016] *Eck/Ikas*, WRP 1999, 251 ff. (264).
[1017] Vgl. hierzu *Sack*, WRP 2004, 30 f.
[1018] *Eck/Ikas*, WRP 1999, 251 ff. (259).

Vergleichseigenschaft bzw. die Informationen für die Kaufentscheidung ist, desto niedriger soll auch die Messlatte sein, die der Irreführungsprüfung zugrunde gelegt wird. Dieser Ansatz trägt den Wechselwirkungen innerhalb der ersten Stufe Rechnung, das positive Erfüllen dieser Bestimmungen hat Auswirkungen auf den Prüfungsmaßstab[1019].

So wird ein Vergleich selten mangels Vollständigkeit irreführend sein, da die Wertungen des § 2 Abs. 2 Nr. 2 UWG zu berücksichtigen sind, welcher gerade eine Auswahl einzelner Vergleichkriterien ermöglicht[1020]. Auch kann bei einem Preisvergleich unterschiedlicher Waren mit gleicher Zweckbestimmung nicht argumentiert werden, der Vergleich sei irreführend, da Verbraucher einen Vergleich gleicher Produkte erwarten würden[1021].

Die Ausführungen des EuGH in Erwägungsgrund 36 der *Gut Springenheide*-Entscheidung[1022] scheinen den dynamischen Ansatz zu bestätigen, hiernach soll es dem nationalen Gericht obliegen, einen Prozentsatz zu bestimmen, „der ein Verbot *dieser Aussage* zu rechtfertigen vermag".

(c) Angleichung der Maßstäbe

Unbeschadet möglicher funktioneller Unterschiede, zeigt die Untersuchung der jüngeren Rechtsprechung, dass in den letzten Jahren ein signifikanter Angleichungsprozess bei den Irreführungsmaßstäben stattgefunden hat[1023]. Bestehende Unterschiede sind nicht mehr so gravierend, wie dies die Literatur zunächst angenommen hatte[1024]. Unter dem Einfluss der EuGH-Rechtsprechung hat der BGH erhebliche Kurskorrekturen vorgenommen[1025]. In den jüngsten Entscheidungen, die allerdings keine vergleichenden Werbungen zum Gegenstand hatten, hat sich der BGH sogar ausdrücklich zum europäischen Verbraucherleitbild bekannt[1026].

Auch eine Untersuchung der jüngsten Rechtsprechung zur irreführenden vergleichenden Werbung zeigt, dass sich die Gerichte weitgehend dem gemeinschaftsrechtlichen Standard angenähert haben[1027].

1019 *Ohly*, GRUR 2003, 641 ff. (646).
1020 *Ziervogel*, S.133.
1021 *Ohly*, GRUR 2003, 641 ff. (646).
1022 EuGH, GRUR Int. 1998, 795 ff. (797 ErwG 36).
1023 *Ahrens*, WRP 2000, 812 f. (815); *Beater*, JZ 2000, 973 ff.; *Nordemann*, WRP 2000, 977 ff.; *Kemper/Rosenow*, WRP 2001, 370 ff; *Ohly*, GRUR 2003, 641 ff. (644); a.A. *Köhler/Piper*, § 2 Rn.50.
1024 *Köhler/Piper*, § 3 Rn.52; *Ohly*, GRUR 2003, 641 ff. (644).
1025 Erstmalig wohl in BGH, GRUR 1997, 334 ff. - Energiekosten-Preisvergleich II; so auch *Menke*, WRP 1998, 811 ff. (821); *Ahrens*, WRP 1999, 389 ff. (397).
1026 BGH, GRUR 2000, 619 ff. (621) – Orient-Teppichmuster; GRUR 2001, 1063 ff. – Mitwohnzentrale.de; BGH, GRUR 2002, 160 ff. (162) – Warsteiner III; einschränkend *Köhler/Piper*, § 3 Rn.53.
1027 *Hasselblatt*, S. 327.

(i) „Vergleichen Sie"-Entscheidung

In der *Vergleichen Sie*-Entscheidung hat sich der BGH nicht ausdrücklich auf das europäische Verbraucherleitbild bezogen, die Ausführungen zum Herabsetzungsverbot lassen jedoch entsprechende Rückschlüsse zu[1028]:

> *Es liegt im Wesen eines Preisvergleichs, der die eignen Erzeugnisse als preisgünstiger herausstellt, daß er zu Lasten derjenige Mitbewerber geht, die ihre Produkte teurer anbieten. Das weiß der Verkehr, der aus der täglichen Werbung an unterschiedliche Preise für vergleichbare Erzeugnisse gewöhnt ist. Er sieht in einem Preisvergleich allein noch keine Herabsetzung oder Verunglimpfung der teueren Mitbewerber, sondern empfindet ihn als Ausdruck eines funktionierenden Preiswettbewerbs.*

Verbraucher, die Preisvergleiche als Ausprägung funktionierenden Preiswettbewerbs empfinden, müssen über bestimmte Informationen verfügen und Überlegungen zu dieser speziellen Werbemethode angestellt haben. Sie verfügen insoweit über einen Bildungsniveau, welches jedenfalls nicht im „unteren Bereich" angesiedelt sein kann. *Dilly*[1029] entnimmt dieser Entscheidung, dass sich der BGH im Bereich der vergleichenden Werbung sehr früh an einem Verbraucherleitbild orientiert hat, welches dem „informierten, interessierten, aufmerksamen und verständigen Verbraucher" näher als dem „flüchtigen und oberflächlichen Verbraucher" ist. Das OLG Hamburg[1030] und das OLG Frankfurt[1031] haben sich sogar ausdrücklich auf das europäische Verbraucherleitbild bezogen.

(ii) „Ersetzt"-Entscheidung

Nicht in die aufgezeigte Entwicklung scheint allerdings die jüngste Entscheidung des BGH vom 2. Oktober 2002 zu passen, welche vom Pfad der Annäherung an das europäische Leitbild abzuweichen scheint. Ein Hersteller von Gelenkwellen und Ersatzteilen hatte auf die Artikelnummer des Marktführers Bezug genommen und den eigenen Produktnummern gegenübergestellt. Entscheidend ist die Begründung, mit der das Gericht eine Irreführungs- bzw. Verwechslungsgefahr verneint[1032]:

> *... die durch die Werbung angesprochenen Verkehrskreise – fachkundige Abnehmer – nicht über die Herkunft der Gelenkwellen der der Ersatzteile*

[1028] BGH, GRUR 1999, 501 ff. (503) – Vergleichen Sie; so auch BGH, WRP 2001, 1441 ff. (1443) – Preisgegenüberstellungen im Schaufenster.

[1029] *Dilly*, S.119 ff., der insoweit auch auf zwei Entscheidungen des OLG Düsseldorf (NJW-RR 1999, 408; CR 1999, 22 ff.) verweißt; siehe auch OLG Dresden, GRUR 2000, 916 ff. (917) – Hochleistungstarif.

[1030] NJWE-WettbR 1999, 276 f. (276) – Werbevergleich bezüglich der Leser pro Ausgabe von konkurrierenden Zeitungen; GRUR-RR 2001, 33 ff. (35) – Verwendung eines Diagramms in der Werbung.

[1031] OLG Frankfurt, GRUR-RR 2001, 89 ff. (89) – Irreführender Preisvergleich zwischen Telekommunikationsprodukten.

[1032] BGH, WRP 2003, 637 ff. (639) – Ersetzt.

getäuscht werden. Sie nähmen den Hinweis in dem Katalog 'Dies sind S.-Teile, die Originalnummern dienen nur zu Vergleichszwecken' trotz fehlender drucktechnischer Hervorhebung – anders als ein flüchtiger Leser – wahr und ordneten ihn entsprechend ein. Von einer Irreführung i. S. v. § 3 Satz 2 UWG kann nicht ausgegangen werden.

Nachvollziehbar sind die Ausführungen des BGH insoweit, als im Bereich der Fachwerbung auf den Grundsatz der „*verkehrseigenen Betrachtungsweise*" abgestellt[1033] und von einer gesteigerten Aufmerksamkeit ausgegangen wird. Verwunderlich ist jedoch der Hinweis auf den „*flüchtigen Leser*", welcher offensichtlich Leitbild gewesen wäre, wenn es sich im konkreten Fall nicht um Fachwerbung gehandelt hätte.

Trotzdem sprechen die gewichtigeren Argumente dafür, dass diese Ansätze auch vor dem Hintergrund der Entscheidung *Pippig Augenoptik*[1034] eine Ausnahme bleiben werden.

(iii) Exkurs: Erheblichkeitsschwelle in § 3 der UWG-Novelle

Die vorliegenden Ausführungen zu möglichen Divergenzen bei den Irreführungsmaßstäben zwischen deutschen und europäischen Maßstäben wiesen in Richtung einer möglichen strengeren Beurteilung durch das nationale Recht. *Sack*[1035] weist daraufhin, dass sich diese Tendenz bei Verabschiedung des vorgelegten Regierungsentwurfs in der zurzeit vorliegenden Fassung umkehren könnte. Er begründet dies mit der veränderten Erheblichkeitsschwelle der neuen Generalklausel § 3 UWGE[1036], auf die auch die neue Regelungen zur vergleichenden Werbung (§§ 5, 6 UWGE) Bezug nehmen[1037], wohingegen Art. 3 a Abs. 1 RL jedenfalls keine ausdrückliche Erheblichkeitsschwelle nennt. *Sack*[1038] plädiert daher dafür, die Regelungen über vergleichende Werbungen in §§ 5, 6 UWGE vom Erfordernis einer nicht unerheblichen Wettbewerbsverfälschung in § 3 UWGE auszunehmen.

Letztlich haben die vorherigen Ausführungen zu den Unterschieden zwischen europäischen und nationalen Maßstäben aber auch gezeigt, dass das europäische Recht insgesamt von einer höheren Eingriffsschwelle ausgeht, so dass fraglich bleibt, ob – wie *Sack* meint – eine Herausnahme wirklich notwendig ist.

[1033] BGH, GRUR 2000, 619 ff. (621) – Orient-Teppichmuster; BGH, NJW 2001, 3193 ff. (3194) – Anwalts- und Steuerkanzlei; *Köhler/Piper*, § 3 Rn.50.

[1034] EuGH, WRP 2003, 615 ff.

[1035] *Sack*, WRP 2004, 30 f.

[1036] Unlautere Wettbewerbshandlungen i.S.d. § 3 UWGE sind nur dann unzulässig, wenn sie „geeignet sind, den Wettbewerb zum Nachteil der Mitbewerber, der Verbraucher oder der sonstigen Marktteilnehmer nicht unerheblich zu verfälschen.".

[1037] *Sack*, WRP 2004, 30 f. (30).

[1038] *Sack*, WRP 2004, 30 f. (31).

3. Beweislast (Art.6 RL)

Die Richtlinienvorschläge 1991 und 1994 hatten eine Beweislastumkehr vorgesehen[1039]. In der letztlich verabschiedeten Richtlinie finden sich hierzu keine ausdrückliche Regelung und eine Beweislastumkehr folgt nach überwiegender Auffassung auch nicht aus dem Kriterium der „Nachprüfbarkeit“[1040].

Es gilt jedoch Art. 6 RL, nach der Gerichte berechtigt sind, vom Werbenden kurzfristig Beweise für die Richtigkeit der Tatsachenbehauptungen zu verlangen. Dieser Regelung wurde nur vereinzelt eine Beweislastumkehr entnommen[1041]; die überwiegende Meinung sieht darin nur die Möglichkeit einer Beweislastumkehr im Einzelfall[1042]. Grundsätzlich trägt also der Kläger die Darlegungs- und Beweislast dafür, dass eine vergleichende Werbung vorliegt und dass diese mindestens eines der Verbotskriterien erfüllt[1043].

4. Zwischenergebnis

Das Maß der Angleichung und Übereinstimmung ist vor dem Hintergrund der *Ersetzt*-Entscheidung[1044] noch offen[1045]. Gleichwohl wird es in der Zukunft aufgrund der Abschaffung der nationalen Verschärfungsfreiheit zu einer noch weitergehenden Angleichung an den europäischen Irreführungsmaßstab kommen. Auf diesem Wege kann das Nebeneinander zweier verschiedener Wertungssysteme, das eine für den Jurisdiktionsbereich des EuGH hinsichtlich irreführender vergleichender Werbungen, das andere für den nationalen Irreführungsbereich des § 3 UWG vermieden werden[1046].

5. Einzelfragen

Wegen der fortschreitenden Harmonisierung wird in der Zukunft die Auslegung der Irreführungsvorschrift in einzelnen Fallkonstellationen in den Vordergrund rücken[1047]. Einige wichtige Einzelfragen sollen daher näher untersucht werden.

(a) Suggestion der Vollständigkeit

Als Argument gegen die markttransparenzfördernde Wirkung der vergleichenden Werbung wurde deren Unvollständigkeit angeführt[1048]. § 2 Abs. 2 Nr. 2

[1039] Hasselblatt, S. 346.

[1040] Hasselblatt, S. 346.

[1041] OLG Frankfurt a.M., PharmR 1998, 322 ff. (324).

[1042] *Tilmann*, GRUR 1997, 790 ff. (796.); *Menke*, WRP 1998, 811 ff. (822); *Henning-Bodewig*, GRUR Int. 1999, 385 ff. (387); *Schnorbus*, ZVersWiss 1999, 375 ff. (411); *Hartlage*, S. 209.

[1043] Reg.-Begr., WRP 2000, 550 ff. (558); BGH, GRUR 1970, 461 ff. (463) – Euro-Spirituosen; BGH, GRUR 1997, 229 ff., (230) – Beratungskompetenz.

[1044] BGH, WRP 2003, 637 ff.

[1045] *Micklitz/Keßler*, WRP 2003, 919 ff. (923).

[1046] *Scherer*, WRP 1999, 991 ff. (993 f.); a. A. *Köhler/Piper*, § 3 Rn. 54 ff.

[1047] *Ohly*, GRUR 2003, 641 ff. (646).

UWG macht den Vergleich von einer oder wenigen ausgewählten Eigenschaften möglich[1049]. Aus § 2 UWG kann mithin kein Vollständigkeitspostulat folgen[1050]. Dies hat der EuGH bestätigt[1051]:

> *Wie viele Vergleiche der Werbende zwischen den von ihm angebotenen Produkten und den von seinen Mitbewerbern angebotenen Produkten vornimmt, unterliegt seiner freien wirtschaftlichen Entscheidung.*

Problematisch ist, wenn ein unvollständiger Vergleich aufgrund seiner Gestaltung den Eindruck der Vollständigkeit suggeriert und dadurch ein falscher Gesamteindruck entsteht[1052]. Mit anderen Worten, der Verbraucher soll nicht denken, er könne allein die ihm zur Verfügung gestellten Vergleichsinformationen zur Grundlage seiner Kaufentscheidung machen, ohne dass es weiterer Informationen bedürfte[1053]. Man könnte auch vom notwendigen „Bewusstsein des Teilüberblicks" sprechen, über welches die „vergleichsgewohnten Verbrauchern" im Sinne des europäischen Leitbildes eher verfügen, da sie eine gewisse Unvollständigkeit unterstellen und den Werbungen mit der erforderlichen Aufmerksamkeit begegnen[1054].

(i) Anzahl der Vergleichseigenschaften

Eine irreführende Suggestion der Vollständigkeit kann durch die Anzahl der Vergleichseigenschaften hervorgerufen werden[1055]. In dem Fall *Hochleistungstarif*[1056] beschränkte sich der Vergleich privater Krankenkassen auf die Frage, ob eine Rechnungsübernahme beim Überschreiten eines bestimmten Höchstsatzes stattfindet. Das Gericht gelangte jedoch nicht zur Überzeugung, dass die Werbung den Eindruck der Vollständigkeit suggeriere, da der Werbende auf den beschränkten Vergleichsumfang hingewiesen hatte[1057]. Wenn also die Beschränkung des Vergleichs offen gelegt wird oder offensichtlich ist, dann überwiegen

---

1048 *Meyer*, Die kritisierende vergleichende Werbung, S.206; *Menke*, Recht und Ökonomie der kritisierenden vergleichenden Werbung, S.140 ff; *Menke*, WRP 1993, 718 ff. (724); *Menke*, WRP 1998, 811 ff. (822); *Sack*, WRP 2001, 327 ff. (339).

1049 *Henning-Bodewig*, GRUR Int. 1999, 385 ff. (387).

1050 *Menke*, WRP 1993, 718 ff. (724); *Henning-Bodewig*, GRUR Int. 1999, 385 ff. (387).

1051 EuGH, WRP 2003, 615 ff. (623 ErwG 81) – Pippig Augenoptik.

1052 KG, WRP 1999, 339 ff. (340); OLG Saarbrücken, NJW-RR 1999, 268 – Systemvergleich zwischen gesetzlicher und privater Krankenversicherung; *Kotthoff*, BB 1998, 2217 ff. (2220); *Eck/Ikas*, WRP 1999, 251 ff. (259).

1053 OLG Hamburg, NJWE-Wettb 1999, 278 – Tarifvergleich von Telefongesprächen: „Die Ag. muß lediglich, was hier geschehen ist, deutlich machen, daß sich der Vergleich auf diesen Bereich beschränkt."; *Menke*, WRP 1998, 811 ff. (822); *Eck/Ikas*, WRP 1999, 251 ff. (260); *Ziervogel*, S. 134.

1054 OLG Dresden, GRUR 2000, 916 ff. (917) – Hochleistungstarif; OLG Hamburg, GRUR-RR 2001, 33 ff. (35 f.) – Verwendung eines Diagramms in der Werbung; *Eck/Ikas*, WRP 1999, 251 ff. (260).

1055 *Lindacher*, S. 399 ff. (S. 405).

1056 OLG Dresden, GRUR 2000, 916 ff.

1057 OLG Dresden, GRUR 2000, 916 ff. (917) – Hochleistungstarif.

grundsätzlich die markttransparenzfördernden Aspekte gegenüber Irreführungselementen[1058]. Als Faustregel gilt: Je mehr Eigenschaften verglichen werden, desto größer ist die Gefahr, dass der möglicherweise unzutreffende Eindruck eines Gesamtvergleichs entsteht[1059].

(ii) Eindruck des vollständigen Marktüberblicks

Eine Irreführung kann auch auf dem unzutreffenden Eindruck des vollständigen Marktüberblicks beruhen. Grundsätzlich ist es dem Werbenden nicht verwehrt, den Vergleich auf einzelne Wettbewerber zu beschränken, da Verbraucher von einem Vergleich mit einem oder wenigen Wettbewerbern nicht darauf schließen werden, dass der Markt keine weiteren und vor allem bessere Angebote zur Verfügung stellt[1060]. Etwas anderes gilt jedoch, wenn sich der Werbende mit der Mehrzahl seiner Wettbewerber vergleicht und dabei klassischerweise besser abschneidet, den Vergleich mit einem günstigeren Wettbewerber jedoch unterlässt.

(b) Suggestion der besonderen Bedeutung einer Vergleichseigenschaft

Die gleichen Grundsätze gelten im Hinblick auf Vorstellungen, welche die Wesentlichkeit einer Vergleichseigenschaft betreffen. Beruht der Vergleich auf einer weniger wesentlichen Eigenschaft bzw. nur auf einer von mehreren bedeutsamen Eigenschaften, so darf in Anbetracht der Unvollständigkeit der Vergleichsaussage nicht der Eindruck entstehen, der Vergleich habe alle wesentlichen Faktoren berücksichtigt[1061]. Es besteht insoweit eine Wechselwirkung zu § 2 Abs. 2 Nr. 2 UWG: Je weniger wesentlich die verglichenen Eigenschaften sind, desto höher sind die Anforderung, um durch aufklärende Hinweise ein „Bewusstsein des Teilüberlicks" zu schaffen.

(c) Repräsentativität für das Gesamtangebot des Werbenden

In der Entscheidung *Pippig Augenoptik*[1062] hatte die Beklagte einen Testkauf durchgeführt, um die eigenen Preise mit dem Wettbewerber vergleichen zu können. Der Testkäufer hatte ein ungewöhnliches Brillengestell mit besonders teuren Gläsern verlangt. Eine Irreführung ist in diesem Fall möglich, wenn der Verbraucher den Preisvergleich fälschlicherweise als repräsentativ für das Gesamtangebot ansieht[1063].

Die Entscheidung *Preisgegenüberstellungen im Schaufenster*[1064] macht deutlich, dass insoweit aber hohe Anforderungen bestehen, dass die Werbung auf eine

[1058] *Lindacher*, S.399 ff. (S.407).
[1059] *Eck/Ikas*, WRP 1999, 251 ff. (260).
[1060] OLG Dresden, GRUR 2000, 916 ff. (917) – Hochleistungstarif; *Eck/Ikas*, WRP 1999, 251 ff. (259).
[1061] *Menke*, WRP 1998, 811 ff. (823); *Eck/Ikas*, WRP 1999, 251 ff. (260).
[1062] EuGH, WRP 2003, 615 ff.
[1063] ÖstOGH, GRUR Int. 2001, 776 ff. (780); *Ohly*, GRUR 2003, 641 ff. (646); *Köhler/Piper*, § 2 Rn. 56.
[1064] BGH, WRP 2001, 1441 ff.

solche Schlussfolgerungen geradezu abzielen muss. In dem Fall hatte ein Computerfachgeschäft mit einer Anzeige mit der Überschrift „PC Sonderaktion – Solange der Vorrat reicht!" für ein näher beschriebenes Computergerät zum Preis von 1.999 DM geworben. Kurz nach Veröffentlichung der Werbung hängte ein Konkurrent eine leicht vergrößerte Kopie der Anzeige in sein Schaufenster, welche er mit dem handschriftlichen Hinweis „Dieser PC wird bei uns normal für 1.850 DM verkauft" versehen hatte. Der Kläger machte im Prozess geltend, dass die Schaufensterwerbung irreführend und herabsetzend sei, weil sie den Eindruck hervorrufe, dass das Leistungsangebot der Beklagten insgesamt besser sei[1065]. Den BGH konnte diese Argumentation nicht überzeugen[1066]:

> *Ein einzelner Preisvergleich vermag dem Verkehr daher ohne weitere Anhaltspunkte noch nicht die Vorstellung zu vermitteln, die Waren der Klägerin seien schlechthin überteuert. [...] Ein bloßer sich aus der Werbeaussage und der darin enthaltenen Informationen ergebender reflexartiger Effekt genügt grundsätzlich nicht für die Annahme, der Werbende wolle den Bezug zu weiteren, über den Inhalt der Werbung hinausgehenden Sachverhalten tätigen.*

(d) Hinweis- und Informationsgebote des Werbenden

In der tradierten Rechtsprechung zu § 3 UWG finden sich kaum Entscheidungen, die eine Irreführung mit dem Vorenthalten wichtiger Information begründet haben. *Micklitz*[1067] spricht insoweit vom „Verschweigeverbot" des deutschen Rechtes, im Unterschied zum „Informationsgebot" des europäischen Rechtes. In diesem sollen sich die unterschiedlichen dogmatischen Konzepte bzw. Funktionszusammenhänge des deutschen und europäischen Rechtes, insbesondere die unterschiedlichen Ansätze des UWG-Reformvorschlags und dem Richtlinienvorschlag über unlautere Praktiken offenbaren[1068].

Im Lichte der Ausführungen der *Pippig Augenoptik*-Entscheidung besteht jedoch zumindest im Anwendungsbereich der Richtlinie kein Spielraum für divergierende Irreführungskonzepte. Insoweit muss aus § 3 S. 2 UWG eine aktive Informationsverpflichtung folgen, die Irreführung kann mithin auch durch Verschweigen verwirklicht werden (irreführendes Unterlassen)[1069]. Dies wird dann zutreffen, wenn eher unbedeutende Vergleichseigenschaften verglichen bzw. beim Vergleich werblich besonders herausgestellt werden. Insbesondere wird § 3 S.2 UWG Informationsgebote beim Vergleich nichtidentischer Produkte po-

---

1065 BGH, WRP 2001, 1441 ff. (1442) - Preisgegenüberstellungen im Schaufenster.

1066 BGH, WRP 2001, 1441 ff. (1444) - Preisgegenüberstellungen im Schaufenster, vgl. Anm. *Sack*, L/M, § 2 UWG Nr.2.

1067 *Micklitz*, BB 2003, H.21 (Die erste Seite).

1068 *Keßler/Micklitz*, BB 2003, 2073 ff. (2076).

1069 Reg.-Begr., WRP 2000, 550 ff. (558); OLG Saarbrücken, NJW-RR 1999, 268 f. (269) - Systemvergleich zwischen Krankenkassen; *Berlit*, Vergleichende Werbung, S.70; *Micklitz/Keßler*, WRP 2003, 919 ff. (930).

stulieren, denn das Irreführungspotential verhält sich umgekehrt proportional zum Grad der Identität bzw. Substituierbarkeit i. S. d. § 2 Abs. 2 Nr 1 UWG[1070]. Der EuGH hat dies in der Entscheidung *Pippig Augenoptik* nochmals deutlich gemacht, denn die verglichenen Brillen waren mit Gläsern unterschiedlicher Markenhersteller ausgestattet[1071]:

> *In den Fällen, in denen die Marke der Produkte die Entscheidung des Käufers spürbar beeinflussen kann und der Vergleich konkurrierende Produkte betrifft, deren jeweilige Marken deutliche Unterschiede hinsichtlich ihres Ansehens aufweisen, verstößt die Nichtangabe der angesehenen Marke gegen Artikel 3a Absatz 1 Buchstabe a der Richtlinie 84/450...*

In diese Richtung hat auch das OLG Hamburg argumentiert. Ein Anbieter von ISDN-Telefonanschlüssen hatte die monatlichen Bereitstellungsgrundgebühren verglichen. Der Leistungsumfang des Anschlusses des Werbenden lag etwa zwischen der Standardversion und der Komfortversion des Wettbewerbers. Um einen Vergleich vornehmen zu können, hatte der Werbende aus den beiden Preisen des Wettbewerbers einen Durchschnittspreis gebildet und diesen mit dem eigenen Preis verglichen. Das Gericht nahm eine Irreführung an, da für die Leser nicht erkennbar war, dass tatsächlich unterschiedliche Leistungen verglichen wurden. Um eine Irreführung zu vermeiden, hätte die Antragsgegnerin[1072]:

> *... entweder beide Preise der Ast. nennen oder etwa die Angabe ‚ab' benutzen müssen um dem Leser einen zuverlässigen Preisvergleich zu ermöglichen, möglicherweise unter Aufführung der unterschiedlichen Leistungen.*

Aber auch Preisvergleiche identischer Waren können Irreführungspotential aufweisen, wenn mit dem Kauf beispielsweise unterschiedlich Serviceleistungen, Umtauschmöglichkeiten, Rückgaberechte oder Garantien verbunden sind[1073].

(e) Irreführungen im Zusammenhang mit Parallelimporten

Die Klägerin der Entscheidung *Pippig Augenoptik*[1074] hatte argumentiert, dass die Werbung einen Bezug auf offiziellen Vertriebsweg vorspiegeln würde, obwohl die Waren im Wege des Parallelimports bezogen wurden. Der EuGH ist dem nicht gefolgt und konnte in einem Vergleich zwischen Originalbezugs- und Parallelimportprodukten keine generelle Irreführungseignung sehen[1075].

Allerdings weist Generalanwalt *Tizzano* auf Möglichkeiten hin, wann ein Preisvergleich im Wege des Parallelimports eingeführter identischer Produkte irre-

---

1070 OLG Hamburg, NJWE-WettbR 2000, 109 - Preisvergleich bei Telekommunikationsleistungen; *Ziervogel*, S. 134.
1071 WRP 2003, 615 ff. (620 ErwG 53).
1072 OLG Hamburg, NJWE-WettbR 2000, 109 - Preisvergleich bei Telekommunikationsleistungen; OLG Frankfurt, GRUR-RR 2001, 89 f. (89).
1073 *Ziervogel*, S. 134.
1074 WRP 2003, 615 ff.
1075 WRP 2003, 615 ff. (621 ErwG 61-65) - Pippig Augenoptik.

führend sein kann. Erstens, wenn der Verbraucher Wert darauf legt vom Verkäufer Originalzubehör zu erwerben oder einen herstellerbezogenen Kundendienst in Anspruch zu nehmen[1076], zweitens, wenn der Eindruck eines umfassenden Sortiments der betreffenden Markenartikel erweckt wird, tatsächlich jedoch nur importierte Einzelstücke angeboten wurden[1077].

B) Südafrika

I. Wettbewerbsrecht

1. Ansprüche wegen Verwechslungsgefahren („passing off")

Ansprüche aus der Fallgruppe *passing off* erfassen Verwechslungen über die Herkunft eines Produktes bzw. über das Bestehen geschäftlicher Verbindungen zwischen Unternehmen. Die *passing off*-Klage will verhindern, dass ein Gewerbetreibender die Ware eines anderen als eigenes Produkt unterschiebt. Insoweit ist der Anspruch mit dem Verwechslungsverbot des § 2 Abs. 2 Nr. 3 UWG verwandt.

Der *passing off*-Anspruch wurde aus dem englischen Recht übernommen und in der Entscheidung *Capital Estate and General Agencies (Pty) Ltd v Holiday Inns Inc*[1078] als spezielle Form des unlauteren Wettbewerbs anerkannt[1079]:

> *The wrong known as passing off consists in a representation by one person that his business (or merchandise, as the case may be) is that of another, or that it is associated with that of another, and, in order to determine whether a representation amounts to passing off, one enquires whether there is a reasonable likelihood that members of the public may be confused into believing that the business of the one is, or is connected with, that of another... Whether there is a reasonable likelihood of such confusion arising is, of course, a question of fact which will have to be determined in the light of the circumstances of each case.*

(a) Schutzbereich

Nicht ganz eindeutig ist, ob die Rechtsverletzung in einer Beeinträchtigung des unternehmerischen Goodwills[1080] oder in einer Beeinträchtigung des wettbewerbsrechtlichen Kennzeichenrechtes („*right to the distinctive mark*"[1081]) zu sehen ist. Die Voraussetzungen sind weitgehend identisch, da es sowohl auf die

1076 Schlussanträge *Tizzano* Pippig Augenoptik v.12.09.2002 (ErwG 51).

1077 Schlussanträge *Tizzano* Pippig Augenoptik v.12.09.2002 (ErwG 52); vgl. auch *Ohly*, GRUR 2003, 641 ff. (645).

1078 1977 (2) SA 916 (A).

1079 1977 (2) SA 916 (A) 929.

1080 *F W Woolworth & Co (Zimbabwe) v Sunray Stores*, 1999 2 SA 887 898; *Neethling*, SA Mercantile LJ 2000, 115 ff. (119) m.w.N.

1081 So *Van Heerden/Neethling*, S.166 m.w.N.; *Neethling*, SA Mercantile LJ 2000, 115 ff.

Unterscheidungskraft, als auch auf die Bekanntheit der Kennzeichen ankommt[1082]:

> *...the plaintiff must prove in the first instance that the defendant has used or is using in connection with his own goods a name, mark, sign or get-up which has become distinctive in the sense that by the use of (the plaintiff's) name or mark, etc in relation to goods they are regarded, by a substantial number of members of the public or in the trade, as corning from a particular source known or unknown.*

Diesen Ausführungen ist zu entnehmen, dass sich der Schutz nicht auf Marken beschränkt, sondern andere Objekte wie Namen, Zeichen, Verpackungen, Werbungen, Etiketten, Slogans etc. erfassen kann[1083].

(b) Schutzvoraussetzungen

(i) Unterscheidungskraft, Eigenart („distinctiveness")

Das Vorliegen von Unterscheidungskraft ist die erste Schutzvoraussetzung eines Verwechslungsanspruchs. In der Entscheidung *Truck and Car Co Ltd v Kar-N-Truk Auctions*[1084] hatte der Kläger für sein Unternehmen einen Phantasienamen gewählt. Allein dieser Umstand genügte dem Gericht um Verwechslungsschutz zu gewähren. Wegen den Ausführungen in dieser Entscheidung war lange Zeit unklar, ob die Schutzfähigkeit eines Kennzeichens neben der Unterscheidungskraft einen bestimmten Bekanntheitsgrad voraussetzt. Auch in der Entscheidung *Stellenbosch Wine Trust Ltd v Oude Meester Group Ltd*[1085] war der Nachweis einer besonderen Bekanntheit („*reputation*") nicht erforderlich.

(ii) Bekanntheitserfordernis

In der berühmten *Dallas*-Entscheidung[1086] hat Richter *Van Dijkhorst* Entscheidungen, die auf das zusätzliche Erfordernis der Reputation verzichteten, kritisiert. Die Produzenten der TV-Serie „Dallas" hatten eine einstweilige Verfügung

---

[1082] Adcock-Ingram Products Ltd v Beecham SA (Pty) Ltd, 1977 (4) SA 434 (W) 436H - 437B.

[1083] F W Woolworth & Co (Zimbabwe) v Sunray Stores, 1999 2 SA 887 898.

[1084] 1954 4 SA 552 (A) 557.

[1085] Wine Trust Ltd v Oude Meester Group Ltd, Oude Meester Group Ltd v Stellenbosch Wine Trust Ltd, 1972 3 SA 152 (C) 159 160.

[1086] Lorimar Productions Inc v Sterling Clothing Manufacturers, 1981 (3) SA 1129 1139: Some doubt was cast upon this approach by an obiter dictum of GREENBERG JA in Truck & Car Co Ltd v Kar-N-Truck Auctions 1954 (4) SA 552 (A) at 557G and by the judgment of DIEMONT J in Stellenbosch Wine Trust Ltd and Another v Oude Meester Group Ltd; Oude Meester Group Ltd v Stellenbosch Wine Trust Ltd and Another 1972 (3) SA 152 (C) at 159 - 160. In the latter case no authority was quoted for the decision that in passing off actions relief can be granted where the plaintiff has no reputation. [...] In my view the decisions overwhelmingly support the requirement of a reputation or goodwill on the part of a plaintiff in a passing off action.

beantragt, um dem Antragsgegner aufzugeben, die Vermarktung von Jeans und Restaurants unter Benutzung der durch die Serienausstrahlung bekannt gewordenen Kennzeichnungen „Dallas“, „JR“, „Sue Ellen“, „Southfork“, etc. zu unterlassen. *Van Dijkhorst* stellte fest, dass die speziellen Voraussetzungen der *passing off*-Klage nicht vorliegen, weil der Nachweis einer *reputation* der Namen für den Bereich der Waren und Dienstleistungen Jeans bzw. Restaurants nicht erbracht wurde[1087].

Das Merkmal *reputation* ist seither im Sinne eines Bekanntheitserfordernisses interpretiert worden[1088]. Bekanntheit liegt auch dann vor, wenn ein Teil der angesprochenen Verkehrskreise eine Assoziation zwischen Kennzeichen und Produkt herstellt[1089]. Richter *Corbett* spricht in diesem Zusammenhang vom Zusatznutzen der Kennzeichen[1090]:

> *A name has a secondary meaning for the purposes of passing off once the association between it and the business or product which bears it is so close that, in the minds of the public, it is distinctive of that specific business or product, identifying such rather than any other. The feature's importance is obvious. Since a name without a secondary meaning suggests no business or product in particular, the public is unlikely to be misled when one is borrowed.*

[1087] Vgl. auch Pepsico Inc and Others v United Tobacco Ltd, 1988 (2) SA 334 (W): That a reputation must exist, subject to the remarks of Corbett JA in the Brian Boswell Circus case, appears to have been accepted as being a requirement. Such reputation must be territorial. It must have been acquired in the area in which it is sought to be protected.; sowie Atlas Organic Fertilizers (Pty) Ltd v Pikkewyn Ghwano (Pty) Ltd, 1981 (2) SA 173 202; Bress Designs (Pty) Ltd v GY Lounge Suite Manufactures (Pty) Ltd, 1991 2 SA 455 (W) 471; Royal Beech-Nut (Pty) Ltd t/a Manhattan Confectioners v United Tobacco Co Ltd t/a Willards Foods, 1992 (4) SA 118 (A) 122; Reckitt & Colman SA (Pty) Ltd v S C Johnson & Son SA (Pty) Ltd, 1993 (2) SA 307 (A) 315; Beecham Group plc v Southern Transvaal Pharmaceutical Pricing Bureau (Pty) Ltd and Another, 1993 (1) SA 546 (A) 554; Kellogg Co v Bokomo Co-operative Ltd, 1997 (2) SA 725 (C) 732 (H-J); eine differenzierende Ansicht vertritt Neethling, SA Mercantile LJ 2000, 115 ff. (120 f.) und Van Heerden/Neethling, S.213.

[1088] Haggar Co v SA Tailorscraft (Pty) Ltd, 1985 4 SA 569 (T) 578: Reputation in the market means that a number of persons are aware of the product and its qualities; the extent of that reputation depends on the number of persons who have this awareness. Even a product with a substantial reputation will not be known to every buyer or potential customer in the market. The evidence therefore of persons who are unaware of the existence of the product or the extent of its penetration in the market does not displace and therefore does not contradict the evidence of persons who have this knowledge and testify positively to the extent of such reputation.

[1089] Haggar Co v SA Tailorscraft (Pty) Ltd, 1985 4 SA 569 (T) 578.

[1090] Boswell-Wilkie Circus (Pty) Ltd v Brian Boswell Circus (Pty) Ltd and Another, 1984 (1) SA 734 (N).

(iii) Wertschätzung

Von einem engeren Verständnis der Schutzvoraussetzung reputation ist Richter Gillespie in der Entscheidung *F W Woolworth & Co (Zimbabwe) v Sunray Stores*[1091] ausgegangen. Danach kommt es nicht vorrangig auf die Bekanntheit eines Kennzeichens an, entscheidend ist vielmehr das Erfordernis eines qualitativen Elements im Sinne einer besonderen Wertschätzung[1092].

Der Entscheidung liegt folgender Sachverhalt zugrunde: Die weltweit bekannte Ladenkette „F W Woolworths" unterhält seit 1956 Geschäfte in Zimbabwe. Die Läden sind heute in heruntergekommenem Zustand. Ein südafrikanisches Unternehmen betreibt unter dem Namen „Woolworths" mehrere exklusive Supermärkte in Südafrika. Die Kette „Sunray Stores" hatte sich 1993 entschieden, nach Zimbabwe zu expandieren. Nach dem eine lizenzrechtliche Einigung mit „F W Woolworths" nicht zu erzielen war, entschied man, die Geschäfte in Zimbabwe unter dem Namen „The W Store" zu eröffnen. Aufgrund von Presseberichten und den aus Südafrika eingeführten und notdürftig überklebten Verpackungen wurde die Verbindung zum Namen „Woolworths" publik.

Gleichwohl lehnte Richter *Gillespie* den Unterlassungsantrag des Klägers „F W Woolworths" ab. Der Antragsteller hätten zwar die Bekanntheit („*considerable recognition value*"[1093]) des Namens „Woolworths" nachgewiesen, dass Gericht war jedoch nicht überzeugt, dass mit dem Namen auch eine qualitative Wertschätzung verbunden sei. Die Ladenkette verfüge wegen des heruntergekommenen Zustandes über keinen guten Ruf, der Name sei daher nicht schutzwürdig[1094]:

> *The applicant has quite properly not attempted to establish, far less to rely upon, any goodwill that might historically and elsewhere have been attached to the name it has inherited. There has been no evidence led according to which I might find, nor any circumstances adduced from which I might infer, that today in Zimbabwe the name 'Woolworth' has any power to attract customers to the applicant's places of purveyance, nor that the applicant has any established clientele. On the contrary, the overwhelming impression created by the overall appearance of the applicant's store and the stock therein is that it relies not on any goodwill or secure customer base but on a passing trade.*

Mangels hinreichender öffentlicher Wertschätzung könne eine Verwechslungs- bzw. Assoziationsgefahr keine Verbotsansprüche auslösen. Eine höchstrichterli-

---

1091 1999 2 SA 887 898.

1092 Premier Trading Co (Pty) Ltd and Another v Sporttopia (Pty) Ltd, 2000 3 SA 259 267.

1093 1999 2 SA 887 901 (A).

1094 1999 2 SA 887 901 (D-E).

che Bestätigung der Entscheidung steht noch aus. *Neethling*[1095] bezweifelt allerdings, dass sich dieser Ansatz im südafrikanischen Recht durchsetzen wird.

(c) Verwechslungsgefahr („confusion")

(i) Grundlagen

Neben der Unterscheidungskraft bzw. der Bekanntheit ist die Verwechslungsgefahr zentrales Tatbestandsmerkmal einer *passing off*-Klage. Die südafrikanischen Gerichte stellen auf einen normativen Maßstab in Form einer abstrakten („*likelihood of deception or confusion*"[1096]) bzw. hinreichenden Verwechslungsgefahr („*reasonable likelihood of confusion*"[1097]) bei einem nicht unbedeutenden Teil der Verbraucher („*not insignificant part of the buying public*"[1098]) ab[1099].

Zwischen der Schutzvoraussetzung der *reputation* i.S.e. Bekanntheit oder besonderen Wertschätzung und den Anforderungen an die Verwechslungsgefahr besteht eine Wechselwirkung. Je größer die *reputation*, desto eher wird eine Verwechslungsgefahr angenommen[1100]. Exemplarisch für die hohen Anforderungen an das Vorliegen einer Verwechslungsgefahr ist der Fall *Union Wine Ltd v E Snell and Co Ltd*[1101]. Der Kläger hatte seit über 30 Jahren einen bekannten Wein unter dem Namen „Belligham *Johannisberger*" vertrieben. Der Beklagte, ein konkurrierendes Weingut, brachte ein vergleichbares Produkt mit dem Namen „Edward Snell *Johannisberger*" auf den Markt. Das Gericht verneinte eine Verwechslungs- bzw. Assoziationsgefahr wegen der unterschiedlichen Größe und Gestaltung der Weinflaschen und Etiketten.

Auch im Fall *Harvest Corporation (Pty) Ltd v Irvin and Johnson Ltd*[1102] erkannte das Gericht keine Verwechslungsgefahr. Das Unternehmen „Sea Harvest Corporation" hatte seit Jahren seine Fischtiefkühlprodukte als „prime cuts" bezeichnet. Der einzige Wettbewerber „I & J" ging später dazu über seine Produkte ebenfalls „prime cuts" zu nennen. Das Gericht berief sich auf englische Ent-

---

[1095] *Neethling*, SA Mercantile LJ 2000, 115 ff. (119).

[1096] Capital Estate and General Agencies (Pty) Ltd v Holiday Inns Inc, 1977 2 SA 916 (A) 929; Philip Morris Inc v Marlboro Shirt Co SA Ltd, 1991 2 SA 720 (A) 735.

[1097] Lorimar Productions Inc v Sterling Clothing Manufacturers Pty (Ltd), Lorimar Productions Inc v OK Hyperama Ltd, Lorimar Productions Inc v Dallas Restaurant, 1981 3 SA 1129 1141.

[1098] Premier Trading Co (Pty) Ltd and Another v Sporttopia (Pty) Ltd, 2000 3 SA 259.

[1099] *Van Heerden/Neethling*, S.190 (Fn.241 m.w.N).

[1100] Brian Boswell Circus (Pty) Ltd and Another v Boswell-Wilkie Circus (Pty) Ltd, 1985 (4) SA 466 (A) 479 (C): Whether the general public will be confused or deceived into thinking, because of the identity or similarity of names, that the business of the defendant is that of the plaintiff, or is connected therewith, must as a matter of logic depend on the extent to which the name is associated in the minds of members of the public with the business carried on by the plaintiff, ie the extent to which the plaintiff has acquired a reputation in that trade name.

[1101] 1990 2 SA 180 (D).

[1102] 1985 2 SA 355 (C).

scheidungen[1103], nach denen ein gewisses Verwechslungsrisiko hinzunehmen ist, falls andernfalls beschreibende Begriffe monopolisiert würden.

Weiteres Kriterium bei der Ermittlung der Unlauterkeit im Rahmen der *passing off*-Klage ist der wettbewerbliche Leistungsabstand. Ein Beispiel liefert die Entscheidung *Philip Morris Inc. & Another v Marlboro Shirt Co SA Ltd & Another*[1104]. Der Beklagte hatte seit 1954 T-Shirts unter dem Namen „Marlboro" vertrieben. Philip Morris reichte eine *passing off*-Klage ein, da durch die Namensverwendung der Eindruck einer assoziativen Verwechslungsgefahr („*confusion of sponsorship*") entstehen würde[1105]. Das Gericht würdigte die besondere Bekanntheit der Marke „Marlboro" und stellte fest, dass das Fehlen eines Wettbewerbsverhältnisses keine Sperre für *passing off*-Klagen ist[1106]. Da die Parteien jedoch in so verschiedenen Branchen tätig waren, gelangte das Gericht nicht zur Überzeugung, dass die Gefahr einer Irreführung über die Herkunft der T-Shirts besteht[1107]. Es hat damit am Erfordernis der Herkunftsverwechslung festgehalten und das Bestehen einer assoziativen Verwechslungsgefahr nicht ausreichen lassen.

(ii) Vergleichende Werbungen

Kritische vergleichende Werbungen streben eine Produktdifferenzierung an, so dass wegen der hohen Anforderungen an die Schutzvoraussetzungen und an die Verwechslungsgefahr ein *passing off*-Anspruch regelmäßig nicht durchgreift. Verbotsentscheidungen gibt es in Südafrika deshalb hierzu nicht. Nur in Ausnahmekonstellationen könnte ein Anspruch bestehen, wie beispielsweise die englische Entscheidung *McDonald's Hamburgers Ltd v Burgerking (U.K.) Ltd*[1108] belegt. Die Beklagte hatte in einer Werbekampagne Werbeschilder in der Londoner U-Bahn aufgestellt, die als auffällige Überschrift „It's not just Big, Mac" trugen und auf diese Weise auf „McDonald's" Bezug nahmen. Darunter wurde in kleinerer Schrift darüber aufgeklärt, dass die Hamburger bei „Burger King" im Gegensatz zu anderen Hamburgerproduzenten aus 100 % reinem Rindfleisch hergestellt würden.

Richter *Whitford* kam zu dem Schluss, dass der überwiegende Teil der Verbraucher die Werbung nicht als vergleichende Bezugnahme auf „McDonald's" verstanden hatten, sondern der Werbung fälschlicherweise entnommen haben, dass der „Big Mac" ein Produkt der Kette „Burgerking" sei.

[1103] Cadbury Schweppes (Pty) Ltd and Others v Pub Squash Co (Pty) Ltd, [1981] 1 All E.R. 213 218: The risk of confusion must be accepted, to do otherwise is to give to one who appropriates to himself descriptive words an unfair monopoly in those words and might even deter others from pursuing the occupation which the words describe.
[1104] 1991 2 SA 720 (A).
[1105] 1991 2 SA 720 (A) 731.
[1106] 1991 2 SA 720 (A) 733.
[1107] 1991 2 SA 720 (A) 735-739.
[1108] [1986] F.S.R. 45; [1987] F.S.R. 112, C.A.

Auch anlehnende vergleichende Konstellationen werden selten einen Anspruch begründen, da auch bei Gleichstellungsbehauptungen auf die unterschiedliche Produktherkunft hingewiesen wird[1109]. Wegen der strengen Anforderungen die das südafrikanische Recht an das Vorliegen einer Verwechslungsgefahr und die Bekanntheit bzw. die Wertschätzung stellt, werden vergleichende Werbungen nur in ganz seltenen Ausnahmefällen einen Anspruch aus *passing off* begründen können[1110].

2. Irreführungen über das eigene Angebot („*deception or misrepresentation*")

Das südafrikanische Recht unterscheidet zwischen unwahren Aussagen im Hinblick auf das eigene Produkt und Aussagen, die sich auf einen Wettbewerber bzw. dessen Produkte beziehen[1111]. Erstere Konstellation behandelt die Rechtsprechung liberaler als irreführende Vergleichsaussagen, welche in die Fallgruppe injurious *falsehood* fallen und im nachfolgenden Abschnitt behandelt werden.

Die Unlauterkeit unwahrer Angaben über das *eigene Produkt wurde in der Entscheidung Zyp* Products Coy Ltd v Ziman Bros Ltd[1112] anerkannt und mit der Entscheidung *Geary and Son (Pty) Ltd v Gove*[1113] bestätigt. Der Entscheidung lag folgender Sachverhalt zugrunde: Der Kläger hatte Autosprungfedern hergestellt. Der Beklagte, der den Vertrieb für dieses Produkt durchführte, hatte sich in einer Werbung als Hersteller der Sprungfedern ausgegeben. Richter *Steyn* hat dem Unterlassungsantrag stattgegeben, da der Kläger durch die bewusste Falschangabe Kunden bzw. potentielle Kunden verloren und daher in seinem Goodwill beeinträchtigt wurde.

In der Entscheidung *Stellenbosch Wine Trust Ltd v Oude Meester Group Ltd*[1114] wurde der Klage eines Weingutes stattgegeben, da der Beklagte – ein konkurrierendes Weingut – einen qualitativ durchschnittlichen Perlêwein als Qualitätswein („*sparkling wine*") beworben hatte.

[1109] *Woker*, Advertising Law, S.109.

[1110] So auch *Neethling*, Persönliches Gespräch, 15.04.2003, Pretoria.

[1111] Van Heerden/Neethling, S.150.

[1112] 1926 TPD 224.

[1113] 1964 1 SA 434 (A) 441: What it has to allege and prove, therefore, is that the defendant has, by word or conduct or both, made a false representation, that it knew the representation to be false, that the plaintiff has lost or will lose customers, that the false representation is the cause thereof, and that the defendant intended to cause the plaintiff that loss by the false representation.

[1114] 1977 2 SA 221 (C): A particular product is being presented as a product of a different class – as it happens in this case, a more luxurious and expensive class – in order to benefit from some of the goodwill attached to the last-mentioned class of product and to capture some of the established trade in it.

Unzulässige Produktbezeichnungen finden sich auch in der Entscheidung *William Grant and Sons Ltd v Cape Wine and Distillers Ltd*[1115] und *Long John International Ltd v Stellenbosch Wine Trust (Pty) Ltd*[1116]. In der ersten Entscheidung hatte der Beklagte eine Whiskymischung aus südafrikanischem und schottischem Whisky als „Macleans Gold Label Whisky“[1117] bezeichnet, im zweiten Fall wurde ein alkoholisches Getränk als „Ben Nevis Scotch Whisky Liqueur“ bezeichnet, obwohl es weder Whisky noch Likör enthielt.

(a) Verbraucherleitbild

Der Kläger muss die Wahrscheinlichkeit einer Irreführung („*probability or likelihood of misleading the public*“) nachweisen, der Nachweis einer tatsächlichen Irreführung ist nicht erforderlich[1118]. Wann eine Angabe als irreführend einzustufen ist, beurteilt sich – wie im deutschen Recht – aus Sicht der Verbraucher[1119]. Das südafrikanische Verbraucherleitbild geht auf die Entscheidung *Pasquali Cigarette Co Ltd v Diaconicolas and Capsopolus*[1120] zurück:

> *The ordinary purchaser does not mean either the very careful or the very careless and ignorant man. I think it must be someone between the two. I take it the ordinary purchaser is a man who knows more or less the peculiar characteristics of the article he wants; he has in his minds eye a general idea of the appearance of the article; and he looks at the article not closely, but sufficiently to take in its general apperance.*

Das südafrikanische Recht legt also einen normativen Maßstab zugrunde. In der zuvor erwähnten Entscheidung *Long John International Ltd v Stellenbosch Wine Trust (Pty) Ltd* konkretisierte das Gerichte das Leitbild wie folgt[1121]: „a substantial number of whisky drinkers“; „ordinary, average South African„; „hypothetical average drinker (and buyer) of whisky“ und „whisky-purchasing and whisky drinking public“.

Der südafrikanische Richter orientiert sich dabei primär an seiner persönlichen Einschätzung und seinen Erfahrungswerten. Er mutmaßt insoweit über das Verbraucherverständnis, orientiert sich an verschiedenen Indizien: Ursprung, Inhalt,

---

[1115] 1990 3 SA 897 (C).

[1116] 1990 4 SA 136 (D): (A) person who falsely and culpably represents to the public that his products are products of a particular character, composition or origin known to the public under a descriptive name which had gained a public reputation without passing them off as the product of the plaintiff who produces what may be termed the genuine products and who thereby causes patrimonial loss to the plaintiff commits the delict of unlawful competition.

[1117] Zusätzlich fand sich der Aufdruck: „10 years in Scotland makes all the difference" auf dem Etikett.

[1118] Long John International Ltd v Stellenbosch Wine Trust (Pty) Ltd, 1990 4 SA 136 (D) 150; vgl. auch Van Heerden/Neethling, S.159.

[1119] William Grant and Sons Ltd v Cape Wine and Distillers Ltd, 1990 3 SA 897 (C); Long John International Ltd v Stellenbosch Wine Trust (Pty) Ltd, 1990 4 SA 136 (D) 150.

[1120] 1905 TS 472 475; *Van Heerden/Neethling*, S.187 (Fn. 226 m.w.N.).

[1121] 1990 4 SA 136 (D) 150.

Verbreitungsmedium, Empfänger, Identität des Werbenden, etc. Meinungsumfragen finden kaum Berücksichtigung, oftmals wird jedoch ein „typischer Repräsentant“ der angesprochenen Verkehrskreise als Zeuge vernommen[1122]:

> *L A Erasmus, a 38-year-old farmer who hails from outside Krugersdorp in the Transvaal, has been drinking whisky for some 10 years, always Scotch whisky and mainly 'White Horse Whisky'. In early September 1989 he had occasion to visit a local bottle-store to buy some whisky to supplement what he had at home. His eye fell upon some promotional material for 'Macleans Gold Label Whisky', and he purchased a bottle. He read no more of the label, which three seconds, than the name 'Macleans', which name he recognised as being Scottish, and recalling an advertisement for this brand with a Scottish connotation, and presuming thus that this was a Scotch whisky (and wanting a Scotch whisky, and no whiskey of any other origin) he bought the bottle. The witness told the Court that, on leaving the bottle-store in the company of his wife, he was approached by a lady who questioned him as to what he had bought and as to its origin, and he told her, believing this to be true, that he had bought a bottle of Scotch whisky [...] the witness had not found the taste unpleasing; nevertheless he was adamant that the only standard of whisky acceptable to him was Scotch whisky and that he would not have bought the bottle he did on that occasion had he known it was South African whiskey or a blend of Scotch whisky and a local product. 'White Horse', he said, was becoming somewhat expensive and, had he not bought the bottle of 'Macleans Gold Label Whisky', he might well have bought a bottle of 'J&B' or a bottle of 'Grant's Finest'.*

Bei der Beurteilung differenzieren die Gerichte nach den angesprochenen Verkehrskreisen[1123]. Sie versuchen nicht, das Verständnis eines hypothetischen Durchschnittssüdafrikaners zu ermitteln, sondern legen je nach Art der Werbung, den Besonderheiten der Leistung oder Ware und den Kenntnissen der Werbeadressaten eine spezifisch verkehrseigene Betrachtungsweise zugrunde. Regelmäßig wird beispielsweise danach unterschieden, ob sich eine Werbung schwerpunktmäßig an schwarze oder weiße Verbraucherschichten richtet, um so dem in der schwarzen Bevölkerungsschicht vorherrschenden geringen Bildungsniveau oder kulturellen Unterschieden Rechnung zu tragen[1124]:

> *It is not surprising that the racial and cultural diversity to be found in this country has been referred to in the evidence. It was pointed out that blacks and whites present different customer profiles and that there are many members of the public who are, in differing degrees, illiterate. One of the greatest problems facing illiterate persons is their inability to cope as consumers.*

Wenn der Kaufgegenstand für ein breites Publikum, insbesondere für scharze Bevölkerungsschichten relevant ist, wird der Richter eine geringere Eingriffs-

---

[1122] 1990 3 SA 897 (C) 907.

[1123] Reckitt & Colman SA (Pty) Ltd v SC Johnson Son SA (Pty) Ltd, 1993 2 SA 307 316: A rule of long standing requires that the class of persons who are likely to be the purchasers of the goods in question must be taken into account in determining whether there is a likelihood of confusion or deception.

[1124] Reckitt & Colman SA (Pty) Ltd v SC Johnson Son SA (Pty) Ltd, 1993 2 SA 307 316.

schwelle zugrunde legen. Bei Werbung für ein spezielles Publikum bzw. für teuere Produkte wird er hingegen auch Sonderwissen berücksichtigen.

In der Entscheidung *Stellenbosch Farmers' Winery Ltd v Stellenwale Winery (Pty) Ltd*[1125] hatte das Gericht zu entscheiden, ob eine Verwechslungsgefahr zwischen zwei Weinen besteht. Es verneinte diese aufgrund der Tatsache, da es sich um zwei hochwertige und teure Weine handelte, deren typische Käufer besonders aufmerksam und informiert seien. In einer anderen Entscheidung[1126] wurde eine Irreführung verneint, weil sich die Werbung für pharmazeutische Produkte an Fachkreise richtete.

(b) Marktschreierei als Rechtfertigungsgrund („puffing")

In Irreführungsfällen spielt der Rechtfertigungsgrund der Marktschreierei, das so genannte *puffing*, eine wichtige Rolle[1127]:

> *...it is commonly accepted that an advertiser frequently paints what he has to offer in glowing and exaggerated colours and with extravagant laudatory phraseology.*

Fällt eine Werbeaussage in den Anwendungsbereich der Marktschreierei, wird sie als nicht sachlich und nachweisbar angesehen. Richter *Van Schalkwyk* gibt folgende Erklärung[1128]:

> *If I say that my pills are 'worth a guinea a box' (though this again is, in a sense, a statement of fact), no one could possibly understand the expression as referring to anything but my confident opinion of the intrinsic merits of the pills, or a 'guinea' as more than a mere laudatory phrase, but if I say my 'bile beans' contain a new ingredient discovered by such and such an explorer in such and such a tropical country, or that my 'carbolic smoke ball' is a prophylactic against catching a cold, if used so many times, I am stating facts, and cannot escape liability, if the facts are false, by urging that they were embedded in a mass of encomiastic generalities.*

Dieses allgemeine Prinzip ist dem englischen common law entsprungen und wurde von Richter Nicholas in der Entscheidung *Post Newspapers (Pty) Ltd v World Printing and Publishing Co Ltd*[1129] für das südafrikanische Rechtssystem übernommen[1130] und sich hierbei auf die englische Entscheidung *White v Mellin*[1131] berufen.

[1125] 1957 4 SA 234 (C) 242.

[1126] Adcock-Ingram Laboratories Ltd v SA Druggists Ltd, Adcock-Ingram Laboratories Ltd v Lennon Ltd, 1983 2 SA 350 (T).

[1127] Post Newspapers (Pty) Ltd v World Printing and Publishing Co Ltd, 1970 (1) SA 454 (W) 461.

[1128] Elida Gibbs (Pty) Ltd v Colgate Palmolive (Pty) Ltd, 1988 (2) SA 350 (W) 359.

[1129] 1970 (1) SA 454 (W).

[1130] 1970 (1) SA 454 (W) 456: In my respectful opinion, those are sound and cogent reasons for applying a similar principle to South Africa, where too, so far as I have been able to dis-

Je spezifischer und sachlicher eine Aussage, desto eher wird sie als Tatsachenbehauptung eingestuft und muss dann dem Wahrheitsgebot genügen. Hierzu Richter *Nicholas*[1132]:

> *But where a trader does not limit himself to a comparison of his goods with those manufactured by another trader and a mere statement that they are inferior to his own, but makes some untrue statement of fact about his rival's goods – for example, states that they are rotten or contain deleterious ingredients – an action on the case will lie....*

Es gibt also Grenzen zulässiger Übertreibung. Dies wird in der Entscheidung *Spinner Communications v Argus Newspaper Ltd*[1133] deutlich. Der Beklagte Herausgeber des Stadtmagazins „Star Magazin“, der Kläger des Konkurrenzproduktes „Hello Johannesburg“. Der Beklagte hatte die Auflage seiner Publikation fälschlicherweise mit 80.000 anstelle von 50.000 angegeben. Richter *Van Schalkwyk* folgte dem Antrag auf Klageabweisung unter Berufung auf Marktschreierei („*trade puffery*“) wegen der gravierenden Differenz nicht[1134]:

> *I am also not impressed by the argument that the exaggeration of circulation figures is mere puffery. There are circumstances, no doubt, where, depending upon the magnitude of the exaggeration, such an extravagant statement may be described as no more than a puff. The difference, however, between a circulation of 50 000 and 80 000 is of such a magnitude that it would be described as material.*

Zusammenfassend lässt sich also folgende Regel formulieren: Die Grenze zwischen allgemeinem Werturteil, subjektiver Meinungsäußerung und konkreter Sachaussage ist im südafrikanischen Wettbewerbsrecht nicht exakt festzustellen. Gewisse Unwahrheiten bzw. Irreführungen werden hingenommen und auch dem

cover, no case has been reported which was based on a puffing advertisement.

[1131] Im Fall *White v Mellin* hatte ein Apotheker an die Kindernahrung der Klägerin Werbezettel geheftet, mit denen er auf ein Alternativprodukt aufmerksam machen wollte, welches nach seiner Auffassung gesünder und nahrhafter als jedes andere auf dem Markt erhältliche Produkt sei; *White v Mellin*, 1895 AC 154 165: *If the only false statement complained of is that the defendant's goods are better than the plaintiff's, such a statement is not actionable, even if the plaintiff is damnified by it. [...] I am dealing with the class of cases which is now before us, where the only disparagement consists in vaunting the superiority of the defendant's own goods. [...] Just consider what a door would be opened if this were permitted. That this sort of puffing advertisement is in use is notorious; and we see rival cures advertised for particular ailments. The Court would then be bound to enquire, in an action brought, whether this ointment or this pill better cured the disease which it was alleged to cure - whether a particular article of food was in this respect or that better than another. Indeed, the courts of law would be turned into a machinery for advertising rival productions by obtaining a judicial determination which of the two was the better.*

[1132] 1970 (1) SA 454 (W) 456.

[1133] 1996 4 SA 637 (W).

[1134] 1996 4 SA 637 (W) 643.

Beweis zugängliche Angaben über das eigene Produkt können als Marktschreierei gerechtfertigt werden.

3. Irreführung über das fremde Produkt („injurious falsehood")

(a) Grundlagen

Unwahre Aussagen über das Angebot eines Wettbewerbers sind seit der Entscheidung *Dun and Bradstreet (Pty) Ltd v SA Merchants Combined Credit Bureau (Cape) (Pty) Ltd*[1135] als eigenständige Form unlauteren Wettbewerbs anerkannt. Anfänglich war noch unklar, ob der Anspruch wegen falscher Aussagen über einen Wettbewerber auf die *lex aquilia* gestützt werden kann[1136]. Daher bestand Unsicherheit hinsichtlich der subjektiven Voraussetzungen dieses Anspruchs[1137]. Spätere Entscheidungen[1138] bestätigten die Anwendbarkeit der *lex aquilia*, so dass Ansprüche nun auch bei lediglich fahrlässigem Handeln möglich sind.

(b) Bezugnahme/Erkennbarkeit

Da ältere Entscheidungen vom Vorsatzerfordernis ausgegangen waren, behandeln diese ausschließlich Konstellationen, in denen sich der Werbende konkret auf einen bestimmten Wettbewerber bezogen hatte. Es ist allerdings nicht ersichtlich, dass eine namentliche Nennung des Produkts oder des Wettbewerbers notwendige Voraussetzung eines Anspruchs aus *injurious falsehood* wäre[1139]. Soweit sich eine Falschaussage auf eine unbestimmte Gruppe oder die Gesamtheit der Konkurrenz bezieht, wird ein Anspruch mangels individueller Betroffenheit aber nicht durchgreifen.

Auch wenn sich eine Falschaussage konkret auf einen Wettbewerber bezieht, kann sich die Marktschreiereirechtsprechung dahingehend auswirken, dass eine Bezugnahme im rechtlichen Sinne zu verneinen ist. Vornehmlich Recwird dies auf falsche Alleinstellungs- und Spitzenstellungsbehauptungen zutreffen[1140], kann aber auch – wie der Fall *Post Newspapers*[1141] zeigen wird – konkrete Vergleichsbehauptungen betreffen.

[1135] 1968 (1) SA 209 (C) 216; *Van Heerden/Neethling*, S.283.

[1136] *GA Fichardt Ltd v The Friend Newspapers Ltd*, 1916 AD 1, 6 f. in der eine falsche Äußerung über einen Wettbewerber auf die personenlichrechtliche Haftungsgrundlage *actio iniuriarum* gestützt wurde.

[1137] Ein Anspruch auf Grundlage der *actio injuriarium* setzt ein absichtliches Handeln bzw. direkten Vorsatz voraus, wohingegen für Ansprüche auf Grundlage der *lex aquilia* auch fahrlässiges Handeln genügt; vgl. auch *Van Heerden/Neethling*, S.288 f.

[1138] Matthews v Young, 1922 AD 492; Universiteit von Pretoria v Tommie Meyer Films (Edms) Bpk, 1977 (4) SA 376 (T) 385.

[1139] Vgl. zum englischen Recht *Hartlage*, Vergleichende Werbung in England und Deutschland, 1997, S.96 f; *Hasselblatt*, S.111 ff.

[1140] *Woker*, S.60 f.

[1141] 1970 (1) SA 454 (W).

(c) Irreführung/Unwahrheit

Das südafrikanische Wettbewerbsrecht stellt hohe Anforderungen an das Vorliegen einer Irreführungsgefahr aufgrund bezugnehmender Aussagen. Die Leitentscheidung ist *Post Newspapers*[1142].

Dem Fall lag folgender Sachverhalt zugrunde: Der für das Anzeigengeschäft der Zeitung „The World" zuständige Direktor hatte eine Marktstudie über die Verbreitung der drei führenden Tageszeitungen unter den Bewohnern des Townships Soweto in Auftrag gegeben. Die Ergebnisse der Studie wurden in einem Schreiben an potentielle Anzeigenkunden versandt. Es wurden drei Behauptungen aufgestellt[1143]: (1) kein anderes Medium habe eine größere Verbreitung unter der schwarzen Bevölkerung Sowetos, (2) „The World" sei im Vergleich zur Zeitung „Post" das effektivere Werbemedium um die schwarze Bevölkerung zu erreichen, (3), und dass lediglich 3,4 Prozent der Bewohner Sowetos ausschließlich die Zeitung "Post" lesen würden.

Die „Post" beantragte eine Unterlassungsverfügung[1144], da der Vergleich nicht repräsentativ sei, weil er auf einer Umfrage basierte, in der lediglich ein einzelnes Township befragt wurde. Weiterhin sei es unzulässig eine Tageszeitung mit einer Wochenzeitschrift zu vergleichen.

Richter *Nicholas* stufte die Aussagen (1) und (2) als Marktschreierei ein[1145]. Er orientierte sich an der englischen Entscheidung *White v Mellin*[1146], trotz massiver Konkurrentenkritik und einem nachweisbarem Schaden des Konkurrenten ist in dieser Entscheidung festgestellt worden, dass Marktschreierei der gerichtlichen Überprüfung nicht unterliegt, soweit die Besserstellung der eigenen Leistung im Vordergrund steht.

Die Behauptung zu (3) stufte *Nicholas* als sachliche Aussage ein, da hier die Besserstellung der eigenen Leistung nicht im Vordergrund stand. Daher dürfe die Vergleichsaussage nicht unrichtig sein, aber auch dies habe der Kläger nicht dargelegt, denn selbst wenn die Umfrage nicht korrekt gewesen sein sollte, würde sich daraus nicht notwendigerweise ergeben, dass die daraus gezogenen Schlussfolgerungen falsch seien[1147]:

> *There are, however, statements in annexure 'B' which amount to a disparagement of Post as an advertising medium. Thus, it is said that, 'only 3.4 per cent of the population of Soweto read Post and not The World or The Star', and that, 'the addition of Post brings no worthwhile additional coverage'. If these statements were shown prima facie*

[1142] Post Newspapers (Pty) Ltd v World Printing and Publishing Co Ltd, 1970 (1) SA 454 (W).

[1143] 1970 (1) SA 454 (W) 458.

[1144] 1970 (1) SA 454 (W) 455.

[1145] 1970 (1) SA 454 (W) 459: To the extent that the statements complained of involve merely a comparison of The World and Post, they are not actionable.

[1146] [1895] A.C. 154, H.L; vgl. auch *Hubbuck v Wilkinson*, [1899] 1 Q.B. 86, C.A.

[1147] 1970 (1) SA 454 (W) 459; Unterstreichungen des Verfassers.

to be untrue, the applicant would be entitled to relief. (Cf. Lyne v Nicholls, (1906) 23 T.L.R. 86 (Ch.)). Hine does not, however, say that these statements are untrue, nor is there any evidence that they are untrue. The highest at which Hine can put it, is that the third respondent's survey report does not support the conclusions. But even if Hine's criticisms are well founded (on which, as I say, I express no opinion), it does not follow that the conclusions are false. It is an error to say that false premises must logically lead to propositions that are false: it is plain that a good cause may have bad reasons offered in its behalf.

Auch in der Entscheidung *Elida Gibbs (Pty) Ltd v Colgate Palmolive (Pty) Ltd*[1148] hat Richter *Van Schalkwyk* deutlich gemacht, dass eine Falschangabe substantiell sein muss, um einen Anspruch aus *injurious falsehood* zu begründen[1149]:

A merchant might have implicit faith in a home-remedy which he begins to market in competition with an established brand at a fraction of the price of the latter. If the home-remedy has the attributes claimed for it, then the competition remains fair although potentially ruinous to the competitor. If, however, it transpires that the home-remedy has none of the attributes claimed, then the public, who are being induced to buy the cheaper commodity, are being misled and the ruination of the competitor is, in a fundamental sense, unfair ... I do not intend to convey that every minor misstatement would be actionable at the suit of a competitor who is aggrieved thereby. To do so would be an invitation to trade rivals to extend the arena of their competition into the courts of law. Where, however, a misstatement of fact relates to a fundamental or intrinsic quality of the wares to be sold, thereby providing the advertiser with a competitive advantage, a plaintiff should not be non-suited merely because the deception was innocent.

(d) Auffassung von Van Heerden/Neethling

Van Heerden/Neethling kritisieren die *Post Newspapers*-Entscheidung wegen der „blinden Orientierung“ am englischen Recht[1150]. Sie bemühen das Argument des „Richters in eigener Sache“ und vertreten die Auffassung, dass jedem Vergleich eine Unwahrheit bzw. Irreführung immanent ist[1151], da Vergleiche regelmäßig nicht vollständig sind, bzw. nur die eigenen Vorteile hervorheben[1152]. Irreführungen können auch dadurch entstehen, dass unbedeutende Produkteigenschaften verglichen würden, Vergleiche auf nicht repräsentativen Warentests beruhen[1153], oder Produkte unterschiedlicher Preisklassen oder Qualitäten gegenübergestellt werden[1154].

Van Heerden/Neethling beurteilen vergleichende Werbungen also strenger, als es in Anbetracht der im südafrikanischen Recht anerkannten Marktschreierei-

---

1148 1988 (2) SA 350 (W).

1149 1988 (2) SA 350 359; Unterstreichungen des Verfassers.

1150 Van Heerden/Neethling, S.303.

1151 *Van Heerden/Neethling*, S.305: “... it will very seldom be possible to prove the absolute truth or falseness of a comparison“.

1152 So auch *De Jager/Smith*, S.72.

1153 Van Heerden/Neethling, S.305.

1154 *Neethling*, SA Mercantile LJ 1993, 306 ff. (309).

rechtsprechung zu vermuten gewesen wäre. Gleichwohl scheint *Neethling* die noch im Standardwerk *Van Heerden/Neethling*[1155] vertretene Auffassung der generellen Unzulässigkeit neuerdings einschränken zu wollen. Preisvergleiche identischer Markenprodukte sieht er mittlerweile als uneingeschränkt zulässig an, weil hierbei die Gefahr einer Irreführung nicht besteht[1156]. Vorstellbar sei zudem, dass die Kriterien der Richtlinie bzw. die weitgehend identischen Voraussetzungen des Selbstregulierungskodex auch für das südafrikanische Wettbewerbsrecht einen Weg aufzeigen, um das Irreführungspotential vergleichender Werbungen zu beschränken[1157].

II. Selbstregulierungsrecht

1. Irreführungstatbestand

Aufgrund der im Selbstregulierungsrecht geforderten Substantiierungsklausel ist die praktische Relevanz der Irreführungsbestimmung gering[1158]. Das Irreführungsverbot findet sich in Klausel 7.1.4, welche auf die allgemeine Bestimmung 4.2 verweist. Diese besteht aus einer Generalklausel, die zudem konkrete Einzelbeispiele aufführt:

> *Advertisements should not contain any statement or visual presentation which, directly or by implication, omission, ambiguity, or exaggerated claim, is likely to mislead the consumer about the product advertised, the advertiser, or about any other product or advertiser, in particular with regard to: characteristics such as nature, composition, method and date of manufacture, fitness for purpose, range of use, quantity, commercial or geographical origin; value of total price actually to be paid; other terms of purchase, such as hire purchase and credit sale; conditions of delivery, exchange, return, repair and maintenance; the terms of any guarantee;· copyright and intellectual property rights, such as patents, trade marks, designs and models, and trade names; official or other recognition or approval, awards or medals, prizes or diplomas whether in South Africa or any other country.*

(a) Irreführungsgefahr

Auch im Selbstregulierungsrecht ist bereits die Gefahr einer Irreführung ausreichend („*is likely to mislead the consumer*"). Das Selbstregulierungsrecht rekurriert auf ein Verbraucherverständnis, welches an das Leitbild europäischer Ausprägung erinnert[1159]:

[1155] Van Heerden/Neethling, S.305.

[1156] Neethling, Persönliches Gespräch, 15.04.2003, Pretoria: In regard to comparisons of identical brands I must change my view and would think that this is 'Leistungswettbewerb', not being per se unlawful.

[1157] *Neethling*, Persönliches Gespräch, 15.04.2003, Pretoria.

[1158] Die Fragen der Irreführung werden implizit mit der Frage abgehandelt, ob die Beweise zur Substantiierung der Vergleichsaussage ausreichend sind, etwa in *Windhoek Light / Castle Light*, DIR, 06.11.2002; *Matrix Tracking / Netstar*, DIR, 22.05.2002; *Clarity / HTH*, DIR, 18.12.2002.

[1159] *Uthingo / Nandos*, AP, 07.11.2001.

An advertisement should be considered from the view point of the hypothetical, reasonable viewer or listener who is neither hypercritical nor over sensitive. That reasonable person is one who gives a reasonable meaning to the words used within the context of the advertisement as a whole and excludes a person who is prepared to give a meaning to those words which cannot reasonably be attributed thereto:

(b) Eigenständige Bedeutung

Der Großteil der Werbungen mit Irreführungspotential wird bereits der Substantiierungsklausel nicht genügen, kann der Werbende die vergleichende Aussage substantiieren, sieht die ASA wenig Spielraum für Irreführungen. So etwa im Hinblick auf die Aussage „The No.1 Preferred Light Beer[1160]". Gleiches ist in der Entscheidung *Matrix/Netstar*[1161] festzustellen. „Matrix“ hatte für sein GPS-basiertes System zum Lokalisieren und Wiederbeschaffen entführter Autos mit folgender Aussage geworben: „Interrogate your vehicle tracking company. You've got 30 seconds." „Netstar“ machte geltend, dass die Werbung den Eindruck erwecken würde, dass ein „Matrix“ gestütztes System in der Lage sei ein Fahrzeug binnen 30 Sekunden wiederzubeschaffen. Die ASA ist dem entgegengetreten, da der durchschnittliche Verbraucher die Werbung nicht dahingehend verstehen werde, dass sich die Aussage auf die Fähigkeit zur Wiederbeschaffung, sondern auf die Fähigkeit zur Lokalisierung eines Fahrzeugs bezieht.

Kritisch, und insoweit kommt dem Irreführungsverbot eigenständige Bedeutung zu, ist die ASA, wenn die Vergleichsgrundlagen nicht identisch sind. Ein Direktversicherer hatte auf die 15 % Maklergebühr der klassischen Versicherer hingewiesen und Verbraucher zum Vergleich aufgefordert: "You need to ask yourself: Am I getting value for my money?“[1162]. Die Werbung wurde untersagt, da sie nach Auffassung der ASA den Eindruck einer Gleichwertigkeit der angebotenen Leistungen hervorrufe, und damit die Tatsache verschweige, dass klassische Versicherer zusätzliche Leistungen erbringen würden.

In der Entscheidung *Tempest Car Hire*[1163] wurde ein Preisvergleich mit den Raten des Wettbewerbers A („Avis") als irreführend eingestuft, weil der Werbung nicht eindeutig entnommen werden konnte, welche Fahrzeugkategorien miteinander vergleichen wurden.

(c) Marktschreierei als Rechtfertigungsgrund

Im Bereich der nicht vergleichenden Werbung ist wie im Bereich des Wettbewerbsrechtes eine Berufung auf Marktschreierei möglich[1164]. In einem Fernseh-

---

1160 Windhoek Light / Castle Light, DIR, 06.11.2002.

1161 Matrix Tracking / Netstar, DIR, 22.05.2002.

1162 Outsurance / The South African Financial Service Intermediaries Association, DIR, 21.11.2001.

1163 *ASA*, Rulings & Reasons 1995/Nr.1.

1164 Anders nur in der Entscheidung *Slumberland / Rest Assured*, DIR, 31.01.2002 im Hinspot hatte eine erfolgreiche südafrikanische Schauspielerin zur hohen Vergewaltigungsrate im Lande Stellung bezogen[1165]. Verbraucher hatten sich darüber beschwert, dass der Spot den Eindruck entstehen lasse, südafrikanische Männer seien potentielle Vergewaltiger. Die ASA sah in dieser nicht vergleichenden Aussage eine zulässige Übertreibung[1166]. Diese Grundsätze gelten nicht für vergleichende Werbungen, hier lässt die ASA eine Berufung auf Marktschreierei[1167] nicht zu[1168]. Insoweit wird ein signifikanter Unterschied zum südafrikanischen Wettbewerbsrecht deutlich, da dort Marktschreierei auch für vergleichende Werbungen von erheblicher praktischer Relevanz ist.

---

blick auf die Spitzenstellungsaussage „The Most Comfortable Bed", in der eine Irreführung mangels Substantiierung unter Berufung auf Marktschreierei verneint wurde: *The Directorate is of the view that the phrase 'The Most Comfortable Bed in the World' is subjective and as such is not capable of being objectively assessed. This is indicated by use of the words 'most comfortable' which is not an efficacy claim, but a subjective assessment that may differ from individual to individual. Advertising by its nature contains innuendo and puffing, and as such one cannot apply a literal and realistic claims test without becoming open to ridicule. A reasonable consumer would not accept that the phrase 'The Most Comfortable Bed in the World' constitutes a matter of fact. As the phrase is likely to be interpreted as the respondent's subjective assessment of its product, the phrase clearly constitutes puffery that cannot be taken literally. In the circumstances the respondent's advertising has no likelihood of misleading consumers, and is not in contravention of the Code.*

1165 Charlize Theron SA Men, AP, 22.10.1999, folgender Fernsehspot wurde gesendet: Hey, I am Charlize Theron. People often ask me what the men are like in South Africa. Well if you consider that more women are raped in South Africa than in any other country in the world, that one out of three woman will South Africa and perhaps worst of all that the rest of the men in South Africa seem to think that rape isn't their problem. It's not that easy to say what men in South Africa are like because there seem to be so few of them out there. Real men don't rape!.

1166 Charlize Theron SA Men, AP, 22.10.1999: Generally it is accepted that advertisers use a certain amount of hyperbole in the description of their goods or, as in this case, advancing a cause and an advertisement should therefore be looked at with 'a large pinch of salt'. (Vide de Beers Abrasive Products Limited and others vs. International General Electric Company of New York and another (1975) AER Page 589 at Page 604 to 605.) In that case reference is made to the well-known example of three tailors who put notices in their respective adjoining windows reading 'The best tailor in the world', 'The best tailor in this town' and 'The best tailor in this street'. None of the three was held to be an actionable wrong. Advertising by its nature contains innuendoes and ambiguity and as such one cannot apply a literal and realistic claims test absolutely without becoming open to ridicule. Is it an actual deception to advertise 'Danishpastries', which are made in South Africa? On the above tests, obviously it is not. In addition the ASA has to look at advertisements in the context of the constitutional right of freedom of expression subject to the limitations placed on that right by section 36 of the constitution.

1167 Cl. II 4.2.2: Obvious untruths, harmless parody or exaggerations, intended to catch the eye or to amuse, are permissible provided that they are clearly to be seen as humorous or hyperbolic and are not likely to be understood as making literal claims for the advertised product.

1168 *Vos*, Persönliches Gespräch, 16.04.2003, Johannesburg.

C) Rechtsvergleichende Zusammenfassung

I. Verwechslungsschutz

Im Bereich des kennzeichenrechtlichen Verwechslungsschutzes der Fallgruppe *passing off* ist das südafrikanische Wettbewerbsrecht liberal. Es stellt hohe Anforderungen an den Ruf, die Bekanntheit und das Vorliegen einer Verwechslungsgefahr. Es sind kaum Konstellationen vorstellbar, in denen eine vergleichende Werbung einen *passing off*-Anspruch auslösen kann. Es zeigen sich deutliche Wertungsunterschiede zum südafrikanischen Markenrecht, welches jede Benutzung eines fremden Kennzeichens unabhängig vom Vorliegen einer Verwechslungsgefahr untersagt.

Im deutschen Recht besteht hingegen weitgehende Übereinstimmung zwischen den wettbewerbs- und markenrechtlichen Wertungen des Verwechslungsschutzes. § 2 Abs. 2 Nr. 3 UWG scheint den Kreis der vor Verwechslungen geschützten Objekte weiter als das Markenrecht zu ziehen, stellt dafür aber möglicherweise höhere Anforderungen an das Vorliegen einer Verwechslung. Im Unterschied zum südafrikanischen Recht sind die Eingriffsvoraussetzungen geringer, denn im Rahmen des § 2 Abs. 2 Nr. 3 UWG wird weder ein besonderer Ruf, noch eine bestimmte Bekanntheit vorausgesetzt. Auch insgesamt dürften die Anforderungen an das Vorliegen einer Verwechslungsgefahr geringer sein.

Praktisch hat der Verwechslungsschutz sowohl im deutschen, als auch im südafrikanischen Recht nur sehr untergeordnete Bedeutung für die Regulierung vergleichender Werbungen.

II. Irreführungsschutz

Das südafrikanische Wettbewerbsrecht verbietet unwahre und irreführende Aussagen über Wettbewerber bzw. dessen Leistungen. Allerdings kennt das südafrikanische Wettbewerbsrecht im Unterschied zum deutschen Recht kein grundsätzliches Wahrheitsgebot. Es unterscheidet zwischen Äußerungen über das eigene und das fremde Angebot. Aussagen über das eigene Angebot werden weniger streng beurteilt, was auf die Anwendbarkeit des Rechtfertigungsgrundes der Marktschreierei zurückzuführen ist. Soweit eine vergleichende Aussage primär die eigene Leistung in den Vordergrund stellt, ist der Anwendungsbereich der Marktschreierei eröffnet, die Vergleichsaussage ist in diesem Fall nicht justiziabel.

Marktschreiereien werden als Meinungsäußerungen eingestuft. Das südafrikanische Recht ist also großzügig, wenn es um die Abgrenzung zwischen Meinungsäußerungen und Tatsachenbehauptungen geht. Eine Tatsachenbehauptung wird erst angenommen, wenn sich eine Aussage konkret auf bestimmte Merkmale oder Eigenschaften eines Wettbewerbers bezieht. Gerade Alleinstellungs- oder Spitzenstellungsaussagen bedürfen daher keines Nachweises. Auch wenn die Werbung konkret auf bestimmte Wettbewerber abzielt, sind Irreführungen bzw.

Unwahrheiten in gewissem Umfang zulässig, denn auch diese Aussagen fallen in den Anwendungsbereich der Marktschreierei, solange die Besserstellung der eigenen Leistung im Vordergrund steht. Dies gilt beispielsweise dann, wenn der Wettbewerber aus der sachlichen Vergleichsaussage eigene Schlussfolgerungen zieht. Der Spielraum für Unwahrheiten ist zwar geringer als bei Aussagen über das eigene Angebot, gleichwohl trägt der betroffene Mitbewerber die Beweislast für die substantielle Falschaussage. Zudem fordert das südafrikanische Wettbewerbsrecht auch bei Vergleichen, die nicht in den Anwendungsbereich der Marktschreierei fallen, kein Vollständigkeitsgebot.

Das Verbraucherleitbild des südafrikanischen Rechtes dürfte dem europäischen Leitbild nahe stehen, da es es sich um ein normatives Verbraucherleitbild handelt. Allerdings ist das normative Verbraucherleitbild empirisch fundiert, weil der südafrikanische Richter regelmäßig Zeugen anhört, die nach seiner Auffassung repräsentativ für den potentiellen durchschnittlichen Verbraucher („*ordinary purchaser*") sind. Das südafrikanische Wettbewerbsrecht legt den Grundsatz der verkehrseignen Betrachtungsweise zugrunde und unterscheidet im Einzelfall über die Eingriffschwellen. Hier können erhebliche Unterschiede bestehen, insoweit spiegelt das Verbraucherleitbild die südafrikanische Gesellschaft wieder.

Im südafrikanischen Selbstregulierungsrecht ist eine Berufung auf Marktschreierei unzulässig. Die Irreführungsbestimmung hat aufgrund des weiten Anwendungsbereichs der Substantiierungsklausel und der damit verbundenen Beweislastumkehr wenig Bedeutung. Irreführungen beziehen sich typischerweise auf Vergleiche nicht identischer oder substituierbarer Leistungen (vgl. *Tempest Car Hire und Outsurance / The South African Financial Services*). Vergleiche, die auf substantiierten Test- oder Umfrageergebnissen beruhen, werden ohne weiteres akzeptiert. In diesem Bereich ist das Selbstregulierungsrecht liberaler als das deutsche Recht, wie eine Gegenüberstellung der Entscheidungen *Handzahnbürste* und *Colgate vs. Aquafresh* zeigt.

Der EuGH hat mit der *Pippig Augenoptik*-Entscheidung die Frage nach der Möglichkeit eines strengeren nationalen Irreführungsschutzes verneint. Aufgrund des grundsätzlichen Bekenntnisses des BGH in Richtung des europäischen Verbraucherleitbildes sind die Auswirkungen dieser Entscheidung weniger gravierend als vermutet. Das Verbraucherleitbild des § 3 S.2 UWG steht somit einer restriktiven Anwendungspraxis der Irreführungsbestimmung entgegen. Es wird zudem teilweise an das Verständnis der von der vergleichenden Werbungen angesprochenen Verkehrskreise, also Fachkreise, Kinder, etc. (Grundsatz der verkehrseignen Betrachtungsweise), anzupassen sein.

Die Bestimmung der maßgeblichen Eingriffsschwelle (Relevanz) erfolgt vor dem Hintergrund der Prüfung der informationssichernden Kriterien (§ 2 Abs. 2 Nr.1, 2 UWG), insbesondere in Wechselwirkung zum Informationsgehalt der Werbung (dynamische Quote). Zudem können aus § 3 S.2 UWG auch

Informationsgebote folgen, so beispielsweise beim Vergleich nicht identischer Produkte, hier ist ein irreführendes Unterlassen ohne weiteres möglich.

Allerdings kommt § 3 S.2 UWG im Unterschied zum südafrikanischen Recht eine beschränktere Funktion zu, da wesentliche Aspekte der vormals im Irreführungsbereich angesiedelten Problemkonstellationen von den speziellen informationssichernden Kriterien des § 2 UWG erfasst werden. Je strengere Anforderungen an die informationssichernden Kriterien (Erste Stufe) gestellt werden, desto geringer ist der Anwendungsbereich bzw. die Bedeutung der Irreführungsbestimmung. § 3 S.2 UWG hat insoweit vornehmlich eine Auffangfunktion.

10. Teil: Herabsetzungsschutz

A) Deutschland

Der Gesetzgeber hat die in der Richtlinie vorgesehene Trennung zwischen einem Diffamierungs- und einem Rufausbeutungstatbestand aufgehoben und sich bei der Umsetzung am Schutzgegenstand der einzelnen Regelungen orientiert. In § 2 Abs. 2 Nr. 4 UWG wurden die kennzeichenbezogene Regelungen zusammengefasst. § 2 Abs. 2 Nr. 4 2. Alt. UWG enthält den kennzeichenrechtlichen Diffamierungstatbestand, § 2 Abs. 2 Nr. 5 UWG regelt mögliche Diffamierungen der Verhältnisse eines Mitbewerbers. Die Praxis bestätigt die im Vorfeld vorgebrachten Bedenken, dass die Umsetzung „wenig glücklich" sei[1169], denn § 2 Abs. 2 Nr. 4 UWG wird häufig als „reiner Rufausbeutungstatbestand" verstanden[1170].

Es gilt zu klären, ob im Rahmen von § 2 UWG wie bei der alten Rechtsprechung eine kategorische Einstufung der Werbung erfolgt, diese also entweder nach Diffamierungs- oder Rufausbeutungsgesichtspunkten beurteilt wird. Gegen eine fallgruppenorientierte Abgrenzung spricht die weitgehende Überschneidung der Anwendungsbereiche1171. Eine Abgrenzung nach Fallgruppen erscheint zudem nicht zwingend notwendig, da die Prüfungsmaßstäbe bzw. -systematik der Bestimmungen weitgehend identisch sind. Mit einer Einstufung als vorwiegend rufausbeutend, ist also nicht automatisch ein Unlauterkeitsurteil verbunden[1172]. Eine Werbung sowohl an der Diffamierungsklausel und der Rufausbeutungsbestimmung zu messen, ist ohne Wertungswidersprüche möglich.

Die Rechtspraxis scheint aus Gründen der Vereinfachung gleichwohl an einer fallgruppenorientierten Abgrenzung festzuhalten[1173]. Sie prüft in der Regel entweder die eine oder andere Bestimmung, je nachdem, wo der Schwerpunkt der Aussage oder des äußeren Erscheinungsbildes liegt.

I. Schutzobjekte

§ 2 Abs. 2 Nr. 5 UWG verbietet Diffamierungen von Waren, Dienstleistungen und Verhältnissen eines Mitbewerbers, während § 2 Abs. 2 Nr. 4 2. Alt. UWG

[1169] Empfehlungen der Ausschüsse, BR-Drucks. 128/1/00, S.3; Stellungnahme des Bundesrats, BR-Drucks. (Beschluß) 128/00, S.2

[1170] BGH, WRP 2003, 637 ff. (639) – Ersetzt; auch bei *Köhler/Piper*, § 2 Rn.50.

[1171] Kritisierende Werbung werden oftmals zugleich einen Rufausbeutungseffekt aufweisen, denn derjenige der kritisiert sagt zugleich aus, man könne die positiven Erwartungen die mit dem Wettbewerber verbunden werden auf den Werbenden übertragen und darüber hinaus „noch mehr" erwarten. Der anlehnende Vergleich eines billigen no-name Produkts mit einem teueren Markenprodukt verfügt neben der Rufausbeutungskomponente über ein negatives Element, denn die mit dem Markenprodukt verbundenen besonderen Qualitätsvorstellungen der Verbraucher werden enttäuscht; *Ziervogel*, S.113; *Rößler*, Rufausbeutung, S.166.

[1172] *Ziervogel*, S.115 f.

[1173] Ähnlich auch *Freund*, S.148.

den Schutz von Kennzeichen regelt. EinE Beschränkung auf bekannte Marken kennt § 2 UWG im Unterschied zum Markengesetz nicht.

Die überwiegende Literatur[1174] will den wettbewerbsrechtlichen Kennzeichenbegriff wegen des Richtlinienmerkmals der „anderen Unterscheidungszeichen" weiter als den Kennzeichenbegriff des Markenrechts auslegen. Schutzvoraussetzung ist lediglich eine gewisse Verkehrsbekanntheit dieser herkunftshinweisenden Merkmale[1175]. Die Bestimmung soll grundsätzlich alle Merkmale umfassen, die der Unterscheidung von Produkten und Anbietern dienen[1176]. Auch der EuGH scheint in der *Toshiba Europe*-Entscheidung[1177] dieser weiten Auslegung zu zuneigen. Der Kennzeichenbegriff des § 2 Abs. 2 Nr. 4 UWG dürfte daher weiter als der wortlautgleiche Begriff des § 1 MarkenG sein[1178]. Vom Schutzbereich mit umfasst sind dann nicht eingetragene Marken ohne Verkehrsgeltung[1179], gegebenenfalls Werbekampagnen, Typenbezeichnungen, Farb- und Mustergestaltungen.

II. Diffamierungen

Die Diffamierungsbestimmung will die Interessen der in Bezug genommenen Konkurrenten schützen, ist also eine Kriterium der zweiten Stufe. Eine Herabsetzung ist die Verringerung der Wertschätzung eines Mitbewerbers und/oder seiner Leistungen. Die Verunglimpfung ist eine gesteigerte Form der Herabsetzung, etwa wenn der Verglichene oder seine Produkte verächtlich gemacht werden[1180]. Aus der Gleichstellung von Herabsetzung und Verunglimpfung lässt sich erkennen, dass hohe Anforderungen an das Vorliegen einer Herabsetzung zu stellen sind[1181]. Eine darüber hinausgehende eigenständige Bedeutung dürfte das Merkmal der Verunglimpfung allerdings nicht haben[1182].

Die Rechtsprechung hat gezeigt, dass ein sehr weitgehender Herabsetzungsschutz dazu führen kann, praktisch jede kritische Bezugnahme zu untersagen[1183]. Der Diffamierungsbestimmung muss ein anderes Verständnis zugrunde liegen, weil die restriktive Auslegung i.S.d. zu § 1 UWG entwickelten Rechtsprechung die mit der Richtlinie verfolgten Ziele konterkarieren würde[1184]. Einigkeit besteht darüber, dass ein bestimmtes Maß an Herabsetzung zulässig sein muss, um

---

[1174] *Eck/Ikas*, WRP 1999, 251 ff. (268); *Sack*, WRP 2001, 327 ff. (345).
[1175] *Eck/Ikas*, WRP 1999, 251 ff. (268); *Plaß*, WRP 1999, 766 ff. (769 f.).
[1176] *Eck/Ikas*, WRP 1999, 251 ff. (268).
[1177] EuGH, WRP 2001, 1432 ff. (1436 ErwG 49) – Toshiba Europe; zweifelnd *Ziervogel*, S.113, 119.
[1178] *Ziervogel*, S.113, 119.
[1179] *Sack*, WRP 2001, 327 ff. (345); *Plaß*, WRP 1999, 766 ff. (769).
[1180] *Köhler/Piper*, § 2 Rn.52; *Nordmann*, GRUR Int. 2002, 294 ff. (302).
[1181] BGH, WRP 2001, 1441 ff. (1443) – Preisgegenüberstellungen im Schaufenster; *Sack*, WRP 2002, 363 ff. (366); *Köhler/Piper*, § 2 Rn.53.
[1182] *Freund*, S.135.
[1183] *Henning-Bodewig*, GRUR Int. 1999, 385 ff. (392); *Beater*, Unlauterer Wettbewerb, S.411.
[1184] *Plassmann*, GRUR 1996, 377 ff (380); *Sack*, GRUR Int. 1998, 263 ff. (272).

den Zielsetzungen der Richtlinie, insbesondere dem Verbraucherschutz, Geltung zu verschaffen[1185]. Die Krux besteht darin, die divergierenden Interessenlagen der beiden Stufen optimal auszutarieren[1186]. Hier zeigt sich der Unterschied zu den Kriterien der ersten Stufe, bei deren Anwendung und Auslegung nach hiesigem Verständnis keine Mitbewerberinteressen zu berücksichtigen sind. In der *Vergleichen Sie*-Entscheidung[1187] hat der BGH einen Interessenausgleich vorgenommen, indem das Gericht feststellte, dass so genannte „vergleichsimmanente Herabsetzungen“ bei kritisierenden vergleichenden Werbungen unvermeidbar sind, und daher grundsätzlich keine Verbotsansprüche auslösen[1188]. Aus diesen Ausführungen lässt sich auf eine immer zulässige Untergrenze möglicher Diffamierung schließen.

III. Vergleichsimmanente Diffamierungen

Solange sich die Kritik am Konkurrenzprodukt lediglich als Spiegelbild der Herausstellung der Vorteile der umworbenen Produkte darstellt, ist sie zulässig, weil der kritisierenden vergleichenden Werbung immanent. Herabsetzend ist dagegen die darüber hinausgehende selbständige negative Bewertung des Produktes des Mitbewerbers und zwar unabhängig davon, ob dies explizit oder implizit geschieht[1189].

Ausgehend von der obigen Erläuterung, ist darzustellen, was sich hinter dem Stichwort der „vergleichsimmanenten Herabsetzung“ verbürgt.

(a) Erkennbarmachung

Die mit der Erkennbarmachung eines oder mehrerer Wettbewerber verbundene Herabsetzung, also die Bezugnahme als solche, fällt in den Bereich der zulässigen (vergleichsimmanenten) Herabsetzung[1190]. Hierbei spielt die Unmittelbarkeit der Erkennbarmachung keine Rolle. Der EuGH[1191] hat mehrfach darauf hingewiesen, dass die Richtlinie die Benutzung einer fremden Marke oder die namentliche Nennung zum Zweck der Identifikation ausdrücklich gestattet, dass dies in Einzelfällen sogar erforderlich sein kann, um Irreführungen zu vermei-

---

[1185] ErwG 7 der Richtlinie 97/55/EG, Abl.EG 1997 L290/18; *Eck/Ikas*, WRP 1999, 251 ff. (269); *Plaß*, NJW 2000, 3160 ff. (3167).

[1186] *Menke*, WRP 1998, 811 ff. (817); *Lindacher*, S.399 ff. (S.405).

[1187] BGH, GRUR 1999, 501 ff. – Vergleichen Sie.

[1188] *Plassmann*, GRUR 1996, 377 ff. (380); *Tilmann*, GRUR 1997, 790 ff. (797); *Gloy/Bruhn*, GRUR 1998, 226 ff. (237); *Eck/Ikas*, WRP 1999, 251 ff. (269); *Köhler/Piper*, § 2 Rn.53.

[1189] *Freund*, S.138.

[1190] *Henning-Bodewig*, GRUR Int. 1999, 385 ff. (392); *Nordmann*, GRUR Int. 2002, 294 ff. (302).

[1191] EuGH, WRP 2001, 1432 ff. (1435 ErwG 34) – Toshiba Europe; EuGH, WRP 2003, 615 ff. (620 ErwG 51, 52) – Pippig Augenoptik.

den[1192]. Der Werbende muss sich also nicht mit einer mittelbaren Bezugnahme begnügen[1193].

Im Hinblick auf die Suche nach einer Obergrenze zulässiger Herabsetzung kann die Unmittelbarkeit der Erkennbarmachung ein zu berücksichtigendes Abwägungskriterium sein.

(b) Preisvergleiche

Auch in der Anpreisung der Vorzüge der eigenen Leistung kann keine unzulässige Herabsetzung gesehen werden[1194]. Klassisches Beispiel ist der Preisvergleich, wie der BGH in der Entscheidung *Vergleichen Sie*[1195] deutlich macht:

> *Es liegt im Wesen eines Preisvergleichs, der die eigenen Erzeugnisse als preisgünstiger herausstellt, daß er zu Lasten derjenigen Mitbewerber geht, die ihre Produkte teurer anbieten. Das weiß der Verkehr, der aus der täglichen Praxis an unterschiedliche Preise gewöhnt ist. Er sieht in einem Preisvergleich noch keine Herabsetzung oder Verunglimpfung der teureren Mitbewerber, sondern empfindet ihn als Ausdruck eines funktionierenden Preiswettbewerbs.*

Diesen Grundsatz hat der BGH in der *Preisgegenüberstellungen im Schaufenster*-Entscheidung[1196] nochmals bekräftigt. Der EuGH hat dieses Verständnis in der *Pippig Augenoptik*-Entscheidung bestätigt[1197]:

> *Hinsichtlich des ersten Teils der Frage ist festzustellen, dass die Gegenüberstellung konkurrierender Angebote, insbesondere was die Preise anbelangt, der vergleichenden Werbung immanent ist. Folglich kann der Preisvergleich für sich genommen einen Bewerber, der höhere Preise verlangt, nicht im Sinne des Artikels 3a Absatz 1 Buchstabe e der Richtlinie 84/450 herabsetzen oder verunglimpfen.*

(c) Eigenschaftsvergleiche

Auch für die mit dem Eigenschaftsvergleich verbundenen Herabsetzungswirkungen gelten obige Grundsätze. Daher liegt keine Herabsetzung in der Tatsache, dass ein Generika-Hersteller in seiner Werbung auf die Förderung der Forschung hinweisst und damit impliziert, dass andere Generika-Hersteller keine pharmazeutische Forschung betreiben[1198].

[1192] ErwG 14,15 der Richtlinie 97/55/EG, Abl.EG 1997 L290/18.
[1193] *Köhler/Piper*, § 2 Rn.53.
[1194] BGH, GRUR 1998, 824 ff. (828) – Testpreis-Angebot; BGH, GRUR 1999, 1100 ff. (1102) – Generika Werbung; *Köhler/Piper*, § 2 Rn.53.
[1195] BGH, GRUR 1999, 501 ff. (503) – Vergleichen Sie.
[1196] BGH, WRP 2001, 1441 ff. (1443).
[1197] EuGH, WRP 2003, 615 ff. (622 f. ErwG 80).
[1198] BGH, GRUR 1999, 1100 ff. (1102) – Generika Werbung; *Köhler/Piper*, § 2 Rn.58.

Erforderlich ist nur, dass die Angaben wahr sind, denn der von unwahren Aussagen ausgehende Herabsetzungseffekt ist nicht vergleichsimmanent. Diese Fälle bedürfen keiner weiteren Erörterung, da sie bei einer Prüfung nach der hier vorgeschlagenen Prüfungsreihenfolge schon wegen der unvermeidlichen Irreführung als unlauter eingestuft werden. Gleiches gilt für Werbungen, die den Eindruck erwecken, die Preise des Wettbewerbers seien insgesamt überhöht[1199], obwohl sich der Vergleich tatsächlich nur auf speziell ausgewählte Produkte bezieht[1200].

(d) Anpreisungen

Die Ausklammerung der „vergleichsimmanenten Effekte" bei der Beurteilung erklärt auch, weshalb positive Aussagen über das eigene Leistungsangebot („Wir sind billiger") grundsätzlich weniger problematisch sind als negative Aussagen über das Angebot der Konkurrenz („Unsere Konkurrenz ist teurer").

In der *Vergleichen Sie*-Entscheidung[1201] wirkte sich daher positiv aus, dass sich der Werbende in seiner Vergleichsaussage deutlich zurückgehalten hatte, indem er nur zum Vergleich aufgefordert und die eigene Preisgestaltung als „akzeptabel" bezeichnet hatte. In der Werbeaussage „Ich ruf Dich zurück für die Hälfte" hatte das OLG Frankfurt a. M.[1202] keine Herabsetzung der Telekom gesehen, da die Hervorhebung der Preisgünstigkeit des eigenen Angebots im Vordergrund stand.

IV. Obergrenzen zulässiger Diffamierungen

1. Erforderlichkeitsprinzip

Es wurde an verschiedenen Stellen dieser Arbeit auf den funktionellen Ansatz des § 2 UWG hingewiesen, der seine Rückbindung vornehmlich in den Interessen der Verbraucher an Markttransparenz, also an kaufentscheidungsrelevanten Informationen, findet[1203]. Die Auswirkungen des insoweit gewandelten Lauterkeitsverständnisses sind in besonderem Maße bei der Diffamierungs- und Rufausbeutungsbestimmung spürbar.

Auf die Ausklammerung der „vergleichsimmanenten Effekte" wurde bereits eingegangen, nun stellt sich die Frage nach den Obergrenzen zulässiger Interessenbeeinträchtigung. Da der Informationsgehalt einer Werbung für die Auslegung und Anwendung der Diffamierungsklausel von entscheidender Bedeutung

[1199] *Plaß*, NJW 2000, 3160 ff. (3167).
[1200] WRP 2003, 615 ff. (620 ErwG 42) – Pippig Augenoptik.
[1201] BGH, GRUR 1999, 501 ff. (503).
[1202] GRUR 2000, 621 ff. (622) – Magentafarbender Pfeil.
[1203] *Hudelmaier*, S.70 ff.; *Menke*, WRP 1998, 811 ff. (817); *Micklitz/Keßler*, WRP 2003, 919 ff. (922); *Ohly*, GRUR 2003, 641 ff. (644) spricht vom „Modell der rationalen Verbraucherentscheidung".

ist, müssen die Obergrenze zulässiger Herabsetzung vom Informationsgehalt und Ergebnis vergleichender Werbungen abhängen[1204].

Die Diffamierungsklausel setzt daher ein Anwendungsprinzip voraus, welches die Berücksichtigung der Wechselwirkungen zwischen Informationsgehalt und Herabsetzungsmaß ermöglicht. Entsprechende Anwendungsprinzipien werden mit den Bezeichnungen „dynamische Wechselwirkung"[1205], „Nutzen-Schaden-Bilanzierung"[1206], „Verhältnismäßigkeitserwägungen"[1207] oder „Erforderlichkeitsprinzip"[1208] beschrieben[1209]:

> *Immer wenn vergleichende Werbung (1) dazu geeignet ist, rationales Verbraucherverhalten zu unterstützen und (2) den guten Ruf des betroffenen Konkurrenten nicht stärker beeinträchtigt als zu diesem Zweck erforderlich, gibt das Verbraucherinteresse den Ausschlag zugunsten der Zulässigkeit des Werbevergleichs.*

Den Prinzipien ist gemein, dass sie, befreit von sozialethischen Überlegungen von einer flexiblen Eingriffsschwelle ausgehen und Verbraucherinteressen als gleichwertiges oder vorrangiges Referenzinteresse im Rahmen der Einzelfallabwägung berücksichtigen[1210]. Wenn ein Mehr an Eingriff zu einem Mehr an Verbraucherinformation führt, steht dies im Einklang mit den vorbezeichneten Anwendungsprinzipien[1211]. Bei systematischer Vorgehensweise beschränkt sich die notwendige Abwägung auf eine „Erforderlichkeitsprüfung", denn die „Geeignetheit" bzw. der „Nutzen" stehen bereits fest, da die vorab geprüften Kriterien der ersten Stufe erfüllt wurden[1212].

(a) „Pippig Augenoptik"-Entscheidung

Die *Pippig Augenoptik*-Entscheidung[1213] hat das so genannte „Erforderlichkeitsprinzip" als Anwendungsprinzip der Diffamierungsklausel bestätigt. Der österreichische Oberste Gerichtshof wollte wissen, ob Artikel 3 a Abs. 1 lit. e) RL dahin auszulegen ist, „dass die Angaben zur Identifikation des Mitbewerbers auf

---

[1204] *Eck/Ikas*, WRP 1999, 251 ff. (270); *Köhler/Piper*, § 2 Rn.54.
[1205] *Eck/Ikas*, WRP 1999, 251 ff. (270); *Köhler/Piper*, § 2 Rn.54.
[1206] *Menke*, WRP 1998, 811 ff. (817); *Lindacher*, S.399 ff. (S.405).
[1207] *Ohly/Spence*, GRUR Int. 1999, 681 ff. (689); *Ohly*, GRUR 2003, 641 ff. (644).
[1208] Schlussanträge *Tizzano* Pippig Augenoptik v.12.09.2002 (ErwG 32), abrufbar unter www.curia.eu.int.
[1209] *Ohly/Spence*, GRUR Int. 1999, 681 ff. (689); *Ohly*, GRUR 2003, 641 ff. (644).
[1210] *Lindacher*, S.399 ff. (S.405).
[1211] BGH, WRP 2001, 1441 ff. (1445) – Preisgegenüberstellungen im Schaufenster; in dieser Richtung auch *Lindacher*, S.399 ff. (S.414).
[1212] Wenn *Sack*, WRP 2001, 327 ff. (346) vom „Gebot des schonensten Mittels" spricht, meint er damit nichts anderes; so auch *Köhler/Piper*, § 2 Rn.54: *Maßgebend ist, ob die Äußerung für den legitimen Zweck des Vergleichs (Unterrichtung der Verbraucher über die Vorteile des eigenen Angebots und damit Verbesserung der Markttransparenz) erforderlich ist oder ob auch eine weniger einschneidende Äußerung möglich gewesen wäre.*
[1213] EuGH, WRP 2003, 615 ff.

das unbedingt notwendige Maß zu beschränken sind und es daher unzulässig ist, wenn *zusätzlich zum Namen des Mitbewerbers noch* dessen (allfälliges) Firmenlogo und dessen Geschäft gezeigt werden"[1214].

Fraglos bedeutet die Verwendung von Bildern und Logos im Gegensatz zur sprachlichen oder textbezogenen Bezugnahme einen stärkeren Eingriff in Rechte des Konkurrenten[1215]. Die Kommission hält dies gleichwohl für zulässig, da durch solch geartete Abbildungen die *„Eindringlichkeit und Glaubhaftigkeit"* einer vergleichenden Werbung gesteigert werden kann. Die Kommission hält also eine weitergehende Identifizierung und damit einen erheblicheren Eingriff für zulässig, wenn daraus zusätzliche verbraucherrelevante Informationen resultieren. Der EuGH hat sich dem angeschlossen, denn das Gericht konnte keinen Verstoß gegen Art. 3 a Abs. 1 lit. e) RL erkennen[1216].

(b) „Preisgegenüberstellungen im Schaufenster"-Entscheidung

Auch die Entscheidung *Preisgegenüberstellungen im Schaufenster*[1217] bestätigt dieses Anwendungsprinzip. Der BGH hatte sich mit der Frage auseinanderzusetzen, ob der Werbende mit dem vergrößerten Abdruck der Originalanzeige des Konkurrenten zu weit gegangen ist. Es dürfte wiederum unstrittig sein, dass die Wiedergabe der Anzeige in bildlicher Form einen erheblicheren Eingriff in die Rechte des Klägers darstellt, als beispielsweise eine sprachliche Zusammenfassung des Inhalts der fremden Anzeige. Wegen des unter Umständen verminderten Informationsgehalts sah der BGH in der weniger eingriffsintensiven Variante keine Alternative[1218]:

> *Mit der vollständigen Wiedergabe der Werbung der Klägerin knüpft die Beklagte mit der größtmöglichen Authentizität an das zum Gegenstand des Vergleichs gemachte Preisangebot des Mitbewerbers an. [...] Wollte man dagegen dem Vergleichenden abverlangen, das Konkurrenzangebot inhaltlich zusammenzufassen und mit eigenen Worten wiederzugeben, so würde man ihm das Risiko einer etwaigen Fehlinterpretation der Werbeanzeige auferlegen, was jedenfalls im Regelfall nicht sachgerecht erscheint.*

Zudem hat das Gericht ausdrücklich anerkannt, dass zwischen dem Vergleichsergebnis und dem Maß an zulässiger Kritik eine Wechselwirkung besteht[1219].

2. Wechselwirkungen zu den Kriterien der ersten Stufe

Da der Informationsgehalt bei dem funktionellen Anwendungsprinzip von entscheidender Bedeutung ist, müssen die Wechselwirkungen zu den Kriterien der ersten Stufe (§§ 2 Abs. 2 Nr. 1, 2; 3 S. 2 UWG) Berücksichtigung finden. Diese

---

1214 EuGH, WRP 2003, 615 ff. (618 ErwG 21) - Pippig Augenoptik.
1215 *Ohly*, GRUR 2003, 641 ff. (645).
1216 EuGH, WRP 2003, 615 ff. (623 ErwG 84) - Pippig Augenoptik.
1217 BGH, WRP 2001, 1441 ff. (1444).
1218 BGH, WRP 2001, 1441 ff. (1444 f.) – Preisgegenüberstellungen im Schaufenster.
1219 BGH, WRP 2001, 1441 ff. (1445) – Preisgegenüberstellungen im Schaufenster.

dienen dazu, den Gehalt an verbraucherrelevanter Information zu gewährleisten. Eine Berücksichtigung dieser Wechselwirkungen setzt wiederum voraus, dass der im Rahmen dieser Arbeit vorgeschlagenen Prüfungssystematik (Prüfung der ersten vor der zweiten Stufe) gefolgt wird[1220]. Nur bei vorheriger Prüfung der informationssichernden Kriterien sind hinreichend gesicherte Rückschlüsse auf den qualitativen Informationswert einer Werbung möglich.

Die Gerichte haben sich allerdings auch nach Verabschiedung der Richtlinie nicht immer konsequent am Informationsgehalt vergleichender Werbungen orientiert. Ein Indiz hierfür kann darin gesehen werden, wenn der hier vorgeschlagenen vorgeschalteten Prüfung der Kriterien der ersten Stufe nicht gefolgt wurde. Dies soll anhand der berühmten *Testpreis-Angebot*-Entscheidung[1221] veranschaulicht werden.

(a) „Testpreis-Angebot"-Entscheidung

Der BGH prüfte, nachdem die Anwendbarkeit der Richtlinie und die Abkehr vom Verbotsgrundsatz geklärt war, unmittelbar das Vorliegen einer Herabsetzung i. S. d. Art. 3 a Abs. 1 lit. e) RL, ohne zuvor die Voraussetzungen des Art. 3 a Abs. 1 lit. b), c) RL oder – wie noch die Vorinstanz – die Frage der Irreführung nach Art. 3 a Abs.1 lit. a) RL untersucht zu haben[1222]. Das Gericht bejahte eine Herabsetzung mit der Begründung, die Werbung sei „pauschal herabsetzend".

Hätte der BGH den Kriterienkatalog systematisch geprüft, so hätte er feststellen können, dass der Vergleich den Anforderungen des Art. 3 a Abs. 1 lit. b) und c) RL wohl genügte. Im Lichte der Tatsache, dass die beanstandete Werbung wesentliche, relevante, typische und nachprüfbare Eigenschaften objektiv vergleicht, hätte das Gericht sodann die Frage klären müssen, ob eine „pauschale Herabsetzung" vorliegt. Hierbei fällt zunächst auf, dass das Erfüllen der Kriterien des Art. 3 a Abs. 1 lit. c) RL in einem gewissen Widerspruch zur Annahme eines pauschalen Werturteils steht[1223].

Man nehme weiter an, ein Sachverständigengutachten hätte ergeben, dass Kevlar-Rackets tatsächlich über signifikant bessere Spieleigenschaften verfügen. So wäre die Aussage: „Billige Composite Rackets muten wir Ihnen nicht zu!" für einen durchschnittlich verständigen, aufgeklärten und aufmerksamen Verbraucher wohl nicht irreführend, da dieser Verbraucher der Aussage lediglich eine deutliche Überlegenheit der Kevlar-Rackets entnehmen würde. Erinnert sei an die Entscheidung-*Space Fidelity Peep-Show*[1224], als der BGH die Sache an das Berufungsgericht zurückverwiesen hat, da dieses die Unzulässigkeit der „überaus reißerischen, vollmundigen Werbung ohne entsprechende Leistung" festge-

[1220] Siehe zur vorgeschlagenen Prüfungssystematik 6.Teil A.III.2).b).
[1221] BGH, GRUR 1998, 824 ff.
[1222] BGH, GRUR 1998, 824 ff. (827) – Testpreis-Angebot
[1223] *Ohly/Spence*, GRUR Int. 1999, 681 ff. (694).
[1224] BGH, GRUR 2000, 820 ff.

stellt hatte, ohne das vorgetragen wurde, welche Leistungen der Verkehr überhaupt erwartet und dass diese Erwartungen vom Werbenden nicht erfüllt wurden[1225]. In der Entscheidung *Therapeutische Äquivalenz*[1226] stellte das BVerfG fest, dass der BGH im Hinblick auf Art. 5 Abs. 1 GG nachvollziehbar begründen muss, weshalb in einer schlagwortartigen Aufmachung einer Werbung eine Gefährdung von schützenswerten Interessen im Leistungswettbewerb besteht.

Erst vor diesem Hintergrund käme das Gericht zur Prüfung der Herabsetzung nach Art. 3 a Abs. 1 lit. e) RL. In Anbetracht der jüngsten verfassungsgerichtlichen Rechtsprechung[1227] und dem Erforderlichkeitsprinzip als Anwendungsprinzip hätte der BGH an dieser Stelle eine Interessenabwägung vornehmen müssen, zwischen den Schutzinteressen des Klägers einerseits, und dem Interesse der Verbraucher über die Eigenschaften von Kevlar-Rackets informiert zu werden, andererseits. Das Gericht hätte zu beurteilen gehabt, ob weniger drastische Formulierungen als „Zumutung" und „billig" den Informationswert vermindern würden.

Die Prüfung des Art. 3 a Abs. 1 lit. e) RL in der *Testpreis-Angebot*-Entscheidung wird im Lichte der neueren Rechtsprechung den verfassungsrechtlichen Anforderungen und Zieleprojektionen eines richtlinienfunktionellen Lauterkeitsverständnis kaum genügen. Hätte der BGH die Kriterien systematisch von „oben herab geprüft", würde er sich dieser Kritik wohl nicht aussetzen.

(b) Zwischenergebnis

Es wird somit deutlich, dass zwei Aspekte in der *Testpreis-Angebot*-Entscheidung unberücksichtigt geblieben sind:

- Erstens, dass das Vergleichsergebnis wegen der Wechselwirkung zwischen Informationsanliegen und möglichem Eingriff von Bedeutung ist[1228].
- Zweitens, dass verfassungsrechtliche Wertungen stärker zu berücksichtigen sind[1229].

3. Besondere Umstände

Nach der *Vergleichen Sie*-Entscheidung[1230] müssen „besondere Umstände hinzutreten, die den Vergleich in *unangemessener Weise abfällig, abwertend oder unsachlich* erscheinen lassen."[1231] Ähnlich auch die Ausführungen in der Ent-

---

[1225] BGH, GRUR 2000, 820 ff. (822) – Space Fidelity Peep Show.
[1226] BVerfG, WRP 2001, 1160 ff. (1163).
[1227] BVerfG, WRP 2001, 1160 ff. (1163) - Therapeutische Äquivalenz; BVerfG, WRP 2001, 129 ff. – Benetton.
[1228] *Schnorbus*, ZVersWiss 1999, 375 ff. (414).
[1229] BVerfG, WRP 2001, 1160 ff. (1163) - Therapeutische Äquivalenz.
[1230] GRUR 1999, 501 ff. (503).
[1231] *Gloy/Bruhn*, GRUR 1998, 226 ff. (237); *Henning-Bodewig*, GRUR Int. 1999, 385 ff. (388, 392); *Kotthoff*, BB 1998, 2217 ff. (2221); *Menke*, WRP 1998, 811 ff. (816, 823); *Plaß*, WRP 1999, 766 ff. (770); *Plassmann*, GRUR 1996, 377 ff. (380); *Sack*, WRP 2001, 327 ff.

scheidung *Preisgegenüberstellungen im Schaufenster*[1232], nach der eine Werbung über die mit jedem Preisvergleich verbundenen negativen Elemente hinaus „*unangemessen scharf, abfällig, verächtlich oder zu Unrecht verallgemeinernd kritisieren*“ muss, um eine Herabsetzung zu begründen. Liegen diese Umstände vor, ist die Schwelle der „vergleichsimmanenten Effekte“ überschritten. Dies wurde in der Entscheidung *Testpreis-Angebot*[1233] angenommen, weil die Angebote der Konkurrenz als „minderwertig“ bezeichnet wurden.

Anhand der Sachverhalte, die von den Gerichten als „besondere Umstände“ bezeichnet werden, lassen sich Anhaltspunkte für die Obergrenzen möglicher Vergleichsherabsetzungen bestimmen.

(a) Explizite Konkurrentenkritik

Die Entscheidungsgründe der *Testpreis-Angebot*-Entscheidung wurden dahingehend gedeutet, dass „jede *explizite Kritik am Produkt des Konkurrenten*“ tendenziell als herabsetzend anzusehen ist, während auf das eigene Produkt bezogene Aussagen akzeptabel sind[1234]. Zutreffend ist Interpretation insoweit, als dass da in der Anpreisung der eigenen Leistung eine „vergleichsimmanente Herabsetzung“ zu sehen ist und diese – wie festgestellt – grundsätzlich zulässig ist.

Vor dem Hintergrund des dem Diffamierungsverbot zugrunde liegenden funktionellen Lauterkeitsverständnisses ist das grundsätzliche Verbot der expliziten Kritik am Konkurrenten aber einer differenzierteren Betrachtung zuzuführen. Ein über die Schwelle der „vergleichsimmanenten Herabsetzung“, also die Schwelle der Erkennbarmachung und Anpreisung, hinausgehender Vergleich ist nicht automatisch unzulässig. Er dürfte vielmehr dann zulässig sein, wenn der diese Schwelle übersteigende Eingriff in Rechte des Mitbewerbers durch einen Zuwachs an Information legitimiert wird.

Der Werbende durfte in der Entscheidung *Preisgegenüberstellungen im Schaufenster*[1235] den dauerhaften Charakter seiner Preisgestaltung durch die doppelte Unterstreichung des Wortes „normal“ herausstellen. Dies wurde als erforderlich für die sachliche Verbraucherunterrichtung angesehen, selbst wenn dadurch der herabsetzende Eindruck entsteht, dass dem Werbenden dauerhaft eine attraktivere Preisgestaltung möglich ist, da der Normalpreis des Werbenden das Sonderangebot des Konkurrenten unterschreitet.

Je „schlechter“ ein Produkt eines Wettbewerbers abschneidet, desto größer darf die mit dem Vergleich einhergehende Herabsetzungswirkung sein[1236]. An der

(346); *Tilmann*, GRUR 1997, 790 ff. (797).

[1232] BGH, WRP 2001, 1441 ff. (1443) – Preisgegenüberstellungen im Schaufenster.

[1233] BGH, GRUR 1998, 824 ff..

[1234] *Henning-Bodewig*, GRUR Int. 1999, 385 ff. (393); *Freund*, S.137.

[1235] BGH, WRP 2001, 1441 ff. (1443) – Preisgegenüberstellungen im Schaufenster.

[1236] BGH, WRP 2001, 1441 ff.– (1445) Preisgegenüberstellungen im Schaufenster.

Erforderlichkeit von Aussagen wie „billig" und „Zumutung"[1237] in der *Testpreis-Angebot*-Entscheidung[1238] konnte gezweifelt werden, gleichwohl ist die Entscheidung kritisch zu sehen, da das Gericht keine Kenntnisse über das tatsächliche Vergleichsergebnis hatte.

(b) Unakzeptable Sprache oder Bilder

Die Erforderlichkeitsgrenze wird regelmäßig überschritten, wenn unnötig abfällige Formulierungen benutzt werden[1239], weil damit in der Regel keine Steigerung des Informationsgehalts verbunden ist[1240]. So beispielsweise, wenn das Angebot des Mitbewerbers als „minderwertig"[1241], „unbrauchbar" oder „rückständig"[1242] dargestellt wird[1243]. Auch beleidigende Formulierungen wie „ekelhaft"[1244], „Mist"[1245], „Schwindelmittel"[1246], „Scheiß des Monats"[1247] oder „Die Zeit des Modeschmucks ist vorbei!" [1248] sind daher unzulässig.

Da dem Diffamierungsverbot des § 2 UWG flexible Eingriffsschwellen zugrunde liegen, verbieten sich gleichwohl absolute Aussagen. Es ist also keineswegs davon auszugehen, dass es absolut unzulässig wäre, die vorbenannten Formulierungen zu verwenden. Im Bereich der Gesundheits- und Ernährungsprodukte werden teilweise Mittel angepriesen, die nicht die nachgesagte Wirkung erzielen[1249]. In diesen Fällen kann ein Verbraucherinteresse an deutlichen Formulierungen bestehen. Dies wird zwar nur selten der Fall sein, denn Formulierungen wie „hat nachweisbar keine Wirkung" sind regelmäßig von vergleichbarem Informationswert, wären aber als milderer Eingriff in die Interessen des Wettbewerbers anzusehen[1250].

Eine nicht erforderliche Herabsetzung braucht sich natürlich nicht bzw. nicht ausschließlich sprachlich zu vollziehen. Sie kann ebenso durch Bilder oder auf anderem Wege kommuniziert werden, so beispielsweise wenn die besondere Überlegenheit eines Telefonanbieters durch die Abbildung einer neidisch niedergeschlagenen und hilflos dargestellten Person veranschaulicht wird[1251], oder

1237 BGH, GRUR 1998, 824 ff. (828) – Testpreis-Angebot; *Plaß*, NJW 2000, 3160 ff. (3167); *Köhler/Piper*, § 2 Rn.55.
1238 BGH, GRUR 1998, 824 ff.
1239 *Plaß*, HK-Wettbewerbsrecht, § 1 Rn.469.
1240 *Plaß*, WRP 1999, 766 ff. (770).
1241 BGH, GRUR 1998, 824 ff.
1242 *Sack*, WRP 2001, 327 ff. (346).
1243 *Sack*, WRP 2001, 327 ff. (346); *Köhler/Piper*, § 2 Rn.55.
1244 *Ohly/Spence*, GRUR Int. 1999, 681 ff. (694).
1245 OLG Köln, WRP 1985, 233 ff.
1246 BGH, GRUR 1964, 392 ff., 394 – Weizenkeimöl.
1247 OLG München, WRP 1996, 925 ff. (927).
1248 OLG Hamm, WRP 2000, 1316 ff. (1318) – Die Zeit des Modeschmucks ist vorbei!.
1249 Vgl. OLG München, WRP 1996, 925 ff. – Scheiß des Monats.
1250 *Plaß*, WRP 1999, 766 ff. (770).
1251 OLG Köln, NJWE-WettbR 1999, 277 ff.; *Baumbach/Hefermehl*, § 2 Rn.14.

wenn das zentrale Werbemaskottchen eines Unternehmens („Ronald McDonald") heimlich bei der Konkurrenz speist[1252]. Ein gutes Beispiel liefert auch eine Entscheidung des östOGH[1253], in der Ketchup-Glasflaschen mit Ketchup-Plastikflaschen verglichen wurden. In dem Werbespot wurden zwei Personen beim Essen gezeigt. Zu dem Zeitpunkt, als der Benutzer der Plastikflasche sein Essen bereits beendet hatte, hatte die andere Person damit noch nicht begonnen, da sie sich mit der Glasflasche abmühte. Die Darstellung suggeriert, dass Glasflaschen für die Verwendung am Tisch „schlechthin unbrauchbar" sind[1254]. Da die Aussage in dieser Pauschalität keineswegs zutrifft, ist die Werbung richtigerweise als unzulässig untersagt worden.

(c) Emotionale Assoziationen

Ohly/Spence[1255] nennen übertriebene emotionale Assoziationen als weitere Möglichkeit nicht erforderlicher Eingriffe in Wettbewerberinteressen. Sie bringen das Beispiel eines unzulässigen Vergleichs von Kindersitzen: Sitz A wird mit einer intakten Crashpuppe, Sitz B mit einer völlig entstellten Crashpuppe gezeigt. Dieser Bewertung ist grundsätzlich zu zustimmen. Gleichwohl darf nicht unberücksichtigt bleiben, dass ein gewisses emotionales Element den Informationswert bzw. die Authentizität einer Werbung erhöhen kann[1256]. Für das genannte Beispiel müsste dies bedeuten, dass es zulässig sein dürfte, die Originalpuppen aus dem Vergleich abzubilden, falls eine Puppe den Crashtest im Gegensatz zur anderen Puppe tatsächlich unbeschadet überstanden hat.

Mögliches Beispiel für eine nicht hinzunehmende emotionale Assoziation ist die *Arbeite hier*-Werbung[1257] von „Burger King". Ein Angestellter des Unternemens McDonald's wird in der Filiale von einem potentiellen Kunden um eine Empfehlung für einen Hamburger gebeten. Der Angestellte erwidert in abfälligem Ton: „Ich esse hier nicht, ich arbeite hier." Es folgt der Werbeslogan „Bigger, Better, Burger King".

Die Werbung zeichnet sich mangels Bezug zu Vergleichstatsachen durch einen geringen Informationswert aus. Hinzu kommt eine besondere emotionale Komponente wegen des Eingriffs in das Arbeitgeber-Arbeitnehmerverhältnis, und auch, weil die Aussage wegen der vom Arbeitnehmer zu erwartenden Loyalität besonders drastisch wirkt. Tatsächlich sind kaum Konstellationen vorstellbar, in der eine solche Werbung als erforderlich angesehen werden könnte.

1252 Burger-Brater im Wettstreit, W&V v. 21.03.2003; Verfügungsantrag von McDonald's (Seitensprung), 07.08.2002, unveröffentlicht.
1253 östOGH, GRUR Int. 1982, 204 f.
1254 So auch *Freund*, S.140.
1255 *Ohly/Spence*, GRUR Int. 1999, 681 ff. (694).
1256 *Micklitz/Keßler*, Die Harmonisierung des Lauterkeitsrechts, S.28.
1257 *Schmidt*, Die Welt v. 02.03.2003; Verfügungsantrag McDonald's (Arbeite hier), 17.01.2003, unveröffentlicht.

Grenzwertig in dieser Hinsicht ist eine Werbung, in der die Trinkwasserqualität des städtischen Leitungswassers unter Abbildung eines Wasserhahns mit Mineralwasserflaschenetikett in Verbindung mit der Fragestellung „Hängen Sie noch an der Flasche?" beworben wurde. Das OLG München[1258] hat diese Werbung als unzulässig herabsetzenden Vergleich untersagt. Die Entscheidung ist vertretbar, denn die Gleichsetzung des Mineralwassertrinkers mit einem Drogen- oder Alkoholabhängigen („An der Nadel hängen") ist nicht zu rechtfertigen[1259], auch wenn – wie *Eck/Ikas*[1260] – meinen, der europäische Verbraucher durchaus in der Lage ist mit ironischer Werbung umzugehen.

(d) Pauschale Herabsetzungen

Pauschale Aussagen verfügen typischerweise über einen geringen Informationswert und werden daher als unzulässige „pauschale Herabsetzungen" angesehen[1261]. Bei systematischer Prüfung werden diese Fälle bereits über das Nachprüfbarkeitskriterium (§ 2 Abs. 2 Nr. 2 UWG) „erledigt"[1262]. „Pauschal" bedeutet in diesem Zusammenhang nicht, dass ein Mitbewerber in der Gesamtheit herabgesetzt wird, sondern das die Kritik schlagwortartig ist und vom Verbraucher nicht nachvollzogen werden kann[1263]. Hier verdeutlicht sich erneut die Bedeutung der Wechselwirkungen zu den Kriterien der ersten Stufe[1264], denn letztlich liegt der Unlauterkeitsvorwurf auf der Pauschalität der Aussage und nicht auf dem besonderen Herabsetzungsmoment[1265].

Zur Veranschaulichung sollen die Entscheidungen *Preisgegenüberstellungen im Schaufenster*[1266] und die Entscheidung des KG[1267] zur „Sixt"-Werbung gegenübergestellt werden. Das KG erkannte in der Aussage „Die beste Werbung für Sixt sind die Angebote der Konkurrenz" eine unzulässige pauschale Herabsetzung. „Besondere herabsetzende Umstände"[1268], die ein Verbot rechtfertigen würden, können der streitgegenständlichen Werbung kaum entnommen wurden. Dies belegt die Entscheidung *Preisgegenüberstellungen im Schaufenster*[1269]. Diesem Fall lag ein vergleichbarer Sachverhalt zugrunde, denn indem der Werbende die fremde PC-Sonderangebotswerbung im eigenen Schaufenster mit dem handschriftlichen Zusatz wiedergegeben hatte, implizierte diese Werbung, dass

[1258] OLG München, NJWE-WettbR 2000, 177 f.
[1259] *Berlit*, Vergleichende Werbung, S.48.
[1260] *Eck/Ikas*, ZLR 2000, 956 ff. (959 f.).
[1261] OLG Hamburg, GRUR-RR 2001, 112 – Verlierer.
[1262] In dieser Richtung auch *Lindacher*, S.399 ff. (S.406); *Meyer*, WRP 1991, 765 ff. (771).
[1263] *Menke*, WRP 1998, 811 ff. (816).
[1264] *Eck/Ikas*, WRP 1999, 251 ff. (270).
[1265] *Menke*, WRP 1998, 811 ff. (816).
[1266] BGH, WRP 2001, 1441 ff.
[1267] KG, WRP 1999, 339 ff. (340) – Werbevergleich.
[1268] BGH, GRUR 1999, 501 ff.
[1269] BGH, WRP 2001, 1441 ff.

das „besondere Angebot" faktisch gegen den Werbenden spricht. Gleichwohl wurde diese Werbung als zulässig eingestuft.

Die unterschiedliche Behandlung rechtfertigt sich somit nicht über die besonderen herabsetzenden Elemente, da die Eingriffsintensität in beiden Fällen mehr oder weniger identisch ist. Unterschiedlich ist hingegen die Beurteilungsgrundlage, weil der Informationsgehalt der beiden Werbungen variiert. Der „Sixt"-Werbung konnten Verbraucher nicht entnehmen, auf welche Wettbewerber oder konkret verglichene Eigenschaften sich die Aussage bezogen hatte, wohingegen sich die Schaufensterwerbung durch ein hohes Maß an verbraucherrelevanter Information auszeichnet.

Die These des auslegungsrelevanten Informationsgehaltes, welcher Beurteilungsgrundlage für die Anwendung der Diffamierungsbestimmung ist, findet Bestätigung in den weiteren Feststellungen des KG, welches zugleich auf einen Verstoß gegen Art. 3 a Abs. 1 lit. c) RL mangels Nachprüfbarkeit erkannt hatte.

4. Weitere Abwägungskriterien

(a) Berücksichtigung der Wertschätzung und Bekanntheit

Auch die Wertschätzung und/oder die Bekanntheit der Schutzobjekte kann bei der Interessenabwägung eine Rolle spielen, wobei diese Aspekte im Rahmen des Rufausbeutungsschutzes größere Bedeutung haben. Im Herabsetzungsbereich kann die Bezugnahme auf bekannte oder besonders wertgeschätzte Kennzeichen den herabsetzenden Effekt einer Werbung verstärken.

Ein Beispiel liefert die bereits erwähnte Werbung *Seitensprung*[1270]. „Burger King" hat mit der Werbung „eine der *Hauptmarken* für ihre eigenen kommerziellen Zwecke in Beschlag" genommen, denn „Ronald McDonald" ist neben dem stilisierten „M", der wichtigste „personifizierte Markenbotschafter" des Unternehmens[1271]. Der Herabsetzungseffekt verstärkt sich erheblich, wenn sich gerade die „Urfigur" des Unternehmens veranlasst sieht, ein Restaurant der Konkurrenz zu besuchen.

(b) Direktheit der Erkennbarmachung

Auch die Direktheit der Erkennbarmachung dürfte ein relevantes Abwägungskriterium sein[1272]. *Ohly*[1273] beschreibt die Situation wie folgt:

> *Bei der Identifizierung des Vergleichsobjekts bewegt sich der Werbende allerdings zwischen Scylla und Charybdis. Eine unzureichende Kennzeich-*

[1270] Siehe bereits 7.Teil A.I.2).b.); Burger-Brater im Wettstreit, W&V v. 21.03.2003; zu einer ähnlichen Werbung *Schmidt*, Die Welt v. 02.03.2003.

[1271] Eine Umfrag hatte ergeben, dass 70% der Kinder zwischen 4 und 13 die Werbefigur kannten, Verfügungsantrag McDonald's (Seitensprung), 07.08.2002, unveröffentlicht.

[1272] *Henning-Bodewig*, GRUR Int. 1999, 385 ff. (393); *Ohly*, GRUR 2003, 641 ff. (644); *Köhler/Piper*, § 2 Rn.53.

[1273] *Ohly*, GRUR 2003, 641 ff. (644).

nung des Vergleichsobjektes kann den Vergleich zum irreführenden werden lassen, eine übermäßige Darstellung des Konkurrenzproduktes oder des Konkurrenzunternehmens hingegen kann als Herabsetzung oder als Rufausbeutung einzustufen sein.

Die Frage nach der Direktheit der Erkennbarmachung hat zwei Dimensionen. Zunächst stellt sich die Frage nach der Anzahl der in Bezug genommenen Wettbewerber. Die vergleichende Werbung kann sich auf eine Vielzahl von Wettbewerbern, so wie in der *Testpreis-Angebot*-Entscheidung[1274], oder auf einen einzelnen Konkurrenten beziehen[1275]. Zudem kann eine Werbung Wettbewerber durch Verwendung der Kennzeichen unmittelbar erkennbar machen, oder mittelbar, wie in der Entscheidung *Handzahnbürste*[1276], als die Erkennbarmachung des Wettbewerbers „Dr.Best" anhand der Marktstruktur begründet wurde.

Gleichwohl ist darauf hinzuweisen, dass mit der direkteren Erkennbarmachung und dem damit verbundenen intensiveren Eingriff regelmäßig auch ein Informationszuwachs verbunden ist, der das zusätzliche Behinderungselement unter Umständen neutralisieren kann[1277]. Die Direktheit der Erkennbarmachung wird daher nur ein bedingt taugliches Abwägungskriterium sein.

(c) Ironie, Humor, Parodie

Aus verfassungsrechtlichen Gründen muss vergleichenden Werbungen ein gewisser Unterhaltungswert verbleiben dürfen[1278]. Leichte Ironie oder Parodie ist daher zulässig[1279] und kann eine sonst unangemessene Kritik verharmlosen bzw. neutralisieren[1280], denn es ist zu berücksichtigen, dass Werbung zu einem nicht unerheblichen Teil von Humor und Ironie lebt[1281]. Ironische Komponenten sind also erlaubt, „solange der Werbende damit nur Aufmerksamkeit und Schmunzeln erzielt"[1282], sie aber nicht wörtlich oder ernst genommen werden.

Ein Beispiel für zulässige Ironie ist eine Werbung des Telekommunikationsunternehmens „o.tel.o", welches einen Preisvergleich mit der „Telekom" in folgender Weise kommentiert hatte[1283]:

1274 BGH, GRUR 1998, 824 ff.

1275 Vgl. z.B. BGH, GRUR 1999, 501 ff. – Vergleichen Sie; BGH, WRP 2001, 1441 ff.– Preisgegenüberstellungen im Schaufenster.

1276 OLG Hamburg, GRUR-RR 2001, 84 ff. (85).

1277 *Lindacher*, S.399 ff. (S.408).

1278 Siehe bereits 6.Teil A.II.1); vgl. *Nordmann*, GRUR Int. 2002, 294 ff. (302).

1279 BGH, WRP 2001, 1441 ff. (1444 f.) - Preisgegenüberstellungen im Schaufenster.

1280 BGH, GRUR 2002, 828 ff. (830) – Lottoschein; BGH, GRUR 1987, 49 ff. (50) - Cola-Test.

1281 Freund, S.138; a.A. OLG Frankfurt a.M., GRUR-RR 2001, 221 f. (222) – Systemvergleich: Schließlich ist für die rechtliche Beurteilung auch unmaßgeblich, dass die Werbeaussage humorvoll-ironische Züge trägt.

1282 BGH, GRUR 2002, 828 ff. (830) – Lottoschein; *Eck/Ikas*, WRP 1999, 772 ff. (775).

1283 *Illing*, S.139 Fn.565.

Zugegeben, die Telekom ist zwar 11 Mark teurer, aber dafür bietet sie Ihnen auch mehr: ein Rad-Team, eine lustige Comicfigur und einen Tatort-Kommissar.

Falls Ironie die Leistung des Mitbewerbers ins Lächerliche zieht, um auf diese Weise die eigene Leistung in den Vordergrund zu stellen, ist dies nicht zulässig[1284]. Auch insoweit besteht aber eine Wechselwirkung zum Informationsgehalt und dem Vergleichsergebnis[1285].

Auch die *Seitensprung*-Werbung von „Burger King" zeichnet sich durch Humor und Ironie aus, gleichwohl wird die Grenze der Zulässigkeit überschritten, weil „McDonald's" der Lächerlichkeit preisgegeben wird. Die Werbung suggeriert, die Produkte von „McDonald's" seien derart minderwertig oder überteuert, dass selbst die Urfigur „Ronald McDonald" heimlich bei „Burger King" speist. Weder das Vergleichsergebnis (25 % mehr Fleisch bei geringerem Preis) noch verfassungsrechtliche Erwägungen können diesen Eingriff rechtfertigen.

(d) Abwehrsituationen

Auch das Bestehen einer Abwehrsituation kann ein bedeutsamer Faktor bei der Interessenabwägung sein, weil die Interessen des in Bezug genommen Wettbewerbers in diesem Fall weniger schutzwürdig sind[1286]. Insoweit dürfte die zu § 1 UWG entwickelte Judikatur noch von Bedeutung sein[1287].

Das Bestehen einer Abwehrlage befreit wegen des abschließenden Charakters des § 2 UWG nicht von den Voraussetzungen der ersten Stufe, denn ansonsten würden Verbraucherinteressen nicht hinreichend berücksichtigt[1288].

B) Südafrika

I. Wettbewerbsrecht („disparagement")

Der Herabsetzungsschutz im südafrikanischen Wettbewerbsrecht ist weitgehend unbestelltes Gebiet. *Van Heerden/Neethling* unterscheiden wahre und unwahre Vergleichsaussagen, nur letztere werden von der Fallgruppe *disparagement* erfasst.

1. „*Post Newspapers*"-Entscheidung

Erneut ist die *Post Newspapers*-Entscheidung[1289] Ausgangspunkt der rechtlichen Untersuchung. Unter Berufung auf *White v Mellin*[1290] und *Hubbuck & Sons v*

1284 Anm. *Sack* zu „Preisgegenüberstellungen im Schaufenster", L/M § 2 UWG, Nr.2 (Bl.84); vgl. auch OLG Köln, WRP 1980, 715 ff. – Büffelgrass.

1285 Ähnlich *Ohly/Spence*, GRUR Int. 1999, 681 ff. (694).

1286 *Köhler/Piper*, § 2 Rn.55.

1287 *Freund*, S.140 f.; *Illing*, S.140.

1288 *Scherer*, WRP 2001, 89 ff. (96); *Plaß*, WRP 1999, 766 ff. (770); *Plaß*, NJW 2000, 3160 ff. (3167); a.A. *Eck/Ikas*, WRP 1999, 251 ff. (270).

1289 Siehe zu dieser Entscheidung bereits 9.Teil B.3.c).

Wilkinson, Hewood & Clark Ltd[1291] hat Richter *Nicholas* den Grundsatz „comparison – yes; but disparagement – no“ aufgestellt[1292].

Die Grenze zur Herabsetzung verläuft kongruent zur Reichweite der Marktschreierei. *Nicholas* kam zu dem Ergebnis, dass die reine Gleich- bzw. Besserstellungsbehauptung in den Bereich der Marktschreierei fällt und daher keine Herabsetzung begründen kann. Der weite Spielraum für unrichtige Vergleichsbehauptungen begründet sich in der Sorge, dass andernfalls Gerichte ständig über die Qualität konkurrierender Produkten befinden müssen, und Wettbewerber allein aus Werbegründen klagen würden[1293].

Das südafrikanische Recht akzeptiert also, dass weder die Identifizierung noch die Hervorhebung der eigenen Leistungen eine unlautere Herabsetzung eines Wettbewerbers mit sich bringt. Wegen der Einstufung als Marktschreierei wird eine Herabsetzung auch dann nicht vorliegen, wenn die Besserstellungsbehauptung unrichtig ist[1294]:

> *If the only false statement complained of is that the defendant's goods are better than the plaintiff's, such a statement is not actionable, even if the plaintiff is damnified by it.*

Dieser Grundsatz gilt nicht nur für pauschale Besserstellungen, sondern selbst dann, wenn unrichtige Vergleichsaussagen auf einem konkreten Eigenschaftsvergleich basieren[1295]:

> *I cannot help saying that I entertain very grave doubts whether any action could be maintained for an alleged disparagement of another's goods, merely on the allegation that the goods sold by the party who is alleged to have disparaged his competitor's goods are better either generally or in this or that particular respect than his competitors' are.*

Erst wenn ein Vergleich nicht mehr schwerpunktmäßig die eigenen Vorzüge hervorhebt, sondern unmittelbar Schwächen des Wettbewerbers anspricht, kommt eine Herabsetzung in Betracht. Im Fall *Post Newspaper* war nur eine der

---

1290 [1895] A.C. 154, H.L.

1291 [1899] 1 Q.B. 86 C.A..

1292 1970 1 SA 454 (W) 456.

1293 Post Newspapers (Pty) Ltd v World Printing and Publishing Co Ltd, 1970 1 SA 454 (W) 456: Just consider what a door would be opened if this were permitted. That this sort of puffing advertisement is in use is notorious; and we see rival cures advertised for particular ailments. The Court would then be bound to enquire, in an action brought, whether this ointment or this pill better cured the disease which it was alleged to cure - whether a particular article of food was in this respect or that better than another. Indeed, the courts of law would be turned into a machinery for advertising rival productions by obtaining a judicial determination which of the two was the better.

1294 Post Newspapers (Pty) Ltd v World Printing and Publishing Co Ltd, 1970 1 SA 454 (W) 455.

1295 Post Newspapers (Pty) Ltd v World Printing and Publishing Co Ltd, 1970 1 SA 454 (W) 456.

drei Vergleichsbehauptungen, – nämlich über die geringe Verbreitung der *Post* – Gegenstand der Herabsetzungsprüfung. Aber nur bei offensichtlicher und substantieller Unrichtigkeit der Vergleichsbehauptung wäre diese Aussage als herabsetzend untersagt worden[1296]:

> *But where a trader does not limit himself to a comparison of his goods with those manufactured by another trader and a mere statement that they are inferior to his own, but makes some untrue statement of fact about his rival's goods - for example, states that they are rotten or contain deleterious ingredients - an action on the case will lie. [...] There can be no doubt, on the authority of Fichardt's case, and subsequent cases, that such statements would also be actionable in our law.*

Letztlich können also nur offensichtlich unwahre und direkt auf einen Wettbewerber abzielende Vergleichsaussagen herabsetzen. Eine eigenständige Bedeutung im Unterschied zur Fallgruppe *injurious falsehood* ist somit nicht zu erkennen.

Allerdings hat Richter *Van Dijkhorst* in der *Atlas Organic Fertilizers*-Entscheidung[1297] angedeutet, dass das südafrikanische Wettbewerbsrecht Herabsetzungsschutz auch bei wahren Vergleichsaussagen bieten könnte. Letztlich hat die Rechtsprechung bisher keine konkreten Voraussetzungen aufgezeigt, so dass es *Van Heerden/Neethling* obliegt, entsprechende Vorschläge für einen Herabsetzungsschutz im südafrikanischen Recht zu machen.

2. Ansicht von *Van Heerden/Neethling*

Van Heerden/Neethling[1298] unterscheiden wahre und unwahre Vergleichsaussagen, nur letztere werden von der Fallgruppe *disparagement* erfasst. Sie kritisieren die zu starke Orientierung am englischen Recht und eröffnen im Unterschied zur Rechtsprechung einen eigenständigen Anwendungsbereich für den Herabsetzungsschutz[1299]. Sie definieren Herabsetzungen wie folgt[1300]:

> *Any allegation concerning a competitor's performance which has the effect of turning away the public or part of the public form the performance must be considered as a disparagement of the performance.*

[1296] Post Newspapers (Pty) Ltd v World Printing and Publishing Co Ltd, 1970 1 SA 454 (W) 456.

[1297] Atlas Organic Fertilizers (Pty) Ltd v Pikkewyn Ghwano (Pty) Ltd, 1981 (2) SA 173 187: To regard as lawful all cases where a trader acted honestly would put the stamp of approval upon cases where it may well be regarded that there was 'unfair' competition. I think of cases such as the truthful disparagement by one trader of the goods, character, race, nationality or religion of his competitor;...

[1298] Unwahre Vergleichsaussagen wurden bereits im Rahmen der Fallgruppe *injurious falsehood* besprochen.

[1299] Van Heerden/Neethling, S.303 ff.

[1300] Van Heerden/Neethling, S.283.

Sie gehen von der generellen Unzulässigkeit kritisierender vergleichender Werbungen aus, möchten Rechtfertigungen im Einzelfall aber zulassen. Im öffentlichen Interesse sehen *Van Heerden/Neethling*[1301] die wichtigste Rechtfertigungsmöglichkeit für vergleichende Werbungen:

> *The question arises as to whether the public interest in itself should not under certain circumstances justify comparative advertising, [...] It seems that there is much to be said in favour of such a viewpoint if the comparative advertising will actually enable the consumer to make a discriminating or informed choice between the performances involved.*

Aus dem Informationsinteresse der Verbraucher werden die folgenden Kriterien für gerechtfertigte vergleichende Werbung abgeleitet, die den zu § 1 UWG entwickelten Voraussetzungen weitgehend entsprechen:

- Die Werbung muss wahr sein (Wahrheitsgebot). Der Werbende trägt die Beweislast; pauschale Wertungen oder nicht dem Beweis zugänglich Vergleiche scheiden somit aus.
- Die Information muss im öffentlichen Interesse liegen (Informationsinteresse). Dies wird regelmäßig dann der Fall sein, wenn sie sich auf bedeutungsvolle Produktunterschiede bezieht. Mögliche Beispiele sind Informationen, die Produktinnovationen, -verbesserungen oder signifikante Unterschiede thematisieren. Klassisches Beispiel für Vergleiche, die diesen Anforderungen typischerweise genügen, sind unabhängige Tests von Verbraucherorganisationen. Im Gegensatz dazu stehen allgemeine Vergleiche, auf subjektiven Wertungen basierende Vergleichsinformation (z.B. Geschmackstests), oder solche, die mit der eigentlichen Leistung des Wettbewerbers nicht zusammenhängen[1302].
- Der Vergleich muss sich auf das Erforderliche beschränken. Ein Vergleich, der auf allgemein bekannte Produktunterschiede hinweist, ist beispielsweise nicht erforderlich.

3. Ansicht von *Dean*

Die restriktivste Einstellung zur Behandlung vergleichender Werbungen hat *Dean*[1303]. Mit seinem Beitrag „Comparative Advertising as Unlawful Competition hatte er die rechtliche Diskussion über das Thema entfacht. Er stuft vergleichende Bezugnahmen als ausnahmslos unlautere Herabsetzungen ein und beruft sich zur Konkretisierung der *boni mores* auf die ASA-Regeln und Rechtspre-

[1301] Van Heerden/Neethling, S.334.

[1302] *Van Heerden/Neethling*, S.334 f. (Fn.73) bezieht sich insoweit explizit auf den Richtlinienvorschlag der Kommission zur vergleichenden Werbung.

[1303] *Dean*, SA Mercantile LJ 1990, 40 ff.

chung. Diese stellt nach seiner Auffassung eine Kodifizierung der Verkehrsauffassung für diesen speziellen Bereich dar[1304]:

> *It is submitted that both the ethical standards of the advertising and marketing community and the interpretation of the boni mores in the field of marketing of consumer goods by the legislature and the courts have determined that the general forms of comparative advertising constitute misconduct on a part of an advertiser. That being so, in general comparative advertising is contra bonos moros and, provided that abovementioned conditions for constituting the delict are met, constitutes unlawful competition under common law.*

Auch nach Änderung des Codes und dem damit verbundenen Zulässigkeitsgrundsatz blieb *Dean* bei seiner ablehnenden Auffassung, die nunmehr auf die markenrechtliche Unzulässigkeit der vergleichenden Werbung gestützt wurde[1305]:

> *Given the very tentative and equivocal sanction of comparative advertising in the ASA Code in contrast to the unequivocal and unconditional prohibition of comparative advertising in the Trade Marks Act, 1993, it is submitted that as a general proposition the boni mores are adverse to the practice of comparative advertising and that there is a strong risk that comparative advertising will be found to be contra bonos mores and could therefore give rise to a claim of unlawful competition on the part of the producer of the host product.*

Allerdings blieb ihm nicht unverborgen, dass sein Konzept Verbraucherinteressen möglicherweise nicht hinreichend berücksichtigt, den er beendet seinen Aufsatz mit der folgenden offenen Frage[1306]:

> *Does one protect the host producer's goodwill or does one benefit the consumer by providing him with the opportunity of being given greater information?*

II. Selbstregulierungsrecht (Klausel 7.1.6)

Die Herabsetzungsbestimmung im Selbstregulierungsrecht (Cl. 7.1.6) ist für die Beurteilung vergleichender Werbungen von ganz entscheidender Bedeutung. Sie ist vom Aufbau mit § 2 UWG Abs. 2 Nr. 4, 5 UWG vergleichbar und verweist auf die allgemeine Herabsetzungsklausel (II Cl. 6):

[1304] *Dean*, SA Mercantile LJ 1990, 40 ff. (47); eine ähnliche Meinung im Hinblick auf die Regelungen des Zentralausschuss der Werberwirtschaft (ZAW) vertreten *Baumbach/Hefermehl*, Einl. UWG Rn.34; *Beckmann*, ZRP 1991, 702 ff.; vgl. zu kartellrechtlichen Bedenken beim Rückgriff auf Selbstregulierungskodizies *Hoeren*, Selbstregulierung im Banken und Versicherungsrecht, S.269 f.; *Veelken*, WRP 2004, 1 ff. (30).

[1305] *Dean*, Stellenbosch LR 1996, 25 ff. (28).

[1306] *Dean*, Stellenbosch LR 1996, 25 ff. (28).

6.1 Advertisements should not attack, discredit or disparage other products, services, advertisers, or advertisements directly or indirectly.

6.2 Comparisons highlighting a weakness in an industry or product will not necessarily be regarded as disparaging when the information is factual and in the public interest.

6.3 In considering complaints under this clause, the ASA shall take cognisance of what it considers to be the intention of the advertiser.

Die Änderung des Codes und die Einführung des Zulässigkeitsgrundsatzes für vergleichende Werbungen waren sehr umstritten. Die faktischen Veränderungen in der Rechtsprechung waren wohl deshalb nicht gravierend, weil trotz des Zulässigkeitsgrundsatzes und dem damit verbundenen liberalen Schein über die generalklauselartige Herabsetzungsbestimmung faktisch eine Art Beibehaltung der Verbotspolitik möglich war.

1997 hat die ASA in der Entscheidung *Fat Cat Campaign*[1307] deutlich gemacht, dass eine Herabsetzung bereits immer dann vorliegt, wenn der Goodwill eines Wettbewerbers irgendwie beeinträchtigt wird. Diese restriktive Interpretation hatte *Woker* veranlasst die Frage aufzuwerfen, ob der Zulässigkeitsgrundsatz überhaupt Veränderungen mit sich gebracht habe[1308]:

There is therefore an anomaly within the Code and it must be questioned whether any significant form of comparative advertising will be allowed, given the ASA's attitude to interference with goodwill.

1. Leitprinzip

Vor dem Hintergrund der historischen Entwicklung der vergleichenden Werbung in Südafrika wird die restriktive Auslegung der Herabsetzungsklausel verständlich[1309]. Allerdings ist die Interpretation der Herabsetzungsklausel seit der Entscheidung *Fat Cat Campaign*[1310] liberaler geworden. Es kommt entscheidend auf die Gesamtwirkung der Werbung an[1311]. Die Grundprämisse für die Beurteilung vergleichender Werbungen ist Vorschrift II Cl. 7.4, nach der ein Produkt anhand der eigenen Qualitäten zu vermarkten ist und seinen Vorteil nicht in den Schwächen der Wettbewerber suchen soll[1312]. Verstöße gegen das Leitprinzip

---

[1307] ASA, Rulings & Reasons 1997, Nr.8: A disparagement takes place, when the product of the competitor is treated in a way which the advertisers would find objectionable were their own products involved.

[1308] *Woker*, Advertising Law, S.123.

[1309] *Woker*, Advertising Law, S.193.

[1310] *ASA*, Rulings & Reasons 1997, Nr.8.

[1311] Vacman / Elektrolux, DIR, 19.11.2001: In assessing an advertisement's conformity to the terms of the Code, the primary test applied will be that of the probable impact of the advertisement as a whole upon those who are likely to see or hear it. Due regard will be paid to each part of its contents, visual and aural, and to the nature of the medium through which it is conveyed.

[1312] Colgate Total / Aquafresh, DIR, 13.06.2002: Furthermore, the claims appear to highlight

liegen beispielsweise immer dann vor, wenn der Eindruck der Schädlichkeit, Illegalität oder der völligen Ungeeignetheit eines Konkurrenzproduktes hervorgerufen wird[1313]. Im Folgenden soll die ASA-Rechtsprechung exemplarisch anhand einiger ausgewählter Verbots- und Zulässigkeitsentscheidungen aufgezeigt werden.

(a) Verbotene Werbungen

In der Entscheidung *Sunlight Fabric Conditioner/Sta-Soft*[1314] wurde ein nicht konkret zu identifizierendes Konkurrenzprodukt von einer Testperson in die Mülltonne befördert. Diese Werbung wurde als herabsetzend untersagt.

Die in Deutschland unbeanstandet gebliebene BMW-Werbung „Janis Joplin“ wurde wegen Verstoß gegen das Leitprinzip untersagt[1315]. Die Werbung zeigte den Fahrer eines BMW-Cabrios, der eine Musikkassette in sein Radio eingelegt hatte. Die Liedzeile „Oh Lord, why don’t you buy me a Mercedes-Benz“ erregte den Fahrer, dieser warf die Kassette daraufhin aus dem Auto. Auch diese Werbung wurde wegen Verstoß gegen die Herabsetzungsbestimmung untersagt.

Das Unternehmen „Clover" hatte sein neues Naturprodukt („Butro Butter") einer nicht näher identifizierbaren Margarine gegenübergestellt und auf die künstlichen Inhaltsstoffe der Konkurrenz mit folgendem Kommentar hingewiesen[1316]: „There should be a law against people putting unnatural chemical preservatives in a spread like Butro Butter Spread“. Die Werbung wurde als herabsetzend untersagt.

Auch der Systemvergleich zwischen Südafrikas einzigem Privatsender „e-tv“ und den Videotheken des Landes wurde wegen des negativen Gesamteindrucks verboten, da „e-tv“ die Videothekenbeschäftigten als „Punks“ bezeichnet hatte[1317].

Die Verwendung eines „Zugang Verboten“-Zeichens auf einer Wasserflasche in einer Werbung für die Qualität des städtischen Leistungswassers hat die ASA als unzulässig eingestuft[1318]:

the merits of Colgate Total. The reference to ‘most toothpastes’ appears to relate to the majority of toothpastes in South Africa and cannot be seen to be exclusive. Therefore, while the claims reveal, what appears to be the truth of most toothpastes, it cannot be said that the commercial disparages competitors’ products. Therefore the commercial is not in breach of Section II, Clause 6 of the Code.

1313 *Woker,* Advertising Law, S.194.

1314 DIR, 18.07.2002: Furthermore, the fact that the man is depicted throwing the sachet into a refuse bin and the wording ‘Better, easier and costs less, too’ suggests that the product is inferior. The overall depiction highlights the demerits of the refill sachet vis-à-vis the Sunlight refill bottle. This is not permitted in terms of the Code.

1315 *Vos*, Persönliches Gespräch, 16.04.2003, Johannesburg.

1316 Butro / Unifoods Magarine, AIT, 27.06.2002.

1317 E-TV / Videoplus Home Entertainment CC, DIR, 04.07.2001.

1318 *Rand Water / Valpré*, DIR, 27.09.2002.

In the advertisement a No-Entry sign is superimposed on what appears to be a Valpré bottle. The No-Entry sign is unacceptable as it unambiguously communicates that the use of a product bearing this sign is prohibited. The advertisement therefore communicates that the use of the products bottled in bottles similar to the Valpré product is unacceptable, i.e. do not drink bottled mineral water, but drink tap water. This communication includes Valpré and this constitutes an attack on Valpré. As the attack is without justifiable reason the advertisement is deemed to be in breach of Section II, Clauses 6 and 7.1.6 of the Code.

Im Fall *Midi TV (Pty) Ltd (e.tv) / M-Net*[1319] ging es um eine vergleichende Werbung zwischen „e-tv" und „M-Net", dem Pay-TV Programmanbieter des Landes. In der Werbung wurde eine Person gezeigt, bei der es sich offensichtlich um die Rezeptionistin in einem „M-Net" Firmengebäude handelte, der gespannt dem „e-tv" Programm folgte. Auch diese Werbung wurde von der ASA wegen der herabsetzenden Elemente untersagt.

(b) Zulässige Werbungen

Verneint wurde ein Verstoß im Fall *Investec*[1320], beim Vergleich zwischen einem Finanzdienstleister und einem Pferderennen, weil die Besucher des Pferderennens nicht als fortwährende Verlierer porträtiert wurden.

In der Entscheidung Cell C/MTN[1321] hatte sich „Cell C" auf „MTN's" eingeführten Slogan „Hello, the future" und das von „MTN" angebotene Pre-Paid Package „Talk more" bezogen. Das Wort „Hello" wurde übertrieben betont, etwa im Sinne von „Wach auf, zahle weniger!". Die ASA hat in der Betonung des Wortes „Hello" ein negatives Element erkennen können, allerdings sei dieses nicht so substantiell gewesen, dass die Grenze zur Herabsetzung überschritten wurde[1322]:

The Directorate is of the view that whilst there appears to be some negativity in the tone of the word 'Hello', this is not substantial enough to be disparaging. The commercial is comparative but not discrediting.

2. Auslegungskriterien

Soweit Werbungen nicht wegen Verstoßes gegen das Leitprinzip als herabsetzend untersagt werden, finden folgende ergänzende Kriterien Berücksichtigung.

[1319] AIT, 27.11.2001.

[1320] AP, 04.02.2000.

[1321] MTN "Hello" / Cell C, DIR, 12.12.2002: Is your cellular network encouraging you to talk more with the promise of rewards later. Perhaps you should ask them this: How come, with Cell C's Easy Chat Pre-paid, you get more than 25% value upfront – before you talk? Whereas their network gives you something back afterwards – provided you talk more. Like, ... Hello!.

[1322] *Cell C / MTN ("Hello")*, DIR, 12.12.2002.

(a) Direktheit der Erkennbarmachung

Entscheidend ist die Direktheit der Identifizierung, was vornehmlich auf die Ausstrahlungswirkungen des markenrechtlichen Verbots zurückgeht. Je unmittelbarer sich eine Werbung auf einen bestimmten Wettbewerber bezieht, desto eher wird eine solche Werbung als herabsetzend eingestuft. Exemplarisch ist die Beschwerdebegründung des Unternehmens „MTN“[1323], welches eine Herabsetzung allein mit der eindeutigen Erkennbarmachung begründen wollte:

> *Cell C does not promote its pre-paid package on its own merits. A dishonest comparison is made by disparaging MTN's payback product. The key words from MTN's campaign in connection with MTN's payback product 'Talk more' are used by Cell C to ensure that the consumer is clear that Cell C is referring directly to MTN's product.*

In dem „No additives“-Fall hatte „Namibian Breweries“ (NBL) in impliziter Bezugnahme auf den Marktführer „South African Breweries“ (SAB) geworben, dass dem eigenen Bier keinerlei Zusatzstoffe beigesetzt werden. Die ASA hat in der Werbung eine Herabsetzung erkannt[1324]:

> *Claims such as 'unlike others, we declare all of the ingredients on our label' and 'because we brew according to the German Purity Law, we don't have to hide anything' amounted to an implication that SAB's beer is of an inferior quality, and thus the campaign infringes on SAB's goodwill, and breaches the Code's disparagement clause.*

Delport[1325] meint, dass diese Werbung als zulässig eingestuft worden wäre, falls zusätzliche Wettbewerber auf dem Biermarkt vertreten gewesen wären.

Die These wird durch die Entscheidung im Fall *Vacman/Elektrolux*[1326], dem ein vergleichbarer Sachverhalt wie der *No additives*-Entscheidung zugrunde lag, bestätigt. „Vacman“ hatte für sein Produkt damit geworben, dass es über bessere Leistungseigenschaften als andere Staubsauger verfüge, weil für die Benutzung keine Beutel notwendig sind. Im Unterschied zur *No additves*-Werbung waren mehrere Wettbewerber auf dem relevanten Markt vertreten und die ASA hat darauf hingewiesen, dass die Erkennbarmachung für sich gesehen keinen Grund für die Annahme einer Herabsetzung ist. In der Tatsache, dass der Staubsauger ohne Beutel auskommt, wurde ein signifikanter Produktvorteil erkannt und eine Herabsetzung daher abgelehnt. Diese Argumentation wäre auch in der *No additves*-Entscheidung möglich gewesen, denn die Brauerei hatte ein Gutachten über die positiven Effekte von Reinheitsgebotsbieren vorgelegt. Letztlich war die unmittelbarere Identifizierung ausschlaggebender Faktor für die Unzulässigkeit der No additves-Werbung.

[1323] Cell C / MTN ("Hello"), DIR, 12.12.2002.

[1324] SA Breweries / Nambia Breweries, AP, 30.01.1997.

[1325] Persönliches Gespräch, 10.04.2003, Johannesburg.

[1326] DIR, 19.11.2001.

(b) Wettbewerbsnähe

Weiteres Kriterium ist der wettbewerbsrechtliche Abstand. Im Fall *Investec*[1327] wurde eine Herabsetzung verneint, weil zwischen dem Pferderennveranstalter und dem Finanzdienstleister kein unmittelbarer Wettbewerb bestand. Ähnlich auch im Verfahren *Uthingo / Nando's*[1328], weil zwischen dem nationalen Lotteriebetreiber und der Fast-Food-Kette kein Wettbewerb bestand.

(c) Informationsgehalt

Im Rahmen der Vorfeldüberlegungen und bei der Auslegung der einzelnen Kriterien des § 2 UWG wurde auf die besondere Bedeutung des Informationsgehaltes im Rahmen der Interessenabwägung hingewiesen. Bei der südafrikanischen Selbstregulierung finden sich hingegen kaum Ansätze, den Informationsgehalt vergleichender Werbung zu berücksichtigen oder sogar in den Vordergrund der Prüfung zustellen.

Allerdings finden sich einige wenige Entscheidungen, die, wenn gleich nur am Rande, das öffentliche Informationsinteresse als Abwägungskriterium berücksichtigten. Im Fall *Uthingo/Nando's*[1329] hatte eine Fast Food-Kette einen Vergleich mit dem nationalen Lotterieveranstalter durchgeführt und den Eindruck entstehen lassen, dass man bei der Lotterie regelmäßig zu den Verlieren gehöre, wohingegen man nur einen Hamburger bestellen müsse, um zu den Gewinnern zu zählen. Die ASA hatte in der Berufungsverhandlung eine Herabsetzung angenommen[1330], dass Appeal Committee teilte diese Einschätzung wegen dem angenommenen Informationsgehaltes nicht[1331]:

> *The comparison in the advertisement is one which is factual and highlights a weakness in the lottery namely that it is a matter of chance. The evidence is that tens of millions of people participate per week but there is only one or a very few winners. Further, as pointed out gambling is an industry which raises moral and religious issues and is open to severe or humorous criticism in a free and democratic society. This is a weakness in the industry which is factual and we believe it is in the public interest that this is pointed out time and again. [...] We have consequently concluded that there was no breach of clause 6 of the code.*

[1327] *Investec*, AP, 04.02.2000.
[1328] Uthingo / Nandos Management, AP, 07.11.2001.
[1329] Uthingo Management / Nandos, AP, 07.11.2001.
[1330] Uthingo Management / Nandos, AIT, 19.06.2001: In regard to disparagement the Committee ruled that the reference to the phrases 'six balls and nails you every Saturday' and 'Why gamble', together with the visual presentation of a person banging his head on the desk, in the context of the commercial as a whole, implies that it is undesirable to participate in a lottery as one always loses. However, the buying of Nando's chicken, makes one a winner everytime. This reference is not intended to apply generally to the gambling industry, but to clearly identify the complainant's product. In particular the use of the phrase 'Nails you every Saturday' is adding to the attack on the complainant's.
[1331] *Uthingo / Nandos*, AP, 07.11.2001; Unterstreichungen des Verfassers.

Auch im Verfahren *Matrix/Netstar* wurde eine vergleichende Aussage („Interrogate your vehicle tracking company. You've got 30 seconds") wegen des Informationsgehalts der Werbung als nicht herabsetzend eingestuft[1332]:

The Directorate is of the view that, as Matrix appears to be able to locate a vehicle within 30 seconds, the information is factual. It also appears to be in the consuming public's interest to know in what time their tracking systems are likely to locate their vehicles. Therefore the claims are not disparaging of the industry within the ambit of Section II, Clause 6 of the Code.

(d) Erforderlichkeitsprüfung

Entscheidender als der Informationsgehalt bestimmter Werbungen ist die konkrete Gestaltung und Aufmachung. Dies zeigt die Untersuchung zulässiger Werbungen, die keinerlei Information enthalten, aber aufgrund einer etwas zurückhaltenderen Gestaltung als zulässig eingestuft wurden[1333]. Die ASA prüft, ob der Werbende die vergleichende Aussage auf weniger beeinträchtigende Weise hätte kommunizieren können bzw., ob er mögliche andere eingriffsintensivere Maßnahmen bewusst unterlassen hat (den so genannten „*execution-test*").

Ein Beispiel liefert der Fall *Outsurance/The South African Financial Services*[1334]. Der Hinweis, dass in den Kosten des Direktversicherers („Outsurance") im Gegensatz zu klassischen Versicherern keine 15 % Maklergebühr enthalten ist, wurde als zulässig eingestuft, weil ein öffentliches Interesse an dieser Information vermutet wurde. Die zusätzliche Aufforderung an die Adressaten der Werbung „You need to ask yourself: Am I getting value for my money?" wurde hingegen als nicht erforderlich angesehen und die Werbung musste deshalb zurückgezogen werden.

Von Interesse sind auch die Ausführungen im Verfahren *Kreeply Krauly/Baracuda*. „Kreeply Krauly" hatte für seinen Schwimmbadreiningungsautomaten damit geworben, dass das eigene Produkt im Gegensatz zum Konkurrenzprodukt keinen regelmäßig auszuwechselnden Filter benötigt. Da der Aufdruck „Does not require a diaphragm" nur auf der Verpackungsseite abgedruckt war, jedoch ohne weiteres hätte größer sein können, wurde eine Herabsetzung verneint[1335]:

If there was an intention to disparage Baracuda's product the language complained of would more probably have been placed in a prominent part of Kreepy Krauly's packaging. It is in fact placed in small print on one side and at the bottom of the box containing its product.

1332 DIR, 22.05.2002; Unterstreichungen des Verfassers.

1333 Aqua Velva XXX Axe, DIR, 14.08.2002; Outsurance / The South African Financial Services, DIR, 21.11.2001.

1334 DIR, 21.11.2001.

1335 Kreeply Krauly / Baracuda, AP, 02.04.2003.

(e) Parodie

Schließlich kann die Einstufung als Parodie[1336] bzw. als humorvolle Werbung die Beurteilung positiv beeinflussen. So auch im Verfahren *Uthingo/Nando's* [1337]:

> *It is also clear from the visual presentation and the language contained in the advertisement as well as the surrounding circumstances of the series of advertisements promoted by Nandos that objectively speaking the intention was a humorous one in the advertisement. In this regard it was common cause that the speaker in the advertisement is a well known South African comedian.*

In der Entscheidung Cell C/MTN („*2 Dogs*“[1338]) hatte „Cell C“ zwei Hunde gegenübergestellt und diese in den Unternehmensfarben der beiden Mobilfunkanbieter gestaltet. Der in den Unternehmensfarben von „MTN“ gestaltete Hund war deutlich kleiner und bettelte den anderen Hund an. Die ASA hat eine Herabsetzung verneint, da es sich um zulässige Parodie gehandelt habe.

C) Rechtsvergleichende Zusammenfassung

Die Untersuchung des Herabsetzungsschutzes im südafrikanischen Wettbewerbsrecht weist praktisch nicht von den Ergebnissen der Untersuchung des wettbewerbsrechtlichen Irreführungsschutzes ab. Eine eigenständige Herabsetzungsjudikatur ist also praktisch nicht vorhanden. Im Lichte der Post Newspapers-Entscheidung ist der südafrikanische Unternehmer der wahren Kritik an seinen Leistungen grundsätzlich ungeschützt ausgesetzt. Herabsetzungsschutz findet nur bei unmittelbar gegen einen Wettbewerber gerichteten negativen Äußerungen bei vom Kläger nachgewiesener offensichtlicher Unwahrheit statt. Die Erkennbarmachung eines Mitbewerbers bzw. die Anpreisung der eigenen Leistung bzw. die pauschale Gleich- oder Besserstellung ist daher nicht justiziabel. Insoweit decken sich die Erkenntnisse mit den Ansätzen des englischen Rechtes.

Eine andere Auffassung vertreten wiederum *Van Heerden/Neethling*, welche der liberalen Beeinflussung durch das englische Recht eine Absage erteilen. Sie plädieren für die generelle Unlauterkeit kritischer vergleichender Werbungen, wobei eine Rechtfertigung bei bestehendem öffentlichen Informationsinteresse möglich sein soll. Die Rechtfertigungsvoraussetzungen (Wahrheit, Informationsinteresse, Erforderlichkeit) sind den zentralen Kriterien des § 2 UWG ähnlich, ohne jedoch vergleichbar konkretisiert zu sein.

[1336] Uthingo / Nandos, AP, 07.11.2001: A parody is a composition in which the characteristic terms of thought and phrase of an author are mimicked and made to appear ridiculous especially by applying them to ludicrously inappropriate subjects.

[1337] *Uthingo / Nandos*, AP, 07.11.2001.

[1338] AIT, 28.03.2003.

Die Berücksichtigung des öffentlichen Informationsinteresses scheint Neethling neuerdings zu einem Beurteilungswandel zu veranlassen, denn Preisvergleiche identischer Markenartikel sollen nun nicht mehr generell unlauter sein. Die mit einem solchen Vergleich verbundenen zwangsläufigen Herabsetzungseffekte stehen nach seiner Auffassung im Einklang mit dem Wettbewerbsprinzip (*competition principle*)[1339]. Insoweit offenbaren sich Gemeinsamkeiten zum Ansatz des § 2 UWG, welcher im Rahmen der Diffamierungsbestimmung ebenfalls „vergleichsimmanenten Herabsetzungseffekte" akzeptiert.

Weniger überzeugend erscheint der von *Dean* vertretene Ansatz. Verbraucherinteressen finden keine hinreichende Berücksichtigung, wenn das Wettbewerbsrecht auf die von der Industrie aufgestellten Regeln zur Beurteilung der vergleichenden Werbung zurückgreift[1340]. Dies bestätigen die Ausführungen von Richter *Laddie* in der englischen Entscheidung *Barclays Bank plc v ABS Advanta*[1341], der darauf hingewiesen hatte, dass Regelungen des Selbstregulierungsrechtes wenig hilfreich für die Beurteilung vergleichender Werbungen sind. Auch *Deans* Rückgriff auf das markenrechtliche Verbot der vergleichenden Werbung erscheint nicht zwingend, denn weder ist die Nutzung einer fremden Marke unabdingbar, noch ist ein Gleichlauf marken- und wettbewerbsrechtlicher Wertungen zwingend erforderlich.

Ähnlich restriktiv geriert sich das südafrikanische Selbstregulierungsrecht. Es untersagt vergleichende Werbungen, die einen negativen Eindruck erwecken, indem sie negative Sprache, Zeichen, Photos, etc. verwenden oder Schwächen eines Wettbewerbers direkt ansprechen. Zulässig können nur mittelbare Beeinträchtigungen sein, welche sich aus der Anpreisung der eigenen Produktqualitäten ergeben. Die *Fat Cat Campaign*-Entscheidung zeigt, dass vergleichsimmanente Herabsetzungseffekte keineswegs ohne weiteres akzeptiert werden. Daher ist die Relevanz des Zulässigkeitsgrundsatzes von *Woker* berechtigterweis in Frage gestellt worden. Direkte und unmittelbare Identifizierungen werden also grundsätzlich negativ beurteilt. Je unmittelbarer die Bezugnahme auf einen bestimmten Wettbewerber, desto eher wird eine Herabsetzung angenommen. Etwaige Markttransparenzeffekte bleiben in der Regel unberücksichtigt. Gleichwohl tendiert die ASA in jüngster Zeit zu einer erkennbar liberaleren Auslegung der Herabsetzungsbestimmung (vgl. *Investec* und *Fat Cat-Campaign*).

Hier offenbart sich ein wesentlicher Unterschied zum deutschen und europäischen Recht (vgl. *Preisgegenüberstellungen im Schaufenster* und *Pippig Augenoptik*), denn der Informationsgehalt einer vergleichenden Werbung hat im Rahmen von § 2 UWG einen determinierenden Einfluss auf die Beurteilung und

---

[1339] *Neethling* (Persönliches Gespräch, 15.04.2003, Pretoria) hat angekündigt, seine Ausführungen zur vergleichenden Werbung in der Neuauflage seines Buches insgesamt zu überdenken.

[1340] *Cornish*, ILC 1974, 87 ff.; *Beater*, Unlauterer Wettbewerb, S.18.

[1341] [1996] R.P.C. 307.

führt zu einer Wechselwirkung zwischen Informationsgehalt und möglicher Eingriffsintensität. Die unterschiedlichen Konzepte offenbaren sich beispielsweise beim Abwägungskriterium der Substituierbarkeit bzw. der Wettbewerbsnähe. Im Rahmen von § 2 UWG ist dies ein Zulässigkeitskriterium, während es sich im südafrikanischen Selbstregulierungsrecht genau umgekehrt verhält. Hier wirkt sich ein größerer Wettbewerbsabstand positiv auf die Beurteilung der Werbung aus (vgl. *Uthingo/Nando's* und *Investec*).

Die Herabsetzungsrechtsprechung des deutschen Rechtes beschreitet einen Mittelweg zwischen südafrikanischem Wettbewerbs- und Selbstregulierungsrecht. Vergleichsimmanente Herabsetzungseffekte werden grundsätzlich akzeptiert, da die Werbung aufgrund der informationssichernden Kriterien ein Mindestmass an verbraucherrelevanter Information gewährleistet. Über Werbungen, welche die Grenze der Vergleichsimmanenz überschreiten, wird im Rahmen einer umfassenden Interessenabwägung befunden. Das deutsche Recht prüft, ob ein intensiverer Eingriff mit einem Zuwachs an Verbraucherinformation einhergeht und insoweit, also im Hinblick auf die Zielprojektion der Norm, den intensiveren Eingriff rechtfertigen kann. Die Abwägungkriterien sind im deutschen und südafrikanischen Recht weitgehend identisch. So werden Anpreisungen der eigenen Leistungen positiver als negative Aussagen über den Wettbewerber eingestuft (vgl. etwa *Sunlight Fabric Conditioner/Sta-Soft* und *Vergleichen Sie*), die Direktheit der Identifizierung und die Wertschätzung bzw. Bekanntheit finden ebenfalls Berücksichtigung. In beiden Rechtsordnungen kann sich Parodie bzw. Ironie positiv auf die Beurteilung auswirken (vgl. *Utingho/Nando's* und Cell C *„2dogs"*, sowie *Preisgegenüberstellungen im Schaufenster*).

Dem südafrikanischen Selbstregulierungsrecht fehlt es bei der Abwägung am Bezugsmaßstab in Gestalt des Informationsgehaltes, worin sich zugleich der wesentliche Unterschied in der Beurteilung vergleichender Werbungen manifestiert.

11. Teil: Rufausbeutungsschutz

A) Deutschland

I. § 2 Abs. 2 Nr. 4 1. Alt UWG (Rufausnutzung)

§ 2 Abs. 2 Nr. 4 1. Alt. UWG enthält den Rufausbeutungstatbestand bei der Regulierung vergleichender Werbungen. Der Bestimmung dürfte ein der Diffamierungsklausel identisches Funktionsverständis zugrunde liegen. Daraus folgt, dass eine Ausbeutungshandlung, die erforderlich ist um den qualitativen Informationswert eines Vergleichs zu steigern, als grundsätzlich zulässig eingestuft wird[1342] (Wechselwirkung zwischen Informationswert und Maß der zulässigen Rufausbeutung)[1343]. Die Verbraucherinformation muss stets im Vordergrund stehen, andernfalls würde der Werbende primär an der Wertschätzung partizipieren[1344].

1. Schutzobjekte

(a) Kennzeichen

Die Rufausbeutungsbestimmung der Richtlinie (Art. 3 a Abs. 1 lit. g) RL) schützt den Ruf einer Marke, eines Handelsnamens oder anderer Unterscheidungszeichen. Der nationale Gesetzgeber hat den Begriff „Kennzeichen" verwandt[1345]. Im Markengesetz umfasst dieser Begriff die Marke (§ 4 MarkenG), die geschäftliche Bezeichnung (§ 5 MarkenG) und geographische Herkunftsangaben (§ 126 MarkenG)[1346]. Ausweislich der Gesetzesbegründung soll die Bestimmung den Schutzgedanken des Art.13 Abs. 1 lit. a) VO 2081/92 umsetzen und umfasst daher auch Ursprungsbezeichnungen.

Im Zusammenhang mit dem Verwechslungstatbestand und der kennzeichenrechtlichen Diffamierungsbestimmung wurde darauf hingewiesen, dass der Kennzeichenbegriff des § 2 UWG weiter als der wortlautgleiche Begriff des § 1 MarkenG ist[1347]. Erfasst werden alle Merkmale, die der Unterscheidung von Produkten oder Anbietern dienen[1348], also auf die Herkunft eines Produkts oder Anbieters hinweisen[1349]. Dies hat der EuGH in der Entscheidung *Toshiba Europe*[1350] bestätigt.

[1342] *Ziervogel*, S.122.
[1343] *Eck/Ikas*, WRP 1999, 251 ff. (271).
[1344] *Ziervogel*, S.122.
[1345] Reg.-Begr., WRP 2000, 555 ff. (561).
[1346] *Fezer*, MarkenG, Einl. Rn.16.
[1347] *Ziervogel*, S.113, 119.
[1348] *Eck/Ikas*, WRP 1999, 251 ff. (271).
[1349] BGH, GRUR 1985, 876 ff. (878) – Tschibo / Rolex; *Eck/Ikas*, WRP 1999, 251 ff. (271); *Freund*, S.148.
[1350] EuGH, WRP 2001, 1432 ff. (1436 ErwG 49); zweifelnd *Ziervogel*, S.113, 119.

Auch die Rufausbeutungsbestimmung schützt also grundsätzlich Marken, die keine Verkehrsgeltung erlangt haben[1351], sowie Merkmale von Werbekampagnen, Produktdesigns, Werbeslogans, Werbefiguren, signifikante Firmengebäude, besondere Bestellnummern, Farben etc.[1352].

(b) Voraussetzung der Kennzeichenbenutzung

Eine Einschränkung des Tatbestandes dürfte sich aus der Tatsache ergeben, dass die Bestimmung § 2 Abs. 2 Nr. 4 1. Alt. UWG ausschließlich fremde Kennzeichen als Schutzobjekt der Rufausbeutungsbestimmung benennt, die Diffamierungsbestimmung jedoch neben Kennzeichen auch Waren, Dienstleistungen und Verhältnisse schützt. Aus dem Vergleich mit der Diffamierungsbestimmung kann geschlossen werden, dass die Verwendung eines Kennzeichens notwendige Voraussetzung einer Rufausbeutungshandlung i. S. d. § 2 Abs. 2 Nr. 4 1.Alt. UWG ist.

Dies deckt sich auch mit den Ausführungen des EuGH in der *Toshiba Europe*-Entscheidung[1353], denn es hätte keiner Ausführung zu den Unterscheidungszeichen bedurft, wenn das Gericht die Verwendung eines solchen Zeichens nicht als notwendige Voraussetzung angesehen hätte.

Anderer Ansicht ist jedoch *Ziervogel*[1354], denn nach seiner Auffassung liegt das Schwergewicht einer Rufausbeutung auf dem Herstellen der gedanklichen Verbindung, die eine Kennzeichenverwendung nicht notwendig voraussetzt. Andernfalls würde der Tatbestand nach seiner Auffassung zu einem „rein kennzeichenrechtlichen Schutztatbestand in wettbewerbsrechtlichem Gewande mutieren“[1355].

Der praktische Unterschied ist jedenfalls nicht gravierend, da das Rufausbeutungspotential von Werbungen, die kein Unterscheidungszeichen verwenden, gering ist[1356].

2. Der Rechtsbegriff der Wertschätzung

Der Gesetzgeber hat bei der Umsetzung – in Anlehnung an die markenrechtlichen Bestimmungen (§§ 9 Abs. 2 Nr. 3; 14 Abs. 2 Nr. 3 MarkenG) – den Richtlinienbegriff des „Rufs“ durch den Begriff der „Wertschätzung“ ersetzt. Nach überwiegender Auffassung ergeben sich dadurch keine Änderungen[1357], denn auch die markenrechtliche Rechtspraxis hatte den Begriff der „Wertschätzung“

1351 *Illing*, S.130.
1352 *Eck/Ikas*, WRP 1999, 251 ff. (271); *Freund*, S.150; *Sack*, WRP 2001, 327 ff. (345).
1353 EuGH, WRP 2001, 1432 ff. (1436 ErwG 49); zweifelnd *Ziervogel*, S.113, 119.
1354 *Ziervogel*, S.113, 118 f.
1355 *Ziervogel*, S.112.
1356 *Ziervogel*, S.119.
1357 *Ziervogel*, S.90, 106; *MPI-Stellungnahme*, GRUR Int. 2000, 265 f. (266).

i.S.d. tradierten wettbewerbsrechtlichen Begriffs des „guten Rufs“ interpretiert[1358].

(a) Der gute Ruf

Der „gute Ruf“ ist Inbegriff aller positiven Publikumserwartungen[1359]. Die Rechtsprechung geht von einer „zweigliedrigen Struktur“ des Rufbegriffs aus[1360]. Der Ruf setzt sich aus sachlichen und emotionalen Vorstellungen zusammen. Sachliche Produktassoziationen beziehen sich auf die objektive Beschaffenheit, insbesondere auf die Qualität (technischer Standard, Verarbeitung, Haltbarkeit, etc.) der Produkte[1361]. Emotionale Assoziationen sind von diesen Beschaffenheitsvorstellungen losgelöst und beziehen sich auf die Exklusivität, das Prestige oder das Image[1362].

Die wirtschaftliche Bedeutung des guten Rufs folgt aus der Tatsache, dass dieser die Absatzchancen des betreffenden Produkts erhöht[1363]. Die Motivation des Verbrauchers ein Produkt zu kaufen folgt aus dem Nutzen, den das Produkt für diesen schafft. Hierbei wird zwischen Grund- und Zusatznutzen unterschieden[1364].

Der Grundnutzen ist mit der Hauptfunktion identisch und dient der Befriedigung eines konkreten Bedarfs. Regelmäßig ist die Befriedigung dieses Bedürfnisses primäres Motiv für den Kauf einer Ware oder Inanspruchnahme einer Dienstleistung[1365]. Verbrauchern stehen typischerweise eine Vielzahl von Produktalternativen zur Verfügung. Die daraus resultierende Orientierungslosigkeit überwinden Verbraucher, in dem sie sich am Zusatznutzen, also am Ruf bzw. dem Image des Produktes, orientieren[1366]:

> *Erst der gute Ruf bzw. das Image spezifizieren den in der Regel durch ein konkretes materielles Bedürfnis hervorgerufenen und durch den Grundnutzen allgemein konkretisierten Konsumwunsch des Verbrauchers auf eine bestimmte Ware oder Dienstleistung.*

[1358] *Ziervogel*, S. 106.
[1359] *Rößler*, GRUR 1994, 559 ff. (563).
[1360] *Ziervogel*, S. 28 f. m. w. N.
[1361] RG, GRUR 1930, 1127 ff. (1130) – Elektro Lux; BGH, GRUR 1952, 516 ff. (519) – Hummelfiguren; BGH, GRUR 1959, 240 ff. (242) – Nelkenstecklinge; BGH, GRUR 1962, 409 ff. (411) – Wandsteckdose I, BGH, GRUR 1966, 97 ff. (100) Zündaufsatz; vgl. auch *Rößler*, GRUR 1994, 559 ff. (563); *Ziervogel*, S. 28.
[1362] BGH, GRUR 1985, 876 ff. (878) – Tschibo / Rolex; BGH, GRUR 1985, 550 ff. (552) – Dimple; BGH, NJW 1991, 3214 ff. (3217) – SL; BGH, NJW 1991, 3218 (3219) – Avon; *Rößler*, GRUR 1994, 559 ff. (563); *Sambuc*, UWG-Nachahmungsschutz, S. 122.
[1363] Henning-Bodewig/Kur, S. 21; Ziervogel, S.40.
[1364] *Henning-Bodewig/Kur*, S. 15 f.; *Rößler*, GRUR 1994, 559 ff. (566); *Ziervogel*, S. 40.
[1365] Henning-Bodewig/Kur, S. 15, Ziervogel, S.41.
[1366] *Ziervogel*, S. 42; vgl. auch *Rößler*, GRUR 1994, 559 ff. (566); *Ziervogel*, S. 41.

In bestimmten Konstellationen allerdings wird ein konkretes Bedürfnis nicht bestehen oder in den Hintergrund rücken. Der Zusatznutzen (Prestige) kann zum determinierenden Kaufanreiz werden[1367]. Dieses Phänomen ist vor allem im Bereich der Luxusgüter wie Uhren („Rolex“, „Omega“), Bekleidung („Prada“, „Gucci“, etc.) oder Kosmetikartikel („Estée Lauder“, „Chanel“, etc.) anzutreffen[1368]. Für die wettbewerbsrechtliche Interessenabwägung ist dies relevant, denn der sachliche Vergleich kann dann nur wenig zur Verbraucherinformierung beitragen, die Gefahr einer unlauteren Rufausbeutung ist hingegen besonders hoch.

(b) Mindestanforderungen an den Ruf

Kontrovers wird diskutiert, ob der Wertschätzungsbegriff quantitative oder qualitative Mindestanforderungen kennt[1369]. Fest dürfte stehen, dass zumindest eine gewisse Bekanntheit logische Vorbedingung für das Vorliegen eines guten Rufs ist. Nur wenn Verbraucher die Leistung bzw. das Kennzeichen kennen, können sie ein positives Meinungsbild in Bezug auf eine bestimmte Leistung entwikkeln, aus der Summe dieser Einzelvorstellungen generiert sich letztlich die besondere Wertschätzung[1370].

Dass eine „besondere Bekanntheit“ aber nicht erforderlich ist, macht die Gesetzesbegründung deutlich[1371]. Dies zeigt aber auch der Vergleich mit § 14 Abs. 2 Nr. 3 MarkenG[1372], welcher die Bekanntheit neben der Wertschätzung als eigenständige Tatbestandsvoraussetzung hervorhebt[1373]. Es spricht also wenig dafür, den wettbewerbsrechtlichen Kennzeichenbegriff im markenrechtlichen Sinne zu verstehen.

Das Markenrecht (§ 14 Abs. 2 Nr. 3 UWG) stellt zudem qualitative Anforderungen an die Wertschätzung eines Kennzeichens[1374]. Dies muss jedoch nicht automatisch für den Kennzeichenbegriff des § 2 UWG gelten, zudem indiziert die vergleichenden Bezugnahme das Vorhandensein eines gewissen qualitativen Elements, denn andernfalls hätte der Werbende wenig Anlass, dass Kennzeichen als Referenz zu verwenden[1375].

Die praktische Relevanz der Frage dürfte daher gering sein[1376]. Sie kann jedoch im Rahmen der Interessenabwägung eine Rolle spielen, denn je ausgeprägter die

1367 *Sambuc*, GRUR 1989, 547 ff. (556); *Ziervogel*, S.42.
1368 *Ohly/Spence*, GRUR Int. 1999, 681 ff. (695).
1369 *Plassmann*, GRUR 1996, 377 ff. (380); *Eck/Ikas*, WRP 1999, 251 ff. (271); *Freund*, S.149 f.; *Illing*, S.130.
1370 *Eck/Ikas*, WRP 1999, 251 ff. (271); *Ziervogel*, S.30; *Rößler*, Rufausbeutung, S.76.
1371 Reg.-Begr., WRP 2000, 555 ff. (557).
1372 *Fezer*, MarkenG, § 14 Rn.415 ff.
1373 *Berlit*, BB 2000, 1305 ff. (1306); *Sack*, WRP 2001, 327 ff. (345); *MPI-Stellungnahme*, GRUR Int. 2000, 265 f. (266); *Ziervogel*, S.31; a.A. *Plaß*, NJW 2000, 3160 ff. (3166).
1374 *Fezer*, MarkenG, § 14 Rn.420.
1375 *Illing*, S.131.
1376 *Baumbach/Hefermehl*, § 1 UWG Rn.548; *Eck/Ikas*, WRP 1999, 251 ff. (271); *Illing*,

Qualität eines Kennzeichens bzw. des damit verbundenen Rufs ist, desto wahrscheinlicher ist eine ausbeutende Bezugnahmen durch einen Wettbewerber[1377].

3. Unlautere Rufausnutzung

Konstitutives Element einer Rufausbeutung ist das Herstellen einer gedanklichen Verbindung zwischen Ausbeutendem und Rufträger[1378]. Die tradierte Rechtsprechung hatte daher praktisch in jeder anlehnenden vergleichenden Werbung eine unzulässige Rufausbeutung gesehen[1379].

Das Erfüllen der konstitutiven Voraussetzung einer Rufausbeutung ist der vergleichenden Werbungen im Anwendungsbereich des § 2 UWG immanent. Dies folgt einerseits aus § 2 Abs. 2 Nr. 1 UWG, welcher die wirtschaftliche Verwertbarkeit garantieren soll, andererseits aufgrund des Tatbestandmerkmals der „Erkennbarkeit" (§ 2 Abs. 1 UWG), welches eine Assoziation notwendigerweise voraussetzt[1380].

Folglich muss § 2 Abs. 2 Nr. 4 1. Alt. UWG ein gewandeltes Verständnis der Rufausbeutung zugrunde liegen, da nicht jede Form der Ausbeutung ausreichen kann, um diese als sittenwidrig zu qualifizieren[1381]. Der Wortlaut der Vorschrift beschränkt sich darauf Werbungen zu untersagen, die die Wertschätzung des Mitbewerbers in *„unlauterer Weise ausnutzt oder beeinträchtigt"*[1382]. Die Bestimmung bringt auf diesem Wege die Unvermeidlichkeit der „vergleichsimmanenten Rufaneignung" zum Ausdruck[1383]. Den Paradigmenwechsel im Bereich der Rufausbeutung hat der BGH spätestens mit der *Ersetzt*-Entscheidung zum Ausdruck gebracht[1384]:

> *Auch Tatsachen, die eine über den bloßen Vergleich hinausgehende unlautere Ausnutzung oder Beeinträchtigung des von der Klägerin verwendeten Kennzeichens i. S. von § 2 Abs. 2 Nr. 4 UWG erkennen ließen, sind nicht ersichtlich. Mit der Nennung des Nummernsystems der Klägerin partizipiert die Beklagte an dem guten Ruf der bezeichneten Produkte. Das allein ist aber keine unlautere Ausnutzung des guten Rufs.*

S.131 f.

1377 *Eck/Ikas*, WRP 1999, 251 ff. (271).

1378 *Rößler*, Rufausbeutung, S.84 f; *Ziervogel*, S.35.

1379 Vgl. die Ausführungen zur anlehnenden vergleichenden Werbung, 4.Teil A.I.4).b); *Ziervogel*, S.44 f.

1380 *Ziervogel*, S.65 f.

1381 *Eck/Ikas*, WRP 1999, 251 ff. (270), *Henning-Bodewig*, GRUR Int. 1999, 385 ff. (393); *Menke*, WRP 1998, 811 ff. (823); *Sack*, WRP 2001, 327 ff. (345); *Ziervogel*, S.120.

1382 Schlussanträge *Léger* Toshiba Europe v. 08.02.2001 (ErwG 76), abrufbar unter www.curia.eu.int

1383 Schlussanträge *Léger* Toshiba Europe v. 08.02.2001 (ErwG 76); *Lindacher*, S.399 ff. (S.401).

1384 BGH, WRP 2003, 637 ff. (639); zuvor aber auch schon BGH, GRUR 1999, 501 ff. (503) – Vergleichen Sie; Unterstreichungen des Verfassers.

Die Erkenntnis, dass es zu einer Rufausbeutung kommt, wird in der Regel also nicht ausreichen, um eine Unlauterkeit zu begründen. Erforderlich sind besondere Umstände, die über die Grenze der vergleichsimmanenten Effekte hinausgehen[1385].

Der EuGH geht von einem etwas anderen Ausnutzungsbegriff aus[1386]. Nach dem EuGH ist eine unlautere Rufausbeutung dann anzunehmen, wenn durch die Bezugnahme auf einen Konkurrenten bei den angesprochenen Verkehrskreisen eine Assoziation zwischen dem Werbenden und dem Konkurrenten in der Weise hervorgerufen wird, dass diese Kreise den Ruf der Erzeugnisse des Konkurrenten auf die Erzeugnisse des Werbenden übertragen[1387]. Dabei ist auf die Sichtweise eines durchschnittlich informierten, aufmerksamen und verständigen Angehörigen der angesprochenen Verkehrskreise abzustellen[1388]. Der Verbraucher im Sinne des europäischen Leitbildes wird insgesamt zurückhaltender sein, was die Rufübertragung anbetrifft. Die Werbung in der *Toshiba Europe*-Entscheidung richtete sich zudem an Fachhändler und das Gericht stellte fest, dass eine Rufübertragung aufgrund des Fachwissens der Händler noch weniger wahrscheinlich sei. Dieser Aspekt ist im Rahmen der Diskussion um die vergleichende Werbung bisher nicht beachtet worden[1389].

Die Unlauterkeit der Rufausbeutung ist nur im Rahmen einer umfassenden Interessenabwägung zu ermitteln[1390]. So auch das BVerfG in der Entscheidung *Therapeutische Äquivalenz*[1391]:

> *[Das Gericht] hätte sowohl das Interesse der Klägerin berücksichtigen müssen, vor der Ausbeutung des durch Leistung begründeten guten Rufs ihres Originalpräparats geschützt zu werden, als auch das Informationsanliegen der Beschwerdeführerin, auf eine therapeutisch richtige und wirtschaftlich angemessene Behandlungsweise durch ein Generikum hinzuweisen. [...] Auch fehlen Ausführungen dazu, inwiefern die Bezugnahme auf das Ausgangsprodukt [...] die Funktionsfähigkeit dieses Marktes gefährdet. [...] Eine nachteilige Wirkung wird offenbar unterstellt, mögliche positive Effekte werden aber nicht in Erwägung gezogen.*

1385 BGH, GRUR 1999, 501 ff. (503) – Vergleichen Sie; *Henning-Bodewig*, GRUR Int. 1999, 385 ff. (388, 393); *Menke*, WRP 1998, 811 ff. (825); *Sack*, WRP 2001, 327 ff. (345); *Schnorbus*, ZVersWiss 1999, 375 ff. (415).

1386 Die Divergenz resultiert aus einem unterschiedlichen Verständnis der Rufübertragung, praktisch ergeben sich daraus aber keine Unterschiede; vgl. *Ziervogel*, S.117.

1387 EuGH, WRP 2001, 1432 ff. (1437 ErwG 55) – Toshiba Europe.

1388 EuGH, WRP 2001, 1432 ff. (1437 ErwG 57 ff.) – Toshiba Europe.

1389 *Ziervogel*, S.150; Andeutungen finden sich in BVerfG, WRP 2001, 1160 ff. (1163) – Therapeutische Äquivalenz.

1390 *Eck/Ikas*, WRP 1999, 251 ff. (271); *Sack*, WRP 2001, 327 ff. (345); *Menke*, WRP 1998, 811 ff. (825); *Ziervogel*, S.122, 150.

1391 BVerfG, WRP 2001, 1160 ff. (1163) - Therapeutische Äquivalenz.

(a) Informationsgehalt als wichtiges Auslegungskriterium

Die Rufausbeutungsbestimmung kennt wie die Diffamierungsbestimmung keine starren Eingriffsschwellen, sondern bestimmt sich in erster Linie in Wechselwirkung zum Informationsgehalt einer Werbung[1392]. Eine Unlauterkeit wird immer dann vorliegen, wenn es der Werbung an ausreichender Information mangelt[1393]. *Ziervogel*[1394] geht sogar davon aus, dass ein Verstoß gegen die Rufausbeutungsbestimmung nur in Einzelfällen möglich ist, da der Informationsgehalt wegen der Kriterien (§§ 2 Abs. 2 Nr.1, 2; 3 S. 2 UWG) Konkurrentenschutzinteressen i.S.d. § 2 Abs. 2 Nr. 4 1. Alt. UWG regelmäßig überwiegt.

(i) Gesetzlich geregelte Fälle unlauterer Rufausbeutung

Die informationssichernden Kriterien gewährleisten den Mindestinformationsgehalt einer (anlehnenden) vergleichenden Werbung und rechtfertigen so „vergleichsimmanente Rufausbeutungseffekte"[1395]. Daraus folgt allerdings auch, dass die Kriterien zugleich eine Grenze zwischen lauterer und unlauterer Rufausbeutung definieren, es sich also um gesetzlich geregelte Fälle der unlauteren Rufausbeutung handelt[1396]. Die Relevanz dieser Erkenntnis ist nur bedingt, denn bei systematischer Prüfung steht die Unzulässigkeit der Werbung schon fest und es bedarf daher keiner Annexbegründung. Allerdings hat auch der EuGH in der Entscheidung *Toshiba Europe*[1397] bei der Prüfung der Rufausbeutungsbestimmung darauf hingewiesen, dass das Hervorrufen einer assoziativen Verwechslung (§ 2 Abs. 2 Nr. 3 UWG) zugleich eine unlautere Ausnutzung der Wertschätzung mit sich bringt[1398].

(ii) Vergleiche mit Prestige- bzw. Luxusgütern

Neben vorbezeichneten „gesetzlich geregelten Rufausbeutungsfällen" gibt es weitere Konstellation, in denen die Unlauterkeit aus dem vermindertem Verbraucherinformationswert folgt. Hierbei erscheint es notwendig, nach Art der beworbenen Güter zu differenzieren, denn bei bestimmten Produktarten orientiert sich die Kaufentscheidung allein oder vorrangig am Zusatznutzen der Waren oder Dienstleistungen (Prestigekäufe, Luxusgüter)[1399].

Folgendes Beispiel soll der Veranschaulichung dienen: Die schwedische Modekette „H & M" wirbt für ein optisch und qualitativ an die neueste „Prada"-

---

[1392] *Menke*, WRP 1998, 811 ff. (823).
[1393] *Ziervogel*, S. 123.
[1394] *Ziervogel*, S. 141.
[1395] *Ziervogel*, S. 115 f.
[1396] *Ziervogel*, S. 123 ff, 149.
[1397] EuGH, WRP 2001, 1432 ff. (1437 ErwG 55) – Toshiba Europe.
[1398] Ähnlich auch *Freund*, S. 148.
[1399] BGH, GRUR 2002, 828 ff. (830) – Lottoschein; vgl. auch die Vorinstanz OLG Hamburg, GRUR 2000, 243 ff. (246); BGH, GRUR 1991, 609 ff. – Salomon; *Sambuc*, UWG-Nachahmungsschutz, S.122; *Ohly/Spence*, GRUR Int. 1999, 681 ff. (694); *Tilmann*, GRUR 1997, 790 ff. (797).

Handtasche angelehntes Modell. Das „H&M" Produkt wird neben dem „Prada"-Modell präsentiert und darunter steht unter jeweiliger Verwendung der Wort- und Bildmarken: „Prada für 699 EUR H&M für 69,90 EUR!"

Beim Kauf der „Prada"-Handtasche dürfte für die überwiegende Zahl der Verbraucher das Prestige der Marke im Vordergrund stehen. Dies zeigt sich daran, dass ästhetischer Kritik mit dem schlichten Verweis auf die Marke entgegengetreten wird, die Zusatzfunktion des Prestiges könne so determinierend sein, dass dies allein die Kaufentscheidung legitimierte.

Die zur Rechtfertigung der „vergleichsimmanenten Rufausbeutungseffekte" angeführten Markttransparenzeffekte treten nicht ein, wenn sich die Kaufentscheidung nicht auch an sachlichen Eigenschaften, also an Unterschiede der Primärfunktion wie beispielsweise Qualität, Form, Funktionalität, Material oder Preis orientiert[1400]. In diese Richtung argumentiert auch das OLG München in der *Duft-Vergleichslisten*-Entscheidung[1401], welches den Vergleich von Markendüften mit unbekannten Nachahmungen untersagt hatte.

Bei anderen Verbrauchsgütern, wie beispielsweise OP-Lampen[1402], Gelenkwellen[1403] oder Tonerpatronen[1404] steht die Primärfunktion des Produkts ganz eindeutig im Vordergrund. In diesen Fällen können die informationssichernden Kriterien die Rechtfertigung für vergleichsimmanente Rufausbeutungseffekte liefern. Ein Grenzfall ist beispielsweise die Entscheidung *Pippig Augenoptik*[1405], denn bei Brillengestellen und –gläsern haben qualitative und emotionale Produktassoziationen gleichermaßen Bedeutung.

Zusammenfassend lässt sich folgende Regel aufstellen: Je kaufentscheidungsrelevanter das Imagemarkenbewusstsein für den Verbraucher ist, desto geringer ist die Möglichkeit zur vergleichenden Werbung und *vice versa*[1406].

(b) Rufausbeutungsimmanenz der Kennzeichenverwendung

Der EuGH[1407] hat darauf hingewiesen, dass die Richtlinie die Benutzung einer fremden Marke oder eine namentliche Nennung zum Zweck der Identifikation

---

1400 Ähnlich, jedoch mit anderer Begründung *Ziervogel*, S. 131; *Tilmann*, GRUR 1997, 790 ff. (797); a. A. *Scherer*, WRP 2001, 89 ff. (91).

1401 OLG München, WRP 2001, 820 ff. (829).

1402 BGH, GRUR 2001, 350 ff. - OP-Lampen.

1403 BGH, WRP 2003, 637 ff. (639) - Ersetzt.

1404 EuGH, WRP 2001, 1432 ff. – Toshiba Europe.

1405 EuGH, WRP 2003, 615 ff.

1406 Vgl. Ohly/Spence, GRUR Int. 1999, 681 ff. (695); Freund, S.153; a.A. Sambuc, UWG-Nachahmungsschutz, S.141: Daß das Unlauterkeitsrecht sich dazu hergibt, Preis von Konsumgütern durch die Gewährung eines Quasi-Monopols für ‚Exklusivität' künstlich hochzuhalten, spricht dem Sinn und Zweck von Wettbewerb überhaupt Hohn, nämlich der Verbilligung von vorhandenem und dem Anreiz zur Entwicklung zukünftiger Produkte.

1407 EuGH, WRP 2001, 1432 ff. (1437 ErwG 53) – Toshiba Europe.

gestatten kann[1408]. Das Gericht geht also davon aus, dass eine Kennzeichenverwendung nicht in jedem Fall zulässig ist[1409].

Insoweit besteht ein Unterschied zur Diffamierungsbestimmung, bei der festgestellt wurde, dass in der unmittelbaren Erkennbarmachung keine besondere Herabsetzung gesehen werden kann. Die unlautere Rufausbeutung kann hingegen allein aufgrund der Verwendung des fremden Kennzeichens ohne das Hinzutreten weiterer Umstände vollendet sein[1410]. Generalanwalt *Léger*[1411] hat im *Toshiba Europe*–Verfahren daher gefordert, dass die kennzeichenrechtliche Bezugnahme zur Verbraucherinformierung erforderlich sein muss[1412]:

> *Der Ruf eines Mitbewerbers wird somit in unlauterer Weise ausgenutzt, wenn die Bezugnahme auf diesen oder die Art und Weise der Bezugnahme nicht zur Information der Kundschaft über die jeweiligen Vorzüge der verglichenen Erzeugnisse erforderlich ist. Die Verwendung eines Unterscheidungszeichens dieses Wirtschaftsteilnehmers ist nur zuzulassen, wenn der Vergleich nicht auf andere Weise vorgenommen werden kann.[...] Das vorlegende Gericht kann jede andere Alternative in Betracht ziehen, bei der Katun nicht auf das Nummerierungssystem von Toshiba zurückgreifen muss, wie z. B. die schriftliche Beschreibung der Materialien im Hinblick auf ihre Bestimmung.*

Bereits die tradierte Rechtsprechung zu § 1 UWG untersagte die Verwendung des Kennzeichens eines Konkurrenten, soweit dies für die Aufklärung der Werbeadressaten nicht „nötig"[1413] bzw. nicht „erforderlich"[1414] war. Bei § 2 UWG ist eine deutlich liberalere Auslegung der Erforderlichkeit zu erwarten, da nun anerkannt wird, dass die Kennzeichenverwendung zur grundsätzlichen Verbesserung der Markttransparenz beiträgt[1415]. Dies hat der EuGH bestätigt, denn er ist dem engen Verständnis des Generalanwalts nicht gefolgt. Nach dem EuGH scheidet eine unlautere Rufausbeutung aus, wenn der Hinweis auf das Zeichen „*Voraussetzung für einen wirksamen Wettbewerb*" auf dem in Rede stehenden Markt ist[1416]:

> *Im vorliegenden Fall konnte die Beklagte ihre Erzeugnisse offenbar kaum mit denjenigen der Klägerin vergleichen, ohne auf deren Artikelnummern Bezug zu nehmen.*

[1408] ErwG 14 der Richtlinie 97/55/EG, Abl.EG 1997 L290/18.

[1409] *Eck/Ikas*, WRP 1999, 251 ff. (271); a.A. OLG Frankfurt a.M., GRUR 2000, 621 ff. (622) – Magentafarbener Pfeil.

[1410] A.A. wohl OLG Hamburg, GRUR 2000, 243 ff. (246) – Lottoschein.

[1411] Schlussanträge *Léger* Toshiba Europe v. 08.02.2001 (ErwG 84, 85, 101, 102), www.curia.eu.int.

[1412] Schlussanträge *Léger* Toshiba Europe v. 08.02.2001 (ErwG 85).

[1413] BGH, GRUR 1989, 668 f. (669) – Generikum-Preisvergleich.

[1414] BGH, GRUR 1989, 572 ff. (576) – Bioäquivalenz.

[1415] *Eck/Ikas*, WRP 1999, 251 ff. (272); *Freund*, S.151.

[1416] EuGH, WRP 2001, 1432 ff. (1437 ErwG 58, 59) – Toshiba Europe.

Von einem zu engen Verständnis der Erforderlichkeitsprüfung geht wohl das OLG München in der *Duft-Vergleichslisten*-Entscheidung[1417] aus, denn die Erforderlichkeit der Kennzeichenverwendung wurde verneint, weil der Werbende die Möglichkeit gehabt hätte, die Duftnoten verbal mittels der Angabe der Inhaltsstoffe (Rose, Maiglöckchen, Vanille, Sandelholz, etc) zu beschreiben. Dies ist mit dem Informationsanliegen der Richtlinie kaum zu vereinbaren, denn nur die wenigsten Verbraucher kennen die olfaktorischen Bestandteile des eigenen Markenparfums. Die Kennzeichenverwendung wäre für die Steigerung des Informationsgehaltes der Werbung erforderlich gewesen, etwas anderes würde nur dann gelten, wenn Verbraucher die Kaufentscheidung vorrangig an der Parfümmarke ausrichten.

(c) Indizien für den Informationsgehalt

Bei der tendenziell weiten Auslegung der „Erforderlichkeit" der Kennzeichenverwendung wird die Prüfung der Rufausbeutungsbestimmung in vielen Fällen weiterhin auf eine offene Interessenabwägung hinauslaufen, um im Einzelfall die Grenze zwischen lauterer und unlauterer Rufausbeutung zu bestimmen.

Hierbei ist wiederum der Informationsgehalt einer (anlehnenden) vergleichenden Werbung von entscheidender Bedeutung[1418]. Zur Ermittlung des Informationsgehaltes kann wiederum auf die Prüfung der Kriterien der ersten Stufe rekurriert werden, da sich hieraus Orientierungsmaßstäbe für die Bestimmung des Informationsgehaltes ergeben.

(i) Vergleichsbasis

Die Prüfung des § 2 Abs. 2 Nr. 1 UWG, also die Identität bzw. der Substituierungsgrad ist indiziell für den Informationsgehalt einer Werbung[1419]. Je größer die Vergleichsbasis, also die Übereinstimmung der verglichenen Waren oder Dienstleistungen in Qualität, Ausstattung, Service, etc., desto geringer ist die Gefahr einer Unlauterkeit[1420]. So sind Vergleichen identischer Produkte – wie in der Entscheidung *Preisgegenüberstellungen im Schaufenster*[1421] – positiver einzustufen als Vergleiche entfernt substituierbarer Produkte[1422].

(ii) Vollständigkeit

Der Informationsgehalt einer Werbung nimmt mit der Vollständigkeit des Vergleichs zu. Insoweit kann die Prüfung des § 2 Abs. 2 Nr. 2 UWG und der Irreführungsbestimmung (§ 3 S.2 UWG) Aufschluss für die Beurteilung der Rufausbeutungsbestimmung geben, denn je mehr Eigenschaften verglichen werden

1417 OLG München, WRP 2001, 820 ff. (828).
1418 *Menke*, WRP 1998, 811 ff. (824).
1419 *Ziervogel*, S. 143.
1420 *Plaß*, NJW 2000, 3160 ff. (3167).
1421 BGH, WRP 2001, 1441 ff.
1422 BGH, WRP 2001, 1441 ff. – Toshiba Europe; EuGH, WRP 2003, 615 ff. - Pippig Augenoptik; BGH, WRP 2003, 637 ff. – Ersetzt.

bzw. je relevanter diese Eigenschaften sind, oder umso mehr repräsentative Konkurrenten in den Vergleich einbezogen werden, desto größer ist das Verbraucherinformationsinteresse an der Zulässigkeit der Werbung[1423].

Dieser Ansatz findet in den Ausführungen des Generalanwalts *Léger* Bestätigung. Er vertritt die Auffassung, dass die Gegenüberstellung der Artikelnummern in der Entscheidung *Toshiba Europe* deutlich unproblematischer gewesen wäre, wenn der Werbende zugleich einen konkreten Preisvergleich vorgenommen hätte[1424]:

> *Ich bin deshalb der Ansicht, dass der Werbende, der das Unterscheidungszeichen eines Mitbewerbers neben seinen eigenen Referenzen verwendet, aber einen mittelbaren Preisvergleich vornimmt, eher den Ruf dieses Mitbewerbers in unlauterer Weise ausnutzt, als der, der die gleiche Gegenüberstellung vornimmt und den Preis der dargestellten Produkte genau angibt.*

(iii) Vergleichsergebnis

Der BGH hat in der Entscheidung *Preisgegenüberstellungen im Schaufenster*[1425] festgestellt, dass bei der Interessenabwägung, also der Ermittlung der zulässigen Herabsetzung, dass Vergleichsergebnis von Bedeutung ist. In Anbetracht der Tatsache, dass Diffamierungs- und Herabsetzungsklausel vom Funktionsverständnis identisch sind, ist davon auszugehen, dass das Vergleichsergebnis auch im Rahmen der Rufausbeutungsbestimmung indiziellen Charakter für die Beurteilung haben wird. Je geringer die Qualitäts- bzw. je größer die Preisunterschiede der verglichenen Produkte sind, desto intensiver darf auch die Anlehnung an den fremden Ruf ausfallen[1426].

(d) Erhöhung der Rufausbeutungsintensität

Die vorbezeichneten, im Abwägungsprozess positiv zu berücksichtigenden Indizien können durch gegenläufige negative Gesichtspunkte ausgeglichen oder überlagert werden. Art und Weise der Kennzeichenverwendung, die Bekanntheit und andere Wertschätzungsgesichtspunkte (Prestige) können sich insoweit unlauterkeitsbegründend auswirken.

[1423] *Ziervogel*, S.144; wohl auch *Tilmann*, GRUR 1997, 790 ff. (797); *Plaß*, NJW 2000, 3160 ff. (3166).

[1424] Schlussanträge Léger Toshiba Europe (ErwG 115); hierzu auch Ziervogel, S.149 f.: Aus der Tatsache, daß sich der EuGH nicht zu der Bedeutung des Informationsgehaltes eines Werbevergleichs bei der Frage des Vorliegens einer Rufausnutzung geäußert hat, kann nicht geschlossen werden, daß dieser nach Ansicht des EuGH keine Relevanz zukommt, da der Sachverhalt, welcher dem betreffenden Vorlageverfahren zugrunde lag, nicht zwingend hierzu Anlaß gab.

[1425] BGH, WRP 2001, 1441 ff. (1445).

[1426] *Schnorbus*, ZVersWiss 1999, 375 ff. (415).

(i) Anlehnungs- bzw. Gleichstellungsgrad

Im Rahmen der Interessenabwägung ist der Grad der Anlehnung zu berücksichtigen[1427]. Dies hat der EuGH[1428] deutlich gemacht, als er darauf hingewiesen hat, dass eine Herkunftstäuschung (§ 2 Abs. 2 Nr. 3 UWG) zugleich eine unlautere Rufausbeutung darstellt[1429]. Denkbar sind auch Konstellationen, in denen die Werbung Herkunftstäuschungspotential aufweist, ohne dass dieses für die Annahme einer Unlauterkeit nach der Verwechslungsbestimmung ausreicht[1430]. Die Prüfung der Verwechslungsbestimmung kann daher eine Orientierungshilfe für die Prüfung der Rufausbeutung sein.

Zudem steigt das Rufausbeutungspotential mit zunehmender Pauschalität der Gleichstellung[1431]. Aus der Voraussetzung der Nachprüfbarkeit i. S. d. § 2 Abs. 2 Nr. 2 UWG folgt zwar eine grundsätzliches Verbot des „pauschalen Vergleichs" und damit auch der pauschalen Anlehnung, gleichwohl sind auch bei der Nachprüfbarkeit Abstufungen möglich, die für die Ermittlung des Anlehnungsgrads als abwägungsrelevantes Kriterium von Bedeutung sein können[1432].

(ii) Art und Weise der Verwendung eines Kennzeichens

Insbesondere die Art und Weise der Verwendung fremder Kennzeichen kann sehr unterschiedlich ausfallen[1433]. Unterschiede sind sowohl bei der Formulierung der Werbeaussage, als auch bei der Gestaltung der Werbung möglich. So stellt die Verwendung der Bildmarke (Logo) einen intensiveren Eingriff als die Verwendung der Wortmarke dar[1434]. Allerdings wird die Benutzung der Wort und Bildmarke oftmals die eindeutigste und einfachste Methode sein, um das Konkurrenzprodukt erkennbar zu machen[1435]. Die Werbeforschung hat herausgefunden, dass eine Werbung die Markenlogos verwendet, von den Verbrauchern um ein vielfaches aufmerksamer wahrgenommen wird[1436].

Die Verwendung des fremden Kennzeichens kann über das für die eindeutige Identifizierung des Mitbewerbers notwendige Maß hinausgehen, ohne zur Stei-

---

1427 *Kotthoff*, BB 1998, 2217 ff. (2221); *Freund*, S.151; *Ziervogel*, S.146.
1428 EuGH, WRP 2001, 1432 ff. (1437 ErwG 55) – Toshiba Europe.
1429 *Ziervogel*, S. 149.
1430 *Ziervogel*, S. 146.
1431 *Ziervogel*, S. 146.
1432 *Ziervogel*, S. 146.
1433 *Eck/Ikas*, WRP 1999, 251 ff. (272); *Ziervogel*, S. 147.
1434 *Ohly*, GRUR 2003, 641 ff. (645); *Henning-Bodewig*, GRUR Int. 1999, 385 ff. (393); *Ziervogel*, S. 147; *AIPPI*, Yearbook 1998/VIII, S. 447.
1435 *Eck/Ikas*, WRP 1999, 251 ff. (271); *Freund*, S. 152.
1436 *Brandmeyer*, brand eins 2003/09, 59 ff. (62).

gerung der Verbraucherinformierung beizutragen[1437]. Dies ist grundsätzlich nicht zu rechtfertigen[1438].

So ist die mehrfache Verwendung eines Kennzeichens, die Verwendung verschiedener Kennzeichen des Wettbewerbers oder der Hausfarbe[1439] des Konkurrenten grundsätzlich nicht notwendig[1440]. Ein Beispiel liefert auch die „McDonald's"-Werbung, als die Urfigur „Ronald McDonald" in der „Burger King"-Werbung verwandt wurde, ohne eine diesbezügliche Notewendigkeit zu erkennen war[1441].

Gleiches gilt für die Größe bzw. die Platzierung der Kennzeichen, diese können zentral bzw. plakativ herausgestellt werden[1442]. Ein Unzulässigkeitsindiz ist stets, wenn fremde Kennzeichen als Blickfang (*eye-catcher*) eingesetzt werden[1443].

Es ist aber auch möglich zurückhaltend mit fremden Kennzeichen zu verfahren. Ein aktuelles Beispiel für eine Werbung, in der das Rufausbeutungspotential durch eine sehr zurückhaltende Kennzeichenverwendung kompensiert werden konnte, ist die jüngste Werbung von „Skoda" für das Modell „Superb". In großer, herausgestellter Schrift wirbt das Unternehmen mit folgender Aussage: „Sieger gegen eine Konkurrenz, von der keiner ahnte, dass sie eine ist. Erst im Kleingedruckten findet sich die weitere Erläuterung: „Unsere größte Limousine überholte im Test der ‚Auto Zeitung' (11/03) den Mercedes E 240"[1444].

(iii) Bekanntheits-, Wertschätzungs- und Prestigefälle

Je größer die Bekanntheit oder Wertschätzung eines Kennzeichens ist, umso schutzwürdiger ist das Interesse des in Bezug genommenen Konkurrenten[1445]. Es darf nicht verkannt werden, dass ein Rufgefälle die Gefahr erhöht, dass das Instrument der vergleichenden Werbung als Vehikel der Rufausbeutung missbraucht wird. Bei der Ermittlung, ob ein solches Gefälle vorliegt, können aus der Preisgestaltung wichtige Rückschlüsse gezogen werden[1446]. Ein solches Gefälle kann daher indiziell für die Unlauterkeit der Rufausbeutung sein[1447]. Bei einem Vergleich von Kennzeichen, die in ihrem Bereich über eine vergleichbare Wertschätzung verfügen, ist eine Rufübertragung nur schwer vorstellbar.

1437 *Eck/Ikas*, WRP 1999, 251 ff. (272).
1438 *Eck/Ikas*, WRP 1999, 251 ff. (272).
1439 A.A. aber OLG Frankfurt a.M, GRUR 2000, 621 f. (622) – Magentafarbender Pfeil.
1440 *Eck/Ikas*, WRP 1999, 251 ff. (273); *Freund*, S. 152.
1441 Verfügungsantrag McDonald's (Seitensprung), 07.08.2002, unveröffentlicht.
1442 *Berlit*, Wettbewerbsrecht, S. 76, a. A. OLG Hamburg, GRUR 2000, 243 ff. (246) – Lottoschein.
1443 *Eck/Ikas*, WRP 1999, 251 ff. (272); *Freund*, S.152.
1444 Abgedruckt z.B. im Spiegel Nr.37 v. 08.09.2003, 129.
1445 *Eck/Ikas*, WRP 1999, 251 ff. (271).
1446 Vgl. OLG Hamburg, GRUR-RR, 2001, 33 ff. (36) – Verwendung eines Diagramms in der Werbung.
1447 *Eck/Ikas*, WRP 1999, 251 ff. (271); *Illing*, S.132.

Im vorbezeichneten „Prada“-Beispiel dürfte es also einen erheblichen Unterschied ausmachen, ob der Vergleich zwischen der Marke „Prada“ und der Marke „H & M“, oder zwischen unmittelbar konkurrierenden Marken, wie beispielsweise „Gucci“ oder „Louis Vuitton“, vollzogen wird. Gleichwohl ist denkbar, dass Verbraucher erfahren wollen, wie viel sie tatsächlich für den Zusatznutzen, also den Prestigegewinn, zu zahlen haben[1448].

Ziervogel[1449] plädiert allerdings dafür, Faktoren wie das Prestige, die Bekanntheit oder die Güte der Wertschätzung nicht zu berücksichtigen. Damit sei die Gefahr der Privilegierung „einzelner mit besonderem Ruf ausgestatter Unternehmen, Kennzeichen bzw. Waren oder Dienstleistungen“ verbunden. Er geht dabei m.E. von einer falschen Prämisse aus, denn sowohl das Wettbewerbsrecht, als auch das Markenrecht erkennen die Wertschätzung als einen schützenswerten Besitzstand an. Aufgabe des § 2 UWG ist es, die verschiedenen Interessen optimal zu gewichten, was aber zunächst voraussetzt, dass diese auch Berücksichtigung finden. Überzeugender erscheint daher, diese Faktoren zu berücksichtigen, ihnen jedoch keine Vorrangstellung einzuräumen, sondern die Unlauterkeit in Wechselwirkung zu den anderen Kriterien zu beurteilen.

II. § 2 Abs. 2 Nr. 6 UWG (Imitationen oder Nachahmungen)

§ 2 Abs. 2 Nr. 6 UWG erklärt eine Werbung für unzulässig, sofern im Rahmen einer vergleichenden Werbung eine Ware oder Dienstleistung als Imitation oder Nachahmung einer unter einem geschützten Kennzeichen vertriebenen Ware oder Dienstleistung dargestellt wird.

Die Regelung kann als gesetzlich geregelter Sonderfall der unlauteren Rufausbeutung angesehen werden[1450]. Die Bestimmung regelt den Fall, dass der Werbende sein eignes Produkt als Imitation oder Nachahmung eines fremden Produktes bezeichnet[1451].

1. Schutzbereich

Der Schutz der Bestimmung bezieht sich nur auf geschützte Kennzeichen und ist enger als der sonst verwandte Kennzeichenbegriff. Erforderlich ist also, dass die mit den Produkten assoziierten Kennzeichen als Marken oder Herkunftsbezeichnung eingetragen wurden[1452], nach anderer Meinung soll die durch Benutzung

---

1448 *Scherer*, WRP 2001, 89 ff. (91 f.); *Illing*, S. 106.

1449 *Ziervogel*, S.1 44 ff.

1450 *Eck/Ikas*, WRP 1999, 251 ff. (273); *Scherer*, WRP 2001, 89 ff. (95); *Ziervogel*, S.135.

1451 So *Eck/Ikas*, WRP 1999, 251 ff. (273); *Plaß*, WRP 1999, 766 ff. (771); *Berlit*, BB 2000, 1305 ff. (1308); *Sack*, WRP 2001, 327 ff. (347); *Emmerich*, Unlauterer Wettbewerb, S. 94; *Ziervogel*, S.139; *Köhler/Piper*, § 2 Rn. 60; a. A. *Kotthoff*, BB 1998, 2217 ff. (2220); *Gloy/Bruhn*, GRUR 1998, 226 ff. (238).

1452 *Plaß*, WRP 1999, 766 ff. (771).

erlangte Verkehrsgeltung ausreichen bzw. der Kennzeichenbegriff der Richtlinie zugrunde zu legen sein[1453].

2. Imitationen

Die zentrale Frage ist, in welchen Fällen eine Imitations- oder Nachahmungsdarstellung angenommen werden kann. Nach überwiegender Auffassung ist die Bestimmung als Sonderregelung eng auszulegen[1454]. Gefordert wird eine „offene Darstellung" als Imitation oder Nachahmung, also ein ausdrücklicher Hinweis auf die physikalische, chemische oder technische Identität[1455]. Nach der Regierungsbegründung ist die bloße Gleichwertigkeitsaussage bzw. Gleichstellung nicht ausreichend, andernfalls wären anlehnende vergleichende Werbungen kaum möglich[1456]. Dies bestätigt auch die *Ersetzt*-Entscheidung[1457], welche § 2 Abs. 2 Nr. 6 UWG nicht einmal erwähnt.

Einschlägig ist die Vorschrift immer dann, wenn ausdrücklich Worte wie „Imitation", „Nachahmung" oder sinnverwandte Wörter (z.B. Replica) benutzt werden[1458] oder der Eindruck erweckt wird, das Originalprodukt habe als Vorlage gedient[1459]. Zulässig dürfte es aber sein, das eigene Produkt als „ebenso gut" [1460], „baugleich mit..."[1461], „therapeutisch äquivalent"[1462] oder „bioäquivalent"[1463] zu bezeichnen. Die Vorschrift könnte möglicherweise im Bereich der Generika-Werbung[1464] oder der Duftvergleichslisten[1465] („*table de concordance*") Bedeutung bekommen.

1453 *Plaß*, NJW 2000, 3160 ff. (3167)

1454 *Ohly/Spence*, GRUR Int. 1999, 681 ff. (695); *Scherer*, WRP 2001, 89 ff. (94); *Ziervogel*, S.139.

1455 *Ziervogel*, S.139; nach *Köhler/Piper*, § 2 Rn.61.

1456 Reg.-Begr., WRP 2000, 555 ff. (561).

1457 BGH, WRP 2003, 637 ff. – Ersetzt.

1458 *Emmerich*, Unlauterer Wettbewerb, S.94.

1459 *Sack*, WRP 2001, 327 ff. (347); *Nordmann*, GRUR Int. 2002, 294 ff. (303).

1460 *Emmerich*, Unlauterer Wettbewerb, S.94; a.A. *Plaß*, NJW 2000, 3160 ff. (3167), welche die Verwendung des Wortes „austauschbar" als unzulässig erachtet.

1461 *Köhler/Piper*, Einl. Rn.61.

1462 BGH, GRUR 1992, 625 ff. – Therapeutische Äquivalenz.

1463 BGH, WRP 1989, 572 ff. – Bioäquivalenz.

1464 *Gloy/Bruhn*, GRUR 1998, 226 ff. (238); *Ohly/Spence*, GRUR Int. 1999, 681 ff. (694); *Sack*, WRP 2001, 327 ff. (347); *Scherer*, WRP 2001, 89 ff. (94 f.).

1465 *Berlit*, Wettbewerbsrecht, S.78 f.; *Plaß*, NJW 2000, 3160 ff. (3167); unbeachtet allerdings in der Entscheidung des OLG München, WRP 2001, 820 ff. – Duft-Vergleichslisten.

B) Südafrika

I. Wettbewerbsrecht

1. Rufausbeutungsschutz in der Literatur

Die Anerkennung eines originär wettbewerbsrechtlichen Rufausbeutungschutzes gestaltet sich im südafrikanischen Wettbewerbsrecht als schwierig[1466]. Englisches *common law* macht den Erfolg der Rufausbeutungsklage vom Vorliegen der *passing off*-Voraussetzungen – also einer Täuschungs- oder Verwechslungsgefahr – abhängig[1467]. Zentrale Frage ist also, ob das südafrikanische Recht einen Rufausbeutungsschutz außerhalb von Verwechslungs- bzw. Irreführungssituationen kennt. Die Literatur weist auf das Bedürfnis nach entsprechenden Schutztatbeständen hin[1468].

Auf der Grundlage der *lex aquilia* wurden Vorschläge unterbreitet, wie dieser Schutz zu bewerkstelligen sei[1469]. Nach *Mostert*[1470] sollte der wettbewerbsrechtliche Kennzeichenschutz vor Verwässerung und Verunglimpfung schützen und ein eigenständiges Immaterialgüterrecht, das Recht am Werbebild („*advertising image*"), anerkennen. *Rutherford*[1471] und *Salmon*[1472] sehen das Recht des kennzeichenrechtlichen Werbewertes („*advertising value*") als eigenständigen Teil des Unternehmensgoodwills[1473] an. In jeder unberechtigten Nutzung dieses Rechts soll eine unzulässige Verwässerung des Werbewertes liegen1474. Allein *Van Heerden/Neethling*[1475] widmen sich dem speziellen Problem der anlehnenden vergleichenden Werbungen, die sie wegen der Rufausbeutungseffekte als generell unzulässig einstufen[1476]:

1466 *Schmidt*, GRUR Int. 1999, 51 ff; vgl. auch *Neethling*, SA Mercantile LJ 1993, 306 ff.

1467 *Mostert*, SALJ 1982, 413 ff. (418).

1468 Rutherford, Misappropriation of the Advertising Value, S.55 ff. (56): The greater the advertising value of a trade mark, the greater the risk of misappropriation. Any unauthorised use of the trade mark by other traders will lead to the gradual consumer disassociation of the trade mark from the proprietor's product. The more the trade mark is used in relation to the products of others, the less likely it is to focus attention on the proprietor's product. The reputation and unique identity of the trade mark will become blurred. The selling power becomes eroded and the trade mark becomes diluted.

1469 *Van Heerden/Neethling*, S.203 ff.: ...the fact that there is no legal precedent for the protection of the advertising value of trade marks, etc in our law does not detract from the merit of a need for such protection.

1470 *Mostert*, SALJ 1982, 413 ff; *Mostert*, EPIR 1986, 342 ff.

1471 *Rutherford*, Misappropriation of the Advertising Value, S.56.

1472 *Salmon*, SALJ 1987, 647 ff. (657).

1473 Salmon, SALJ 1987, 647 ff. (650): Comparative advertising usurps a quantum of the selling power that the original mark previously possessed; because the desirable images are now shared, the selling power they evoke no longer accrues solely to the original trade mark.

1474 *Rutherford*, Misappropriation of the Advertising Value, S.56.

1475 Van Heerden/Neethling, S.202 ff.

1476 Van Heerden/Neethling, S.202.

> *Open leaning on takes place where an entrepreneur – usually through comparative advertising – in an overt and concealed manner misappropriates the advertising value which for example the trade mark of a rival has in regard to his own product, so that it may serve as a springboard or prestress ('voorspan') for his first entrepreneur's own similar performance; in doing so the perpetrator diverts the positive association which the trade mark enjoys in relation to the proprietor's product to his own product.*

Sie gehen davon aus, dass eine Gleichstellungsbehauptung selbst dann eine Rufausbeutung begründet, wenn der Werbende ein ebenbürtiges oder besseres Produkt anbietet. Unverzichtbare Voraussetzung ist der Nachweis, dass das streitgegenständliche Kennzeichen tatsächlich *advertising value* begründet hat. Hierzu müsse der Kläger nicht nur eine Bekanntheit, sondern auch positive Assoziationen im Sinne eines guten Rufs nachweisen[1477].

2. Rufausbeutungsschutz in der Rechtsprechung

Die südafrikanischen Gerichte haben das von der Literatur propagierte Schutzgut des advertising value nicht eindeutig anerkannt[1478]. Zwei Entscheidungen widmen sich Rufausbeutungskonstellationen.

(a) „Dallas"-Entscheidung

Im Zusammenhang mit der Fallgruppe *passing off* wurde bereits die *Dallas*-Entscheidung[1479] besprochen. Richter *Van Dijkhorst* verneinte eine Verwechslungsgefahr und hatte nun zu entscheiden, ob in dem Verhalten des Beklagten gleichwohl ein Verstoß gegen die *boni mores* gesehen werden könne. Das Gericht kam zu dem Ergebnis, dass die unbefugte Verwendung nicht eingetragener Kennzeichen nicht rechtswidrig war[1480]. Er hob in diesem Zusammenhang die große Bedeutung freier Märkte und regen Wettbewerbs hervor.

[1477] Van Heerden/Neethling, S. 219.

[1478] *Neethling*, Persönliches Gespräch, 15.04.2003, Pretoria, wobei er darauf hinweißt, dass man zumindest Ansatzpunkte für einen solchen Schutz in den Entscheidungen *Lorimar Productions Inc v Sterling Clothing Manufacturers Pty (Ltd), Lorimar Productions Inc v OK Hyperama Ltd, Lorimar Productions Inc v Dallas Restaurant*, 1981 (3) SA 1129 und *Federation Internationale de Football and Others v Barlett and Others*, 1994 (4) SA 722 (T) findet.

[1479] Lorimar Productions Inc v Sterling Clothing Manufacturers Pty (Ltd), Lorimar Productions Inc v OK Hyperama Ltd, Lorimar Productions Inc v Dallas Restaurant, 1981 (3) SA 1129.

[1480] Lorimar Productions Inc v Sterling Clothing Manufacturers Pty (Ltd), Lorimar Productions Inc v OK Hyperama Ltd, Lorimar Productions Inc v Dallas Restaurant, 1981 (3) SA 1129 1152.

(b) „Union Wine"-Entscheidung

Die zweite Entscheidung ist *Union Wine Ltd v E Snell and Co Ltd*[1481]. Der Beklagte hatte seinen neuen Wein „Edward Snell *Johannisberger*" genannt und hatte sich auf diesem Wege an den bekannten und beliebten Wein des Klägers, den so genannten „Belligham *Johannisberger*", angelehnt[1482]. Der Kläger hatte argumentiert, dass südafrikanische Recht müsse auf Grundlage der *lex aquilia* Schutz vor Ausbeutungshandlungen gewähren.

Richter *Van Deventer* stellte fest, dass die vom Kläger seit Jahren genutzte Bezeichnung „*Johannisberger*" eine besondere Bekanntheit und einen guten Ruf erlangt hat, denn Verbraucher würden mit diesem Namen ausschließlich den Wein des Klägers assoziieren[1483]. Die Verwendung des identischen Namenselements im Namen des Beklagten bedeute einen erheblichen Nachteil für den Kläger, denn Verbraucher würden im Wein des Beklagten ein Alternativprodukt sehen, wodurch die vormals exklusive zerstört werde[1484]. Gleichwohl lehnte das Gericht einen wettbewerbsrechtlichen Schutz unter Berufung auf die besondere Bedeutung der Wettbewerbsfreiheit ab[1485]:

> *However great a reputation and goodwill it [the name Johannisberger] may have built up and however much money and energy may have been expended to achieve its share of the market, an unregistered trade mark or name has no statutory or judicial protection and it may be appropriated by competitors provided they do not mislead the public by passing off or compete unlawfully in some other manner. [...] The principle of free and active competition in the market is public policy in South Africa and monopolies are regarded with disfavour. [...] My conclusion is that in the absence of dishonesty, unfairness per se cannot serve as a criterion for unlawfulness. [...] To the extent that the public policy and the interests of society may be relevant in this case, I do not think that the respondent's use of the name 'Johannisberger' could be seen to be contra bonos mores or against the public policy.*

Richter *Van Deventer* sprach sich in diesem Zusammenhang ausdrücklich gegen den Vorschlag von *Van Heerden/Neethling* bezüglich der Anerkennung eines originären Rufausbeutungsschutzes („*openlike aanleuning*") aus.

[1481] 1990 2 SA 180 (D); vgl. zu dieser Entscheidung bereits 9.Teil I.B.1).c).(i).

[1482] 1990 2 SA 180 (D) 194.

[1483] 1990 2 SA 180 (D) 198: It is common cause that applicant had over 30 years invested considerable effort and expenditure in the promotion of Bellingham Johannisberger and that the use of this name has attracted a reputation to it which has enured to applicant's benefit. In my view the adjectival name 'Johannisberger' had, prior to July 1989, in the South African market become distinctive of the applicant's wine as opposed to other comparable wines and it had attracted goodwill ('werfkrag'). [...] The average purchaser until July 1989 would therefore have associated the appellation 'Johannisberger' in the South African scenario exclusively with the applicant's wine.

[1484] 1990 2 SA 180 (D) 198: I believe, [...] that the applicant will inevitably lose some custom to the respondent on the simple basis that some less knowledgeable or fastidious patrons will ask only for 'Johannisberger' and be offered the respondent's wine.

[1485] 1990 2 SA 180 (D) 203; kritisch *Van Heerden/Neethling*, S.217.

Die diesbezügliche Zurückhaltung der Gerichte ist wohl auch darauf zurückzuführen, dass die Rechtsprechung lange Zeit davon ausgegangen ist, dass Kennzeichen allein der Herkunftsunterscheidung dienen[1486].

3. Künftige Entwicklungen

Ob die Entscheidungen aus den Jahren 1981 und 1990 den gegenwärtigen Entwicklungsstand des südafrikanischen Rechtes wiedergeben, bleibt indes ungewiss. Einerseits haben Wettbewerbsaspekte durch die Verabschiedung des Competition Act an Bedeutung gewonnen, andererseits gewinnt aber auch der Schutz immaterieller Wirtschaftsgüter zunehmend an Gewicht[1487].

Die Verfechter eines eigenständigen Immaterialgüterrechtes am Werbebild sehen in der Einführung des Verwässerungsschutzes für bekannte Marken[1488] einen Wandel des Funktionsverständnisses. Kennzeichen werden nun auch im Hinblick auf ihre Werbe- und Imagefunktion geschützt[1489]. Diese gesetzgeberische Entscheidung werde auch die Rechtsprechung im Bereich des *common law* beeinflussen[1490]. Der Rufausbeutungsschutz sollte alle Leistungen erfassen, denen unabhängig von ihrer Bekanntheit ein guter Ruf zu Teil geworden ist[1491].

Woker[1492] scheint die gegenwärtige Situation allerdings treffender zu beschreiben:

> *Legal principles are at present inadequate to deal with the problem, notwithstanding the fact that the conduct involved serious ethical questions. Dilution in South Africa is a new concept and is, therefore, obviously uncharted territory.*

Auch *Neethling*[1493] räumt letztlich ein, dass das Wettbewerbsrecht in diesem Bereich keine klaren Konturen aufweist und die ergangenen Entscheidungen Interpretationen in beide Richtungen zulassen.

1486 *Schmidt*, GRUR Int. 1999, 51 ff. (54).

1487 Federation Internationale de Football and Others v Barlett and Others, 1994 (4) SA 722 (T) 736: Moreover, in the 13 years that have elapsed since the Lorimar judgment, markets may have changed and consumers may have become more sophisticated and knowledgeable.

1488 Section 34(1) (c) TMA 1993.

1489 *Ginsburg*, S. 37.ff.; *Schmidt*, GRUR Int. 1999, 51 ff. (55).

1490 *Schmidt*, GRUR Int. 1999, 51 ff. (55); *Van Heerden/Neethling*, S.215; andere argumentieren, dass das Recht mit dieser Bestimmung eine konkrete Grenze des Sonderrechts definiert.

1491 Van Heerden/Neethling, S.215: However, the American and German courts have a conservative approach as they only protect 'famous' or 'berühmte' marks against dilution. This approach seems to be too strict. Since it is the advertising value and trade names which is diminished by dilution, all marks and names having such value – and not only famous ones –should be protected.

1492 *Woker*, Advertising Law, S.137.

1493 *Neethling*, Persönliches Gespräch, 15.04.2003, Pretoria.

II. Selbstregulierungsrecht (Klausel 7.1.5)

Im Unterschied zum klassischen Wettbewerbsrecht gewährt die Selbstregulierungspolitik umfassenden Schutz gegen Rufausbeutungen. Hier wird deutlich, dass die freiwillige Selbstkontrolle die Lücken des südafrikanischen Wettbewerbsrechtes ausfüllt. Der Rufausbeutungsschutz („*advertising goodwill*") beruht auf Bestimmung 7.1.5, die wiederum auf die allgemeine Rufausbeutungsbestimmung 8.1 verweist:

> *Advertisements may not take advantage of the advertising goodwill relating to the trade name or symbol of the product or service of another, or advertising goodwill relating to another party's advertising campaign or advertising property, unless the prior written permission of the proprietor of the advertising goodwill has been obtained. Such permission shall not be considered to be a waiver of the provisions of other clauses of the Code.*

Aufgrund des markenrechtlichen Verbots der Verwendung fremder Kennzeichen ist das Rufausbeutungspotential der vergleichenden Werbungen deutlich verringert.

1. Kriterien zur Ermittlung der Rufausbeutung

(a) Überragende Bedeutung des Rufes

Vorrangiger Gesichtspunkt bei der Interessenabwägung im Bereich des Selbstregulierungsrechtes ist die Bekanntheit und Bedeutung des zu schützenden Rufs[1494]. Eine Rufausbeutung ist quasi indiziert, wenn der Werbende ein für das Produkt oder das Unternehmen so genanntes „zentrales Werbemittel" („*signatures*") verwendet. Dies kommt in vergleichenden Konstellationen relativ häufig vor, da dies wegen des markenrechtlichen Verbotes eines der wenigen Möglichkeiten zur Wettbewerberidentifizierung ist. Typischerweise wird dann über die Bedeutung des streitgegenständlichen Werbemittels gestritten, da hohe Anforderungen an die Qualifizierung als *signature* gestellt werden. Die Anforderungen ergeben sich zunächst aus Vorschrift 8.2 Abs. 2[1495]:

> *In considering matters raised under this clause consideration will be given to, inter alia, the likelihood of confusion, deception and the diminution of advertising goodwill. Furthermore, whether the device or concept constitutes the 'signature' of the product or service, is consistently used, expended throughout media and is prominent in the mind of the consumer.*

[1494] Uthingo / Nandos, AP, 07.11.2001: Matters to be considered under this clause are the likelihood of confusion, deception and the diminution of advertising goodwill and whether the device or concept constitutes the signature of the product, is consistently used, expended throughout media and is prominent in the mind of the consumer.

[1495] Unterstreichungen des Verfassers.

Die hohen Anforderungen verdeutlichen vor allem die beiden Entscheidungen *V Energy Drink*[1496] und *Arctic Ice*[1497].

(i) "V Energy Drink"-Entscheidung

„Red Bull“ hatte über Jahre mit dem Werbespruch „Revitalizes body and mind“ geworben. In allen englischsprachigen Ländern wurde dieser Spruch auf Getränkeverpackungen aufgedruckt. Lange Zeit nach „Red Bulls“ Markteintritt wurde ein vergleichbares Getränk mit dem Namen „V Drink“ eingeführt und mit dem Slogan „V Drink that vitalises body and mind“ beworben. Vor der ASA hatte „Red Bull“ mit drohender Verwechslungs- und Rufausbeutungsgefahr argumentiert. „V Drink“ hatte argumentiert, dass nicht der streitgegenständliche Slogan, sondern der Spruch „Red Bull gives you Wiings“ zentrales Werbemittel der Beschwerdeführerin sei. Die ASA folgte dieser Argumentation und akzeptierte nicht, dass "Red Bull“ verschiedene zentrale Werbeslogans etabliert habe[1498].

(ii) „Arctic Ice“-Entscheidung

Im Verfahren *Gillette „Arctic Ice“/Playboy „Arctic Ice“*[1499] konnte die ASA weder *signature*-Qualität, noch *„advertising goodwill“* in der Produktbezeichnung „Arctic Ice“ erkennen. Ein Lizenznehmer der Marke „Playboy“ hatte über Jahre eine Kosmetikserie unter dem Namen „Playboy“ vertrieben. Einer von fünf verschiedenen Düften hieß „Arctic Ice“. Jahre nach Einführung der „Playboy Deodorant Line“ hatte das Unternehmen „Gillette“ eine Kosmetiklinie unter dem Namen „Arctic Ice“ herausgebracht. Die ASA lehnte eine Rufausbeutung ab, weil „Playboy“ in den letzten Jahren keine Werbung für die „Deodorant Line“ betrieben hatte. Zudem hätten die Begriffe „Arctic“ und „Ice“ beschreibenden Charakter für Produkte, die sich durch erfrischende oder kühlende Effekte auszeichnen.

(iii) „e.tv"-Entscheidung

Ein Verfahren in dem die ASA auf *signature*-Qualität erkannt hat ist *Midi TV (Pty) Ltd (e.tv)/M-Net*[1500]. „M-Net“ hatte sein Programm über Jahre mit den Aussagen „We won't stop the Magic" und „We call it Magic" beworben. „e-tv“,

[1496] V Energy Drink / Red Bull Energy Drink, AP, 18.07.2000

[1497] „Arctic Ice“ / Playboy „Arctic Ice“, AP, 12.12.2000.

[1498] In motivating the dismissal the committee found that in Red Bull's above the line advertising the strap line 'Red Bull gives you Wiings' is consistently used and in all likelihood this constitutes the signature of the product in the mind of the reasonable consumer, whilst the phrase 'Red Bull revitalises body and mind' is inconsistently used. The committee found that the phrase was consistently on Red Bull's packaging, but only elements of the phrase rather than the phrase as a whole were used in the majority of Red Bull's above the line advertising. It also found that the phrase was likely to be seen as a product descriptor and that the respondent's use would in all likelihood not lead to confusion or deception.

[1499] AP, 12.12.2000.

[1500] AIT, 27.11.2001.

Südafrikas einziger Privatsender, wollte sich mit den Sprüchen „Now that's what we call Magic", „Discover the real Magic" und „You don't need a decoder for the real Magic" als Alternative präsentieren. Die ASA beurteilte die Bezugnahme daher als rufausbeutend.

(iv) Uthingo/Nando's

Im Verfahren *Uthingo/Nando's* [1501] hatte das Fast-Food Unternehmen „Nando's" den zentralen Werbeslogan des nationalen Lotterieveranstalters „Tata ma chance, tata ma millions" in abgewandelter Form verwandt. Das *Advertising Properties Committee* hatte dem Werbeslogan *signature*-Qualtität zugesprochen und eine Rufausbeutung angenommen[1502]:

> *In regard to clause 8.1 the majority of the Advertising Properties Committee found that the slogan 'Tata ma chance, tata ma millions' is recognisable as Uthingo's signature and as such is its advertising property. Accordingly Nando's use of the slogan 'Tatta my hunger, hello my chicken' is likely to be confused with Uthingo's advertising property resulting in the dilution and diminution of its advertising goodwill. Consequently, it found that there was a contravention of clause 8.1.*

Grundsätzlich kommt es dann, wie bereits dargestellt, auf eine Interessenabwägung im weiteren Sinne nicht mehr an. Die Entscheidung des Appeal Committee (AP) in der weiteren Berufung stellt daher eine Ausnahme dar, denn trotz des festgestellten besonderen Rufs, wurden weitere Erwägungen angestellt. Das AP berücksichtigte die Wettbewerbsnähe, die konkrete Marktstruktursituationen und den Informationsgehalt dieser Werbung.

„Nando's" argumentierte, dass der Lotterieveranstalter als Monopolist keines Schutzes vor unlauterem Wettbewerb bedürfe[1503]. Die ASA war diesem Argument durchaus zugeneigt[1504]. Letztlich jedoch war der wettbewerbsrechtliche Abstand tragendes Argument für die Zurückweisung der Beschwerde. Hätte sich der Beklagte unter gleichen Umständen auf einen Wettbewerber, also ein ande-

---

[1501] AP, 07.11.2001.

[1502] *Uthingo / Nando*, AP, 07.11.2001.

[1503] On appeal Nandos argued two points before turning to the merits of the matter. Nandos' first contention was that as a matter of constitutional principle and public policy the national lottery cannot be shielded from criticism including belittling and Disparagement. In this regard Mr Marcus for Nandos contended that the core of the complaint was that the commercial attacked the national lottery and that Uthingo sees itself in competition with virtually every conceivable product. In support of the contention that the national lottery cannot be shielded from criticism Mr Marcus referred to well known judgments on freedom of expression and to the legal principle that the government or departments of State cannot sue for defamation.

[1504] We also conclude that with the National Lotteries Board having a monopoly over the lottery any advertising goodwill vesting in the Lotteries Board could not be affected to a material extent by this advertisement. We have consequently concluded that here too there was no contravention of the code.

res Fast Food-Unternehmen bezogen, wäre die Werbung als unzulässige Rufausbeutung eingestuft worden[1505].

(v) Cell C/MTN

Im Fall Cell C „*2 Dogs*" / MTN[1506] hatte „Cell C" in seiner Werbung zwei Hunde gegenübergestellt, wobei der eine Hund in den Unternehmensfarben des Wettbewerbers „MTN" gestaltet war. Die ASA hat aufgrund der Farbgestaltung eine Erkennbarkeit angenommen, die rein gedankliche Assoziation reichte für die Annahme einer Rufausbeutung nicht aus[1507]:

> *As comparative advertising is acceptable, the only potential area for concern was Cell C's use of the dog's paraphernalia being in yellow, even if the yellow is a paler shade of the yellow than that used by MTN in its corporate colours. The Tribunal had little doubt that the use of yellow was deliberate but the Tribunal did not feel that the use of the yellow paraphernalia would have been sufficiently obvious to the public to enable a connection to be made with MTN. Whilst use of a different colour would not have changed or diminished the message of the advertisement, such use was not enough to warrant withdrawal of the advertisement or the imposition of sanctions.*

In der Entscheidung MTN/Cell C („*Tell Someone*"[1508]) hat die ASA berücksichtigt, dass „Cell C" als neuer Wettbewerber in den Mobilfunkmarkt eingetreten ist und daher schutzbedürftig sei bzw. liberalere Maßstäbe an Werbungen anzulegen seien. Vergleichbare Erwägungen sind allerdings eher die Ausnahme.

(b) Informationsgehalt

Es finden sich praktische keine Entscheidungen, die sich im Bereich von Rufausbeutungskonstellationen mit dem Informationsgehalt der streitgegenständlichen Werbungen auseinandersetzen. Nur am Rande wird im bereits angesprochenen Fall *Uthingo/Nando's*[1509] das öffentliche Informationsinteresse als berücksichtigenswerter Aspekt angesprochen:

> *Further, as pointed out gambling is an industry which raises moral and religious issues and is open to severe or humorous criticism in a free and democratic society. This is a weakness in the industry which is factual and we believe it is in the public interest that this is pointed out time and again.*

1505 *Vos*, Persönliches Gespräch, 08.04.2003, Johannesburg.

1506 AIT, 28.03.2003.

1507 AIT, 28.03.2003.

1508 AIT, 23.08.2002: As a newcomer, the playing field should be level and equal for Cell C and accordingly fair competition is important. Given the above, the Committee ruled that MTN's commercials are in breach of Clause 8 and 9 of Section II of the Code and should be withdrawn as soon as possible within the provisions contained in Clause 15.3 of the Procedural Guide.

1509 *Uthingo Management / Nandos*, AP, 07.11.2001; Unterstreichungen des Verfassers.

In der Rechtsprechungspraxis der ASA sind dies letztlich aber immer nur Hilfserwägungen, die keinen determinierenden Einfluss auf die Entscheidungen der ASA haben dürften[1510].

(c) Parodie

Gleiches dürfte auf das Abwägungskriterium der Parodie zutreffen. Vorschrift 8.2[1511] bestimmt, dass Parodie ein Rechtfertigung für Rufbeeinträchtigungen liefern kann. Ihr Verständnis von Parodie hat die ASA in der Entscheidung *Uthingo/Nando's*[1512] konkretisiert:

> *A parody is a composition in which the characteristic terms of thought and phrase of an author are mimicked and made to appear ridiculous especially by applying them to ludicrously inappropriate subjects.*

2. Imitationsverbot (Klausel 9.1)

Imitation bzw. Nutzbarmachung fremder Werbekonzepte sind im Bereich der vergleichenden Werbung nicht untypisch. Ähnlich, wie § 2 Abs. 2 Nr. 6 UWG, kennt auch das südafrikanische Selbstregulierungsrecht ein spezielles Imitationsverbot (Klausel 9.1), welches den allgemeinen Ausbeutungsschutz ergänzt:

> *An advertiser should not copy an existing advertisement, local or international, or any part thereof in a manner that is recognisable or clearly evokes the existing concept and which may result in the likely loss of its potential advertising value. This will apply notwithstanding the fact that there is no likelihood of confusion or deception or that the existing concept has not been generally exposed.*

Das Imitationsverbot ist zwar keine explizite Zulässigkeitsvoraussetzung für vergleichende Werbungen, ist aber auch in dieser Hinsicht von Bedeutung, da vergleichende Werbungen neben den Kriterien der Vorschrift 7 noch den übrigen allgemeinen Anforderungen des Selbstregulierungskodex genügen müssen.

Der Verbotstatbestand der Imitationsklausel ist wegen der Anforderung des vorsätzlichen Handelns enger als die Ausbeutungsklausel[1513]. In den Schutzbereich des Imitationsverbots fallen dafür auch Werbeideen[1514], Konzepte[1515], einzelne

---

[1510] *Vos*, Persönliches Gespräch, 16.04.2003, Johannesburg.

[1511] Parodies, the intention of which is primarily to amuse and which are not likely to affect adversely the advertising goodwill of another advertiser to a material extent, will not be regarded as falling within the prohibition of paragraph 8.1 above.

[1512] AP, 07.11.2001.

[1513] Von entscheidender Bedeutung ist der Imitationsvorsatz („*concious copying*"), ein Gesichtspunkt der im Rahmen der Ausbeutungsklausel allenfalls untergeordnete Bedeutung hat, AP, 12.12.2000; vgl. *Gillette „Arctic Ice" / Playboy „Arctic Ice"*, AP, 12.12.2000; *Mars / Nestlé*, AP, 19.04.2002: *It has been held by this committee that the mischief, which is sought to be punished, is the copying of original intellectual thought. In addition, the copying must be conscious and not merely result in coincidental similarities.*

[1514] Im Fall *Mars / Nestlé* (AP, 19.04.2002) hatte Mars eine Imitation in der Übernahme des Vermenschlichungskonzeptes" gesehen, da Nestlé in der Werbung für das Produkt „Smar-

Wörter[1516] oder Werbefiguren[1517]. Weder ist das Bestehen einer Verwechslungsgefahr erforderlich, noch werden Anforderungen an den Ruf oder die Bekanntheit gestellt[1518].

C) Rechtsvergleichende Zusammenfassung

Das generelle Rufausbeutungspotential vergleichender Werbungen ist im südafrikanischen Recht aufgrund des markenrechtlichen Verbots der Kennzeichenbenutzung deutlich vermindert. Im Bereich des südafrikanischen Wettbewerbsrechtes ist der Schutz vor Rufausbeutungen weitgehend unbestelltes Gebiet[1519]. Es besteht keine Klarheit über die Grundvoraussetzungen eines solchen Schutzes. Unabhängig von dieser Unsicherheit nimmt das südafrikanische Recht einen sehr liberalen Standpunkt ein[1520]. Rufausbeutungsschutz ist überhaupt nur möglich sein, wenn ganz konkrete Rufübertragung auf der Hand liegt und den hohen Anforderungen an das Vorliegen bzw. der Beeinträchtigung des Rufes genügt wird.

Schutzobjekt des selbstregulierungsrechtlichen Rufausbeutungstatbestandes ist der Werbewert („*advertising goodwill*"). Der Begriff weist weitgehende Übereinstimmung mit dem Begriff des „guten Rufs" bzw. dem Wertschätzungsbegriff des deutschen Rechtes auf. Die extensive Anwendung der Rufausbeutungsbestimmung im Selbstregulierungsrecht ist Beleg für die in diesem Bereich zugrunde gelegten signifikant niedrigeren Eingriffsschwellen. Hier kommt be-

ties" dazu übergegangen war, „Smarties" mit Gesichtern, Armen und Beinen darzustellen.

1515 MTN / Cell C („Tell Someone"), AIT, 23.08.2002.

1516 Im Fall Energy Drink / Red Bull Energy Drink, (AP, 18.07.2000) für das Wort „vitalize"; in Uthingo / Nandos (AP, 07.11.2001) für die Wortkreation „tatta": Nandos argued that there was no copying at all but rather that there was a play on words common to both advertisements but in an entirely different context and conveying an entirely different meaning. This may be so but the breach is copying of the advertisement. Seen in the context of the advertisement as a whole, the syntax and use of the word 'tatta' we concur with the Advertising Properties Committee that there was recognisable copying. Further, we find that 'Tata ma chance, tata ma millions' was crafted as opposed to being in common use.

1517 Der Pay-TV Sender DSTV hatte mit einem landesweiten bekannten Komiker für sein Programm geworben. Nach Auffassung von *Delport* (Persönliches Gespräch, 10.04.2003, Johannesburg) könnten andere Werbungen, die ebenfalls auf den Komiker zurückgreifen, aufgrund des Imitationsverbotes untersagt werden.

1518 Vgl. etwa *V Energy Drink / Red Bull Energy Drink*, AP, 18.07.2000, als ein Verstoß gegen die Ausbeutungsklausel II Cl. 8.1 mangels Bekanntheit des Werbeslogans abgelehnt wurde, in der Werbung allerdings ein Verstoß gegen die Imitationsklausel II 9.1 gesehen wurde. Voraussetzung des Schutzes nach Klausel II 9.1. ist lediglich der Nachweis der Eigenartigkeit des Werbekonzeptes; vgl. *Mars / Nestlé*, AP, 19.04.2002: *What is clear to the Committee is that to metamorphose a product by means of adding arms, legs and a face is in common use in the advertising industry. That act in itself does not involve original thought.*

1519 Van Heerden/Neethling, S.219.

1520 *Schmidt*, GRUR Int. 1999, 51 ff. (57).

sonders zum Vorschein, in welchem Umfang das Selbstregulierungsrecht die Aufgaben des Wettbewerbsrechtes übernommen hat.

Der Schutzumfang ist einerseits weiter als im deutschen Recht, andererseits weniger abstrakt. Er einer spezifischen Konkretisierung in jedem Einzelfall. Dies bestätigt die Behandlung der so genannte „zentralen Werbemittel", welchen praktisch Ausschließlichkeitsschutz gewährt wird. Geschützt wird nicht das einzelne Unternehmen, sondern das konkrete Produkt, der konkrete Werbeslogan, das einzelne Wort, die Werbefigur oder das Werbekonzept. Hierbei spielen wirtschaftliche Investitionen im Zusammenhang mit der Ruferlangung, die konkrete Werbetätigkeit und die daraus resultierende Bekanntheit eine alles überragende Rolle (vgl. *Red Bull vs V-Drinks; Gillette/Playboy „Arctic Ice"* und *Domestos/Jeyes Homeguard*). Insoweit bestehen Unterschiede zum deutschen Recht, welches weniger spezifisch und differenzierend bei der Ermittlung des Schutzbedarfs vorzugehen scheint.

Wie schon für die Herabsetzungsbestimmung konstatiert, werden Werbungen umso negativer beurteilt, je näher sich die Wettbewerber stehen (vgl. *Uthingo/Nando's* und *Investec*). Im Rahmen einer Interessenabwägung werden neben der Bekanntheit Faktoren wie die Erforderlichkeit der Bezugnahme, der Anlehnungsgrad (Bestehen von Verwechslungsgefahren) und insbesondere die Wettbewerbsnähe berücksichtigt.

Das deutsche und das südafrikanische Selbstregulierungsrecht greifen bei der Interessenabwägung auf vergleichbare Kriterien zurück, gehen dabei aber von unterschiedlichen Wertungsmaßstäben bzw. Abwägungskriterien aus. Markttransparenzeffekte bzw. der Informationsgehalt bleiben bei der Rufausbeutungsprüfung im südafrikanischen Recht unberücksichtigt.

Auch insoweit besteht ein wesentlicher Unterschied zum deutschen und europäischen Recht (vgl. *Ersetzt und Toshiba Europe*). Denn der Informationsgehalt einer vergleichenden Werbung hat im deutschen Recht einen determinierenden Einfluss auf die Beurteilung. Es besteht eine Wechselwirkung zwischen zulässiger Anlehnung und Informationsgehalt der Werbung. Wiederum ist die Substituierbarkeit von Leistungen ein Zulässigkeitskriterium im Rahmen des § 2 UWG, während sich ein größerer Wettbewerbsabstand im südafrikanischen Selbstregulierungsrecht positiv auf die Beurteilung einer möglichen Rufausbeutung auswirkt.

Das deutsche Recht hat sich von der tradierten, zu § 1 UWG entwickelten strengen Beurteilung und der damit verbundenen restriktiven Interpretation der Erforderlichkeit einer Identifizierung, verabschiedet. Es wird sogar argumentiert, dass § 2 Abs. 2 Nr. 4 1. Alt. UWG nicht anwendbar ist, wenn eine Kennzeichenbenutzung nicht vorliegt. Gerade am Beispiel der *Ersetzt*-Entscheidung wird der Wandel des deutschen Rechtes deutlich, welches nun die in unmittelbaren Identifizierungen liegenden immanenten Ausbeutungseffekte grundsätzlich akzeptiert. Gleichwohl bedeutet dies aufgrund der dynamischen Eingriffsschwelle der Rufausbeutungsbestimmung nicht, dass eine kennzeichenmäßige Verwendung immer zulässig ist. Das Maß der zulässigen Anlehnung bzw. Ausbeutung ist in Bezug zum Informationsgehalt der Werbung im Einzelfall zu ermitteln. Beispielsweise im Bereich der Prestigegüterkäufe kann der Informationswert eines Vergleichs derart vermindert sein, dass auch in einer zurückhaltenden Kennzeichenverwendung eine vollendete Rufausbeutung liegen kann. Je kaufentscheidungsrelevanter das Image einer Marke ist, desto höher ist auch die Gefahr einer unlauteren Rufausbeutung, wenn auf diese Marke Bezug genommen wird.

Außerhalb dieser Konstellationen des verminderten Informationsgehalts wird über die Rufausbeutung im Rahmen einer umfassenden Interessenabwägung befunden. Zwischen den hierbei zu berücksichtigenden Faktoren bestehen Wechselwirkungen. Bei einer Bezugnahme auf einen Wettbewerber, der über einen besonderen Ruf verfügt, wird eine deutlich zurückhaltendere Anlehnung bzw. Kennzeichenverwendung notwendig sein, als bei einem Wettbewerber, der in dieser Hinsicht auf gleicher Stufe steht. Ist die Information bzw. das Vergleichsergebnis besonders verbraucherrelevant, kann im Einzelfall auch eine intensive Anlehnung zulässig sein. Anlehnungen sind immer unlauter, wenn sie zur Informierung der Verbraucher nicht erforderlich sind. Hierbei spielen der Anlehnungsgrad, die Art und Weise der Kennzeichenverwendung (eye-catcher) und der Ruf bzw. die Wertschätzung eine wichtige Rolle.

12. Teil: Rechtsvergleichende Erkenntnisse

Die Arbeit hat die Rechtsprechung zur vergleichenden Werbung in den Vergleichsländern Südafrika und Deutschland gegenüber gestellt. Ein Schwerpunkt der Arbeit lag auf der Untersuchung der Gewichtung der verschiedenen Interessen, in die vergleichende Werbungen eingreifen. Die Erkenntnisse aus dieser Gegenüberstellung sollen im Folgenden dargestellt werden.

A) Rechtslage in den Vergleichsländern

I. Südafrika

Das südafrikanische Wettbewerbsrecht vertritt insgesamt eine sehr liberale Position zur vergleichenden Werbung. Es ist im Gegensatz zur deutschen Rechtsprechung unter dem Regime von § 1 UWG weniger von moralisch-ethischen Überlegungen geprägt. Allerdings finden Informationsinteressen bzw. der Informationsgehalt vergleichender Werbungen praktisch keine Berücksichtigung. Dies belegt einerseits der weite Spielraum der Marktschreierei, andererseits aber auch das uneingeschränkte markenrechtliche Verbot der kennzeichenrechtlichen Identifizierung.

Zudem fehlt es dem südafrikanischen Wettbewerbsrecht an Kontur und Entwicklung, weshalb es sich als Vergleichsgegenstand auch nur bedingt eignet. Die fehlende Ausdifferenzierung des südafrikanischen Wettbewerbsrechtes ist primär darauf zurückzuführen, dass die Selbstregulierung die Funktionen des Wettbewerbsrechtes in weiten Bereichen übernommen hat. Es zeigt sich unter anderem darin, dass sich Literatur und Rechtsprechung relativ unvereint gegenüberstehen. Es besteht faktisch keine Klarheit darüber, welchem Weg das südafrikanische Recht in Zukunft folgen wird. Die wenigen Präzedenzentscheidungen – vor allem *Post Newspapers* – beruhen auf englischen Prinzipien. Dies zeigt sich beim Herabsetzungsschutz, der wahre herabsetzende Äußerungen über einen Wettbewerber praktisch unbeschränkt zulässt. Auch einen klassischen Rufausbeutungsschutz kennt das südafrikanische Wettbewerbsrecht nicht.

Neethling, als einflussreichster Vertreter der Literatur, will sich in weiten Bereichen vom englischen Recht lossagen und sich stärker am deutschen Recht orientieren. Diese Annäherung ist sicherlich auch Beleg für die erkannte Notwendigkeit einer fortschreitenden Harmonisierung mit Blick auf die wichtigen Handelspartner Deutschland bzw. Europa. So befürwortet die Literatur die Anerkennung einer originären Fallgruppe der anlehnenden Werbung oder eines eigenständigen Immaterialgüterrechtes am Werbebild.

Auch im Bereich des Irreführungsschutzes treten die Unterschiede zwischen Rechtsprechung und Literatur zu Tage, denn die liberale Rechtsprechung steht der von *Van Heerden/Neethling* befürworteten generellen Beweislastumkehr gegenüber.

Zusammenfassend lässt sich feststellen, dass die südafrikanische Rechtsprechung der vergleichenden Werbung kaum Grenzen setzt. Nur offensichtlich unwahre schädigende Aussagen über einen Wettbewerber sind unzulässig, allerdings obliegt die Beweislast dem betroffenen Mitbewerber.

In einem anderen Licht zeigt sich das Selbstregulierungsrecht. Wenn im Zusammenhang mit § 2 UWG von einem vollzogenen Paradigmenwechsel gesprochen wird, so ist zu konstatieren, dass ein solcher Wandel im Bereich des südafrikanischen Selbstregulierungsrechtes nicht vorzufinden ist. Dies zeigt sich bereits daran, dass das Selbstregulierungsrecht bezugnehmende Werbungen sehr frühzeitig anhand der strengen Regeln zur vergleichenden Werbung beurteilt hat. So werden Allein- und Spitzenstellungswerbungen grundsätzlich als vergleichende Werbungen behandelt. Mit Eröffnung des Anwendungsbereichs ist bereits ein erhebliches Unlauterkeitselement verbunden; je direkter eine Werbung auf den Konkurrenten Bezug nimmt bzw. je näher sich die Wettbewerber stehen, desto größer ist die Gefahr einer Unlauterkeit.

Während das deutsche Wettbewerbsrecht dem Interesse an Marktkommunikation einen hohen Stellenwert einräumt, ist das Selbstregulierungsrecht in seiner Konkurrentenschutztradition tief verwurzelt. Dies zeigt sich darin, dass das südafrikanische Recht auf die Prüfung der so genannten „informationssichernden Kriterien" verzichtet und den Schwerpunkt der Unlauterkeitsprüfung in die Herabsetzungs- bzw. Rufausbeutungsbestimmung verlagert. Daneben ist die Substantiierungsklausel von entscheidender Bedeutung, auch offensichtlich subjektive Aussagen und Allein- bzw. Spitzenstellungsbehauptungen bedürfen grundsätzlich der Substantiierung.

Im Bereich der generalklauselartigen Herabsetzungs- bzw. Diffamierungsbestimmung decken die übereinstimmenden Formulierungen der Richtlinie und des Selbstregulierungskodexes die unterschiedlichen Konzepte bzw. Funktionszusammenhänge auf. Die ASA nimmt, wie auch das deutsche Recht, bei der Prüfung dieser Bestimmungen eine Interessenabwägung vor. Es fehlen aber die Anknüpfungspunkte der Abwägung, da Verbraucherinformationsinteressen bzw. Markttransparenzeffekte kaum berücksichtigt werden. Aus diesem Grund sind die vorzufindenden Werbungen insgesamt weniger informativ als im deutschen Recht. Der Informationsgehalt kann keine Rechtfertigung für die Beeinträchtigung der Interessen der in Bezug genommenen Wettbewerber liefern. Als Folge lässt sich feststellen, dass das Selbstregulierungsrecht „vergleichsimmanente Interessenbeeinträchtigungen" nicht als „notwendiges Übel" akzeptiert. Daraus resultiert eine insgesamt sehr strenge Behandlung vergleichender Werbungen.

II. Deutschland

Der Wandel des UWG vom „Sonderdeliktsrecht" zu einem zu marktpolitischen Zwecken instrumentalisiertem Kommunikationsrecht wird nach dem Willen des Gemeinschaftsgesetzgebers und den Vorschlägen bzw. Stellungnahmen der Literatur letztlich erst mit der Verabschiedung einer Regelung zum europäischen

Lauterkeitsrecht vollzogen werden. Der vorgelegte UWG-Reformvorschlag geht in diese Richtung, wird aber als nicht konsequent genug kritisiert[1521].

Umso bemerkenswerter ist die Entwicklung, die die Rechtsprechung zur vergleichenden Werbung in Deutschland genommen hat. Stimmen, die trotz der Richtlinienverabschiedung dem deutschen Recht keinen grundlegenden Wandel in der Behandlung vergleichender Werbungen voraussagten, haben sich getäuscht. Der EuGH hatte sich bisher zweimal mit der Auslegung der Richtlinie zu befassen. Er hat dabei liberale und am Informationsgehalt ausgerichtete Wertungsmaßstäbe zugrunde gelegt. Der BGH hat diese europäischen Vorgaben gerade in seinen jüngsten Entscheidungen *Preisgegenüberstellungen im Schaufenster* oder Ersetzt konsequent umgesetzt.

Im Bereich des § 2 UWG wird die vielfach behauptete Neuausrichtung des Wettbewerbsrechtes spürbar. Die Arbeit spricht insoweit vom „funktionellen Verständnis des § 2 UWG". Die Auslegung orientiert sich zunehmend an ökonomischen Funktionsbedingungen der Kommunikationsprozesse, insbesondere am Informationsgehalt. Die Rechtsprechung zu § 2 UWG bzw. der Richtlinie hat insoweit Vorbildcharakter für die künftige Entwicklung des nationalen und europäischen Lauterkeitsrechtes. § 2 UWG wird im Rahmen der UWG-Reform als § 6 UWGE unverändert übernommen werden[1522]. Die Auswirkungen des mit der UWG-Reform verbundenen Wandels in Form der ausdrücklichen Anerkennung von Verbraucherschutzinteressen, werden für die künftige Behandlung vergleichender Werbungen nicht spürbar werden, denn § 2 UWG ist bereits ein spezifischer Vorgriff auf das reformierte nationale und europäische Lauterkeitsrecht.

Aus der Erkenntnis, dass § 2 UWG einen gewissen Fremdkörper im bestehenden dogmatischen Konzept des deutschen Wettbewerbsrechtes darstellt und von seinen Funktionszusammenhängen stärker im Gemeinschaftsrecht verankert ist, hat die Arbeit folgende systematische Schlüsse gezogenen:

- Die Umsetzung als Verbotskatalog ist kritisch zu sehen. Das Funktionsverständnis von § 2 UWG setzt voraus, dass der Verbotskatalog „von oben herab" geprüft wird.
- Die vorrangig zu prüfenden informationssichernden Kriterien (erste Stufe) sind eher eng auszulegen. Sie sind indiziell für den Informationsgehalt der vergleichenden Werbung und geben damit Aufschluss über den Prüfungsmaßstab der Herabsetzung- bzw. Rufausbeutungsbestimmung.

[1521] Vgl. etwa *Micklitz*, BB 2003, H. 21 (Die erste Seite).

[1522] Entwurf eines Gesetzes gegen den unlauteren Wettbewerb vom 07.05.2003, im Internet unter http://www.bmj.bund.de/images/11596.pdf; und RefE v. 23.01.2003, GRUR 2003, 127 ff.

- o Den Herabsetzung- bzw. Rufausbeutungsbestimmungen (zweite Stufe) liegen flexible Eingriffsschwellen zugrunde, die sich am Informationsgehalt und damit in Wechselwirkung zu den Kriterien der ersten Stufe ausrichten.
- o Diese flexiblen Eingriffsschwellen sind mittels einer „Erforderlichkeitsprüfung“ zu operationalisieren, d.h. ein intensiverer Eingriff in die Interessen des Konkurrenten ist zulässig, wenn das Mehr an Eingriff erforderlich ist, um ein Mehr an Verbraucherinformation zur Verfügung zu stellen.

Im Hinblick auf die einzelnen Kriterien ergeben sich daraus folgende allgemeine Grundsätze: Mit der Eröffnung des Anwendungsbereichs § 2 Abs. 1 UWG ist kein Unlauterkeitsurteil verbunden. Das Kriterium § 2 Abs. 1 Nr. 1 UWG darf nicht zu weit verstanden werden und ist insbesondere enger zu verstehen als ein „unmittelbares Wettbewerbsverhältnis“. Entscheidend ist, ob die vergleichenden Produkte aus Verbrauchersicht substituierbar sind.

Im Rahmen des § 2 Abs. 1 Nr. 2 UWG sind die Kriterien der „Wesentlichkeit“ und „Nachprüfbarkeit“ von entscheidender Bedeutung. Bei der Wesentlichkeit kommt es darauf an, ob die Vergleichseigenschaft für die konkreten angesprochenen Verkehrskreise nicht von ungeordneter Bedeutung ist. Das Merkmal der „Nachprüfbarkeit“ ist dahingehend zu verstehen, dass die Aussage dem Beweis grundsätzlich zugänglich sein muss. Damit werden jedoch nicht jegliche subjektiven Elemente eines Vergleichs untersagt, vielmehr kommt es darauf an, ob einer subjektiven Aussage ein hinreichend offen gelegter Tatsachenkern zu entnehmen ist. Das Irreführungsverbot des § 3 S. 2 UWG hat insoweit zunächst eine Auffangfunktion und muss die Wertungen, die sich aus der vorherigen Prüfung des § 2 Abs. 1 Nr. 1, 2 UWG ergeben, berücksichtigen. Insoweit können aus der Irreführungsbestimmung auch konkrete Informationsgebote folgen, typischerweise wird dies auf den Vergleich nicht identischer Waren oder Dienstleistungen zutreffen. Die Eingriffsschwellen der Irreführungsbestimmung sind dynamisch und richten sich am Verbraucherinteresse an der streitgegenständlichen Werbung aus.

Die Diffamierungsbestimmung akzeptiert grundsätzlich die so genannten „vergleichsimmanenten Effekte“, also die Interessenbeeinträchtigungen, die mit einer vergleichenden Werbung notwendigerweise einhergehen. Daher kann in der Identifizierung eines Mitbewerbers, oder die in einem Preisvergleich liegende Herabsetzungswirkung, grundsätzlich keinen Verstoß begründen. Überschreiten vergleichende Werbungen die Grenze der „unvermeidlichen Interessenbeeinträchtigung“, so kommt es darauf an, ob dies erforderlich ist, um den Informationsgehalt der Werbung zu steigern.

Für die Rufausbeutungsbestimmung gelten im Wesentlichen die gleichen Grundsätze. Allerdings ist die Grenze der notwendigen „vergleichsimmanenten Rufausbeutung“ nicht einfach zu bestimmen. So kann allein die kennzeichenrechtliche Identifizierung ausreichen, um zu einer vollendeten Rufausbeutung zu gelangen. Letztlich kommt es wiederum auf den Informationsgehalt des Vergleichs an.

B) Erkenntnisse für die Regulierung vergleichender Werbungen

Eingangs der Arbeit wurde der Rechtsvergleich mit dem südafrikanischen Recht als Vergleich mit einem Land gerechtfertigt, welches als so genanntes „hybrides Rechtssystem" kontinentaleuropäische Prinzipien mit dem *common law* vereint, und insoweit Auskunft über die Probleme auf der Suche nach gemeinsamen europäischen Rechtspositionen geben kann.

Die Unterschiede in der Beurteilung der vergleichenden Werbung sind nicht nur zwischen den Vergleichsländern Deutschland und Südafrika zu Tage getreten, sondern auch innerhalb der südafrikanischen Regulierungsstrukturen. Auf der einen Seite steht das äußerst liberale Wettbewerbsrecht, welches gerade im Bereich des Herabsetzungs- bzw. Rufausbeutungsschutzes kaum den Ansatz einer ausdifferenzierten Judikatur erkennen lässt, auf der anderen Seite steht das Selbstregulierungsrecht, welches stark in seiner Konkurrentenschutztradition verwurzelt ist und im Bereich des Herabsetzungs- bzw. Rufausbeutungsschutzes einen sehr weitgehenden Schutz gewährt. Von der Prämisse ausgehend, dass das südafrikanische Rechtssystem exemplarisch für die Probleme auf der Suche nach gemeinsamen europäischen Positionen ist, wird es sich letztlich auch in Europa als diffizil erweisen, einen gemeinsamen Nenner zu finden.

Der Vergleich der Rechtsprechung zum Herabsetzungs- und Rufausbeutungsschutz mit den gleichlautenden Bestimmungen des südafrikanischen Selbstregulierungsrechtes zeigt, dass trotz identischer Bestimmungen gravierende Unterschiede in der rechtlichen Behandlung bestehen können. Daraus lässt sich ableiten, dass es bei der Beurteilung wettbewerbsrechtlicher Sachverhalte nicht vordergründig auf die anwendbaren Vorschriften, sondern vor allem auf die Beurteilungsmaßstäbe in Form des zugrunde liegenden Referenzsystems ankommt.

Interessanterweise folgt aus den divergierenden Interessenbewertungen nicht eine insgesamt liberalere oder restriktivere Beurteilung. Dies wird deutlich bei der Gegenüberstellung der wettbewerbsrechtlichen Rechtsprechung und dem Selbstregulierungsrecht in Südafrika. Beide Regulierungsmechanismen stellen Verbraucherinteressen nicht in den Vordergrund, der Informationsgehalt vergleichender Werbungen hat in beiden Systemen keine determinierende Bedeutung. Während sich das Wettbewerbsrecht bei der Regulierung jedoch insgesamt sehr liberal zeigt, kommt das Selbstregulierungsrecht zu einer sehr strengen Beurteilung. Letztlich ist der südafrikanische Ansatz mit den marktpolitischen Zielsetzungen der Richtlinie kaum in Einklang zu bringen.

Der Rechtsvergleich bestätigt somit, dass die Ausrichtung an Verbraucherinteressen in Form des Informationsgehaltes ein taugliches Kriterium zur Differenzierung zwischen lauterer und unlauterer vergleichender Werbung ist. Die Kriterien der ersten Stufe sind insoweit gesetzgeberische Umsetzung der Verbraucherinteressen und sie dienen dazu, die Beurteilung zu versachlichen und gerade die generalklauselartigen Bestimmungen in einem funktionellen Sinne anzuwenden. Dies ist erforderlich, denn gerade im Bereich des Herabsetzungs- und Rufausbeutungsschutzes bestehen die größten Unterschiede in Europa. Der Interpretation und Auslegung dieser Kriterien ist bisher nur wenige Beachtung geschenkt worden. Die Erkenntnisse dieser Untersuchung rechtfertigen den Schluss, dass sich Literatur und Rechtsprechung verstärkt der Auslegung und Konkretisierung dieser Kriterien zuwenden sollten, um im Interesse eines europäischen Harmonisierungsprozesses zu einem einheitlichen Funktionsverständnis zu gelangen.

Zudem besteht die bescheidene Hoffnung, mit dieser Arbeit eine gewisse Form wettbewerbspolitischer Entwicklungshilfe für die Republik Südafrika zu leisten. Es wurde darauf hingewiesen, dass sich die industrielle Struktur des Landes durch ein ungewöhnlich hohes Maß an konglomerater Konzentration auszeichnet[1523]. Auch konnte festgestellt werden, dass der überwiegende Teil der Bevölkerung über ein geringes Bildungsniveau verfügt und Verbraucherschutz, insbesondere die Verbraucherunterrichtung, nicht ausreichend gefördert wurden. Gerade die Verbesserung der Verbraucherunterrichtung war wesentliche Motivation für die europäische Liberalisierung der vergleichenden Werbung. Die ökonomischen Aspekte der vergleichenden Werbung deuten daher darauf hin, dass effektiv regulierte vergleichende Werbung ihren Teil zur Verbesserung des wettbewerblichen Umfeldes in Südafrika leisten könnte. Diese Untersuchung hat gezeigt, dass Südafrika über die Instrumente zu einer wettbewerbsorientierteren Regulierung verfügt. Ein Wandel, hin zu einer im Verbraucherinteresse stärker informationsorientierten Regulierung der vergleichende Werbung, setzt allerdings eine Abkehr vom uneingeschränkten Verbot der kennzeichenrechtlichen Erkennbarmachung voraus. Zudem dürfte ein Beurteilungswandel in der Selbstregulierungspolitik, hin zu einem mehr funktionellen und informationsorientierten Verständnis der Regulierung vergleichender Werbungen, Grundvoraussetzung sein. In Deutschland wurde die Entwicklung durch das Gemeinschaftsrecht angeschoben. In Südafrika könnten vergleichbare Einflüsse vom Verfassungs- und/oder vom Kartellrecht ausgehen.

Hieraus wiederum ergeben sich Rückschlüsse für die europäische und nationale Regulierungspolitik auf die Notwendigkeit einer Kontrolle der hiesigen Selbstregulierungsmechanismen. Als Beispiel sei nur der jüngste europäische Vorschlag für eine Richtlinie über unlautere Geschäftspraktiken vom 18.Juni 2003[1524] genannt, welcher verstärkt auf die Selbstregulierung setzt, ohne jedoch

1523 *Pautke*, S. 17.

1524 Vorschlag für eine Richtlinie über unlautere Geschäftspraktiken im binnenmarktinternen Geschäftsverkehr zwischen Unternehmen und Verbrauchern und zur Änderung der Richtlieine Kontrolle – etwa in Gestalt eines Anerkennungsverfahrens durch die Kommission – vorzusehen[1525]. Auch in Europa drohen vergleichbare Probleme im Zusammenhang mit der Selbstkontrolle und es verbleibt letztlich nur die Kontrolle der Selbstregulierungsmechanismen durch das europäische und nationale Kartellrecht.

nien 84/450/EWG, 97/7/EG und 98/27/EG (Richtlinie über unlautere Geschäftspraktiken), KOM(03) 356 endg. v. 18.06.2003.

[1525] *Köhler/Lettl*, WRP 2003, 1019 ff. (1047); *Veelken*, WRP 2004, 1 ff. (30).

Gesprächsverzeichnis

Beater, Axel	Professor Dr. jur., Ernst-Moritz-Arndt-Universität Greifswald	08.01.2003	Greifswald, Deutschland
Beukes, Deline	Executive Chairman, Advertising Standards Authority	08.04.2003	Johannesburg, Südafrika
Delport, Piet	Professor Dr. jur., University of Pretoria, Vorsitzender des „Freedom of Speech Trust"	10.04.2003	Johannesburg, Südafrika
Du Plessis, Abrie	Syndicus, British American Tobacco (South Africa), Dozent im Bereich IP Law, University of Stellenbosch	18.02.2000	Stellenbosch, Südafrika
Judin, Michael	Attorney, Sozietät Goldman Judin Maisels Inc., Johannesburg, Syndicus ASA	14.04.2003	Johannesburg, Südafrika
Keßler, Jürgen	Professor Dr. jur., FHTW Berlin	21.10.2003	Berlin, Deutschland
Laing, Suzanne	Attorney, Adams & Adams, Kapstadt, führende Sozietät im Bereich IP Law	06.05.2003, 31.08.2006	Kapstadt, Südafrika
Neethling, Johann	Professor Dr. jur., UNISA, Pretoria, führender südafrikanischer Wissenschaftler auf dem Gebiet des Wettbewerbsrechtes	15.04.2003	Pretoria, Südafrika
Pirow, Paddie	Vorstand, Namibian Breweries Ltd., Windhoek	28.09.1999	Windhoek, Namibia
Theron, Jacobus	Rechtsabteilung, Competition Commission, Pretoria	18.04.2003	Pretoria, Südafrika
Vos, Stefan	Rechtsabteilung, Advertising Standards Authority	08.04.2003, 16.04.2003	Johannesburg, Südafrika

Literaturverzeichnis

Ackermann, Brunhilde	Die deutsche Umweltrechtsprechung auf dem Weg zum Leitbild des verständigen Verbrauchers? WRP 1996, 502 ff.
Ahlert, Dieter/Schröder, Hendrik	Europäische Konsequenzen von großzügigen rechtlichen Regelungen für eine vergleichende Werbung in den EG-Mitgliedstaaten, MA 1993, 172 ff.
Ahrens, Sönke	Verwirrtheiten juristischer Verkehrskreise zum Verbraucherleitbild einer „normativen" Verkehrsauffassung, WRP 2000, 812 ff.
Ahrens, Sönke	Der Irreführungsbegriff im deutschen Wettbewerbsrecht, WRP 1999, 389 ff.
Albrecht, Uwe	Vorschlag einer Richtlinie zur Harmonisierung des Werberechtes in der Europäischen Gemeinschaft, WRP 1978, 687 ff.
ASA	Rulings & Reasons, Durban/Johannesburg (Jahr)
Baumbach, Adolf/Hefermehl, Wolfgang	Wettbewerbsrecht. Gesetz gegen den unlauteren Wettbewerb, Zugabeverordnung, Rabattgesetz und Nebengesetze, 22. Aufl., München 2001
Beater, Axel	Die stillen Wandlungen des Wettbewerbsrechtes - Zugleich ein Beitrag zur Orient-Teppichmuster-Entscheidung des BGH, JZ 2000, 973 ff.
Beater, Axel	100 Jahre Gesetz gegen den unlauteren Wettbewerb – Eine Würdigung aus deutscher, rechtsvergleichender und europäischer Sicht, ZEuP 1996, 200 ff.
Beater, Axel	Zum Verhältnis von europäischem und nationalem Wettbewerbsrecht, Überlegungen am Beispiel des Schutzes vor irreführender Werbung und des Verbraucherbegriffes, GRUR Int. 2000, 963 ff.
Beater, Axel	Unlauterer Wettbewerb, München 2002
Berlit, Wolfgang	Vergleichende Werbung, München 2002
Berlit, Wolfgang	Gesetzesentwurf der Bundesregierung zur vergleichenden Werbung und zur Änderung wettbewerbsrechtlicher Vorschriften, BB 2000, 1305 ff.
Berlit, Wolfgang	Wettbewerbsrecht anhand ausgewählter Rechtsprechung, München 2002 [zit.: Berlit, Wettbewerbsrecht]
Boddewyn, Jean/Marton, Katherine	Comparison Advertising: A Worldwide Study, New York 1978
Bodewig, Theo	The Regulation of Comparative Advertising in the European Union, Tul. Eur. & Civ. L. F. 1994, 179 ff.
Borck, Hans-Günther	Vermutungen über vergleichende Werbung, über Wertreklame und deren weitere Entwicklung, WRP 2001, 1124 ff.
Bork, Reinhard	Werbung mit Daten der Fernsehforschung, WRP 1990, 385 ff.
Brandmeyer, Klaus	Zu viel Gefühl (Interview mit Klaus Brandmeyer), brand eins 2003/Nr. 9, S. 59 ff.

Brandner, Hans Erich	Imagewerbung mit dem World Trade Center? – Werbung zwischen Sittenwidrigkeit und Meinungsfreiheit, S. 533 ff., in: Festschrift für Will Erdmann zum 65. Geburtstag, Hrsg.: Ahrens, Hans-Jürgen; Bornkamm, Joachim; Gloy, Wolfgang; Starck, Joachim; Ungern-Sternberg, Joachim von, Köln 2002
Brümmers, Stefaans	New twist in the beer battles, Mail & Guardian v. 20.12.1996.
Calliess, Christian/Ruffert, Matthias (Hrsg.)	Kommentar zu EU-Vertrag und EG-Vertrag, 2. Aufl., Neuwied/Kriftel 2002 [zit.: Calliess/Ruffert, EGV]
Charney, Craig	ASA-Who is it really protecting?, Management 1983/Nr.8, 45 ff.
Cheadle, Halton/Davis, Dennis/Haysom, Nicholas	South African Constitutional Law: The Bill of Rights, Durban 2002
Cornish, W. R.	Unfair Competition and the Consumer in England, ILC 1974, 87 ff.
De Jager, Clarissa/Smith Erick	Advertising and the Law, Durban/Cape Town/Johannesburg 1995
Dean, Owen H.	Comparative Advertising as Unlawful Competition, SA Mercantile LJ 1990, 40 ff.
Dean, Owen H.	Intellectual Property and Comparative Advertising, Stellenbosch LJ 1996, 25 ff.
Dean, Owen H.	Quo vadis South African Trade Marks, SA Mercantile LJ 1998, 96 ff.
Deutsche Vereinigung für gewerblichen Rechtsschutz und Urheberrecht	Stellungnahme zum Richtlinien-Vorschlag Vergleichende Werbung der EG-Kommission KOM(91) 147 endg. – SYN 343, GRUR 1992, 370 ff. [zit.: GRUR Stellungnahme Richtlinienvorschlag 91]
Dilly, Thorsten	Das Irreführungsverbot in Art. 3 a der Richtlinie über irreführende und vergleichende Werbung, Baden-Baden 2001 Zugl.: Heidelberg, Univ., Diss., 2000
Doepner, Ulf	Verbraucherleitbilder zur Auslegung des wettbewerbsrechtlichen Irreführungsverbots, WRP 1997, 999 ff.
Du Plessis, Lourens M./Du Plessis, A.G.	An Introduction To Law, 2. Aufl., Durban 1995
Eck, Matthias/Ikas, Klaus	„Vergleichen Sie" (Anmerkungen zum Urteil des Bundesgerichtshofs vom 15. Oktober 1998 – I ZR 69/96 (WRP 1999, 414), WRP 1999, 772 ff.
Eck, Matthias/Ikas, Klaus	Anmerkung zu OLG München – "Münchner Trinkwasser, ZLR 2000, 956 ff.
Eck, Matthias/Ikas, Klaus	Neue Grenzen vergleichender Werbung, zur Auslegung und Anwendung der Richtlinie 97/55/EG vom 6. Oktober 1997, WRP 1999, 251 ff.
Ekey, Friedrich/Klippel, Diethelm/Kotthoff ,Jost/Meckel, Astrid/Plaß, Gunda (Hrsg.)	Heidelberger Kommentar zum Wettbewerbsrecht, Heidelberg 2000 [zit.: Bearbeiter, HK-Wettbewerbsrecht]
Emmerich, Volker	Das Recht des unlauteren Wettbewerbs, 6. Aufl., München 2002
Fezer, Karl-Heinz	Markenrecht, 3. Aufl., München 2001 [zit.: Fezer, MarkenG]

Fezer, Karl-Heinz Modernisierung des deutschen Rechtes gegen den unlauteren Wettbewerb auf der Grundlage einer Europäisierung des Wettbewerbsrechtes, WRP 2001, 898 ff.

Freund, Christine Vergleichende Werbung nach der RL 97/55/EG und der UWG-Novelle, Frankfurt a. M. 2001
Zugl.: Mannheim, Univ., Diss., 2000

Funke, Rainer Das deutsche Wettbewerbsrecht im europäischen Binnenmarkt, WRP 1991, 550 ff.

Funke, Rainer Lieber angleichen als Zersplittern. Zum Richtlinienvorschlag über vergleichende Werbung, WM 1997, 1472 ff.

Gamerith, Helmut Neue Herausforderungen für ein europäisches Lauterkeitsrecht, WRP 2003, 143 ff.

Ginsburg, Jane C. S. 37 ff., in: Visser, Coenraad (Hrsg.), The New Law of Trade Marks and Designs, Durban 1995

Gloy, Wolfgang/Bruhn, Dirk Die Zulässigkeit von Preisvergleichen nach der Richtlinie 97/55/EG – Kehrtwende oder Kontinuität? GRUR 1998, 226 ff.

Göhre, Stefan Frischer Wind aus Brüssel, WRP 2002, 36 ff.

Grabitz, Eberhard/Hilf, Meinhard (Hrsg.) Kommentar zur Europäischen Union (Bd. I, II), Loseblattsammlung, 21. Ergänzungslieferung, München Stand April 2003 [zit.: Bearbeiter, Grabitz/Hilf]

Gülbay, Zümrüt Vergleichende Werbung, Subsidiarität und Europa, Berlin 1997
Zugl.: Berlin, Freie Univ., Diss., 1996

Hacker, Franz Die Benutzung einer Marke „als Marke" als rechtliche Voraussetzung für den Erwerb, die Aufrechterhaltung und die Verletzung von Rechten (Q 168), GRUR Int. 2002, 502 ff.

Hartlage, Bernd Vergleichende Werbung in England und Deutschland, München 1997
Zugl.: München, Univ., Diss., 1997

Hasselblatt, Fabian Urs Dieter Die vergleichende Werbung in der Europäischen Gemeinschaft für die Zeit nach Maastricht und Amsterdam unter besonderer Berücksichtigung der Errichtung des europäischen Binnenmarktes, Köln/Berlin 2002 Zugl.: Köln, Univ., Diss., 2000

Henning-Bodewig, Frauke/Kur, Anette Marke und Verbraucher, Bd. I: Grundlagen, Weinheim 1988

Henning-Bodewig, Frauke Das europäische Wettbewerbsrecht: Eine Zwischenbilanz, GRUR Int. 2002, 389 ff.

Henning-Bodewig, Frauke Vergleichende Werbung – Liberalisierung des deutschen Rechtes?, GRUR Int. 1999, 385 ff.,

Hoeren, Thomas Selbstregulierung im Banken- und Versicherungsrecht, Karlsruhe 1995

Hudelmaier, Wolf Die neuere Praxis zur vergleichenden Werbung in Deutschland, Belgien, Frankreich, Großbritannien und USA, München 1991
Zugl.: München, Univ., Diss., 1990

Illing, Helenae he	Die gesetzliche Neuregelung vergleichender Werbung unter Berücksichtigung ihrer Entstehung und ihrer Auswirkungen auf die Werbewirtschaft, München 2002 Zugl.: Würzburg, Univ., Diss., 2001
Ingerl, Reinhard/Rohnke, Christian	Markengesetz, 2. Auflage, München 2003 [zit.: Ingerl/Rohnke, MarkenG]
Jackson, Donald W./Brown, Stephen W./Harmon Robert R.	Comparative Magazine Advertisements, JoAR 1979, 21 ff.
Jeena, Zarina	Don't cry over spilt milk – be a tough competitor, BML 1995, 170 ff.
Jergolla, Maren	Die britische Werbeselbstkontrolle anhand des Advertising Code – eine Gegenüberstellung mit der Rechtslage in Deutschland, WRP 2003, 431 ff.
Joliet, René	Das Recht des unlauteren Wettbewerbs und der freie Warenverkehr – Die Rechtsprechung des Europäischen Gerichtshofs, GRUR Int. 1994, 1 ff.
Judin, Michael	Bright prospects and hidden pitfalls for legal profession, Financial Mail (online), http://www.fm.co.za/Top100/tc47.html, (01.06.1999)
Judin, Michael/Dickens, D.	Advertising in the Dock, Marketing Mix 1996/Nr. 5
Keilholz, Kurt	Die mißlungene Harmonisierung des Verbots der irreführenden Werbung in der EG und ihre Konsequenzen für die deutsche Rechtsprechung, GRUR Int. 1987, 390 ff.
Kemper, Rainer/Rosenow, Jörg	Der Irreführungsbegriff auf dem Weg nach Europa, WRP 2001, 370 ff.
Kisseler, Marcel	Das deutsche Wettbewerbsrecht im Binnenmarkt, WRP 1994, 1 ff.
Kloepfer, Michael/Michael, Gerhard	Vergleichende Werbung und Verfassung Meinungsgrundrechte als Grenze von Werbebeschränkungen, GRUR 1991, 170 ff.
Köhler, Helmut/Bornkamm, Joachim/Henning-Bodewig, Frauke	Vorschlag für eine Richtlinie zum Lauterkeitsrecht und eine UWG-Reform, WRP 2002, 1317 ff.
Köhler, Helmut/Lettl, Tobias	Das geltende europäische Lauterkeitsrecht, der Vorschlag für eine EG-Richtlinie über unlautere Geschäftspraktiken und die UWG-Reform, WRP 2003, 1019 ff.
Köhler, Helmut/Piper, Henning	Gesetz gegen den unlauteren Wettbewerb, 3. Aufl., München 2002
Kohler, Josef	Persönliche und sachliche Reklame in der Großindustrie, MuW XVI (1916/1917), 127 ff.
Kotthoff, Jost	Neue Maßstäbe für vergleichende Werbung, BB 1998, 2217 ff.
Krüger, Christof	Zum gedanklichen Inverbindungbringen im Sinne der §§ 9 I 2, 14 II 2 Markengesetz, GRUR 1995, 527 ff.
Krüger, Timothy	Die Zulässigkeit vergleichender Werbung aufgrund gemeinscjhaftsrechtlicher Vorgaben, Berlin 1996 Zugl.: Potsdam, Univ., Diss., 1994
Kulms, Rainer	Werbung: Geschützte Meinungsäußerung oder unlauterer Wettbewerb? Zum Verhältnis von Art. 10 EMRK und UWG, RabelsZ (63) 1999, 520 ff.
Laing, Suzaan	Comparative brand advertising, BML 1997, 55 ff.

Lange, Paul Das System des Markenschutzes in der Rechtsprechung des EuGH, WRP 2003, 323 ff.

Leinius, Birte / Midgley, J. R. The Impact Of The Constitution On The Law Of Delict: Carmichele v Minister Of Safety And Security, SALJ 2002, 17 ff.

Lindacher, Walter F. Kritisierende vergleichende Werbung, 399 ff., in: Festschrift für Hans Erich Brander zum 70. Geburtstag, Hrsg.: Pfeiffer, Gerd, Köln 1996

Lobe, Adolf Der Hinweis auf fremde gewerbliche Leistung als Mittel zur Reklame, MuW XVI (1916/1917), 128 ff.

Lombard, Edwin SABMiller denied the last laugh, Sunday Times (online), http://www.sundaytimes.co.za/2003/12/14/business/companies/comp03.asp, (19.12.2003)

Lux, Herwig Alleinstellungsberühmung als vergleichende Werbung? GRUR 2002, 683 ff.

Maenetje, Ngwako Hamilton Advertisers Beware, SA Mercantile LJ 2000, 458 ff.

Marx, Claudius Vergleichende Werbung – wie weit reicht die Harmonisierung?, EWS 2001, 353 ff.

Max-Planck-Institut Stellungnahme des Max-Planck-Instituts für ausländisches und internationales Patent-, Urheber- und Wettbewerbsrecht zum Referentenentwurf für ein Gesetz zur vergleichenden Werbung und zur Änderung wettbewerbsrechtlicher Vorschriften zum 5.November 1999, GRUR Int. 2000, 265 [zit.: MPI-Stellungnahme]

Meister, Herbert Die Verteidigung von Marken. Eine Skizze zum neuen Recht, WRP 1995, 366 ff.

Menke, Burkhart Recht und Ökonomie der kritisierenden vergleichenden Werbung, Frankfurt am Main 1994
Zugl.: Hamburg, Univ., Diss., 1994

Menke, Burkhart Funktionale Entscheidungskriterien in der Rechtsprechung zum bezugnehmenden Werbevergleich, GRUR 1991, 661 ff.

Menke, Burkhart Die moderne, informationsökonomische Theorie der Werbung und ihre Bedeutung für das Wettbewerbsrecht, dargestellt am Beispiel der vergleichenden Werbung, GRUR 1993, 718 ff.

Menke, Burkhart Die vergleichende Werbung in Deutschland nach der Richtlinie 97/55/EG und der BGH-Entscheidung „Testpreis-Angebot", WRP 1998, 811 ff.

Mettang, Uwe Die kritische werbliche Bezugnahme auf fremde Waren und Leistungen, Stuttgart 1989
Zugl.: Tübingen, Univ., Diss., 1989

Meyer, Jochen Die kritisierende vergleichende Werbung, Regensburg 1991 Zugl.: Passau, Univ., Diss., 1991

Meyer, Jochen Die gebotene Liberalisierung der vergleichenden Werbung, WRP 1991, 765 ff.

Meyer, Jochen Vergleichende Werbung und Markttransparenz, ZRP 1993, 290 ff.

Meyerowitz, Steven A. The Developing Law of Comparative Advertising, BM 1985, 81 ff.

Micklitz, Hans-W.	UWG-Reform – Artisten in der Zirkuskuppel – ratlos, BB 2003 (Die erste Seite, H. 21).
Micklitz, Hans-W./Keßler, Jürgen	Die Harmonisierung des Lauterkeitsrechtes in den Mitgliedsstaaten der Europäischen Gemeinschaft und die Reform des UWG, Baden-Baden 2003 [zit.: Micklitz/Keßler, Harmonisierung des Lauterkeitsrechtes]
Micklitz, Hans-W./Keßler, Jürgen	Europäisches Lauterkeitsrecht, GRUR 2002, 885 ff.
Micklitz, Hans-W./Keßler, Jürgen	Der Funktionswandel des UWG, WRP 2003, 919 ff.
Micklitz, Hans-W./Keßler, Jürgen	BB-Europareport: Der Richtlinienvorschlag über unlautere Praktiken im binnenmarktinternen Geschäftsverkehr, BB 2003, 2073 ff.
Mostert, Fredrick	The Right To The Advertising Image, SALJ 1982, 413 ff.
Mostert, Fredrick	The Parasitic Use of the Commercial Magnetism of a Trade Mark on Competing Goods, EPIR 1986, 342 ff.
N. N.	Burger-Brater im Wettstreit, W&V, 21.03.2003
Neethling, Johann	Reputation and Passing Off – the view from Zimbabwe, SA Mercantile LJ 2000, 115 ff.
Neethling, Johann	Passing off and Misappropriation of the Advertising Value of Trade Names, Trade Marks and Service Marks, SA Mercantile LJ 1993, 306 ff.
Neethling, Johann/Potgieter, J. M./Visser P. J.	Law of Delict, 3. Aufl., Durban 1999
Neu, Sabine	Die vergleichende Werbung in Frankreich und Deutschland im Lichte der EG-Richtlinie 97/55, ZEuP 1999, 123 ff.
Neumann, Lothar F.	Die verbraucherpolitische Perspektive von Wettbewerbspoltik, S. 151, in: Cox/Jens/Markert (Hrsg.), Handbuch des Wettbewerbs, München 1981
Nordemann, Wilhelm	Wie sich die Zeiten ändern – Der Wandel der Rechtsprechung zum Verbraucherleitbild in § 3 UWG, WRP 2000, 977 ff.
Nordmann, Matthias Johannes	Neuere Entwicklungen im Recht der vergleichenden Werbung, GRUR 2002, 297 ff.
Ohly, Ansgar	Irreführende vergleichende Werbung, GRUR 2003, 641 ff.
Ohly, Ansgar	Die vergleichende Werbung im britischen Recht, GRUR Int. 1993, 730 ff.
Ohly, Ansgar	Anmerkungen zur Testpreisangebot-Entscheidung, GRUR 1998, 828 ff.
Ohly, Ansgar/Spence, Michael	Vergleichende Werbung: Die Auslegung der Richtlinie 97/55/EG in Deutschland und Großbritannien, GRUR Int. 1999, 681 ff.
Pautke, Stephanie	Die kartellrechtliche Erfassung konglomerater Konzentration in der Republik Südafrika, Baden-Baden 1998 Zugl.: Göttingen, Univ., Diss., 1997
Peschel, Andreas	Die anlehnende vergleichende Werbung im deutschen und französischen Wettbewerbs- und Markenrecht, Köln, Berlin, Bonn, München 1996 Zugl.: München, Univ., Diss., 1996

Piper, Henning	Zu den Auswirkungen des EG-Binnenmarktes auf das deutsche Recht gegen den unlauteren Wettbewerb, WRP 1992, 685 ff.
Pitofsky, Robert	Beyond Nader: Consumer Protection and the Regulation of Advertising, Harvard LR 1977, 661 ff.
Plaß, Gunda	Die EG-Richtlinie Vergleichende Werbung, WRP 1999, 766 ff.
Plaß, Gunda	Die gesetzliche Neuregelung der vergleichenden Werbung, NJW 2000, 3161 ff.
Plassmann, Clemens	Vergleichende Werbung im Gemeinsamen Markt, GRUR 1996, 377 ff.
Pullig, Karl-Klaus	Ökonomische Beurteilung der vergleichenden Werbung, Köln 1970 Zugl. Mainz, Univ. Diss., 1969
Raitz von Frentz, Wolfgang Frhr.	Lex Aquilia und Negligence, Baden-Baden 2000 Zugl. Regensburg, Univ. Diss., 1998
Rautenbach, I.M.	in: Bill of Rights Compendium, 2002
Reuthal, Klaus-Peter	Verstößt das deutsche Irreführungsverbot gegen Art. 30 EGV ?, WRP 1997, 1154 ff.
Rößler, Bernd	Die Rufausbeutung als Unlauterkeitskriterium in der Rechtsprechung zu § 1 UWG, Köln 1997 [zit.: Rößler, Rufausbeutung] Zugl.: Halle, Univ., Diss., 1994
Rößler, Bernd	Die Ausnutzung der Wertschätzung bekannter Marken im neuen Markenrecht, GRUR 1994, 559 ff.
Rutherford, B. R.	Misappropriation of the Advertising Value of Trade Marks, Trade Names and Service Marks, S. 55 ff., in: Onregmatige Mededinging/Unlawful Competition, Neethling, Johann (Hrsg.), Durban 1990 [zit.: Rutherford, Misappropriation of the Advertising Value]
Rutherford, B. R.	The new Competition Act, BML 1999, 2 ff.
Sack, Rolf	Die Bedeutung der EG-Richtlinien 84/450/EWG und 97/55/EG über irreführende und vergleichende Werbung für das deutsche Wettbewerbsrecht, GRUR Int. 1998, 263 ff.
Sack, Rolf	Die Präzisierung des Verbraucherleitbildes durch den EuGH, WRP 1999, 399 ff.
Sack, Rolf	Vergleichende Werbung nach der UWG-Novelle, WRP 2001, 327 ff.
Sack, Rolf	Vergleichende Werbung und die Erheblichkeitsschwelle in § 3 des Regierungsentwurfs einer UWG-Novelle, WRP 2004, 30 ff.
Sack, Rolf	Die Toshiba-Entscheidung des EuGH zur vergleichenden Werbung, WRP 2002, 363 ff.
Salje, Peter	Telekommunikations-Dienstleistungen und Preisvergleich, WRP 1998, 672 ff.
Salmon, Owen	Dilution as a Rationale for Trade-Mark Protection in South African Law, SALJ 1987, 647 ff.
Sambuc, Thomas	Ware oder Zeichen ? GRUR 1989, 547 ff.
Sambuc, Thomas	Der UWG-Nachahmungsschutz, München 1996 [zit.: Sambuc, UWG-Nachahmungsschutz]

Scherer, Inge — Partielle Verschlechterung der Verbrauchersituation durch die europäische Rechtsvereinheitlichung bei vergleichender Werbung?, WRP 2001, 89 ff.

Schmidt, Robert M. — Zur wettbewerbsrechtlichen Zulässigkeit der Rufausbeutung in Südafrika, GRUR Int. 1999, 51 ff.

Schnorbus, York — Die richtlinienkonforme Rechtsfortbildung im deutschen Privatrecht, AcP 2001, 860 ff.

Schnorbus, York — Die Zulässigkeit der vergleichenden Werbung in der Versicherungswirtschaft, ZVerWiss 1999, 375 ff.

Schricker, Gerhard — Zur Werberechtspolitik der EG – Liberalisierung und Restriktion im Widerstreit, GRUR Int. 1992, 347 ff.

Schricker, Gerhard — Die Angleichung des Rechtes des unlauteren Wettbewerbs im gemeinsamen Markt, WRP 1977, 1 ff.

Schricker, Gerhard — Zur Wettbewerbspolitik der EG – Liberalisierung und Restriktion im Widerstreit, GRUR Int. 1992, 347 ff.

Schricker, Gerhard / Henning-Bodewig, Frauke — Elemente einer Harmonisierung des Rechtes des unlauteren Wettbewerbs in der Europäischen Union, WRP 2001, 1367 ff.

Sedelmeier, Klaus — Vergleichende Werbung auch in Deutschland?, ZRP 1991, 370 ff.

Siemes, Mathias — Richtlinie zu vergleichender Werbung, ZEuP 2001, 686 ff.

Siemes, Reinhard — Vergleichen erwünscht, Tagesspiegel v. 28.04.2003.

Simelane, Menzi — Challenges for the National Consumer Forum in the 21st Century, http://www.compcom.co.za/events/speeches/4-5%20Augustopening_address_delivered_by_com.htm, (18.04.2003)

Sinclair, M. / Barenblatt, R. — The South African Advertising Book, Johannesburg, Durban 1997

Somarriello, Silvia — Vergleichende und irreführende Werbung in Italien nach der Umsetzung der Richtlinie 97/55/EG, GRUR Int. 2003, 29 ff.

Somarriello, Silvia — Vergleichende Werbung in Italien und Deutschland: eine rechtsvergleichende Darstellung im Lichte der EG-Richtlinie 97/55/EG, München 2002 Zugl.: Bochum, Univ., Diss., 2001

Starck, Joachim — Markenmäßiger Gebrauch – Besondere Voraussetzung für die Annahme einer Markenverletzung? –, GRUR 1996, 688 ff.

Strothmann, York — Tatbestandsvoraussetzunen und Unlauterkeitskriterien der kritisierenden vergleichenden Werbung, GRUR 1988, 588 ff.

Teplitzky, Otto — Die markenrechtliche Verwechslungsgefahr in der Rechtsprechung des BGH und des EuGH, WRP 2003, 415 ff.

Tilmann, Winfried — Anwendungsbereich und Bindungswirkung der Richtlinie Vergleichende Werbung, GRUR 1999, 546 ff.

Tilmann, Winfried — Grenzüberschreitende vergleichende Werbung, GRUR Int. 1993, 133 ff.

Tilmann, Winfried — Richtlinie vergleichende Werbung, GRUR 1997, 790 ff.

Ulmer, Eugen — Die freiwillige Selbstkontrolle in Wirtschaft und Presse, WRP 1975, 549 ff.

Ulmer, Eugen — Die Bekämpfung des unlauteren Wettbewerbs im Gemeinsamen Markt, GRUR Int. 1973, 135 ff.

Ulmer, Eugen/Beier, Friedrich-Karl — Das Recht des unlauteren Wettbewerbs in den Mitgliedstaaten der Europäischen Gemeinschaft, Bd. I, Vergleichende Darstellung mit Vorschlägen zur Rechtsangleichung, München 1965

Van Heerden, H. J. O. — Grondslae van die Mededingingsreg, 1961

Van Heerden, H. J. O./Neethling, Johann — Unlawful Competition, Durban/Pretoria/Johannesburg/Cape Town 1995

Van Heerden, H.J.O./Neethling, Johann — Unlawful Competition, Durban/Johannesburg/Pretoria/Cape Town 1995

Van Rendsburg, Adelheid J. — Comparative Advertising: A Comparative Legal Study, LL.M.-Thesis, University of Orange Free State, Bloemfontein 1999

Veelken, Winfried — Kundenfang gegenüber den Verbrauchern, WRP 2004, 1 ff.

Visser, Coenraad — Trade Marks – a quick update, JBL 2000, 143 ff.

Von Bar, Christian — Die Entwicklung des südafrikanischen Zivilrechtes dargestellt an Fragen des Haftungsrechtes, RabelsZ 42, 1978, 87 ff.

Von Gamm, Otto-Friedrich Frhr. — Vorschlag der EG-Kommission für eine Richtlinie des Rates über vergleichende Werbung und zur Änderung der Richtlinie 84/450/EWG über irreführende Werbung, AblEG Nr. L 250 v. 19.09.1984, WRP 1992, 143 ff.

Von Schultz, Detlef (Hrsg.) — Markenrecht, München 2001 [zit.: v. Schultz, MarkenG]

Waibel, Eberhard — Zulässigkeit anlehnender Werbung bei hinreichendem Anlaß?, GRUR 1976, 407 ff.

Wambach, Thomas — Anmerkungen zum Testpreis-Angebotsurteil vom 23.10.1997, MDR 1998, 1239 f.

Webster, Charles/Page, N. S. — South African Law Of Trade Marks, 4. Aufl., Durban/Pretoria/Johannesburg/Cape Town 1998

Wehlau, Andreas — Äpfel und Birnen vergleichen. Der rechtliche Rahmen vergleichender Werbung für Lebensmittel, ZLR 1999, 393 ff.

Wermelskirchen, Axel — Sie ist doch nicht blöd, FAZ v. 17.12.2003

Wheeldon, Ron — Is our Trade Mark law now out of step with the EC? De Rebus 2000, 20 ff.

Wheeldon, Ron — Brand-Comparative Advertising, De Rebus 1996, 585 ff.

Woker, Tanya — Comparative Advertising – A Change in Attitude? SA Mercantile LJ 1995, 239 ff.

Woker, Tanya — Advertising Law, Durban 1999

Ziervogel, Klaas — Rufausbeutung im Rahmen vergleichender Werbung, Frankfurt a. M. 2002 Zugl.: Göttingen, Univ., Diss., 2002

Zimmermann, Reinhard — Römisch-Holländisches Recht – Ein Überblick, in: Das Römisch-holländische Recht: Fortschritte des Zivilrechtes im 17. und 18. Jahrhundert, Hrsg.: Feenstra, R./Zimmermann, R., Berlin 1991 [zit.: Zimmermann, Das Römisch-holländische Recht]

Zimmermann, Reinhard — Das römisch-holländische Recht und seine Bedeutung für Europa, JZ 1990, 825 ff.

Zimmermann, Reinhard The Law of Obligations: Roman foundations of the civilian tradition, Cape Town 1990

Zimmermann, Reinhard/Visser, Danie Southern Cross: Civil Law and Common Law in South Africa, Oxford 1996

Zweigert, Konrad/Kötz, Hein Einführung in die Rechtsvergleichung (Bd. I), 3. Aufl., Tübingen 1996

FSC
www.fsc.org
MIX
Papier | Fördert
gute Waldnutzung
FSC® C083411

Kolibri 360 GmbH
Ferdinand-Jühlke-Straße 7
99095 Erfurt, Deutschland
produktsicherheit@kolibri360.de

Druck:
CPI Druckdienstleistungen GmbH
im Auftrag der
Kolibri 360 GmbH
Ferdinand-Jühlke-Str. 7
99095 Erfurt